JN492040

개정판

탐정(민간조사)실무

(Private Investigation Technique)

강 영 숙

도서출판 진 영 사

탐정(민간조사)실무

강영숙

2015년 12월 24일 초판 인쇄
2015년 12월 28일 초판 발행
2018년 08월 21일 개정판 2쇄 인쇄
2018년 08월 24일 개정판 2쇄 발행
2020년 03월 11일 개정판 3쇄 발행

발행인 박 진 영
발행처 도서출판 진영사
인천광역시 부평구 갈산동 185번지 풍진빌딩 303호
전화 : 032)505-4207
팩스 : 032)505-4206
E-mail : 0183734207@hanmail.net
등록 : 122-91-77317

ISBN 978-89-6541-263-2 93300
값 20,000원

저자와의 합의로 인지첨부를 생략합니다.
저작권법의 보호를 받는 저작물입니다.
내용과 구성의 무단 전제 및 도용을 금합니다.

머리말

급진적인 사회변화에 따른 각종 범죄 증가와 사회적 부작용은 개인의 안전욕구와 재산 및 권익보호에 대한 다양한 치안수요를 증가키고 있다. 이것은 또한 국가의 전체적인 시큐리티의 필요성은 물론, 수익자부담원칙에 의한 탐정(민간조사: Private Investigation)서비스의 수요를 더욱 증대시키고 있다.

우리나라의 탐정업은 그동안 정치, 역사, 사회적으로 변화의 과정을 거쳐 오면서 아직 제도화되지 못함에 따라 불법이라는 오류를 벗지 못하고 있는 실정이다.

이러한 현실은 탐정활동에 대한 수요공급 체제가 우리사회 전체에 왜곡되어 있고, 불법적·음성적인 심부름센터 등의 폐해 증대, 국가 사법기관의 업무부담 증가, 치안서비스의 미흡, 탐정업의 국제경쟁력 저하 및 편법적 정보획득, 국민의 국가기관에 대한 불신 및 준법의식의 해이 등의 부정적 악순환들이 계속적으로 유발되어 왔으며 이와 관련하여 공인탐정제도 도입의 필요성이 오래전부터 제기되어 왔다.

우리나라는 1999년부터 탐정제도의 입법화를 추진해 왔지만, 탐정업의 입법화는 물론 원활한 시행과 정착을 위해서 여전히 산재해 있는 많은 문제들을 해결해 나가야 할 것이다.

우리나라 공인탐정제도의 도입은 언제라는 관점보다는 어떻게 도입·시행하여야 하는가의 과제를 안고 있으며, 이를 위한 연구는 계속되어야 할 것이다. 국가의 철저한 관리와 규제 하에 전문성, 경력 등 일정한 자격을 갖춘 사람에게 자격증을 부여하여 탐정 활동 중 각종 인권침해 등의 부작용 발생을 사전에 방지하고, 불법행위 예방과 근절은 물론 합법적인 탐정업무활동을 통한 국민의 개인적 치안서비스 수요욕구 충족, 사법제도 보완, 국제경쟁력 제고 등의 긍정적인 측면을 장려하고 발전적인 방향으로 정착시킨다면, 공인탐정제도의 도입은 실질적인 복지국가 발전을 위해서도 그 의의가 매우 크다고 볼 수 있다.

탐정(민간조사)업무의 정신은 우리 인간의 모든 일과 생활에 도움이 되어야 한다는 것이 기본이념이다. 탐정학을 공부한다는 것은 인간이 생활하고, 생활의 양식을 얻는데 관한 모든 현상을 공부하는 것과 같은 것이다.

탐정에 대한 최초의 동경이나 관심은 소설이나 영화 같은 픽션(Fiction)의 세계에서 본 것이 전부였는지도 모르지만, 탐정이라고 하는 존재에 흥미를 갖고 있다면 직업으로서 생각하기 전에 탐정이 사회에 존재하는 의미를 먼저 생각했으면 좋겠다. 이 책은 탐정으로서 갖춰야할 기본적인 실무인 사실조사와 정보수집에 관련 된 기본적인 이해와 전문조사영역에 대한 이해 부분으로 구성하였다. 광범위한 탐정실무영역을 본 저서에 모두 담을 수는 없지만 그래도 정의와 철학이 있는 멋진 프로탐정의 세계에 관심이 있다면 인간사회의 광범위한 공부와 함께 끈기있게 탐정학에 관한 공부와 훈련을 쌓아 나가는데 게을리 하지 말아야 할 것이다. 본 교재가 우리사회에서 공인탐정제도를 정착시키는데 기초적인 자료가 되고, 또한 부도덕한 행위나 불법조사행위들이 활개 치지 못하도록 정화하는 차원의 밑거름이 되었으면 하는 희망이다.

끝으로 이 책의 멋진 출판을 위해 특별한 수고를 해 주신 도서출판 진영사의 박진영 사장님과 직원 여러분께 깊은 감사를 드리며, 우리사회의 정의와 진실을 위해 사명감과 소신을 갖고 책임감 있게 사회 각계각층에서 일하고 있는 프로 탐정들의 멋진 활약을 기대하면서 이 책을 마친다.

2015년 12월 20일　저자

목 차(Contents)

제1장 직업영역별 탐정 조사업무 ········ 9

1. 탐정의 업무영역 ········ 9
2. 직업 영역별 조사업무 ········ 13

제2장 탐정업 관련 법률의 검토 ········ 37

1. 헌법관련 내용 ········ 38
2. 형법관련 내용 ········ 44
3. 변호사법 ········ 45
4. 신용정보의 이용에 관한 법률 ········ 46
5. 공공기관의 정보공개에 관한 법률 ········ 48

제3장 탐정의 정보 수집기술 ········ 57

1. 정보의 기본적 이해 ········ 57
2. 탐정의 정보활용 실무 ········ 72
3. 면담을 통한 정보수집 기술 ········ 76

제4장 탐정의 자질과 이상적 요건 ········ 87

1. 비밀활동과 인간의 특성 ········ 87
2. 탐정 및 정보수집요원의 기본적 자질 ········ 90
3. 정보수집활동을 위한 탐정의 평소 훈련 ········ 95

제5장 탐정의 관찰묘사와 기억훈련 ········ 101

1. 관찰묘사(재생)와 관찰원칙 ········ 101
2. 관찰묘사(재생)와 기억훈련 ········ 113

제6장 탐정의 기초조사 실무(잠복, 미행기법) ········· 119
1. 탐정의 감시조사 ········· 119
2. 잠복기법 ········· 124
3. 미행기법 ········· 136
4. 탐문기법 ········· 153

제7장 탐정의 가장(假裝)과 변장(變裝)기법 ········· 167
1. 탐정의 가장(假裝) ········· 167
2. 탐정의 변장(變裝) ········· 169

제8장 탐정의 증거수집 촬영 ········· 185
1. 탐정의 촬영장비 요건 ········· 186
2. 증거 촬영 시 주의점 ········· 187
3. 위장형 증거수집 촬영장비 종류 ········· 202

제9장 탐정의 직업윤리 ········· 209
1. 직업윤리란 ········· 209
2. 직업윤리의 종류 ········· 212
3. 직업윤리교육의 필요성 ········· 214
4. 탐정의 직업윤리 ········· 216
5. 외국의 탐정 윤리강령 ········· 217

제10장 증거수집과 현장보존 요령 ········· 227
1. 현장 보존의 중요성과 범위 ········· 227
2. 현장보존 요령 ········· 228
3. 범죄현장 감식 및 관찰 ········· 239

제11장 교통사고 조사 분석의 이해 ······ 251

1. 교통사고의 개요 ······ 251
2. 교통사고 발생 시 조치 ······ 253
3. 교통사고 조사 분석 용어 ······ 258

제12장 지문감식의 이해 ······ 287

1. 지문(指紋)의 개념과 특성 ······ 287
2. 지문(指紋)의 연혁 ······ 288
3. 지문분류방식 ······ 289
4. 현장지문 ······ 296
5. 유전자와 DNA 지문 ······ 299
6. 족(足)흔적 감식 ······ 300

제13장 법의학(法醫學)의 이해 ······ 307

1. 법의학(法醫學)이란 ······ 307
2. 법의학적 검사 대상 ······ 309
3. 사망원인별 사체의 특징 ······ 313
4. 시체의 초기현상 ······ 315
5. 시체의 후기 현상 ······ 318
6. 사후 경과시간 추정 ······ 320

제14장 인간심리와 행동표출의 이해 ······ 325

1. 얼굴표정과 마음 ······ 326
2. 몸짓의 의미 ······ 330

제15장 매스컴속의 탐정 ······ 365

1. '외국 탐정이 몰려온다' ······ 365
2. 증가하는 일본의 탐정수요 ······ 368

3. '21 세기 본격적인 탐정 시대의 도래를 꿈꾸며' ······ 372
4. "해외 경제사범" 송환, "미션 임파서블?!" ······ 377
5. 탐정 드라마에 나타난 진실 ······ 384
6. [로컬발언대] 민간탐정 법제화 시급하다! ······ 385
7. 미국공인탐정 강효흔 ······ 386

□ **참고문헌** ······ **392**

제1장

직업영역별 탐정 조사업무

1. 탐정의 업무영역
2. 직업 영역별 조사업무

제1장 직업영역별 탐정 조사업무

1. 탐정의 업무영역

탐정의 업무영역은 인간의 삶 모든 영역에 해당된다고 볼 수 있으며, 실제적으로도 그 수요와 범위가 매우 넓고 다양하다. 오늘날 대부분의 기업 및 조직체들은 리스크에 대한 예방적 역할이 강조되면서 보다 전문적인 조사관 채용이나 전문탐정과의 계약 등으로 조사업무에 관련된 기업 내의 직책들은 이미 상당한 수준으로 성장하였다. 특히 기업 및 산업보안에 관한 조사는 범죄 외에도 회사나 기업과 같은 조직상의 규율, 규칙위반 등과 관련된 정보수집을 위해 외부 조사전문가들을 고용하거나, 조직체의 보안, 안전 부서를 운영함으로써 그만큼 조사관련 전문탐정의 고용의 필요성은 더욱 증대되고 있다.

탐정업에 대한 수요는 앞으로도 다른 직업에 비해 매우 급속히 증가할 것으로 전망하고 있는데, 여기에는 다음과 같은 여러 요인들이 내재하고 있다.[1)]

① 범죄의 두려움, 소송증가, 모든 종류의 재산과 비밀, 정보보호의 필요성 증대.

② 정보화 시대에 사이버 상의 다양한 범죄증가와 명의도용, 이메일 방해, 불법 다운로드로 인한 저작권 침해 등의 인터넷 범죄의 확산.

③ 다양한 직업들이 급속히 증가하는 현대에서의 종업원 채용 시 기본적이고 필수적인 종업원의 신상 및 배경조사.

④ 경쟁회사의 모니터, 기업비밀 유출 및 산업스파이 방지, 기업들의 세계적 성장으로 인한 내적, 외적인 재정상의 손실관리

또한 탐정회사들의 대규모화, 전문화경향도 점차 두드러져 규모가 크고 첨단 기

---

1) http://www.bls.gov/oco/ocos157.htm#outlook.

술을 보유하고 있는 탐정회사들이 작은 규모의 탐정사무소들을 합병하는 추세도 나타나고 있어서 앞으로의 탐정업의 판도에도 큰 변화를 일으킬 것으로 전망되고 있다. 국가별로 탐정제도를 법적으로 공인하고 있는 나라는 법률에서 규정한 업무 영역에 따라 차이가 있지만 탐정업무는 크게 민간영역(Private sector)과 공공영역(Public sector)으로 분류할 수 있는데 특히 공공영역(Public Sector)인 국가수사기관의 범죄수사와 탐정에 의한 민간영역(Private Sector)에서의 조사활동에는 현저한 차이가 있는데, 즉 소송문제 발생 시 각각 형사소송과 민사소송으로 발전하게 되는 중요한 차이점이 그것이다.

탐정에 의한 민간영역의 조사결과는 보통 재판 시 원고나 피고의 이익을 위해 제공되며, 공공기관의 의뢰나 위임 및 요청으로 공공영역(Public sector)을 대신하거나 정부기관에 고용된 때에는 공공범죄 조사업무, 형사사건 및 행정사건에 대한 조사 등 공공영역을 대신해 증거를 수집할 수 있다. 영미법 국가의 국가기관의 범죄수사와 탐정조사의 특성을 비교하면 다음의 〈표 1-1〉과 같다.

〈표 1-1〉 범죄수사와 탐정조사의 특성 비교

구 분	범죄수사 (Criminal Investigations)	탐정의 조사 (Civil Investigations)
원 고	•국가 및 주(공공영역)	•개인 및 비영리 단체
조 사	•주(State)나 정부에 의하여	•피해자의 의뢰에 의하여
목 적	•구치소, 교도소 •벌금 •특정 교정 활동 등의 처벌	•피해자에 대한 손해배상 •교정 행동
유죄판결	•무죄라고 여길만한 합리적 의심의 여지가 없을 때.	•증거가 우세할 때
항소여부	•피고에 의해 가능	•상대방에 의해 가능

*자료 : Robert D. McCrie, Security Operations Management, Butterworth Heinemann, 2001, p.271.

탐정의 조사업무영역은 법률이 허용하는 범위에서 〈표 1-2〉의 내용과 같이 전문영역별로 구분할 수 있으며, 또한 직업영역에 따른 주요 조사업무를 정리하면 〈표 1-3〉과 같이 분류할 수 있다.[2)]

〈표 1-2〉 탐정의 업무영역 내용

업무영역	내용	비고
조사 분야	•미제사건 조사 •보험 · 의료분쟁 · 사이버범죄 조사 •각종 사기사건 · 교통사고 등의 조사 •사람 찾기(실종자·도피사범·미아 등) •은닉재산 조사 및 확인	고문변호사 수임
분석수임분야	•유전자(DNA)조사 •필적감정분석 •인장 감정 분석 •영상, 음성 분석 •부검 및 임상 병리 •화학적 분석	특수분야 전문가 수임
수사협조 분야	•수사 및 공개 수배자 검거 및 협조 •도주차량 증거 수집 협조 •피의자 검거 인계 •증거물 보관	경찰청, 검찰 등의 국가기관 업무 수임
탐지업무 분야	•도 · 감청 탐지 확인 •몰래 카메라 탐지 업무 •거짓말 탐지 업무	장비업자 임대
일반 행정업무	•민원에 의한 행정절차 업무	법무사, 행정사 연계업무

2) Charles P. Nemeth, JD,LIM, Private Security and the Investigative Process Second Edition, Butterworth-Heinmann(USA), 2000, pp.7~8.

〈표 1-3〉 직업별 주요 조사업무 유형

직업영역별 분류	주요 조사업무
검사와 법집행기관	•범죄수사 •도주자 체포 •증인확보 •증거보전 및 감시
변 호 사	•소송 관련 사건조사 및 증거 수집 조사 •소송 관련 증인확보, 행방불명의 상속인 소재파악 및 확인 •은닉재산 파악 및 확인, 필요서류 준비
변리사 (특허 변호사)	•특허권 침해 조사 •특허의 채택, 사용, 포기에 관한 사실 확증
출 판 업	•명예훼손모욕에 대한 조사 •불공정 경쟁 조사 •저작권 침해 조사
은 행	•금융범죄조사 •사업 경영의 체크 •신용대출자의 조사 •주요 직책의 승진예정 후보자 및 직원에 대한 조사 •고가의 귀중품 운송 시 보호 •보고 된 재산의 사실 확인 및 검증 •부정행위의 의혹이 있는 직원이나 기타 사항 감시
보험회사, 보험업자	•위탁금 부당유용(횡령), 강도, 주거침입절도 •절도, 손실, 화재 및 기타 사고·재난 시 지급청구조사 •생명, 사고, 의료과실, 배상 등의 보험사건 조사
운송기관(철도, 버스, 항공회사)	•정직성과 서비스에 대한 감시 및 조사. •사고 조사
자동차화물 운송창고, 물류터미널회사	•절도, 사건조사 등
소 매 점	•매장감시 •절도나 유사행위 조사 •신용위반 및 사기사건 조사
공장 및 도매상	•제조물이나 생산품의 책임소재 사건 조사 •불공정 경쟁, 생산품의 평판을 훼손시키려는 고의적 시도 •거래상 비밀의 누설 및 거래협정 위반조사
호 텔	•절도나 기타 유사사건의 조사 •정직성, 효율성, 낭비 및 규칙위반에 대한 각 부서의 업무 감시
특 성 조 사	•평판이나 명성조사 •거주지 주소확인 •혼인상태, 평소습관 •주거형태 •수입, 재정 및 신용도 •사회 및 사업적 관계 •현재 및 과거의 고용이나 사업관계 조사 •경찰처분, 전과 기록 및 기타 의뢰인의 요구사항들의 구체적 조사
감 시	•행동(동향)포착, 태도, 근무태도, 생활방식 및 기타 •개인적 상해사건의 청구자 행동에 관한 증거자료의 비디오 녹화업무
공장 및 물류저장소 감시	•주말, 공휴일, 야간시간의 재물절취현장과 약탈행위 및 탐지를 위한 가게나 건물 감시 •비인가자의 출입 및 부적절한 행동 확인
비 밀 조 사	•부정, 낭비, 부주의, 비효율성, 고의적 태만, 안전규칙위반, 탐닉, 종업원차별, 저하된 윤리의식, 사보타지 및 기타 불법행위 조사

직업영역별 탐정의 조사업무는 위의 내용과 같이 매우 광범위하지만 그 가운데에서도 직업별 특징적인 주요 조사 업무에 대하여 요약하면 다음과 같다.

2. 직업 영역별 조사업무

1) 기업영역(부정비리(不正非理)와 산업스파이 조사업무)

현대사회에선 기업의 경영환경이 더욱 복잡, 다변화되면서 기업이 직면한 위험요소는 매우 다양해지고 있다. 기업의 이미지가 곧 기업의 경쟁력이 되고 있고, 기업의 경영활동 전반에 걸쳐 발생하고 있는 임직원들의 비리 및 부정을 적절하게 통제하는 것이 기업의 이익보호와 사회의 정의실현에서 매우 중요한 사안으로 등장하고 있다. 특히 기업 임직원에 의한 부정, 절도, 보안침입, 산업스파이로 인한 기업비밀 유출, 자금세탁 등은 이미 심각한 수준에 달하고 있으며, 이와 같은 위험에 대하여 적절치 못한 대응 및 예방이 이루어진다면 직접적으로는 금전적 피해에서부터 임직원의 사기 저하, 기업이미지 실추에 이르기까지 기업경영 전반에 걸쳐 광범위한 손실을 야기 시키고 있다.

기업은 크게 세 가지 유형의 경영위험에 노출돼 있다고 볼 수 있는데, 그 첫째가 기업을 둘러싼 외부 경영환경 위험이고 둘째는 기업이 실질적인 업무를 수행함에 있어 절차상 내포되어 있는 업무과정위험, 셋째는 의사결정에 영향을 주는 정보위험을 말한다. 외부환경위험은 말 그대로 기업이 처한 환경 즉, 기업의 경쟁업체, 법적규제, 산업이나 시장의 상황에 따른 위험을 의미하며, 업무과정위험은 영업활동위험, 권한위임에 따른 위험, 임직원의 부정, 정보기술위험 및 재무위험으로 구성되어 있다. 마지막으로 경영의사결정에 영향을 주는 정보위험으로는 영업 관련 정보, 재무관련 정보, 전략수립관련 정보의 정확성과 적시성이 떨어지거나 정보의 출처가 불분명한데서 오는 위험이라 할 수 있다. 그 중 임직원의 부정은 기업의 불법행위, 종업원의 부정, 경영진의 부정, 기업 평판의 실추 및 비권한자에 의한 기업의 주요 자산과 기밀사항에의 부적절한 접근 혹은 오용 등으로 구성되는데 기업 임직원의 부정은 일반 민·형사상 범죄와는 달리 매우 복잡하고 전문적으로 고도화 되어 있으므로 쉽게 노출되지 않을 뿐 아니라 내부감사 조직에 의해서도 탐지가 어려운 경우가 많다. 특히 범행유형이 단독범행이 아니고 유관 조직이나 내, 외부 관련자와 공모한 것이라면 탐지는 더욱 어려워진다. 이와 같이 고도로 전문화된 기업 임직원의 부정을 일명 지능범죄 (White Color Crime)라고 할 수 있다.3)

이러한 비리와 부정 방지를 위한 내부통제시스템의 구축과 컨설팅, 임직원의 부정비리 혐의에 대한 전문적인 조사가 철저하게 이루어진다면 대다수의 기업리스크를 줄일 수 있을 것이다.

따라서 기업에서 탐정이 수행할 수 있는 조사업무는 기업 경영활동의 전반에 걸쳐 발생하고 있는 비리 및 부정직성(不正直性)과 리스크(Risk)에 관한 전문적인 컨설팅(Consulting)으로, 건전하고 투명한 기업문화의 정착에 걸림돌로 작용하는 부정과 비리를 사전에 예방하고 방지할 수 있도록 기업의 내부통제시스템(Internal Control System)에 대한 진단 및 컨설팅의 수행 및 기업 임직원의 부정비리에 대한 전문적인 조사업무를 위임받아 수행하는 것을 의미한다.

산업스파이는 정보범죄의 하나로서 다른 사람이나 기업, 국가의 업무에 관한 기밀을 몰래 탐지하거나 입수하는 행위를 의미하는 불법첩보행위(Information Espionage)의 주요 행태로서, 기업에서 개발한 프로젝트 및 기업의 산업정보를 불법 및 합법으로 가장하여 입수하거나 교란시켜 경쟁기업의 기술, 상품 및 앞으로의 전략 등의 기업비밀을 끊임없이 첩보하는 행위를 산업스파이라 한다.

원래, 스파이(Spy)라는 개념은 국가 간에 군사, 외교에 관한 정보를 은밀히 정탐, 수집하는 행위를 의미하였으나 스파이 전쟁이 CIA와 KGB의 대결을 의미하던 이데올로기의 시대는 사라지고, 정보사회(情報社會)에서는 첨단기술을 개발한 산업체를 상대로 산업기밀(産業機密)을 수집, 탐지하는 것이 진정한 스파이의 임무가 되었다.

오늘날 국제사회에서 산업스파이가 횡행하게 된 이유는 오랜 기간 동안 엄청난 투자비를 들여 첨단기술을 개발하는 것보다 경쟁관계에 있는 회사의 개발관계자에게 뇌물로 개발비의 극히 일부에 불과한 금품만 제공하면 즉시 첨단기술을 취

3) http://www.ombudsman.go.kr.

득할 수 있다는 경제적 이유도 있지만, 냉전시대 이후 군사적 동맹관계나 우호관계를 경제적 이익과는 별개의 것으로 분리하려는 각국의 경제 전략과 상대방 국가도 자국의 산업기밀을 빼앗아가고 있다는 피해의식이 복합적으로 이루어진 결과라고 할 수 있다. 산업 스파이는 기계설계와 제품생산 등에 관한 컴퓨터프로그램이나 방위산업 등 군사관련정보, 기타 주요 산업체의 영업활동에 절대적으로 필요한 기술, 경영상의 정보를 주로 노린다.

정보처리장치에 저장된 기업의 원가계산, 대차대조표, 고객관리대장, 인사자료 등도 정보로서의 가치가 충분하지만, 산업스파이의 가장 중요한 범행대상은 국가기간산업이나 첨단산업체의 연구개발 자료, 생산 공정도, 부품설계도와 주요 산업체의 영업활동에 절대적으로 필요한 기술, 경영정보 등이다.

기계설계와 제품생산 등에 관한 제반공정의 자동화 방법, 독특한 제조기술, 능률적이고 생산성이 높은 생산라인의 배치방법, 원료의 적합한 배합방법 등에 관한 기술은 대부분 컴퓨터 프로그램이나 파일로 만들어져 보관되는데 이러한 기술은 개발회사가 장기간에 걸쳐 엄청난 재산과 인력을 투자하는 것이 보통이고, 경쟁회사가 이를 취득하여 경쟁 사업에 이용한다면 개발회사는 엄청난 피해를 입게 될 것이다.

실제로 산업 스파이를 포함한 불법 첩보행위는 피해자인 상대방 기업이나 국가의 장래에 치명적인 손해를 가하고 있다.

한편, 인터넷은 외국의 비밀정보나 산업기밀을 손쉽고, 아주 적은 비용으로 별다른 통제나 발각의 우려 없이 문자, 도형, 음성, 영상까지 완벽한 상태로 신속, 정확하게 전달할 수 있다는 점에서 불법 첩보행위의 좋은 수단으로 이용되고 있다.

국가와 국가, 기업과 기업, 개인과 개인 여러 각도와 방법을 통하여 첩보 및 정보수집 활동을 통하여 개인이나 기업에서 많은 투자로 오랫동안 연구개발한 프로젝트들을 한순간에 손쉽게 얻으려는 산업스파이들이 늘어나고 있다. 농경시대는 농기구나 연장 등이 절도대상이었다면, 산업화시대에는 고가품, 현대 정보사회에서는 보이지 않는 사이버 공간상에서 수십조원 이상의 정보를 해킹하는 것이 현실이다. 산업 스파이는 경쟁업체인 경우가 가장 많지만, 산업정보를 수집하여 경쟁업체에 판매하려는 전문적인 스파이(Hacker)의 범행도 적지 않고, 회사의 종업원이나 대리점의 배신행위에 의하여도 발생한다.

외국을 위한 산업스파이는 국제분쟁을 야기할 소지도 있는데, 1982년 일본의 모회사직원들이 IBM에 대한 산업 스파이를 하다가 20명이 검거되었고, 서독에서는 동독의 간첩조직이 1964년부터 10년 가까이 서독 방위산업체들의 중요정보를 수집하다가 발각되었으며, 구소련에서는 1987년 "뻐꾸기의 알"사건이 드러남에 따라 서방제국들이 동구에 대한 컴퓨터 등의 수출을 제한하는 입법까지 행한 일도 있다.

인공위성을 이용한 영상 확대장치(Image Amplifier), 프랙탈이론(Fractal Theory) 등 신기술을 바탕으로 한 첨단 과학 장비, 그리고 국가경쟁력을 높이려는 각국의 국가정책이 결합함에 따라 산업 스파이는 더욱 은밀하고, 정교한 방법으로 행하여지고 있다.

미국 국방성이 극 초장파(ELF)를 이용하여 레이더(Radar; Radio Detecting And Ranging)로 포착되지 않는 지하 수 킬로까지 관찰하고 있는 사실이나 각국이 정부의 간접지원아래 스마트카드 등 IC카드의 운영체제인 COS(Chip Operating System)에 대한 산업 스파이를 본격화한 것도 이러한 사실을 잘 대변하고 있다.

또, 위와 같은 첨단 과학 장비를 운용하고, 국가적 경쟁력을 드높이기 위하여 국가정보기관이 공개리에 전면에 나서기까지 이르렀는데 실제로 '95. 9. 미국의 CIA와 프랑스의 정보전자전부대(BRGE)는 정보수집, 판독능력을 갖춘 스파이를 공채까지 하였다고 한다.

이와 같이 전 세계적으로 위장기업을 설립하여 상대국의 산업스파이 활동을 하는 조직들이 많으며, 기업에서는 외부스파이도 적지 않지만 내부스파이가 산업스파이 범죄에 70%이상 차지하고 있는데, 이미 선진국에서는 연봉 5-7억 이상 받는 CSO(보안책임관리사)를 두고 기업의 정보보안을 철저히 관리하여 기업의 Risk를 예방하고 있다. 이에 기업 내에서는 리스크를 줄이기 위한 방안으로서 첫째, 사원 및 간부들의 관리에 심혈을 기울여야하며 둘째, 기업 내 간행물, 이면지, 보조기억장치, 기타 연구 자료를 관리할 수 있는 보안시스템을 적용해야 하며 셋째, 온라인 시대를 맞이하여 기업 내 컴퓨터관리를 감독, 통제할 수 있는 전문 사이버 보안관을 잠복시켜야 한다. 기업 내에서 부정, 비리 및 산업스파이 방지를 위해 탐정이 수행할 수 있는 세부적 조사업무는 〈표 1-4〉와 같다[4].

---

4) 한국민간조사협회, http://www.pikorea.com.

〈표 1-4〉 기업에서의 탐정의 주요 조사업무

❑부정비리 조사 업무(Fraud Investigation) ❑자금세탁방지 업무(Anti-Money Laundering) ❑기업 및 개인에 대한 일반 공개 정보 조사 업무 (Corporate and Private Intelligence Investigation) ❑부정, 위험파악 및 내부통제시스템 진단 업무(Fraud and Internal Control Diagnostic) ❑임직원 윤리교육 업무(Ethics and anti-Fraud Program) ❑법정회계 업무(Forensic Accounting) ❑내부 제보시스템 구축 업무(Whistle blower System Set up) ❑임직원 채용 스크리닝 업무(Employee Selection and Screening) ❑인터넷보안 업무(Internet and Intranet Security) ❑준법감시 및 내부통제 시스템 진단 및 컨설팅 업무 (Surveillance and Internal Control System Consulting) ❑지적재산권 방지 업무(Intellectual Property) ❑개인정보보호업무(Privacy Protection) ❑기업의 각종 내외부적 위해요소관리 ❑기밀누설, 누출 및 산업스파이 조사업무 ❑통신보안, 시설보안을 위한 도감청장비탐지 ❑지적재산권 산업재산권 침해 방지 ❑이미지 저하 및 손상 방지업무 ❑언론 및 소비자 대응 업무 ❑각종 기업환경 저해 및 경영여건 침해 방지업무 ❑산업스파이 혐의자에 대한 정밀감시(Watch on the industry spy suspect) ❑기업정보 유출에 대한 증거 수집 (Collecting evidence about any leakage of business intelligence) ❑기업정보보안관련 시스템 구축 및 컨설팅 (System constructure consulting for business intelligence security)

2) 금융 및 재산관련 조사업무

금융 및 재산관련 조사업무는 주로 민사사건의 가압류(假押留)·가처분(假處分) 또는 강제집행(强制執行) 및 신용정보(信用情報)의 조사를 위해 이해관계의 개인 또는 기업이 의뢰한 조사업무를 위임받아 금융 및 재산관련 조사업무를 합법적으로 수행하는 것을 의미한다. 현재 우리나라의 금융 및 재산조사는 허가받은 신용업체, 경찰이나 검찰 등이 수사(搜査) 상 필요한 경우, 공공기관 중 금융조사업무에 관계 된 경우, 은행 및 제도권금융기관 등의 업무 중 금융조사업무에 관계될 경우에만 합법적으로 인정하고 있지만 이 또한 공인탐정제도가 시행이 되면 전문탐정의 주요 업무가 되는 업무이다.

(1) 신용정보조사

신용정보조사란 금융거래 등 상거래에 있어서 거래 상대방에 대한 식별, 신용도, 신용거래능력 등의 판단을 위하여 필요한 정보를 의뢰자의 의뢰를 받아서 개인 및 법인 (개인사업자)의 신용정보 조사를 하고 이를 의뢰인에게 제공하는 업무 또는 신용정보를 수집, 정리 처리하고 의뢰인의 조회에 따라 신용정보를 제공 하는 행위를 말하며 신용조사의 필요성과 주요 업무는 다음과 같다.

❑ 신용정보조사의 필요성

a. 금융거래 등 상거래와 관련하여 발생한 연체, 부도 또는 부정한 방법에 의한 신용질서 문란 행위에 대한 피해방지
b. 금융거래 및 상거래 상에서 발생되는 부실채권에 대한 조기회수 및 사전방지 (조사대상자에 대한 소유 부동산 파악, 차량파악 등 기타 재산을 파악하여 채권자의 채권 조기 확보)
c. 금융거래 등 상거래 상에서 기업 및 법인의 주식 또는 지분보유현황 등 회사의 개황, 판매내역, 수주실적, 경영상의 주요계약 등 사업의 내용, 재무제표 등 재무에 관한 사항파악으로 기업 및 법인의 신용도 파악

❑ 신용정보조사 세부업무

a. 상거래상의 개인 및 법인에 대한 사전 및 사후 신용정보 조사
b. 부실채권 사전예방을 위한 개인 및 법인에 대한 신용정보 조사
c. 신용불량자에 대한 재산조사
d. 채무자의 변제능력
e. 소송 전후 채권 확보를 위한 재산조사

(2) 재산조사

재산조사란 개인 또는 기업이 상거래 혹은 사적 거래 시 가압류(假押留)·가처분(假處分)의 물권확보를 위하여 상대방의 재산상태 등의 파악 또는 채무명의(債務名義)를 집행하기 위하여 의뢰자의 의뢰를 받아 각종 재산(부동산(不動産), 유채동사(有體動産), 임차보증금(賃借保證金), 차량(車輛), 건설기계(建設機械), 유가증권(有價證券) 등)에 관련 된 정보를 조사하여 제공하는 업무이다.

3) 보험관련 조사업무

금전만능주의와 도덕적 해이현상이 팽배하면서 보험사고를 위장하여 부당하게 보험금을 갈취하는 보험사기 범죄가 갈수록 증가하고 있다.

특히, 최근에는 조직폭력배들과 연계하여 보험범죄를 계획하고 실행하고 있어 사회적으로 불안과 금전적 손실을 초래하고 있는데, 이들 보험사기범들은 보험금을 타내기 위해 남편, 아내, 자녀들까지도 스스럼없이 살해하기도 하고 있어 심각한 윤리적 문제를 야기하고 있다.

미국은 자동차, 신체손해보험금의 11~15%를 보험사기로 추정하고 있으며, 건강보험 사기규모는 전체 의료비의 3~5% 수준으로 추정한다. 한해 85조원에서 120조원에 이르는 엄청난 금액이 보험사기로 누수되고 있는 것이다. 미국뿐만 아니라 대부분의 선진국에서도 보험금 청구액의 10~15%를 보험사기로 추정하고 있다.

우리나라도 손해보험과 생명보험을 합쳐 한 해 동안 지급된 전체 보험금 가운데 약 10%인 4조 5000억원을 보험 사기규모로 추정한다. 2005년도 우리나라의 보험

범죄 적발건수는 23,607건, 적발금액은 약1,800억원으로 전년 대비 각각 43%, 39%씩 증가하였고, 최근 수년간의 평균 증가율이 60%를 넘고 있어 보험금 누수로 인한 사회, 경제적인 피해가 심각한 상황에 이르렀다. 그럼에도 불구하고 국내 보험사기 적발률은 외국의 적발률 3~4%에 비하면 아직은 미흡한 수준이지만 법규나 제도상으로 취약한 환경에서 보험특별조사반(SIU)과 수사기관이 공조체제 강화를 통해 이루어 낸 성과이기도 하다.

일반적으로 보험범죄는 "보험가입자 또는 제3자가 받을 수 없는 보험보호를 거저 얻거나 부당하게 낮은 보험료를 지불하거나 또는 부당하게 높은 보험금액의 지급을 요구할 목적을 가지고 고의적이며 악의적으로 하는 행위"라고 정의된다. 이 경우 유사한 개념으로 사용되고 있는 보험사기와 보험범죄가 다른 것인가가 문제될 수 있다. 즉 보험범죄가 구체적인 범법행위로 나타난 결과만을 지칭하는 반면에 보험사기는 보험가입시의 단순한 악의성(고지사항의 누락, 변조, 허위사실 고지 등)을 포함하는 보다 광범위한 개념이라는 점에서 보험범죄보다 보험사기가 더 광의의 개념이라고 할 수 있다. 그러나 보험범죄자나 보험사기자가 취하려고 하는 이익은 단순히 사기 계약이 형성에 있는 것이 아니라 궁극적으로 보험자에 의해 지불될 보험금에 있다는 점에서 볼 때 양자는 동일한 개념이라고 보는 것이 타당하다고 생각된다.

(1) 보험범죄의 특징

첫째, 고도의 지능적 범죄

둘째, 범죄자의 죄의식이 결여되어 있거나 경미함.

셋째, 범죄행위에 대한 경제적 평가를 행한다.

넷째, 가족이나 근친을 피해자로 선택하는 경향이 있어서 비도덕적, 비윤리적.

다섯째, 보험금이 고액이다.

여섯째, 단독범행 보다는 공범에 의한 범행이 많다.

일곱째, 보험금 편취를 위한 선행범죄(살인, 상해, 방화, 절도, 손괴 등)가 존재한다.

(2) 보험범죄의 유형

보험범죄를 행위태양에 따라 분류해 보면 다음과 같이 분류해 볼 수 있다.

❑ 자동차 교통사고를 이용한 보험사기

- 가해자와 피해자가 상호 사전공모 하에 일으키는 사고로 후미추돌이 주를 이룸.
- 중앙선침범을 유도한 후 공범 차량이 반대편에서 고의로 충돌하는 경우.
- 운전이 능숙한 자가 사고를 충분히 피할 수 있음에도 고의로 접촉하는 경우 (교통사고처리특례법상 중요10개 항목 위반 차량을 주 대상으로 함).
- 보험금을 노리고 미리 자해를 한 후 횡단보도 등에서 고의로 차량에 충돌함.
- 기타 운전자 바꿔치기, 피해자 끼워 넣기 등

❑ 차량을 이용한 보험사기

- 노후 된 차량을 인적이 드문 곳에 버리고 도난당했다고 신고하는 경우.
- 과거에 손상된 차량임에도 불상의 차량이 충돌 후 도주했다고 하는 경우.
- 무적 차량을 보험에 가입한 후 도난 신고를 하는 경우.
- 기타 가짜 사고조서를 작성하여 보험금을 청구하는 경우.

❑ 의료 및 법률관련 보험사기

- 내원하지 않은 유령인물 또는 통원치료 환자를 입원환자로 조작하는 경우.
- 장기 입원 등의 목적으로 허위 진단서를 발급하는 경우.
- 치료하지 않은 항목의 치료비를 치료한 것 같이 조작하여 청구하는 경우.

❑ 신체상해를 위장한 보험사기

대개 공개된 장소에서 낙상 또는 추락 사고를 위장하는 것이 많으며 상처는 치료 가능한 가벼운 부상인 경우가 대부분임. 그러나 경우에 따라서는 자신 또는 직계 존·비속의 신체일부를 임의 절단하는 등 극단적인 예도 있음.

❑ 고의 방화 보험사기

- 사업실패나 사업여건이 악화될 경우 재고품이 많은 것 같이 위장 후 방화.
- 주택의 매매가 어렵거나 실내장식을 새로 원하는 경우 고의방화 .
- 고의 방화 후 물로 인한 피해로 위장하는 경우.

❑ 근재보험사기

존재하지 않는 부상, 경미한 부상을 빌미로 장해진단(X-ray 바꿔치기)등을 받아 치료받지 않은 병원비를 청구하거나 장해보상금 지급 요구.

❑ 강 · 절도 보험사기

고가품, 귀중품을 미리 옮긴 후 여행 등 도난의 빌미를 제공하고 제3자와 짜고 도둑의 침입으로 인한 분실을 신고하거나, 도둑의 침입 흔적을 만드는 경우 모피, 카메라, 보석 등 귀중품을 공항, 택시 등에서 분실했다고 거짓 신고하는 경우[5]

(3) 보험범죄의 폐해

보험범죄는 보험회사 내부적인 경제손실뿐만 아니라 보험계약자, 주주, 그리고 모든 소비자와 사회구성원에게 심각한 악영향을 끼쳐 사회의 경제 질서를 왜곡할 뿐 아니라 윤리의식과 가치관에도 큰 폐해를 초래한다.

① 보험제도의 역기능으로 존립기반 위협

보험범죄가 증가하면 미래의 불확실한 위험에 대비하여 마련된 보험 본연의 기능이 퇴색하고, 도박화 또는 사행화로 보험에 대한 인식을 악화시키며, 과중한 보험료 인상으로 위험도가 낮은 선의의 보험계약자들이 보험가입을 회피함으로써 보험 산업의 존립자체가 부인될 수 있다.

---

5) http://www.daeins.com/service.

② 범죄의 모방 및 동조 확산

보험범죄가 증가하면 선량한 보험계약자들도 이러한 사회분위기에 동조 내지 유사행위를 하게 되므로 결과적으로 고의교통사고, 허위입원 등 모방범죄가 확산되어 사회전체의 윤리관 및 가치관의 붕괴를 가져 온다.

③ 인명피해 및 물적 자원 낭비

보험범죄가 증가하면 사회구성원으로 하여금 생명경시 풍조를 조장하며, 방화 등으로 인하여 경제적 자원이 낭비된다.

④ 사회적 불안 가중

보험범죄가 증가하면 선의의 보험계약자들은 고의교통사고 등 범죄위협으로 인하여 불안감이 확대된다.

⑤ 보험이미지 악화

보험범죄가 증가하면 경영수지의 악화를 우려한 보험회사는 보험금지급 심사업무의 강화를 통해 보험금 지급을 지연하거나 거절하게 되므로 보험계약체결 당사자 간에 분쟁이 생기게 되고 결국에는 금융감독기관에 대한 민원해결의 진정으로 행정비용이 낭비되는 한편, 법원의 소송절차를 진행함으로써 많은 사회적 비용을 발생시키게 한다.

이와 같이 보험범죄의 폐해에도 불구하고 보험범죄를 예방하고 조사해야 하는 기관은 인원과 자원의 부족으로 피해를 줄이는 데 한계를 보이고 있다.

따라서 탐정과 같은 전문적인 보험범죄 조사원들에 의해 보험범죄를 예방하고 또 의심이 가는 보험사고에 대한 철저한 조사가 이루어진다면 전체 보험가입자와 보험사의 이익뿐만 아니라 국가경제에도 크게 이바지할 것이다.[6] 보험과 관련된 주요 조사업무는 다음의 〈표 1-5〉와 같다.

---

6) http://www.fss.or.kr.

〈표 1-5〉 보험업 관련 탐정의 주요 조사업무

❏보험사와의 업무 협조(Cooperation with insurance companies) ❏보험가입자 언더라이팅[7](Under light contracts) ❏보험사건 분석 및 조사(Insurance criminal investigation and analysis) ❏보험범죄혐의자 소재확인(Locate insurance criminal suspects) ❏각종 보험사고 사실여부 확인 및 증거자료 수집 (Confirm the trust of any insurance criminal and collect the evidences)

4) 의료관련 조사업무

의료사고는 의료에 관계되는 장소에서 “의료행위가 개시되어 그 종료에 이르는 과정에서 예기하지 아니한 결과가 발생한 경우"를 지칭한다. 의료사고는 주로 환자를 피해자로 하여 생기는 모든 사고를 포함하는 개념으로 그 발생, 원인, 책임의 소재를 일단 도외시한 사회현상을 의미하는 가치중립적인 개념이기 때문에, 이 중에는 임상의학의 실천단계에 있어서의 의료수준을 벗어난 사고, 다시 말해 의사에게 당해 결과에 대하여 결과예견가능성이나 결과회피가능성에 대한 비난을 할 수 없는 의료사고도 포함되므로 이러한 사고는 의료의 수준에 비추어서 의사에게 주의의무를 위반하였다고 할 수 없으므로 모든 의료사고가 의료과오에 해당하지는 않는다. 또한 의료행위과정 중에서 발생하는 부정적인 결과 이외에 병실의 바닥이 미끄러워 넘어지는 바람에 부상을 입은 경우, 정신병자가 발작을 일으켜 같이 입원해 있던 정신병자를 칼로 찔러 살해한 경우, 기구의 결함으로 환자가 부상을 당한 경우 등 병원의 환자관리나 시설 관리 면에서 발생하는 사고도 의료사고에 포함된다.

---

7) 언더라이팅은 보험가입물건의 위험(loss exposure)을 평가하여 이에 부합하는 보험요율 결정과 보험약관조항을 검토하여 이를 인수하는 경우 보험사의 담보력에는 어떠한 영향이 있는지를 평가하는 업무를 말한다. 다시 말해 보험회사의 언더라이팅업무는 보험상품개발, 마케팅, 재산운용 업무 등의 경영요소 중 가장 중요한 부분에 해당한다.
따라서 보험사의 언더라이팅업무가 회사내부의 통제체계가 잘못되어 종사자의 임의적인 판단에 의한 경우는 보험사에게는 엄청난 파급효과를 가져올 수 있다. 그 파급효과는 회사의 브랜드파워에 손상을 주고 계약자들의 신뢰를 상실할 수도 있다.
더 나아가 거대위험을 인수하였으면서도 적절한 위험분산을 하지 않은 상태에서 그 사고가 발생하면 경영을 포기해야 하는 상황에 도달할 수 있다.
보험개발원, http://www.kidi.or.kr/instrend/column/data

따라서 의료사고 시 의사와 그 외 병원관계자 및 의료기구 등의 책임 혹은 환자 측의 부주의 등 기타 과오도 정확히 조사하여야하는데 의료사고의 경우 의료행위의 특수성으로 인하여 환자 측에서는 의사 및 의료행위 전반의 과실부분 등을 객관적으로 입증하는 것이 사건해결의 관건인데 일반인들은 의학적인 지식이 부족하고 의료과실 또한 입증하기가 매우 곤란하므로 객관적인 입증자료를 제공할 전문탐정의 업무가 필요하다.

(1) 의료행위의 특수성

① 위험내재성

의료행위는 근본적으로 환자의 신체에 침습을 동반하기 때문에 항상 위험이 뒤따르고 있다. 의료행위에는 현대의 의학 기술에 의해서도 위험을 예측하기 곤란한 경우도 있다. 그러므로 의료행위는 위험이 동반하기 때문에 의료사고를 배제할 수 없다. 환자의 신체를 본질적으로 침습하는 의료행위를 할 때 의사는 위험을 예방하기 위하여 고도의 주의의무 혹은 최선의 주의의무를 다하여야 하지만 만일 불가항력에 의하여 의료사고가 발생한 경우에는 의사의 책임을 묻기 어렵다.

② 예측곤란성

환자는 신체의 구조 및 기능에 각각의 차이가 있다.

따라서 환자의 개인적인 체질에 따라 이상하게 반응하는 과민성체질 혹은 특이성체질을 가지고 있는 경우도 있다. 의사는 치료의 효과 혹은 부작용의 방지를 위하여 환자를 개별적으로 검사하거나 관찰할 의무를 부담한다. 그러나 의학적으로 특이체질도 있기 때문에 의사가 최선을 다 하였어도 현대 의학으로 불가능한 경우도 있을 수 있다.

의료행위는 이렇게 예측곤란성을 내포하고 있다.

③ 재량성

의사는 환자의 병상에 대하여 진단이나 치료를 다양하게 선택할 수 있는 재량이 있다.

④ 밀실성

의료행위는 수술실과 같이 공개되지 않은 일정한 공간에서 행해지고, 고도의 전문적인 영역에 해당되므로 의료행위에 대하여 일반인들은 내용을 쉽게 파악할 수 없는 어려움이 있다.

(2) 의료사고의 유형

의료기관측의 원인, 환자 측의 원인, 원인불명 등으로 나눌 수 있으나 일반적으로 여러 가지 원인들이 복합적이다.

① 의료기관측의 원인

의료인의 주의의무 및 태만 · 의료기술 부족 · 의료종사원의 부적절한 행동·의료서비스 공급조직내부의 갈등과 의사소통 장애 · 의료시설의 구조적 결함과 관리부실·의료기관 내 외부 환경의 무질서 · 안전관리시설의 결함·전산시스템의 장애 등을 들 수 있다.

② 환자 측의 원인

환자 측에서 의료인의 요양지도에 따르지 않고 자의적인 행동을 하였거나 의료인에게 잘못된 정보를 제공하는 경우 등을 들 수 있다.

③ 원인불명

의학적인 한계를 의미하며 의약품의 불가항적인 부작용, 환자의 특이체질, 현대 의학상 불치병 등을 들 수 있다.[8]

의료사고와 관련 된 주요 조사업무는 〈표 1-6〉과 같다.

8) http://www.medioseo.or.kr.

〈표 1-6〉 의료사고 관련 탐정의 주요 조사업무

❑의료과실 발생 시 대처방안 제시 ❑의료과실 입증을 위한 사실여부조사 및 증거자료 수집 ❑공인의료기관, 의료 전문 박사들 혹은 Medical Private Investigator의 심형분석 판정

5) 사이버관련 조사업무

현대사회는 컴퓨터 및 정보통신기술의 급속한 발달에 편승하여 사이버세계(전자공간)를 악용한 사이버범죄가 매우 급속도로 증가하고 있다. 탐정은 컴퓨터를 이용한 금융사기, 컴퓨터시스템 파괴목적의 해킹, 전자상거래범죄, 개인의 신용정보 유출, 기업의 첨단기밀 유출, 악성바이러스 유포, 특정인에 대한 유언비어 유포, 살인청부, 성매매 등 사이버공간 상의 범죄관련 정보 및 행위자 추적 등에 관한 조사를 개인, 기업 및 단체 등의 의뢰를 받아 수행하는 조사업무를 수행하게 되는데 탐정의 업무를 크게 구분하면 다음과 같다.

- 사이버상의 범죄증거 수집
- 사이버 범죄 용의자 신원확인 및 주소지추적
- 사이버범죄 예방시스템 구축 및 방재컨설팅

6) 교통사고관련 조사업무

(1) 교통사고조사의 개념

교통사고 조사업무는 교통 상 발생하는 사고의 조사업무로 교통기관의 충돌(衝突)·추돌(追突)·탈선(脫線)·침몰(沈沒)·추락(墜落) 등과 이로 인하여 사람과 가축 및 물건 등의 재산과 신체에 미치는 사상(死傷)·파괴나 피해를 교통사고 현장과 증인 및 모든 자료를 수집하고 조사하며 정밀하게 분석하는 업무를 위임받아 수행하는 조사업무를 말한다.

교통사고(Traffic Accident)는 자동차라는 물체의 운동역학과 사람과의 복잡한 메커니즘에서 비롯되는 것으로, 대부분의 교통사고가 매우 짧은 시간에 발생하기 때문에 사고발생 시 사고당사자나 목격자가 사고정황을 정확하게 기억하거나 증언하기에는 어려움이 매우 많다. 이러한 상황에서 당사자들의 결탁 및 판단의 착오로 인하여 피해자와 가해자가 뒤바뀌는 일이 발생하여 억울하게 피해를 당하는 경우, 사고의 원인이 정확하게 규명되지 않아서 여러 가지 억울한 일이나 손해배상에 대한 불만이 발생하고 있다. 이러한 경우 교통사고관련 조사를 통하여 현장과 자동차 및 인적손상 등에 대하여 과학적으로 철저하게 조사한 후 조사자료를 물리학적 지식 및 모든 공학적인 지식을 종합하여 분석함으로써 교통사고의 실제적인 원인을 규명할 수 있다.

(2) 세부 조사 업무

- 교통사고의 원인에 대한 분석조사감정
- 사고목격자 추적
- 교통공학 분석 후 시뮬레이션기법으로 사고 상황 재현 및 분석
- 가해자와 피해자 판단을 위한 증거자료 수집
- 뺑소니 차량 및 차주 추적

7) 지적재산권 침해 관련 업무

(1) 지적재산권의 개념

지적재산권이란 인간의 지적창작물에 대한 권리와 표지에 대한 권리를 총칭하는 것으로서, 정신적 재화인 지적재산(Intellectual Property) 내지는 무형재산을 말한다. 특히, 오늘날에는 산업, 예술상 보호할 가치가 있는 모든 권리와 이익 등을 포함하는데 지적재산권침해 조사업무는 개인 및 기업의 지적재산인 저작권, 상표권 등을 보호하며 부정경쟁 방지법을 위반한 사례 등을 조사하는 업무이다. 지적재산권은 종래 재산권인 부동산(토지, 건물)과 동산(자동차, 가구 등 물건) 등 형태가 있는 재화에 대응하여 무형적 정신적인 창조물(기술, 지식 또는 정보 등)을 재산적 가치가 있는 것으로 보고 이에 대한 권리이다. 즉 현대사회가 종전의 유형

적 재화(토지, 건물 등 중심으로)에서 산업기술 및 엔터테인먼트 산업이 발전됨에 따라 전에는 별로 대수롭지 않게 생각되던 사람의 정신적 창조물인 '기술', '지식' 또는 '정보'가 중요한 경제적 가치 있는 재화로 인정받게 되면서 이들에 대한 권리보호가 문제되었고, 현재 유형적 재화에 못지않게 아주 중요한 재산이 되었다.

이러한 지적재산권의 가치는 기존의 유형적인 부동산 등과는 비교할 수 없는 많은 경제적 가치로 평가되는 경우도 많아, 현대 자본주의사회에서 기존의 부동산 외에 정신적 창조물로 인하여 새로 재산을 취득할 기회가 많아지고 또 이를 이용하여 부를 얻을 수 있게 되어 자본주의시대의 산물이다.

지적재산의 대표적인 예로는 발명(특허권), 고안(실용신안권), 의장(의장권), 상표(상표권), 저작물(영화, 음악, 사진 등=저작권), 컴퓨터프로그램, 영업비밀, 반도체 칩의 배치설계, 데이터베이스 등을 들 수 있다.

최근에는 지적재산권침해 범죄가 기하급수적으로 증가하면서 엄청난 액수의 피해가 발생하고 있는데 지적재산권침해 관련 조사업무는 개인 및 기업의 산업재산권과 저작권 및 초상권을 포함한 지적재산권의 침해행위에 대한 적극적인 예방 및 보호와 침해행위의 조사 등을 위임받아 조사하는 업무로서 세부업무를 크게 분류하면 다음과 같다.

(2) 주요 조사 업무

- ON-Line/OFF-Line의 지적재산권 침해 증거자료 수집
- 지적재산권 침해사범의 제조시설 추적
- 지적재산권 침해사범의 유통경로 파악

8) 사람찾기(실종자, 미아, 해외도피사범 등) 업무

(1) 사람찾기 종류

① 남북이산가족, 해외이산가족 및 입양인 찾기

- 생활고로 인하여 사회복지 시설에 양육 위탁 후 연락이 단절된 입양인 찾기.
- 광복 전후나 전쟁 전후 이산가족, 해외이민 후 연락두절, 그리운 사람 찾기.

● 가출이나 길을 잃어 귀가하지 못하고 세월이 흘러버린 이산가족 찾기.
● 사정상 피신하다 사유가 해소되었으나 가족을 잃은 이산가족 등

② 경제사범의 해외도피 시 신원소재 파악 및 송환서비스

● 가정, 회사에서 문제야기 후 해외도피자의 추적, 신원소재 파악 및 송환 서비스.
● 가정과 재산에 큰 피해를 주고 도피중인자의 신원 소재 파악이 필요한 경우.
● 수배자에 공권력이 미치지 못해 자구 노력이 필요할 때.

③ 행방불명, 실종자 찾기

● 해외 행방불명 및 실종자 찾기
● 경제적, 가정적 사정으로 헤어진 사람, 잠적한 사람, 기타 필요한 사람 찾기.

(2) 주요 세부조사 업무

● 탐문조사 · 정황증거수집
● 실종자 소재파악
● 미아 소재파악
● 국내, 국외 PI(Private Investigator)들과의 네트워크를 통한 조사
● 조사기획(Investigation planning)
● 국내 및 국외 현지탐색(Local search)
● 현지 PI요원 협조(Cooperation with a local PI officer)
● 현지 인터폴 담당자 업무협력 (Cooperation with the local interpol officer)
● 현지 대사관 업무협력(Cooperation with a embassy)
● 송환 작업(Transfer the suspect)

9) 도청기, 몰래카메라 탐색업무

현재 도청기 및 몰래카메라 등을 통해 국민들이 사생활뿐만 아니라 기업 및 국

가의 고급정보가 누출되는 등 심각한 부작용을 낳고 있다.

사실 적은 금액으로 인터넷 전자상거래 등을 통해 강력한 도청장치나 몰래카메라가 공공연하게 판매되고 있는 실정이므로 도청이나 몰래카메라로부터 사생활 및 기업정보 등을 보호하기 위해서는 정기적으로 점검을 해야 할 뿐만 아니라 사전에 도청 등을 예방하는 활동이 필수적이다.

❑ 주요 조사 업무

- 도청기 탐색 (Search wiretapping device(wire/wireless)
- 몰래카메라 탐색 (Search spy cam(wire/wireless)
- 도청기, 몰래카메라 예방 컨설팅 (Consulting wiretapping device spy cam protection)

10) 법 과학조사(Forensic Science)

현대범죄는 점점 지능화, 흉포화, 광역화, 기동화 그리고 조직화되어 가고 있는데 이러한 현대범죄에 효과적으로 대처해 나가기 위해서는 종래의 수사방법만으로는 부족하고 첨단과학을 응용한 과학수사기법이 절실히 요청되고 있다. 각종 사건 및 사고에 있어 과학적 분석과 해석이 법적인 증거로서의 역할은 매우 중요하며 법과학을 빼놓고서는 정확한 조사가 성립될 수 없을 정도로 그 비중이 매우 크다.

특히, 법정 분쟁에서 법과학은 확실한 증거를 입증함으로써 공정한 판단의 잣대로 이용되고 있다.

법과학(Forensic Science 法科學)이란 사건 및 사고와 관련된 증거물에 대하여 전문 인력이 과학적인 실험과 해석을 통하여 수사나 재판에 중요한 정보 또는 자료를 제공함을 목적으로 하는 응용과학의 한 분야로서 각종 증거물을 과학적으로 분석하여 감정하는 학문이라 할 수 있다.

또한 범죄사건에 대한 증거물의 감정뿐만 아니라 형사사건이 아닌 경우에도 사고의 원인분석이나 분쟁 및 제반 문제의 해결을 위하여 해당 증거물에 대한 분석과 해석을 통해 과학적인 판단을 할 수 있도록 근거자료를 제시함으로써 인권옹호와 사회질서의 유지에 기여하는 바가 크다고 할 수 있으며, 민사사건과 형사사건 등에 관련된 증거물을 감정하여 과학적인 판결을 할 수 있으며, 민사사건과 형사사건 등에 관련된 증거물을 감정하여 과학적인 판결을 할 수 있도록 지원하므로 재판과학 (裁判科學)또는 감정과학(鑑定科學) 이라 일컬어지기도 한다.[9)]

법과학은 감정, 감식에 관한 과학을 총칭하며 구체적으로는 법의학, 법의병리학, 법의혈청학, 법이화학, 법생물학, 문서감정학, 거짓말탐지학, 유전자감식학 등의 분야로 나눌 수 있다.

감정은 감정인의 주관적인 경험과 지식을 위주로 한 판단(문서감정, 음성감정 등) 감식은 주관적인 경험보다는 객관적인 과학적 결론을 위주로 한 판단(유전자감식, 마약감식 등)으로 용어를 구별하기도 하나, 양자를 모두 감정으로 통칭하기도 하며, 감정이란 용어 대신에 분석이란 용어를 사용하기도 한다.

과학수사(科學搜査)는 수사의 모든 단계에서 활용될 수 있으며, 특히 범인의 식별(identification), 증거의 수집분석 등 수사의 가장 중요한 분야에 결정적 기여를 할 수 있다. 한편 과학기술의 발전은 범죄의 다 양화.지능화 현상을 수반하고 그에 따른 수사방법도 과학화 될 수밖에 없어 결국 과학기술이 진보된 사회에서는 과학수사가 보편적인 수사방법이 된다.

종래 과학수사는 감정. 감식을 지칭하는 의미로만 통용되기도 했으나, 현재에 있어서는 수사방법의 개선을 위한 의미로 과학적 방법을 이용하거나, 과학적으로 행하는 모든 수사를 과학수사라고 한다. 특히 최근의 첨단 과학수사 장비의 개발과 사용, 컴퓨터를 이용한 컴퓨터수사기법 등은 모두 과학의 특성이 그대로 반영된 과학수사방법의 좋은 예라 하겠다. 과학기술의 발달에 따라 감정·감식이외에도 과학과 관련된 수사 방법이 개발될 수 있으며, 미국에서는 첨단 과학장비 및 컴퓨터의 이용과 더불어 수사·재판단계에서의 사회학의 이용분야인 행태모델(behavioral models) 연구 등도 새로운 과학수사방법의 시도로 보고 있다.

과학수사에서 이용되는 과학은 화학, 물리학, 생물학, 의학, 전자 공학, 전기공학, 정보공학 등의 자연과학(기초과학 및 응용과학) 뿐만 아니라, 심리학(특히 범죄심리학), 사회학(특히 범죄사회학), 논리학, 통계학, 회계학 등의 인문. 사회과

---

9) 한국법과학연구소, http://www.kifos.com

학을 포함한다.

과학수사는 이러한 과학의 폭넓은 응용으로 주변과학의 발전에 따라 새로운 과학수사의 방법이 개발된다. 즉, 원자력에 의한 학문의 진보로 1960년대에 중성자방사화분석이 개발되었고, DNA의 구조에 관한 분자생물학의 연구 성과로 최근 획기적인 범인 식별법으로 각광받고 있는 유전자감식 등이 개발되었다. 또한 가장 최근에는 레이저기술, 정보통신공학의 발전이 과학수사에 많은 영향을 끼치고 있다.

❑ 세부업무

- 법과학(法科學)분야: 화재원인분석, 부정유류 감정 및 검사, 폭약 및 폭발물 분석, 독극물 검사 및 분석, 약품·식품 등의 성분 분석 및 감정, 환경오염감정 및 검사
- 법생물학(法生物學)분야 : 유전자 (DNA)검사 및 감정, 정액 검사 및 감정, 익사체 원인 규명, 사체의 사인 규명. 지문 족적 혈흔 신체분비물 등의 분석 및 감정, 플랑크톤, 식물 등
- 법물리학(法物理學)분야 : 인영 감정 및 분석, 교통사고의 역학적 분석, 총기사고의 역학적 분석, 음성 감정 및 분석, 위조상표 도용 제작 등의 분석 및 감정 등
- 법의학(法醫學)분야 : 사인규명(부검), 질내 검사(정액채취 검사), 두개골 (골격 검사), 복부절개 검사, 부분 변사체의 신원확인, 백골화 변사체의 원형복구, 친자확인 검사 등[10)]

---

10) http://www.sossearch.com

제 2 장

탐정업 관련 법률의 검토

1. 헌법관련 내용
2. 형법관련 내용
3. 변호사법
4. 신용정보의 이용에 관한 법률
5. 공공기관의 정보공개에 관한 법률

제2장 탐정업 관련 법률의 검토

우리나라의 전통적인 법체계와는 전혀 다른 상이체제인 탐정제도 도입은 특히 법적개념 및 범위설정 등이 명확해야 한다.

그렇지 않으면 법적 제도로서의 존속이 어렵고 다른 법규범과 많은 마찰이 생길 수 있으며 나아가 제도에 대한 실효성도 없기 때문이다.

우리나라의 경우 개인의 프라이버시를 비롯한 인간의 기본적 권리를 보장하고 사회질서를 보호하기 위한 법률로 헌법을 비롯하여 많은 하위 법령이 있지만 공인탐정제도의 도입 시 기존의 여러 법률 간의 직·간접적인 충돌과 모순을 피할 수는 없을 것이다. 따라서 공인탐정제도 도입 시 현행 법률과 상충될 수 있는 기본적 사항에 대해 정확하게 숙지해야하며 불법·위법행위 등의 행위를 스스로 제어하도록 해야 한다.

탐정은 일반시민으로서만 가질 수 있는 권리와 권한 밖에 없기 때문에 업무 수행 시 불법행위나 위법행위를 해서는 안 된다.

예를 들어 탐정업무상 반드시 필요한 경우라 해도 소유자나 관리자의 동의없이 증거품, 증거물 등의 압류, 이관, 가져가는 등의 행위는 원칙적으로 절도죄 등의 범죄에 해당되며, 또한 증거물품의 무허가 촬영, 복사 등의 행위도 목적이나 상황에 따라서는 위법행위가 될 수 있다.

또한 형사사건에서 경찰의 범죄수사, 감식이 진행되고 있는 현장에서 탐정이 조사활동이나 증거수집을 한다면 위법이 되며, 경찰의 수사 활동에 방해가 될 경우에는 증거인멸죄에 해당되는 경우도 있다.

따라서 탐정에게는 도덕성, 책임감 보다 준법성이 더 요구되는 직업이기 때문에 탐정업과 관련된 법에 대해선 반드시 숙지해야할 필요가 있다.

1. 헌법관련 내용

헌법은 국가 통치 체제의 기초에 관한 각종 근본 법규의 총체이며, 모든 국가의 법의 체계적 기초로서 국가의 조직, 구성 및 작용에 관한 근본법이며 다른 법률이나 명령으로써 변경할 수 없는 한 국가의 최고 법규이다.

자유주의 원리에 입각하여, 국민의 기본적인 인권을 보장하고 국가의 정치 기구 특히 입법 조직에 대한 참가의 형식 또는 기준을 규정한 근대 국가의 근본법으로 대한민국국민으로서 필히 그 내용을 알아야 한다.

공인탐정제도 도입 시 헌법에서 열거하고 있는 프라이버시에 대한 기본권 가운데 가장 침해되기 쉬운 것은 주거의 자유(제16조), 사생활의 비밀과 자유(제17조) 및 통신의 자유(제18조) 등이다. 이와 관련된 법률은 헌법상의 명예훼손죄(제307조 이하, 민법 제751조), 형법상의 비밀침해죄(제316조), 특별법인 통신비밀보호법, 전기통신사업법, 전파법, 정보통신망이용촉진 및 정보보호에 관한 법률 등의 일부 조항이 구체적으로 개인의 프라이버시를 보호법익으로 하고 있다.

따라서 탐정업무를 수행하는 자는 헌법의 기본 정신에 위배되는 일이 없도록 특히 제2장(국민의 권리와 의무)에서 제시한 내용을 숙지해야만 한다.

❑ 대한민국 헌법 제2장 국민의 권리와 의무

제10조 모든 국민은 인간으로서의 존엄과 가치를 가지며, 행복을 추구할 권리를 가진다. 국가는 개인이 가지는 불가침의 기본적 인권을 확인하고 이를 보장할 의무를 진다.

제11조

① 모든 국민은 법 앞에 평등하다. 누구든지 성별·종교 또는 사회적 신분에 의하여 정치적·경제적·사회적·문화적 생활의 모든 영역에 있어서 차별을 받지 아니한다.

② 사회적 특수계급의 제도는 인정되지 아니하며, 어떠한 형태로도 이를 창설할 수 없다.

③ 훈장 등의 영전은 이를 받은 자에게만 효력이 있고, 어떠한 특권도 이에 따르지 아니한다.

제12조

① 모든 국민은 신체의 자유를 가진다. 누구든지 법률에 의하지 아니하고는 체포·구속·압수·수색 또는 심문을 받지 아니하며, 법률과 적법한 절차에 의하지 아니하고는 처벌·보안처분 또는 강제노역을 받지 아니한다.

② 모든 국민은 고문을 받지 아니하며, 형사상 자기에게 불리한 진술을 강요당하지 아니한다.

③ 체포·구속·압수 또는 수색을 할 때에는 적법한 절차에 따라 검사의 신청에 의하여 법관이 발부한 영장을 제시하여야 한다. 다만, 현행범인인 경우와 장기 3년 이상의 형에 해당하는 죄를 범하고 도피 또는 증거인멸의 염려가 있을 때에는 사후에 영장을 청구할 수 있다.

④ 누구든지 체포 또는 구속을 당한 때에는 즉시 변호인의 조력을 받을 권리를 가진다. 다만, 형사피고인이 스스로 변호인을 구할 수 없을 때에는 법률이 정하는 바에 의하여 국가가 변호인을 붙인다.

⑤ 누구든지 체포 또는 구속의 이유와 변호인의 조력을 받을 권리가 있음을 고지받지 아니하고는 체포 또는 구속을 당하지 아니한다. 체포 또는 구속을 당한 자의 가족 등 법률이 정하는 자에게는 그 이유와 일시·장소가 지체없이 통지되어야 한다.

⑥ 누구든지 체포 또는 구속을 당한 때에는 적부의 심사를 법원에 청구할 권리를 가진다.

⑦ 피고인의 자백이 고문·폭행·협박·구속의 부당한 장기화 또는 기망 기타의 방법에 의하여 자의로 진술된 것이 아니라고 인정될 때 또는 정식재판에 있어서 피고인의 자백이 그에게 불리한 유일한 증거일 때에는 이를 유죄의 증거로 삼거나 이를 이유로 처벌할 수 없다.

제13조

① 모든 국민은 행위 시의 법률에 의하여 범죄를 구성하지 아니하는 행위로 소추되지 아니하며, 동일한 범죄에 대하여 거듭 처벌받지 아니한다.

② 모든 국민은 소급입법에 의하여 참정권의 제한을 받거나 재산권을 박탈당하지 아니한다.

③ 모든 국민은 자기의 행위가 아닌 친족의 행위로 인하여 불이익한 처우를 받지 아니한다.

제14조 모든 국민은 거주·이전의 자유를 가진다.

제15조 모든 국민은 직업선택의 자유를 가진다.

제16조 모든 국민은 주거의 자유를 침해받지 아니한다. 주거에 대한 압수나 수색을 할 때에는 검사의 신청에 의하여 법관이 발부한 영장을 제시하여야 한다.

제17조 모든 국민은 사생활의 비밀과 자유를 침해받지 아니한다.

제18조 모든 국민은 통신의 비밀을 침해받지 아니한다.

제19조 모든 국민은 양심의 자유를 가진다.

제20조

① 모든 국민은 종교의 자유를 가진다.

② 국교는 인정되지 아니하며, 종교와 정치는 분리된다.

제21조

① 모든 국민은 언론·출판의 자유와 집회·결사의 자유를 가진다.

② 언론·출판에 대한 허가나 검열과 집회·결사에 대한 허가는 인정되지 아니한다.

③ 통신·방송의 시설기준과 신문의 기능을 보장하기 위하여 필요한 사항은 법률로 정한다.

④ 언론·출판은 타인의 명예나 권리 또는 공중도덕이나 사회윤리를 침해하여서는 아니 된다. 언론·출판이 타인의 명예나 권리를 침해한 때에는 피해자는 이에 대한 피해의 배상을 청구할 수 있다.

제22조

① 모든 국민은 학문과 예술의 자유를 가진다.

② 저작자·발명가·과학기술자와 예술가의 권리는 법률로써 보호한다.

제23조

① 모든 국민의 재산권은 보장된다. 그 내용과 한계는 법률로 정한다.

② 재산권의 행사는 공공복리에 적합하도록 하여야 한다.

③ 공공필요에 의한 재산권의 수용·사용 또는 제한 및 그에 대한 보상은 법률로써 하되, 정당한 보상을 지급하여야 한다.

제24조 모든 국민은 법률이 정하는 바에 의하여 선거권을 가진다.

제25조 모든 국민은 법률이 정하는 바에 의하여 공무담임권을 가진다.

제26조
① 모든 국민은 법률이 정하는 바에 의하여 국가기관에 문서로 청원할 권리를 가진다.
② 국가는 청원에 대하여 심사할 의무를 진다.

제27조
① 모든 국민은 헌법과 법률이 정한 법관에 의하여 법률에 의한 재판을 받을 권리를 가진다.
② 군인 또는 군무원이 아닌 국민은 대한민국의 영역 안에서는 중대한 군사상 기밀 · 초병 · 초소 · 유독음식물공급 · 포로 · 군용물에 관한 죄 중 법률이 정한 경우와 비상계엄이 선포된 경우를 제외하고는 군사법원의 재판을 받지 아니한다.
③ 모든 국민은 신속한 재판을 받을 권리를 가진다. 형사피고인은 상당한 이유가 없는 한 지체없이 공개재판을 받을 권리를 가진다.
④ 형사피고인은 유죄의 판결이 확정될 때까지는 무죄로 추정된다.
⑤ 형사피해자는 법률이 정하는 바에 의하여 당해 사건의 재판절차에서 진술할 수 있다.

제28조 형사피의자 또는 형사피고인으로서 구금되었던 자가 법률이 정하는 불기소처분을 받거나 무죄판결을 받은 때에는 법률이 정하는 바에 의하여 국가에 정당한 보상을 청구할 수 있다.

제29조
① 공무원의 직무상 불법행위로 손해를 받은 국민은 법률이 정하는 바에 의하여 국가 또는 공공단체에 정당한 배상을 청구할 수 있다. 이 경우 공무원 자신의 책임은 면제되지 아니한다.
② 군인 · 군무원 · 경찰공무원 기타 법률이 정하는 자가 전투·훈련 등 직무집행과 관련하여 받은 손해에 대하여는 법률이 정하는 보상 외에 국가 또는 공공단체에 공무원의 직무상 불법행위로 인한 배상은 청구할 수 없다.

제30조 타인의 범죄행위로 인하여 생명 · 신체에 대한 피해를 받은 국민은 법률이 정하는 바에 의하여 국가로부터 구조를 받을 수 있다.

제31조

① 모든 국민은 능력에 따라 균등하게 교육을 받을 권리를 가진다.

② 모든 국민은 그 보호하는 자녀에게 적어도 초등교육과 법률이 정하는 교육을 받게 할 의무를 진다.

③ 의무교육은 무상으로 한다.

④ 교육의 자주성 · 전문성 · 정치적 중립성 및 대학의 자율성은 법률이 정하는 바에 의하여 보장된다.

⑤ 국가는 평생교육을 진흥하여야 한다.

⑥ 학교교육 및 평생교육을 포함한 교육제도와 그 운영, 교육재정 및 교원의 지위에 관한 기본적인 사항은 법률로 정한다.

제32조

① 모든 국민은 근로의 권리를 가진다. 국가는 사회적·경제적 방법으로 근로자의 고용의 증진과 적정임금의 보장에 노력하여야 하며, 법률이 정하는 바에 의하여 최저임금제를 시행하여야 한다.

② 모든 국민은 근로의 의무를 진다. 국가는 근로의 의무의 내용과 조건을 민주주의원칙에 따라 법률로 정한다.

③ 근로조건의 기준은 인간의 존엄성을 보장하도록 법률로 정한다.

④ 여자의 근로는 특별한 보호를 받으며, 고용 · 임금 및 근로조건에 있어서 부당한 차별을 받지 아니한다.

⑤ 연소자의 근로는 특별한 보호를 받는다.

⑥ 국가유공자 · 상이군경 및 전몰군경의 유가족은 법률이 정하는 바에 의하여 우선적으로 근로의 기회를 부여받는다.

제33조

① 근로자는 근로조건의 향상을 위하여 자주적인 단결권·단체교섭권 및 단체행동권을 가진다.

② 공무원인 근로자는 법률이 정하는 자에 한하여 단결권·단체교섭권 및 단체행동권을 가진다.

③ 법률이 정하는 주요 방위산업체에 종사하는 근로자의 단체행동권은 법률이 정하는 바에 의하여 이를 제한하거나 인정하지 아니할 수 있다.

제34조

① 모든 국민은 인간다운 생활을 할 권리를 가진다.

② 국가는 사회보장·사회복지의 증진에 노력할 의무를 진다.

③ 국가는 여자의 복지와 권익의 향상을 위하여 노력하여야 한다.

④ 국가는 노인과 청소년의 복지향상을 위한 정책을 실시할 의무를 진다.

⑤ 신체장애자 및 질병·노령 기타의 사유로 생활능력이 없는 국민은 법률이 정하는 바에 의하여 국가의 보호를 받는다.

⑥ 국가는 재해를 예방하고 그 위험으로부터 국민을 보호하기 위하여 노력하여야 한다.

제35조

① 모든 국민은 건강하고 쾌적한 환경에서 생활할 권리를 가지며, 국가와 국민은 환경보전을 위하여 노력하여야 한다.

② 환경권의 내용과 행사에 관하여는 법률로 정한다.

③ 국가는 주택개발정책 등을 통하여 모든 국민이 쾌적한 주거생활을 할 수 있도록 노력하여야 한다.

제36조

① 혼인과 가족생활은 개인의 존엄과 양성의 평등을 기초로 성립되고 유지되어야 하며, 국가는 이를 보장한다.

② 국가는 모성의 보호를 위하여 노력하여야 한다.

③ 모든 국민은 보건에 관하여 국가의 보호를 받는다.

제37조

① 국민의 자유와 권리는 헌법에 열거되지 아니한 이유로 경시되지 아니한다.

② 국민의 모든 자유와 권리는 국가안전보장·질서유지 또는 공공복리를 위하여 필요한 경우에 한하여 법률로써 제한할 수 있으며, 제한하는 경우에도 자유와 권리의 본질적인 내용을 침해할 수 없다.

제38조 모든 국민은 법률이 정하는 바에 의하여 납세의 의무를 진다.

제39조

① 모든 국민은 법률이 정하는 바에 의하여 국방의 의무를 진다.

② 누구든지 병역의무의 이행으로 인하여 불이익한 처우를 받지 아니한다.

2. 형법관련 내용

현재 대부분의 심부름센터나 컨설팅업체들이 고도로 정밀한 도청장치, 추적 장비, 망원경 등을 이용하여 타인의 프라이버시를 침해, 공갈 협박 등이 만연되어 있다. 현재 관련 업체들의 업무 중 가장 의뢰가 많은 것이 간통의 증거확보의뢰인데 간통 현장에서 증거를 수집하기 위해 이루어지는 감시, 도청 등의 행위는 여지없이 현행법에 근거할 때 불법행위에 해당되는 것이다.

현재 수사기관인 경찰의 경우도 수사상의 필요성으로 감청 등을 할 경우에는 '통신비밀보호법' 제5조의 규정에 의해 제한된 범죄[1]에 한하여, 검찰의 검사를 통해 통신제한조치에 대한 허가를 신청하고 검사는 다시 법원에 그 허가를 청구하는 절차[2]를 거쳐야 가능하게 되어 있다.

따라서 공인탐정제도의 도입으로 탐정의 활동이 보장된다 하더라도 탐정이 불법적인 방법으로 수집한 증거는 어떠한 논리를 적용해도 법정에서 증거능력을 인정받을 수 없으며, 불법행위에 대해서는 특별한 위법성 조각사유가 없는 이상 자격취소나 정지 등의 강력한 제재조치가 뒤따라야 할 것이다. 그러나 범죄와 관련하여 전화에 의한 협박범을 체포하기 위해 발신지를 추적하거나 범인으로부터의 전화를 녹음하는 것을 허용할 수 있는 경우도 있을 것이다.[3]

따라서 공인탐정제도의 도입 시 이러한 분야의 업무수행에 대하여, 증거수집방법이나 법정에서 인정될 수 있는 증거능력의 범위에 대한 철저한 검토가 있어야 할 것이며[4] 업무수행 시 자칫 위법행위나 불법행위에 대해서 적용되는 형법에 대해서는 탐정은 반드시 숙지해야할 것이다.

---

1) 통신제한조치는 통신비밀보호법 제5조1항~제11항에서 열거하는 범죄를 계획 또는 실행하고 있거나 실행하였다고 의심할만한 충분한 이유가 있고, 다른 방법으로는 그 범죄의 실행을 저지하거나 범인의 체포 또는 증거의 수집이 어려운 경우에 한하여 허가할 수 있다고 하여 해당 범죄를 열거하고 있는데, 매우 광범위한 대부분의 범죄가 허가 대상이 되므로 법원의 허가만 있다면 대부분의 범죄에 대한 수사에서 감청 등이 가능하다.

2) 통신비밀보호법 제6조 (범죄수사를 위한 통신제한조치의 허가절차) 2항 : 사법경찰관(군 사법경찰관을 포함한다. 이하 같다)은 제5조의 1항의 요건이 구비된 경우에는 검사에 대하여 각 피의자(被疑者)별 또는 각 피내사자(被內査者)별로 통신제한조치에 대한 허가를 신청하고, 검사는 법원에 대하여 그 허가를 청구할 수 있다.

3) 김철수, 「헌법학개론」, 박영사, 2001, p.551.

4) 전대양, "민간조사업법안의 주요 쟁점에 관한 연구", 제8회 한국민간경비학회 춘계학술세미나, 2006, pp.6-8.

3. 변호사법

우리나라에서는 사건 및 사고 등과 관련 된 민간인의 조사나 소송에 대해서는 변호사에 의해서만 할 수 있도록 변호사법으로 제도화하고 있다.

이처럼 변호사법에 의해 변호사에 의해서만 민간인의 조사나 소송을 할 수 있도록 규정[5)]하고 있는 것은 국민의 소송문제에 대한 보호라는 측면도 있지만, 반면에 피해자 개인이 이에 접근할 수 있는 경제적인 여력이 부족할 경우에는 오히려 보호측면이 장벽으로 남게 될 수 있다. 또한 조사 및 소송 등에 대하여 변호사가 독점권을 행사하고 있어 국민의 사건조사 등에 대하여 서비스가 제한되는 부작용이 없지 않다. 또한 변호사법 제9조(벌칙조항) 1항의 규정[6)]을 보면 탐정의 주요 업무법위가 변호사법에서 규정한 벌칙에 해당하므로 법적 성격상 현행 변호사법과 직접적으로 상호 충돌할 가능성이 매우 높다.

일단 국내에서 발생한 모든 범죄의 수사권은 국가가 독점하기 때문에 공인탐정의 주 업무인 각종 범죄나 위법행위의 조사는 공인탐정이라 하더라도 개인 신분에 불과하므로 이는 당연히 변호사법 제109조에서 규정하고 있는 수사사건에 포함될 여지가 있고, 또한 범죄나 위법행위의 조사가 아닌 일들, 예를 들면 보수를 대가로 친자확인을 해 주거나 재산상의 손실조사를 해 준다면 이 또한 변호사법 위반에 해당될 여지가 충분하다. 그러나 국민은 누구나 타인의 피해에 대하여 국가로부터 보호받을 권리가 있으며, 또한 자신의 비용으로 사건을 처리하는 자에 대하여 법률의 범위 내에서 의뢰하여 권익을 구제받을 수 있다. 공인탐정제도는 의뢰인의 사건이나 사고를 조사하여 국민의 피해구제와 국민의 권익보호라는 가장 실질적인 역할을 담당한다고 볼 수 있다.

---

5) 변호사법 제3조 (직무행위)

6) 변호사법 제109조(벌칙) 1항의 내용을 보면 다음과 같다.
'다음 각호의 1에 해당하는 자는 7년 이하의 징역 또는 5천만원 이하의 벌금에 처하거나 이를 병과 할 수 있다.
1. 변호사가 아니면서 금품·향응 기타 이익을 받거나 받을 것을 약속하고 소송사건 · 비송사건 · 가사조정 또는 심판사건 · 행정심판 또는 심사청구나 이의신청 기타 행정기관에 의한 불복신청사건, 수사기관에서 취급중인 수사사건 또는 법령에 의하여 설치된 조사기관에서 취급중인 조사사건, 기타 일반 법률사건에 의하여 감정 · 대리 · 중재 · 화해 · 청탁 · 법률상담 또는 법률관계 문서작성 기타 법률사무를 취급하거나 이러한 행위를 알선한 자.

추후 공인탐정제도의 도입 시 현행 변호사법과 상호 충돌하여 변호사의 업무를 침해한다는 부정적인 면 보다는 오히려 변호사의 업무를 보조하여 국민을 위한 조사업무를 한층 더 전문화·기술화·분업화 할 수 있는 긍정적인 면이 더 강하게 작용할 수 있다. 즉 재판 시 법률관계 등에 대한 이론적 입증과 법률 절차상의 문제는 변호사가 담당하지만 재판을 위한 증거자료나 사실 확인과 같은 실제적인 조사나 정보수집은 전문 탐정이 수집한 정보나 자료를 바탕으로 한다면 국민의 실질적인 권리구제에도 도움이 될 것이다. 또한 탐정의 업무가 변호사와 연계되거나 변호사의 의뢰에 의하여 이루어 질 수 있으므로 변호사법을 이해해야 할 필요성이 있다. 그러므로 국민의 실질적인 권익보호와 직업의 자유·변호사의 업무 전문화 등을 달성하기 위하여 현재 추상적이고 지나치게 포괄적인 변호사법의 일부 규정을 개정하여 공인탐정제도와 상호 협조체제를 유지할 수 있도록 관련법을 정비한다면 국민의 기본권 보호는 물론 많은 부분에서 긍정적인 효과를 도출할 수 있을 것이다.[7)]

4. 신용정보의 이용에 관한 법률

우리나라에서는 현재 '신용정보의 이용 및 보호에 관한 법률'에 의하여 정보원·탐정 기타 이와 유사한 명칭을 사용하는 일을 금지하고 있으며, 이를 어길 경우 3년 이하의 징역 또는 3천만원 이하의 벌금에 처하도록 규정되어 있다. 이 법의 규정에 의하면 정보원이나 탐정으로 활동하는 것은 물론 이와 유사한 명칭을 사용하는 것조차도 처벌의 대상이 되는 것이다.

단 이법에 의해 금융감독위원회의 승인을 받아 〈표 2-1〉의 내용과 같이 신용조회업, 신용조사업, 신용평가업, 채권추심업의 4가지 업무 중 일부 또는 전부를 영위하는 법인형태의 신용정보업자(신용정보회사)만이 할 수 있다.

'신용정보의 이용 및 보호에 관한 법률'은 우리 사회의 신용정보를 건전하게 육성하고 신용정보의 효율적인 이용과 체계적 관리를 기하며, 신용정보의 오용·남용

7) 나영민 · 김원중, "민간조사제도의 정착 및 수사기관과의 관계에 관한 연구", 제16회 한국경호경비학회 세미나, 한국경호경비학회, 2006, p.40.

으로부터 사생활의 비밀 등을 적절히 보호함으로써 건전한 신용질서의 확립에 이바지함을 목적으로 제정되었다.

〈표 2-1〉 신용정보회사의 주요 업무

구 분	업 무 내 용
신용조회업무	개인 및 기업의 연체정보 등 신용불량정보를 수집·정리하여 DB화하고 의뢰인의 요청에 따라 신용정보를 제공 신용거래정보, 연체정보 등 다양한 신용정보를 수집하여 신용평점을 산정하고 이를 의뢰인에게 제공하는 CB(Credit Bureau)업무로 발전하는 추세
신용조사업무	타인의 의뢰를 받아 개인이나 기업의 신용정보 또는 재산상태를 조사하고 이를 의뢰인에게 제공
신용평가업무	기업이 발행한 유가증권의 원리금 상환능력을 평가하고 그에 맞는 신용등급을 부여
채권추심업무	채권자의 위임을 받아 약정기일 내에 채무를 변제하지 아니한 자에 대한 재산조사, 변제의 촉구 또는 채무자로부터의 변제금 수령을 통해 채권자를 대신하여 「상법」상의 상행위로 인한 금전채권을 행사 - 공공부문 채권과 개인의 채권은 추심대상에서 제외

*자료 : "신용정보회사의 현황과 발전 과제", 한국은행 공보자료,

신용조사는 타인의 의뢰를 받아서 신용조사를 하고 이를 그 의뢰인에게 제공하는 행위를 말하는데, 신용조사 의뢰자는 신용정보업자 자신이 아닌 모든 자로 개인 신용정보에 대한 조사를 의뢰하는 자는 당해 개인과의 상거래와 관련한 일정한 목적을 가진 자여야 하고, 신용정보업자 등이 의뢰인의 주소, 성명, 의뢰내용 및 일자 등을 기재하도록 규정하고 있으며 이를 위반할 경우에는 형사처벌의 대상으로 삼고 있고, 의뢰인이 없을 경우에는 신용조사를 할 수 없다.

1997년 채권추심회사 설립 허용 이후, 1999년 설립자본금을 30억원에서 15억원으로 낮추면서 신용조사업체가 크게 늘었는데, 이는 우리나라 금융위기(IMF) 이

후 기업 및 금융 구조조정 추진 과정에서 발생한 대규모 부실 채권을 정리하려는 수요가 있었기 때문이다.

2015년 6월, 우리나라 33개 신용정보회사(정부 출연기관 포함) 가운데 실제 채권추심업무를 하는 곳은 신용정보회사 전체의 81%를 차지하고 있다. 현재 우리나라에서 PI, 민간조사회사, 컨설팅, 위기관리센터, 심부름센터, 흥신소 등의 다양한 명칭을 사용한 탐정관련업체들의 영업은 이 법에 의해 모두 불법행위에 해당되지만, 국가적으로는 명확한 대처 및 관리를 하지 못한 채 방치하여 왔다.

국세청의 소득 표준율 분류코드에 의하면 탐정업이 정식 업으로서 사업자등록증을 발급하여 영업이 가능한 것으로 명시되어 되어 있기 때문에 현행 '신용정보의 이용에 관한 법률'과 상호 모순되는 점이 있다.

뿐만 아니라 경비업법 시행령 제7조2제1항 [별표 1의2]에서는 특수경비업자가 할 수 있는 경비관련업을 매우 구체적으로 나열하고 있는데, 경비관련업 중 사업지원서비스업의 분야에는 세부적으로 사업시설 유지관리업, 인력공급업, 고용알선업, 경비업, 경보시스템업, 소독 및 구충서비스업, 건축물 일반청소업, 산업시설 청소업 등과 함께 탐정업도 포함시켜 놓고 있다. 즉 이것은 특수경비업자라면 탐정업에 종사할 수 있다는 것으로, 탐정업은 2003년부터 특수경비업자에게 공식적으로 허용된 것으로 해석될 소지가 있어 현행법상의 오류가 충분히 있는 것이다.

5. 공공기관의 정보공개에 관한 법률

탐정이 취급하는 주 업무 가운데에는, 자신의 의뢰인이 형사피의자나 피고인일 때에는 의뢰인을 대신하여 수사기관이나 법원이 가지고 있는 관련 서류에 대한 열람권행사나 정보공개 청구권의 행사가 보장되지 않는다면 정당한 업무수행에 중요한 문제점으로 등장할 수 있다.

공공기관의 정보공개에 관한 법률에서는 국민의 알권리를 보장한다고 선언하고 있으며, 또한 모든 국민은 정보의 공개를 청구할 권리를 가진다고 하고 있다. 이러한 권리의 내용에는 자신의 권익보호와 직접 관련이 있는 정보의 공개를 청구할 수 있는 이른바 개별적 정보공개청구권도 포함된다.

정보공개제도란 공공기관이 직무상 작성 또는 취득하여 관리하고 있는 정보를 수요자인 국민의 청구에 의하여 열람·사본·복제 등의 형태로 청구인에게 공개하거나(청구공개), 공공기관이 자발적으로 또는 법령 등의 규정에 의하여 의무적으로 보유하고 있는 정보를 배포 또는 공표 등의 형태로 제공하는 제도(정보제공)를 말한다[8]. 정보의 공개 형태로는 공공기관이 직무상 작성 또는 취득하여 관리하고 있는 정보를 청구인의 청구에 의하여 공개하는 청구공개(예: 정부공문서의 열람·복사청구 등)와 정보를 보유한 공공기관이 자발적으로 또는 법령상 의무적으로 정보를 제공하는 정보제공(예: 인터넷을 통한 정보 제공, 간행물의 배포 등)이 있는데, 정보공개방법과 그 내용에 대해서는 다음의 〈표 2-2〉와 같다[9].

〈표 2-2〉 공공기관의 정보공개 방법

구 분	내 용
정보공개 원칙	* 정보의 공개를 결정한 경우에는 청구인에게 통지한 공개일시 · 공개장소에서 원본으로 공개함이 원칙이다. 다만, 청구인 본인 또는 그 대리인을 직접 확인할 필요가 없는 경우에는 청구인의 요청에 의하여 우편으로 송부할 수 있다.
공개방법	* 문서, 대장, 도면, 카드류 : 열람 또는 사본의 교부 * 녹음테이프, 녹화테이프, 슬라이드 : 시청 또는 복제물의 교부 * 영화필름 : 시청 * 마이크로필름 : 열람 또는 사본·복제물의 교부 * 사진 : 열람 또는 사본의 교부 * 사진필름 : 열람 또는 인화물·복제물의 교부 * 컴퓨터 처리정보 : 매체의 열람·시청 또는 사본(출력물)·복제물의 교부

8) 근거규정:공공기관의 정보공개에 관한 법률, 시행령, 시행규칙.
9) http://i-minwon.spo.go.kr/petition/user.

공개종류	* 사본공개 - 정보공개를 원본으로 하는 것이 원칙이나, 정보를 공개함에 있어 정보의 원본이 오손되거나 파손될 우려가 있는 경우에는 사본으로 공개 가능. * 부분공개 - 비공개정보와 공개정보가 혼합되어 분리 가능한 경우에 공개 취지에 부합되는 때에는 부분공개가 가능. * 즉시공개 - 공개여부 결정절차 없이 즉시 또는 구술로 처리가 가능한 정보는 별도의 절차 없이 즉시 공개함.
정보공개 시 확인사항	* 정보를 공개할 때에는 청구인 본인 또는 그 대리인임을 다음과 같은 서류로 확인한다. - 청구인 본인에게 공개 시 : 청구인의 신원을 확인할 수 있는 신분증명서(주민 등록증 등). - 청구인의 법정대리인에게 공개 시 : 법정대리인임을 증명할 수 있는 서류와 대리인의 신원을 확인할 수 있는 신분증명서. - 청구인의 임의대리인에게 공개 시 : 정보공개위임장과 청구인 및 수임인의 신원을 확인 할 수 있는 신분증명서.
청구인의 직무	* 이 법의 규정에 의하여 취득한 정보는 청구한 목적에 따라 적정하게 사용하여야 한다. * 정보공개장소에 올 때에는 정보(공개·부분공개·비공개) 결정 통지서와 위의 해당 증명서를 지참하여야 한다.
정보공개 청구권자	* 모든 국민 - 청구인 본인 또는 그 대리인을 통하여 공공기관에 정보 공개를 청구할 권리를 가지고 있다. * 법인, 단체 - 법인과 단체의 경우는 대표자의 명의로 공공기관에 정보 공개를 청구할 권리를 가지고 있다. * 외국인 - 국내에 일정한 주소를 두고 거주하는 자 - 학술, 연구를 위하여 일시적으로 체류하는 자 - 국내에 사무소를 두고 있는 법인 또는 단체

*자료 : 대검찰청, http://i-minwon.spo.go.kr/petition/user.

또한 '공공기관의 정보공개에 관한 법률'과 개인정보보호법, 행정절차법에 대한 내용을 비교하면 〈표 2-3〉과 같다.

그러나 이 법에서는 비공개대상 정보를 규정[10]하고 있는데, 이 조항은 상당히

10) "公共機關의情報公開에관한法律" 제9조(비공개대상정보)
① 공공기관이 보유·관리하는 정보는 공개대상이 된다. 다만, 다음 각호의 1에 해당하는 정보에 대하여는 이를 공개하지 아니할 수 있다.

포괄적인 내용을 내포하고 있기 때문에 이를 근거로 한다면 향후 공인탐정의 업무활동에 제약이 되어 그 활동이 크게 위축될 여지가 있으며, 특히 제1항4호의 비공개대상으로 규정한 '범죄의 예방·수사·공소의 제기 및 유지 등에 관한 사항으로써 그 직무수행을 현저히 곤란하게 하는 정보'라는 개념은 해석 여하에 따라 공인탐정의 업무수행에 결정적인 장애요인으로 작용할 수 있는 것이다.

---

1. 다른 법률 또는 법률이 위임한 명령(국회규칙 · 대법원규칙 · 헌법재판소규칙 · 중앙선거관리위원회규칙 · 대통령령 및 조례에 한한다)에 의하여 비밀 또는 비공개 사항으로 규정된 정보
2. 국가안전보장 · 국방 · 통일 · 외교관계 등에 관한 사항으로서 공개될 경우 국가의 중대한 이익을 현저히 해할 우려가 있다고 인정되는 정보
3. 공개될 경우 국민의 생명·신체 및 재산의 보호에 현저한 지장을 초래할 우려가 있다고 인정되는 정보
4. 진행 중인 재판에 관련된 정보와 범죄의 예방, 수사, 공소의 제기 및 유지, 형의 집행, 교정, 보안처분에 관한 사항으로서 공개될 경우 그 직무 수행을 현저히 곤란하게 하거나 형사피고인의 공정한 재판을 받을 권리를 침해한다고 인정할 만한 상당한 이유가 있는 정보
5. 감사 · 감독 · 검사 · 시험 · 규제 · 입찰계약 · 기술개발 · 인사관리 · 의사결정과정 또는 내부 검토과정에 있는 사항 등으로서 공개될 경우 업무의 공정한 수행이나 연구 · 개발에 현저한 지장을 초래한다고 인정할 만한 상당한 이유가 있는 정보
6. 당해 정보에 포함되어 있는 이름·주민등록번호 등 개인에 관한 사항으로서 공개될 경우 개인의 사생활의 비밀 또는 자유를 침해할 우려가 있다고 인정되는 정보. 다만, 다음에 열거한 개인에 관한 정보는 제외한다.
   가. 법령이 정하는 바에 따라 열람할 수 있는 정보
   나. 공공기관이 공표를 목적으로 작성하거나 취득한 정보로서 개인의 사생활의 비밀과 자유를 부당하게 침해하지 않는 정보
   다. 공공기관이 작성하거나 취득한 정보로서 공개하는 것이 공익 또는 개인의 권리구제를 위하여 필요하다고 인정되는 정보
   라. 직무를 수행한 공무원의 성명·직위
   마. 공개하는 것이 공익을 위하여 필요한 경우로써 법령에 의하여 국가 또는 지방자치단체가 업무의 일부를 위탁 또는 위촉한 개인의 성명·직업
7. 법인, 단체 또는 개인(이하 "법인 등"이라 한다)의 경영·영업상 비밀에 관한 사항으로서 공개될 경우 법인 등의 정당한 이익을 현저히 해할 우려가 있다고 인정되는 정보. 다만, 다음에 열거한 정보를 제외한다.
   가. 사업 활동에 의하여 발생하는 위해로부터 사람의 생명 · 신체 또는 건강을 보호하기 위하여 공개할 필요가 있는 정보
   나. 위법 · 부당한 사업 활동으로부터 국민의 재산 또는 생활을 보호하기 위하여 공개할 필요가 있는 정보
8. 공개될 경우 부동산 투기 · 매점매석 등으로 특정인에게 이익 또는 불이익을 줄 우려가 있다고 인정되는 정보

② 공공기관은 제1항 각호의 1에 해당하는 정보가 기간의 경과 등으로 인하여 비공개의 필요성이 없어진 경우에는 당해 정보를 공개대상으로 하여야 한다.

〈표 2-3〉 개인정보보호법, 행정절차법과의 관계

구 분	정보공개법	개인정보 보호법	행정절차법
제 정	법률 제5242호 ('96.12.31) - '98.1.1 시행	법률 제4734호 ('94.1.7) - 95.1.8 시행	법률 제5241호 ('96.12.31) - 98.1.1 시행
입법목적	국민의 알권리 보장 국정운영의 투명성 확보	사생활의 비밀보호 사적권익 침해방지	국민권익 사전보장 행정참여 기회확대
공개대상 정보	공공기관의 모든정보	개인신상 관련정보	권리의무 관련정보
적용대상기관	* 공기관 - 국가행정기관 - 지방자치단체 - 국영기업체 등	* 공공기관 - 국가행정기관 - 지방자치단체 - 국영기업체 등	* 행정청 - 국가행정기관 - 지방자치단체 - 국영기업체 등
청구권자	국민, 외국인	본인	이해관계인

*자료 : 대검찰청, https://i-minwon.spo.go.kr/petition.

이와 관련하여 한 지방법원의 판례[11]에서는 '당해 정보가 공개될 경우 정보원, 정보수집 기법 등 정보수집 경로와 방법이 노출되어 장차 범죄관련 정보를 수집하는 것이 현저하게 곤란하거나 그 불법행위의 방식이 정보누출을 피하여 지능화되고 은밀해져 향후 범죄의 예방 및 수사업무를 수행함에 있어 직접적이고 구체적으로 장애를 줄 위험성이 있고 그 정도가 현저한 경우에 한 한다'고 판시하여 비공개대상 정보의 개념을 매우 좁게 해석하고 있으므로 공인탐정에 대한 조사활동의 제약은 상당수 조정 될 수 있을 것으로 볼 수 있다. 하지만 수사에 관계하고 있는 자의 비밀엄수와 인권존중을 주의사항으로 규정하고 있는 형사소송법 제198조[12]와 형법상의 피의사실공표죄(형법 제126조)[13]가 존재하는 이상 공인탐정이 수사 관련 서류에 대한 정보공개청구에는 상당히 장애가 있을 것으로 예상된다.

11) 전주지법, 2000.2.15, 선고 99구147.

12) 형사소송법 제198조 (주의사항), 검사, 사법경찰관리 기타 직무상 수사에 관계있는 자는 비밀을 엄수하며 피의자 또는 다른 사람의 인권을 존중하고 수사에 방해되는 일이 없도록 주의하여야 한다.

13) 제126조 (피의사실공표)
검찰, 경찰 기타 범죄수사에 관한 직무를 행하는 자 또는 이를 감독하거나 보조하는 자가 그 직무를 행함에 당하여 지득한 피의사실을 공판 청구 전에 공표한 때에는 3년 이하의 징역 또는 5년 이하의 자격정지에 처한다.

이상에서 살펴 본 공인탐정제도의 도입과 각종 현행 법률과의 상충문제는 매우 조심스럽게 접근해야 하면서도 한편으로는 단순하게 해결될 수 있는 문제가 아니기 때문에, 추후 공인탐정제도의 업무 수행에 큰 장애요인이 되지 않는 방향으로 입법과정에서 세심한 준비를 하여 운용되어야 할 것이다. 또한 변호사법이나 신용정보의 이용 및 보호에 관한 법률, 정보공개에 관한 법률들은 더 나은 방향으로 개정될 필요가 있다. 변호사법 개정 문제는 실제로 공인탐정들이 변호사들의 조력자라는 점[14]을 중시한다면, 이들이 활동할 수 있도록 관련 법률을 개정하는 방향으로 진행되어야 할 것이다. 또 신용정보의 이용 및 보호에 관한 법률에서 탐정이나 유사용어의 사용을 금지하는 것을 개정할 필요가 있으며, 정보공개법도 국민의 알권리라는 차원에서 대부분의 정보를 공개하게 되어 있으므로 앞으로의 사회 환경 변화에 따라 비밀로 취급되지 않는 정보에 대해서는 공개의 범위를 넓혀가는 분위기가 조성되어야 하며, 공인탐정제도의 도입으로 사회변화에 따른 국민의 광범위한 치안수요 욕구 해결을 위해 관계 법률들을 부분 개정하는 방향으로 탄력적으로 대처해 나가는 노력이 매우 필요하다고 본다.[15]

14) 이명재, “법률조력자로서의 민간조사제도의 필요성”, 민간조사업법 제정을 위한 공청회 자료집. 2005, pp.89-93.
15) 전대양, 전게논문, pp.8-12.

제 3 장

탐정의 정보 수집기술

1. 정보의 기본적 이해
2. 탐정의 정보활용 실무
3. 면담을 통한 정보수집 기술

제3장 탐정의 정보 수집기술

1. 정보의 기본적 이해

정보는 우리가 생존해 나가는 누구나 필요로 하고 있으며, 정보활동은 개인, 가족, 기업, 국가 등 개인에서부터 국가 및 국제조직에 이르기 까지 규모와 차원만 다를 뿐이지 끊임없이 계속되고 있다. 정보는 개인의 간단한 호기심부터 우리들의 생사가 좌우되는 정보 즉 국가안보에 심대한 영향을 미치는 국가급 수준의 정보와 우리의 물질적 삶의 질을 좌우하는 산업 및 경제적 측면에서의 기업 정보 등 인간의 모든 영역에서 이루어지고 있다.

특히 21세기 급변하는 세계화와 정보화 속에서는 국가의 위기를 극복하고 보다 풍요한 삶을 영위하기 위해서는 세계 도처에서 일어나고 있는 정치 · 경제 · 사회 · 문화 · 외교 · 군사 · 교육 등 모든 사태에 대해정확하고도 적시적인 정보를 획득할 수 있어야 한다. 신문이나 방송 등의 매스컴에서는 매일 수많은 뉴스와 사건을 보도하고 있는 기사의 홍수 속에서 국가정보기관이나 기업 등의 정보 종사자들은 각국의 비밀 즉, 정치적, 외교적 최고정책내용이나 전략계획 또는 군사력, 경제력에 관한 상세한 내용을 도출해 내려고 필사의 노력들을 하고 있다.

우리가 일상적으로 사용하고 있는 정보에 대한 정의는 학자의 보는 관점에 따라 자기의 전문 분야에 맞게 정의하고 있기 때문에 정확하고 완전한 정의를 내리기는 어렵다.

우리는 모두 일상적으로 소규모적인 정보활동을 하고 있다. 가정주부가 시장을 보러 간다든지 의사가 환자의 병을 진단하는 것처럼 누구든지 어떤 행동과정을 결정하기에 앞서 일종의 정보활동을 하는 것이다. 우리들은 대부분 정보활동이 무의식적으로 이루어지기 때문에 활동하는 사람 자신도 그것이 정보활동이라고 의식하지 못하는 경우가 많다.

한나라의 중앙정보기관은 국가의 보위를 위해서 국가안보에 영향을 미치는 대상국들의 정치, 경제, 외교, 군사동향 등을 정보수집 및 면밀히 감시하는가 하면, 대부분의 기업체에서도 기업경영에 영향을 미치는 경영 및 영업정보, 기술이나 상품정보, 금융 및 외환정보 및 경쟁사의 정보 등을 획득하기 위해 의식적으로 정보활동을 수행하고 있다. 훌륭한 정보는 위기의 예측, 계획의 수립, 장비의 개발, 자원의 분배, 그리고 작전행동의 기초가 된다. 그러나 훌륭한 정보는 결코 우연히 얻어지거나 즉흥적인 기능으로 획득되는 것이 아니다. 정보의 절차는 첩보를 수집하고 분석해서 전파하는 것이다.

1) 정보의 개념

정보란 우리가 일연의 행위를 시작하기 전에 알아야 할 사전지식을 뜻하며 그 본질에 있어서는 어떤 목적을 달성하기 위한 정책수립의 기본지식 즉, 문제 해결에 필요한 지식을 말한다.

오늘날 우리사회에서 사용하는 '정보'라는 용어는 일본의 메이지정부가 프랑스의 병제(兵制)를 채택하여 구 일본 육군을 창설하면서 프랑스군이 사용하던 군사용어를 번역하여 만든 것이다. 즉, 적국의 정세인 '敵情'의 情과 알림의 '報'를 연결하여 정보란 단어를 만든 것으로서 일본식민지시대에 한국에 들어와 사용하게 된 것으로 군사적으로 쓰이던 '정보'란 단어는 사회가 발전하면서 평화적인 일상용어로 확대되어 쓰여 지고 있다.

우선 정보기관에서는 "정보란 국가의 정책결정을 위하여 수집된 첩보를 평가, 분석, 종합 및 해석한 결과로 얻은 지식"이라고 정의하여 첩보와 정보를 구분하고 있으며 또한 국가정책이나 전략기획을 수립하거나 의사를 결정하기 위하여 사용자에게 가치 있고 유용한 지식이 정보라는 것을 분명히 하고 있다.

과학기술적 측면에서의 정의를 보면, 데이비스(G.B. Davis)는 "정보란 받아들이는 사람에게 필요한 형태로 처리 된 데이터이며, 현재 또는 장래의 의사결정에서 실현되든가 또는 가치를 인정받는 것"으로 정의하고 있다.

사회 일반적인 차원에서는 "정보란 지식이며, 조직이고, 활동"이라고 하며 경우에 따라서 "정보란 어떤 형태 또는 사건에 대한 불확실성을 감소시키는 유·무형의 실체"라고 정의를 내리기도 하였다.

보편적 관점에서 정보란 인간사회의 모든 현상을 말하는 것으로서 첩보와 구분 없이 광의로 사용되지만, 정보기관에서는 '정보란 국가의 정책결정을 위하여 수집된 정보를 평가, 분석, 종합 및 해석한 결과로 얻은 지식'이라고 정의하여 첩보와 정보를 구분하고 있다. 즉, 첩보는 '목적성을 가지고 의도적으로 수집한 데이터'이나 아직 분석·평가 등의 정보처리과정을 거치지 않은 것을 의미하고, 정보는 '특정한 상황에서 가치가 평가되고 체계화된 지식'으로서, 입수된 첩보를 필요성에 맞추어 처리 및 가공함으로써 이용가치를 부가시킨 것을 말하는 것이다. 그러나 국가기관에 있어서 정보는 반드시 평가·해석된 것이라고 볼 수 없으며, 넓게 볼 때 국가기관이 그 업무에 기하여 지득하여 저장하고 있는 모든 정보체계의 집합체라고 할 수 있다. 참고로 국가정보자료관리규정(대통령령 제16211호)에서는 '국가정보자료'를 국가정보정책의 수립에 기여할 수 있는 국내외 정치·경제·사회·문화·군사·과학·지지·통신 등 각 분야별 기본정보와 각 분야에 영향을 미칠 수 있는 인적·물적 정보 등의 내용이 수록된 자료를 말한다고 정의하고 있다.

경찰법과 경찰관직무집행법에서는 '치안정보'라는 용어를 사용하고 있는데, '치안정보'란 치안의 목적을 위해서 사용되는 모든 정보를 뜻하는 것으로, 치안의 목적을 위해 의도적으로 수집된 것인 한 평가·해석 등의 처리 과정을 거치지 않은 첩보도 포함하는 넓은 의미로 해석하여야 할 것이다.

전문 탐정업무적인 관점에서 볼 때 정보(information)란 생활주체와 외부의 객체 간의 사정이나 정황(情況)에 관한 보고로서, 관찰이나 측정을 통해 수집한 자료를 실제 문제해결에 도움이 될 수 있도록 정리한 지식, 또는 자료라 할 수 있는 의미가 가장 적합하다고 볼 수 다.

2) 정보개념의 구성요소

정보를 구성하는 요소에 대하여 많은 학자들이 의견을 같이하고 있는데 여기에는 사용자와 제공자, 정보의 자료나 출처, 일정한 형태의 처리과정 등의 기본적인 요소를 들고 있다.

(1) 정보의 사용자

정보는 어느 시기, 어느 상황을 막론하고 해당 정보를 필요로 하는 사용자가 있어야 한다. 사용자는 특정한 개인이나 조직, 단체가 될 수 있으며 경우에 따라서는 국가나 군대, 기업체 등 누구나가 될 수도 있다. 아무리 많은 정보가 산재해 있더라도 그것을 필요로 하는 사용자가 없다면 정보는 무가치한 자료가 될 뿐이다.

(2) 고유의 가치

정보는 나름대로 고유의 가치가 있어야 한다. 아무리 훌륭한 정보라 하더라도 그것이 필요 없는 사람에게는 아무런 가치가 없는 것이기 때문이다.

(3) 일정한 처리과정

정보는 일정한 형태의 처리과정을 거쳐야 한다. 정보는 필요한 사람이나 특정한 목적에 따라 일정한 처리과정을 통하여 처리되어야 정보의 가치가 살아나며, 반드시 이와 같은 처리과정을 통하여 생산된 것만이 정보로서의 가치가 부여된다.

따라서 일정한 형태의 처리과정을 거치지 않은 정보는 자료나 첩보의 수준에 지나지 않는다고 할 수 있다.

3) 정보의 구성

정보는 자료나 정보원(情報原)으로 구성되어 있다. 여기서 정보원은 단편적으로는 정보를 제공해 주는 사람이나 조직과 같은 정보의 출처(Source)만을 의미하는 것으로 보기 쉬우나 이 보다는 광의의 의미로 정보를 추출해 낼 수 있는 '정보의 원료(Resource of information)'라는 의미를 포함한다고 볼 수 있다.

그 대표적인 예가 바로 자료(Data)이다. 정보는 정보원인 자료를 일정한 목적으로 처리한 것이며, 여기서 처리되지 않은 자료를 곧 원자료(Raw data)라고 하며 '처리된 자료 또는 변형 된 자료'에 대한 상대적인 개념이다.

이것을 정리하면 원자료가 처리 된 자료의 정보원(情報原)이 되고, 처리된 자료를 다른 목적으로 다시 처리하면, 이를 '1차 정보' 또는 일종의 '첩보'라고 하며,

이 첩보를 다시 일정한 과정을 거쳐 처리한 것이 '2차 정보' 곧 '지식'이라고 할 수 있다.

(1) 첩보(Information)

"첩보란 평가, 해석되지 않은 정보자료"라고 할 수 있다. 정보활동을 전문으로 하는 정보기관을 제외한 일반사회나 기업체에서는 정보나 첩보를 잘 구별하지 않고 사용하고 있으나 정보기관에서는 혼란과 정확성의 문제 때문에 하나의 약속부호처럼 이 양자를 엄격히 구분하여 쓰고 있다. 즉, 정보를 생산하기 위하여 사용하는 자료를 첩보라 하고 그 자료로서 생산된 결과를 정보라고 정의하고 있다. 어원상으로 보아 정보(Intelligence)라는 말과 첩보(Information)라는 말은 지식이라는 점에서 공통적이지만 정보는 단순한 견문(見聞)이나 통보된 내용을 지식과 사고력을 동원하여 의도(Intention)에 관한 속성을 찾으려는 추구력에 의해 발견된 지식이지만 첩보는 사실의 발생에 관한 견문, 풍문 등을 통보 또는 중간단계에서 듣거나 본 사상(事象) 에 대해 단순한 안내(Guide) 또는 소개(紹介)적인 의미의 지식을 뜻한다.

정보활동은 정보소비자의 수요 등에 의한 첩보수집계획에서 출발하여 첩보수집활동으로 이어지므로 첩보수집계획과 첩보수집활동은 정보활동의 기본이 된다. 첩보의 출처는 크게 2가지로 나눠진다. 하나가 인간(HUMAN)이고 다른 하나는 기술(TECHNOLOGY)이다. 인간 출처에서 수집된 정보를 인간정보(HUMINT)라고 하며 이는 다시 공개출처와 비밀출처로 구분된다. 공개출처에는 신문, 잡지, 방송, 여행자, 서적, 지도, 전화번호부 등이 있고 비밀출처로는 정보관, 공작원, 협조자, 주재관보고와 전쟁 포로나 평상시의 망명자가 해당된다. 공개출처로 수집하지 못하는 정보는 비밀출처를 통해서 수집하게 되며 고위직이나 핵심인사 주변인물일 경우 핵심적인 고급정보를 제공하게 된다. 다음으로 기술출처로부터 수집되는 정보를 기술정보(TECHINT)라고 하는데 영상정보(IMINT)와 신호정보(SIGINT)로 구성된다. 영상정보는 위성, 레이다, 항공기 등의 기술수단에 장착한 고성능 카메라로 촬영한 영상으로부터 해석하고 분석한 정보이다. 이에 반해 신호정보는 적과 타국의 통신, 전자신호, 레이더, 레이저, 적외선 등 신호를 수집하여 해석하여 얻은 정보이다.

■ 공개첩보와 비밀첩보

첩보는 획득한 출처(Source)에 관계없이 첩보내용의 비밀여부에 따라 비밀첩보 또는 공개첩보로 구분된다. 여기서 첩보내용의 비밀여부라 함은 그 내용이 공개되어도 좋은가? 또는 보호해야 할 내용인가를 두고 하는 말이다. 라디오방송이나 신문기사 등 공개출처(Open Source)로부터 획득한 첩보라 하더라도 국가안보상 그 내용을 공개해서는 안 되는 자료가 있을 수 있다.

(2) 자료(Data)

자료란 어떠한 결론을 도출 할 수 있는 사실이나 내용으로서 주로 도서관, 연구소, 공공단체에서 구할 수 있는 각종 문헌과 사진, 필름 등이다.

(3) 출처(Source)

출처란 자료나 첩보를 획득할 수 있는 원천으로서 자료소재(Crude Data)의 보유원(保有源)을 말한다. 모든 첩보 또는 정보의 수집에는 입수경로가 있는데 이 입수경로를 정보원 또는 첩보의 출처라고 한다.

즉, 출처의 넓은 의미는 입수자에게 첩보나 자료를 주게 된 직접 또는 간접의 공급원을 뜻하지만, 정보전문가 사이에서 출처라고 했을 때는 상식적으로 직접 또는 간접의 제보자(Informant)를 뜻한다. 그러나 첩보수집자가 아닌 정보 분석자가 첩보나 정보의 출처를 중요시하고 문제시하는 것은 그 자료의 신뢰성(Credeibility)을 평가하는데 기초가 되기 때문에 이 경우 출처라고 할 때는 첩보의 제보자 보다 실제로 어디서 그 첩보가 생성되었는지 원천이 중요시 된다.

이처럼 정보작성 분야에서 출처란 모든 첩보가 획득 된 실질적인 원천을 뜻한다. 따라서 정보작성자의 입장에서는 출처란 그 원천이 문제되는 것이지 제보자나 전달경로는 그다지 문제되지 않는다.

■ 1차 출처(Primary Source)

첩보의 1차출처란 직접 관찰하였거나 참가하였거나, 기록한 사람들이다. 예를 들면 어떤 기업체의 총수와 인터뷰한 기자가 1차 출처이고 그가 직접 작성한 기사도 1차 출처이다. 스파이나 전향자가 직접 작성한 것도 1차 출처이며 각종 센서 등의 정보장비 즉, 전자정보수신기, 레이더, 전자광학장비의 카메라도 1차 출처이다.

■ 2차 출처(Secondary Source)

2차 출처는 1차 출처를 근거로 하여 작성된 서류이다. 만약 정보 분석자가 비밀공작원인 전향자와의 면담을 통해서 평가한 첩보에 근거를 둔 보고서라면 이 보고서가 곧 2차 출처가 되는 것이다. 대개의 경우 분석자들은 1차 출처 또는 1차 출처에서 나온 서류가 2차 출처보다도 신빙성이 있다고 볼 수 있지만, 그러나 정보분석자는 어떤 첩보를 평가할 때 출처의 능력과 동기를 고려해야 한다. 예컨대, 능력의 경우 출처(사람)가 관찰 시 관찰능력이 미숙해 장갑차(APC)를 보고 전차(Tank)로 보고할 수도 있으며, 동기의 경우에도 예컨대 어떤 전향자가 자신의 개인경력을 남의 호감을 얻기 위해 고의로 유리하게 작성할 수도 있기 때문이다.

■ 공개출처와 비밀출처

출처는 보호의 필요성 유무에 따라 공개 또는 비밀출처로 구분된다. 이것은 출처로부터 획득되는 첩보내용의 비밀여부와는 관계없는 개념이다. 출처가 노출됨으로서 상대방의 대첩보조치(對諜報措置)로 그 출처가 봉쇄되어 그 이상의 제보를 받을 수 없게 되어 정보활동의 지장을 초래하는 경우가 있는데 이러한 경우 최대한 그 출처를 보호해야 하는데 이 같은 출처를 비밀출처라 한다.

반대로 공개출처라 함은 신문, 방송, 도서관, 새미나, 공식적인 외교경로 등과 같이 보로가 필요 없는 출처이다. 사실 정보작성 시 80% 이상이 공개출처에서 입수되고 있다고 해도 과언이 아니다.[1)]

수집수단에 의한 출처 정보를 구분하면 다음의 〈표 3-1〉과 같다.

---

1) 강기욱, 정보아카데미, 한국생산성본부, 1997, pp.36-38.

〈표 3-1〉 수집수단에 의한 출처정보(All Source Intelligence)

(1) 인간정보	HUMINT(Human Intelligence) : -인간(정보관, 정보원, 비밀공작원 등)
(2) 영상정보	IMINT(Imagery Intelligence) : -카메라, 항공정찰기, 인공위성 등
(3) 신호정보	SIGINT(Signals Intelligence) : *통신정보(COMINT : Communication Intelligence) - 유무선 전화통신, Morse전신, Fax 등 *전자정보(ELINT : Electronics Intelligence) - 전자감시((Electronic Survelliance)

이상과 같이 정보를 처리단계에 따라 자료, 첩보, 정보로 나눌 수 있으며 그 일반적인 특징을 비교하면 다음의 〈표 3-2〉와 같다.

〈표 3-2〉 자료 · 첩보 · 정보의 비교

	광의의 정보		
구 분	자료(Data)	첩보(Information)	정보(Intelligence)
의 미	단순사실, 신호, 소재	목적의식에 따라 수집된 자료	일정한 절차에 따라 처리된 유용한 정보
용 어	데이터(자료)	1차정보, 첩보, 생정보	2차정보, 정보, 가공정보, 지식
활 동	입력(Input)	수집	평가, 분석, 가공
활동특성	임의적	의식적	의식적
활동주체	전임직원	전임직원	정보전문부서
특 성	무의미	불확실성	확실성
유 용 성	小	中	大
시 간	자동적	신속성	지연성

*자료 : 경찰대학, 경찰정보론, 2005, p.14.

4) 정보순환과정

정보의 순환은 정보 생산의 여러 단계가 유기적으로 조직되고 상호 보충 작용으로 반복 그리고 계속되는 과정으로서 국가 목표를 향해 형성되고 발전되어 가는 총괄적인 정보활동의 과정이라고 볼 수 있다. 정보의 순환이란 정보활동 시 소요되는 정보의 요구를 결정하고 이 요구를 충족시키기 위한 수집된 첩보를 평가, 분석, 동합, 해석하여 정보를 생산한다. 생산된 정보는 정보의 순환과정을 거치게 되는데 정보의 순환과정은 정보의 요구, 첩보의 수집 및 분석 평가, 정보의 생산 및 배포라는 일련의 순환과정을 말한다. 첩보가 정보화되어 배포될 때까지의 순환과정은 〈표 3-3〉과 같이 4단계(요구-수집-생산-배포), 또는 5단계(요구-수집-처리-생산-배포)로 나뉠 수 있는데 단순히 직렬형태로만 연속적 또는 동시에 이루어 질 수 있다. 여기서 첩보란 정보가 되기 전의 모든 사회적 현상에 관한 부정확하고 단편적이며 불규칙한 사실에 관한 견문으로서 아직 평가·해석되지 아니한 지식이기 때문에 그 자체로는 사용가치가 매우 희박하다고 볼 수 있다.

〈표 3-3〉 정보의 순환과정(4단계)

정보요구단계	⇨	첩보수집단계	⇨	정보생산단계	⇨	정보배포단계

〈표 3-4〉 정보의 순환과정(5단계)

정보요구단계	정보요구결정, 수집계획의 준비, 명령하달 및 수집기관의 활동 내용에 대한 지속적 점검
첩보수집단계	인적수단이나 기술적 수단 등을 통한 첩보수집
정보처리단계	수집된 자료들을 대조, 평가, 존안 및 관련 부처로 전달
정보생산단계	첩보에 대한 체계적인 분석, 종합, 해석 및 판단으로 정보사용자에게 적합한 형태의 안전한 정보로 가공
정보배포단계	생산된 정보가 사용자에게 전달

5) 정보의 특성

(1) 적실성

사용권자의 의사결정에 반드시 필요한 내용을 제공할 때 정보로서의 가치를 발하는 특성이 있다.

(2) 적시성

정보의 가치를 판단하는 중요한 기준은 필요 시 활용가능 여부이다. 또한 정보는 일반적으로 시간이 갈수록 가치가 줄어드는 속성을 가지고 있다.

(3) 비이전성

정보는 타인에게 전달해도 본인에게 그대로 남아 있다.

(4) 누적효과성

정보는 데이터베이스의 사례에서 볼 수 있듯이 정보가 풍부하게 생산되고, 축적될수록 그 가치가 높아지는 것을 말한다.

(5) 신용가치성

정보의 구입 시 출처, 즉 정보원(Source)의 신용이 중요한 판단기준이 된다. 같은 정보라도 출처의 신뢰도가 높을수록 그 정보의 가치는 높다고 할 수 있다.

(6) 무한가치성

물질이나 에너지는 하나의 상품에 하나의 가치 밖에 없지만, 정보는 그 내용이 단 한가지라 할지라도 필요한 사람이면 누구에게나 가치가 있다.

(7) 빈도

빈도란 정보의 사용자가 얼마나 자주 필요로 하고, 또 수집되며 생산하는가를 측정하는 기준으로서 정보의 가치판단에 있어 중요한 측정요소이다.

(8) 완벽성

특정 상황에 대한 정보가 그 정보를 필요한 사람에게 전반적이고 체계적인 내용을 모두 전달해 줄 수 있는가도 정보의 가치판단에 중요한 기준이 된다.[2)]

6) 정보의 사회적 가치

(1) 상업적 가치

정보의 상업적 가치(Commercial value)는 개인, 기업 등의 경제주체가 정보의 주체가 되어 경제적 이윤추구를 목적으로 할 때 강조되는 가치이다.

이때 정보는 기본적으로 경제주체들이 팔거나 사는 재화 또는 상품으로서의 성격을 가지게 되는 것이다. 정보화 사회의 진전에 따라 정보의 중요성이 증가하면서 재화 또는 상품으로서의 정보의 역할이 커짐에 따라 정보의 상업적 가치의 중요성도 더욱 증대될 것이다.

그러나 이러한 추세는 정보의 상업적 가치를 부당한 방법으로 침해하는 사회병리현상을 초래하고 있기도 하다. 그 대표적 사례는 지적재산권의 침해를 수반하는 컴퓨터범죄, 저작권 관련 계약 및 법률위반과 산업스파이 활동 등은 정보의 특징 중 하나인 높은 전달 가능성에 편승하여 국가 간의 정보유통의 문제를 파생시키고 있는 것이다. 각국의 정보기관들은 이에 따라 상업적 가치를 가진 자국의 정보를 다른 국가 또는 그 기업 및 개인 등으로부터 보호하기 위한 對정보(Counter-intelligence)활동을 강화하고 있다.

(2) 개인적 가치

정보의 개인적 가치(Private value)는 정보의 주체인 개인이 사생활의 내용을

2) 경찰대학「경찰정보론」, 2005, pp.10-17.

공개당하지 않을 목적(소극적·전통적 프라이버시권)을 추구할 때 강조되는 가치이다. 이 외에도 초상권, 성명권 등 일신 전속적 성격을 가지는 권리들이 정보의 개인적 가치와 밀접한 관련을 갖고 있다.

이와 관련하여 개인에 관한 정보가 경찰의 업무범위에 포함되는 '치안정보의 수집' 활동의 대상이 되는 경우에는 경찰목적, 정보의 개인적 가치의 침해 필요성 및 그 범위 상호간에 비례원칙 등 법원칙의 위반이 없도록 해야 할 것이다. 집회현장에서 이루어지는 경찰의 채증 활동이 적법성을 보장받기 위해서는 집회시위 방법의 적법성에 대한 고려와 함께 채증 대상이 되는 개인정보인 초상에 대한 목적 외 사용금지. 적절한 폐기절차 등을 지도적으로 보장할 필요서이 제기되는 것도 이와 같은 이유이다.

(3) 공공적 가치

정보의 공공적 가치(Public value)는 공중일반(Public)이 정보의 주체로서 공공복리를 목적으로 정보를 공유하여야 한다는 시각에서 강조되는 정보의 가치이다.

국가가 학문의 자유, 언론 및 출판의 자유 등을 존중하고 이를 위해 공공도서관, 박물관, 학교 등을 설립하거나 언론 및 출판 시스템을 지원하는 등의 전통적인 태도와 함께 각국이 행정정보공개제도 등을 도입, 발전시켜오고 있는 최근의 경향 등이 정보의 공공적 가치를 인정하는데 따른 것이라 할 수 있다.

(4) 정보가치의 상호간의 갈등

이상에서 언급한 정보의 가치들은 상호 경쟁관계에 있기 때문에 경우에 따라서는 가치 간의 충돌이 생길 수도 있다.

즉, 어떤 정보는 상업적, 개인적, 공공적 가치를 모두 갖출 수도 있지만 대부분 어느 한 가치가 상대적으로 강조되어 비교우위를 점하게 되며, 이때 가치 상호간에 갈등이 형성되는 것이다.

예를 들어 정보의 상품성이 강조될 경우 새로운 정보시스템을 통하여 정보를 판매하려는 입장에서는 정보를 누구나 공유해야 한다는 관념에서 출발하는 공공도서관의 이념과는 마찰이 일어날 수밖에 없다. 또한 공적인 가치를 반영하는 '정보

자유'에 관한 법은 사생활을 보호받을 권리 등과 같은 개인이나 고유자의 이해, 즉 사적가치와 상충될 수 있다. 예를 들면 정부는 공적인 목적을 위해서 개인이나 기업 또는 다른 조직에 관한 막대한 양의 정보를 수집하고 있다.

그런데 지금까지는 개인이 정보에의 접근이 어려웠기 때문에 개인정보에 대한 보호가 어느 정도 통제가 가능했지만 정보화 사회의 도래로 전산화 된 시스템은 이러한 정보에 접근하는 것을 용이하게 하고, 정보의 관리에 소요되는 시간과 비용도 감소시켜 정보의 대중화에 기여하게 되었다. 이때 정보의 공적가치는 높아졌으나 사적가치의 보호는 어려워진 것이다. 또한 상업적 가치와 사적가치와의 갈등도 현대 우리사회에서 흔하게 발생하고 있다. 상업적으로 시장성이 있는 정보는 이와 관련 된 개인의 동의 없이 제3의 정보제공자로부터 수집되어 사생활과 소유권의 침해를 초래할 수도 있는 것이다.

7) 정보가치에 대한 평가 요소

정보의 가치에 대한 평가는 의사결정에 있어 정보의 활용정도와 연관 지어 생각해 볼 수 있다. 즉, 어떠한 특정 정보가 절대 보편적인 가치를 가지고 있는 것인지 여부는 누가, 어떠한 상황에 언제 사용하느냐에 달려 있다고 할 수 있다. 정보의 궁극적인 목적은 의사결정에의 활용으로 완전한 의사결정을 내려 일을 성공적으로 끝맺도록 하는 것이라 할 수 있다. 따라서 의사결정에서 정보가 일정한 가치를 가지려면 다음과 같은 갖추어야 할 요건들이 있다.

(1) 적실성(Relevance)

정보가 현재 직면한 문제해결, 즉 정보의 사용자와 사용목적과 관련 된 것이어야 한다. 정보는 의사결정 상황에서 문제의 정확성을 파악하고 진단하며 대안을 분석함에 있어서 도움이 될수록 그 적실성은 커지고 동시에 정보로서의 가치도 높아진다. 실업문제를 해결하는데 필요한 정보는 현재 실업의 원인과 실상, 그리고 경제적 상황 등이지 외국의 식량난이나 사교클럽의 회원 수에 대한 정보가 필요한 것은 아니다.

(2) 정확성(Accuracy)

정보는 정확해야 한다. 정보가 정확하지 못하면 의사결정에 차질이 생기고, 잘못된 방향으로 의사결정을 할 수도 있다. 정확한 정보를 얻기 위해서는 정보활동을 위한 사전준비가 철저해야 하며 정보의 객관성에 대한 평가도 있어야 한다.

또한 정확성을 기하기 위해서는 수집된 첩보가 올바른 것이어야 하며, 정보를 다루는 사람도 공적인 자세와 공정성을 잃지 않아야 한다. 정보는 사용하는 사람의 자질에 따라 그 형태가 달라질 수 있다.

정보는 완벽하게 정확할 수는 없지만 정보가 생산되는 시점을 중심으로 하여 최대한 정확하도록 노력해야 한다는 것이 정확성의 참뜻이라 할 수 있다.

(3) 적시성(Timeliness)

정보는 사용자가 필요한 때에 사용할 수 있도록 제공되어야 한다. 정보의 제공이 너무 이르면 보안에 문제가 생길 수도 있고, 그렇다고 지나치게 늦으면 시기를 잃어 의사결정에 사용할 수 없게 된다.

(4) 완전성(Completeness)

정보의 완전성은 절대적인 완전성을 뜻하는 것이 아니라 시간이 허용하는 한 최대로 완전한 지식이 되어야 한다는 뜻이다. 가능한 주제와 관련 된 사항을 모두 망라하여 완전하게 작성되어야 하며, 부분적이거나 단편적인 정보는 비록 정확하고 중요한 내용이라 할지라도 사용자가 의사결정을 하는데 도움을 주지 못한다.

옛날에 한 임금이 온 나라 안의 소경들을 불러 모아 궁중의 마구간으로 데리고 가서 코끼리를 구경시켰다. 그런데 앞을 못 보는 소경들은 손으로 코끼리의 여기저기를 손으로 만지면서 구경을 마친 뒤 코끼리의 생긴 모양에 대하여 각기 의견을 내 놓았다. 다리를 만진 자는 코끼리가 큰 기둥처럼 생겼다고 하고, 코를 만진 자는 큰 동아줄 같다고 하였으며, 귀만 만진 자는 키와 같다고 하고, 꼬리를 만진 자는 큰 지팡이 같다고 하였다. 이와 같이 소경들의 이야기는 단편적이다. 정보도 이와 같은 단편적인 정보를 모아 완전한 하나의 지식을 만들어 내는 것이다.

따라서 정보를 생산 할 때는 항상 사안의 전후좌우를 함께 살필 수 있어야 하며, 다른 사안과의 인과관계, 향우 전망 및 대책까지도 제시할 수 있어야 한다.

그러나 정보의 완전성을 지나치게 추구하다 보면 정보를 필요로 하는 시기, 즉 적시성을 놓칠 수 있다. 이것이 정보의 완전성과 적시성과의 딜레마이다. 긴급한 사항을 완전한 정보를 제공하려다가 시기를 지체시켜 가지고 있는 정보조차도 활용하지 못하는 경우를 범할 수 있기 때문이다.

(5) 필요성 (Necessity)

정보는 반드시 사용자에게 필요한 지식이어야 한다. 적시성·완전성·정확성 등을 모두 갖춰 정보로서의 흠이 없다고 할지라도 그 지식이 사용자와 무관한 지식이라면 이는 결코 정보라 할 수 없다. 따라서 정보개념상의 또 하나의 문제는 누구를 위한, 무엇에 관한 것인가에 달려 있다. 즉, 사용자가 현재 당면하고 있거나 또는 앞으로 당면하게 될 분제 해결을 위한 지식이라는 점에 정보의 생명력이 존재하는 것이다.

(6) 특수처리과정(Special procedure)

사용자와 관계가 있는 정보를 정확하고 완전하게 그리고 적시에 생산하여 제공하려면 단순히 첩보를 수집하고 그리고 보고하는 과정만을 거쳐서는 그 목적을 달성하기 어렵다.

정보는 그 주제에 관계되는 모든 첩보를 신속히 수집하여 평가, 분석, 종합, 해석함으로써 비로소 사용자에게 가치 있는 지식으로 신출되는 것으로서 여러 사람의 조직적이고 계획적인 협동 작업을 통하여 탄생하는 작품이라 할 수 있다. 이처럼 정보가 특수과정을 거쳐 작성되는 이유는 정보가 개인이나 국가의 안위(安危)와 관련이 있기 때문이다.

(7) 정보제공의 빈도(Frequency)

정보의 사용자가 얼마나 자주 정보를 접할 수 있는가, 즉 정보의 빈도는 의사결정에 중요한 영향을 미친다. 정보의 빈도가 높으면 높을수록 사용자에게는 도움이 될 가능성이 높으므로 그만큼 정보의 가치도 높아지게 된다.

이상의 의사결정 과정에서 정보가 본래의 가치를 발휘하기 위해 갖추어야 할 요소를 살펴보았지만 이 밖에도 정보의 재량성, 확인성, 정보보고의 형식 등도 영향을 주는 요소이다. 그러나 중요한 것은 특정 정보가 특정 시점에 모든 사람에게 동일한 가치를 제공하지는 않는다는 사실이다. 모든 정보는 단지 상대적 가치만을 가지고 있을 뿐이며, 특정 정보에 대한 절대적 가치는 있을 수 없기 때문이다.[3)]

2. 탐정의 정보활용 실무

정보란 탐정에게는 생명과 같으며, 탐정 업무는 정보가 없으면 시작할 수 없으므로 정보의 수집, 제공, 분석이야 말로 탐정 업무의 전부라고 말해도 좋다.

탐정에게 있어서 정보는 다음과 같이 크게 분류할 수 있다.

1) 정보공개 여부에 따른 분류

(1) 공개정보

관청, 인명부, 법원의 상업 등기부 열람, 국회도서관, 신문, 잡지, 등에서 공공연하게 입수할 수 있는 정보를 의미한다.

(2) 비공개정보

공개되지 않아서 입수한 당사자 밖에 모르는 정보를 의미한다.

이 가운데 '비공개정보'야 말로 탐정이 조사하는 정보이다. 물론, 공개정보에 관한 지식도 최소한 필요하지만 이것들은 정보공개라는 사회적 흐름 속에서 비교적 입수하기 쉽다.

탐정에게 있어서 정보란 요리의 신선한 '생선회'와 비슷한데 생선회는 그대로

3) 경찰대학, 상게서, pp.22-25.

두면 부패하기 때문이다.

정보도 의뢰인이나 그것을 원하는 사람에게 신속히 제공하지 않으면 안 되는 것이다. 또한 의뢰인의 주문과 다른 정보라면 아무 쓸모없는 것이다.

또한 '안내'와 '정보'의 의미도 다르다. 이해하기 쉽도록 다음과 같은 예를 들어 보도록 한다.

❑ 안내=Information → 백화점의 안내판(각 층에 어떤 매장이 있는가?)

❑ 정보=Intelligence → 개개인의 고객이 원하고 있는 상품을 판매하는 코너로 모시고 가는 것.

탐정의 관점에서 본다면 정보수집의 타이밍에 따라 두 가지로 분류할 수 있다.

즉, 탐정이 조사 업무 중에 수집하는 정보와, 조사에 들어가기 전에 수집하는 정보가 있다. 이 두 단계의 정보를 조합을 시켜야만 확실한 조사를 할 수 있는 것이다.

2) 정보신빙성에 따른 분류

탐정에게 정보는 그 신빙성에 따라서도 분류할 수 있다.

(1) 확인정보

미행하여 얻은 정보는 확인정보에 가깝고(상대가 속임수를 썼을 경우엔 예외)

확실성이 높다.

휴지나 쓰레기 조사도 확인정보의 하나이다.(영수증으로 예를 들어 한명이 살고 있다면 미행, 잠복을 병행하여 이 영수증으로 거의 확실한 것을 알아낼 수 있지만 가족과 동거할 때의 이 영수증은 미확인 정보라고 할 수 있다)

(2) 미확인정보

탐문조사로 얻은 정보는 대부분 여기에 해당한다.

탐문 상대의 거짓이나 속임수도 있기 때문에 확실성은 낮다. 예를 들어, 'OO의 사진이 있다'고 말만 들었을 때는 미확인이지만 실제로 사진을 볼 수 있다면 확실한 정보가 되는 것이다.

(3) 허위정보

탐문조사에 많다. 상대가 의도적으로 속이고 있는 경우가 여기에 해당 된다.

조사 현장에서는 이 세 가지가 함께 섞여 있기 때문에 수집된 정보의 분석과 판단이 매우 중요하다.

3) 언어정보와 비언어정보의 차이

'언어정보'란 문서화 할 수 있는 정보이다. 그에 반해 현장에서 보고 있는 현상 그 자체는 '비언어정보'가 된다.

비언어정보 만으로는 조사가 되지 않는다. 보고서라는 언어정보의 정리로 시작하면서 탐정의 조사는 완성되는 것이다.

그러나, 그것이 전부는 아니다. 때로는 비언어정보를 그대로 의뢰인에게 구두(口頭)로 전달해야 하는 상황도 있다. 예를 들면, 가출인 조사에서 가출인의 소재가 발견되었을 경우, 현장으로부터 사무실까지 돌아와 보고서를 작성할 여유가 없을 때 조사대상자 즉, 가출인이 바로 다른 곳으로 이동할 가능성이 높기 때문이다. 이런 경우에는 의뢰인에게 전화로 즉시 보고하거나 의뢰인을 현장에 오도록 하는 것이 일반적이다.

4) 탐정의 정보 수집을 위한 인맥(人脈)

유능한 탐정이 되기 위해선 정보를 얻을 수 있는 다양한 인맥을 구축해야 하는데 인맥을 넓히는 방법에는 특별히 정해진 것이 없으며, 무리하게 인맥을 넓힌다고 해도 그렇게 마음대로 되는 것은 아니다.

정치계, 경제계의 파티나 강연회에 출석하기도 하고 다른 업종 간의 교류회 등과 같은 곳에 참가하는 방법도 있지만 그것도 전에 이미 인맥이 있어야만 초청될 수 있는 것이다. 탐정 본인이 특별히 정치계, 경제계를 통하지 않아도 된다.

신뢰할 수 있는 친구가 한명이라도 있으면 그로부터 넓히는 인맥도 있을 것이다.

정보원으로 불리는 직종에 있는 인맥은 당연히 매스컴이 아닐까?

Give & take로 탐정은 다른 사람과 정보를 주고받을 때가 있다. 예전에, 매스컴에서도 화제가 되었던 보험금 살인사건에서는 이러한 Give & take를 적절히 이용한 결과, 일본의 전문 탐정이 잠입하여 결정적인 증거가 되는 사진 촬영에 성공한 적도 있었다.

정보원 중에는 정치인의 비서나 우익단체, 사기범 등도 결코 표면에 나타나지 않는 그들만의 독자적인 정보망을 갖고 있다.

이들이 속이지 않는 한 탐정에게 사기꾼도 꽤 유효한 정보원이 될 것이다.

탐정이 기본적으로 생각해야 할 것은 모든 사람이 정보를 갖고 있다는 사실이다. 그러나 자기만의 정보를 비밀로 가지고 있거나 여러 사람에게 퍼뜨리고 다니는 것은 그 사람의 인품에 달려 있을 것이다.

탐정은 어떤 누구와도 알고 지낼 기회가 많기 때문에 사교를 계속하며 인맥을 넓혀 나가려면 자기의 인품을 바탕으로 하지 않으면 안 된다.

이러한 탁월한 인품을 갖추고 능력을 넓힌다면 아무리 유명하고 권력 있는 실세 정치가 앞이라고 해도 주저함이 없이 가까이 다가가 친근하게 얘기를 나눌 수 있는 것이다. 오랫동안의 경험과 철저한 프로의식이 없는 탐정들은 감히 흉내 낼 수도 없는 일일 것이다.

현장의 실제 조사 시, 정보를 얻기 위해 어떤 선물이나 현금을 주는 때가 있다. 택시 운전사에겐 거스름돈을 받지 않는다거나, 상대에 따라서는 팁을 주는 경우도 있다. 탐문조사를 할 때엔 노인들이나 어린이에게 과자 선물을 하는 경우가 많다. 현금을 받기를 좋아하는 사람 같으면(이것은 탐정 각자의 판단에 맡기겠지만 그 사람의 인격, 직업, 주변의 환경에 따라 다르다), 좋은 타이밍을 잡아 현금을 주는 경우도 있다. 현금을 건네는 타이밍은 대개 처음이 많다. 현금이 아니면 결코 얘기해 주지 않는 사람도 있다. 아주 적은 돈으로 인색하게 팁을 주어서 의뢰인이 만족하는 정보를 얻지 못하면 결국엔 조사료도 못 받는 상황이 생겨 이제까지의 탐정의 수고는 아무 소용이 없을 것이다.

3. 면담을 통한 정보수집 기술

정보수집의 한 방법으로서 면담을 통한 정보수집은 우리가 비록 체계적인 교육을 받지 않았다 하더라도 오래전부터 사용해 온 기법이다. 이것은 비단 정보활동 분야 뿐만 아니라 우리들의 일상적인 대인 접촉에서도 흔히 사용되는 처세수단이라고 할 수 있다. 면담을 통한 정보유도란 출처와의 대화 중 상대방이 눈치를 채지 못한 가운데 정보가치가 있는 첩보를 알아내기 위한 기술이다. 따라서 면담을 통한 첩보유도 기술을 성공적으로 수행하기 위해서는 면담대상의 성격을 파악할 필요가 있다.

1) 면담과 정보유도의 특징

① 면담을 통한 정보유도는 매우 훌륭한 정보수집 수단으로서 잘 훈련 되고 경험이 풍부한 정보수집자가 활용한다면 공개출처에서 얻기 어려운 귀중하고도 광범위한 정보를 획득할 수 있다.

② 면담을 통해서 얻어지는 정보는 완전한 것이 아니고 대체로 단편적인 것이 많다.

③ 정보를 가진 사람은(출처)은 면접자의 관심사항이 무엇인지 잘 모르고 있으며 가령 안다고 하더라도 그 범위가 어느 정도인지 모르고 있다.

④ 면담을 통한 간접질문은 주로 공개출처에서 수집하기 힘든 자료나 첩보를 획득하기 위해 이용된다. 예를 들면 정보요원이 출처를 개척하기 위하여 표적(Target)으로 삼은 어떤 인물의 직장, 사업관계, 가족사항 등에 대하여 면담대상자가 잘 알고 있다든지(비밀이 아닌 것), 경쟁사의 새로운 기술 또는 상품개발사항 등이 실제로 진행되고 있는지, 진행되고 있다면 어느 단계에 와 있는지(비밀) 등, 비밀이 아닌 경우와 비밀인 경우가 있다.

⑤ 면담을 통하여 정보유도를 시도하다가 면담자의 의도가 탄로나 정보유도가 실패할 경우에는 중요한 정보를 얻을 수 없을 뿐만 아니라 장차 정보출처로서 상대방에게 접근할 수 없는 경우가 발생하므로 면담을 통해 간접질문 기술을 시도할 때에는 이러한 점을 특히 조심하여야 한다. 따라서 면담을 통한

정보유도를 시도할 때에는 면접대상자로 하여금 면담자의 질문이 우연한 개인적인 관심사 이상이라는 의심을 절대로 유발시켜서는 안 된다.

2) 면담요령

면담요령은 면담자의 개성, 사교술, 화술 그리고 면담대상자(피면담자)의 배경이나 면담내용에 따라 차이가 있을 것이다. 면담 목적을 달성하기 위한 일반적인 요령은 다음과 같다.

(1) 친목도모

우호적인 분위기 조성을 위해서는 상호간의 친목을 도모하는 것이 매우 중요하며 친목도모의 방법을 위해서는 다음과 같은 사항이 고려될 수 있다.

① 신뢰감 획득
② 예의바르고 정중한 태도
③ 언어 및 행동의 신중성
④ 공통된 취미 등의 관심사 이야기
⑤ 상호간의 직업에 대한 이야기
⑥ 같은 처지에 있는 유사한 이야기
⑦ Give and Take 원칙에 입각한 상대방의 애로사항에 대한 도움 제공
⑧ 면접에 응해준데 대한 호의 표시
⑨ 적당한 칭찬
⑩ 자연스러운 기회에 선물제공

(2) 질문요령

면담자의 질문은 그 요령 여하에 따라 답변의 가치가 달라지므로 이를 위하여 사전에 충분한 준비와 검토를 해야 하며 이때 고려할 사항은 다음과 같다.

① 막연한 질문을 피할 것.
② 자신이 있을 때만 유도질문을 할 것.

③ 상이한 여러 가지 질문기술을 적용할 것.
④ 한꺼번에 여러 가지 질문을 하지 말 것.
⑤ 상대방에게 답변할 시간적 여유를 둘 것.
⑥ 이해하기 힘든 어려운 말을 사용하지 말 것.
⑦ 상대방에게 가급적 말을 많이 시키고 질문을 가급적 적게 할 것.
⑧ 상대방의 말을 중단시키면서까지 새로운 질문을 하지 말 것.
⑨ 어떤 단서나 알고 싶은 정보를 포착했다고 해서 즉석에서 상대방의 말을 중단시키고 질문하지 말 것.

3) 면담자(정보유도자)의 자질

(1) 우수한 능변가

정보유도자는 훌륭한 능변가이어야 하며 자기가 하는 말 한마디가 상대방에게 어떤 영향을 주는가를 재빨리 포착할 줄 알아야 하며 이와 동시에 상대방의 표정과 태도에 유의하여 임기응변적인 기지를 발휘할 줄 알아야 한다.

또한 면접자는 명랑한 음성과 태도로 친밀감을 유지하면서 화제를 흥미롭게 전환시킬 줄 알아야 한다. 사람이란 한번 흥미를 가지면 끝까지 그 말을 들으려는 욕심이 생기기 때문에 우선 호기심을 주고 흥미를 갖게 하는 것이 화제를 전환시키는 데 중요한 요건이 된다. 능변가가 되기 위해서는 화술의 연구는 물론 상대방에 대하여 인정 및 칭찬을 아끼지 말아야 하며 흥미있게 화제의 전환을 위해 사전에 좋은 말을 준비한다는 것도 필요하다. 우수한 능변가가 되기 위한 유의사항은 다음과 같다.

① 자기 말에 자신감을 가질 것.
② 불필요하게 같은 말을 반복하지 말 것.
③ 상대방을 자기가 하는 말에 끌어 들이지 말 것.
④ 산발적인 대화를 피하고 선후관계를 명확히 할 것.
⑤ 부정확한 발음이나 표현은 피하고 입속에서 우물우물 이야기 하지 말 것.
⑥ 말의 연결을 자연스럽게 하고 반드시 상대방을 보면서 이야기 할 것.
⑦ 자만하거나 불쾌감을 주지 않도록 할 것.

(2) 인내심 있는 경청자

면접자(정보유도자)는 상대방에게 자기가 원하는 말을 많이 하도록 유도하고 그것을 흥미있게 경청하는 태도와 인내심을 가져야 한다.

① 상대방을 마주 보면서 말을 들을 것.
② 상대방의 이야기를 가로채거나 막지 말 것.
③ 흥미를 가지고 있는 것 같은 태도로 경청할 것.
④ 자기의 의견을 산대방의 말에 합치시키면서 그가 한 말을 이용할 것.
⑤ 가끔 질문을 할 것.

(3) 우수한 기억력

유도한 정보를 즉석에서 기록할 수 없는 경우가 많으므로 유도자는 평소 기억력 강화를 위해 노력하여야 한다.

(4) 재치, 기지 발휘

면접 도중 상대방의 감정을 상하지 않도록 상대방의 과실을 자연스럽게 전환시키거나 자신의 과오를 명랑하게 해소시키는 기지를 가져야 하며 대화 도중에 동물적 또는 반사적 감정에 지배되어서는 안 된다.

(5) 사교성

사교적인 사람은 누구에게나 좋은 인상을 준다. 즉, 명랑한 가운데 호감을 주어 상대방이 스스로 접근해 올 수 있는 기회를 마련하고 또한 공감할 수 있는 아량을 가져야 한다.

(6) 광범위한 지식

면접자(정보유도자)는 각계각층의 사람들 만나게 되므로 지식인층과의 대화 시 혹은 목적하는 정보를 유도하기 위해서는 다양한 분야의 광범위한 배경지식을 가지고 있어야 한다.

4) 정보유도여건 조성

정보유도는 사전 약속없이 자연스러운 가장 하에서 실시되는 것이므로 자주 만날 수 있는 기회만 마련할 수 있다면 정보를 계속 입수할 수 있으며 나아가서는 무의식적 또는 의식적인 정보제공자로 만들 수 있다. 이것이 바로 정보유도의 특색이다. 이 특색을 최대한 살리기 위해서는 만날 수 있는 여건을 조성하여야 하는데 이때의 몇 가지 고려사항은 다음과 같다.

(1) 대상자에 대한 사전 정보 및 배경지식

대상인물에 대한 사전정보 및 배경지식을 사전에 입수한다는 것은 중요하다. 특히 면접대상자가 필요한 정보를 제공할 수 있는 위치에 있는지 여부와 만약 그러한 위치에 있다면 그 사람의 개성과 기본적인 배경을 알아 두는 것이 매우 중요하다.

(2) 간접적인 접근여건 조성

대상인물에 대한 접근은 서둘지 말고 서서히 신중하게 계획하여야 한다. 접근 시에는 대상자에 대한 배경지식을 기초로 하되 어디까지나 '우연한 만남'인 것처럼 꾸며야 한다. 따라서 상대방의 신분에 따라 접근하되 직접적인 접근보다는 여러 가지 방법으로 우회 접근하는 것이 자연스럽다. 예를 들면 대상인물이 가지고 있는 취미, 출입 장소, 교우관계 등을 사전에 조사한 다음 자연스럽게 접근할 수 있는 여건을 조성하여 사교장, 골프장 또는 출퇴근길의 노상(路上)이나 기타 장소에서 자연스럽게 접근 및 교제하도록 하는 것이 좋다. 이 경우 면접자(정보유도자)의 교우관계 또는 인맥관계에서 대상인물의 교우관계를 찾아낼 수 있다면 크게 도움이 된다.

(3) 필요정보에 대한 배경 지식

성공적인 정보 수집을 위해서는 유도자 자신이 필요한 정보자체에 대한 배경지식을 가급적 많이 가지고 있어야 한다. 이러한 지식이 없으면 원만한 정보유도가 어려우며 시간적인 조절도 힘들게 된다. 예컨대 유전공학에 대한 정보를 유도하려면 유전공학에 대한 기초 또는 예비지식이 없으면 성과를 바랄 수 없을 뿐만 아니라 오히려 상대방으로부터 의심이나 경계심을 불러일으킬 수도 있다.

5) 정보유도 기술

정보유도 기술은 의식적인 노력과 경험을 통해서 자연스럽게 활용할 수 있다. 선천적으로 남보다 우수한 간접질문 재능을 지닌 사람도 있으나 대부분의 경우 충분한 연습과 훈련을 통하여 유도 기술을 익힐 수 있다. 정보 유도 기술의 근본 목적은 정보수집요원의 관심사항을 이야기 하도록 교묘히 유도하는데 있으므로 다음과 같은 유도 기술을 활용한다면 필요한 정보를 획득하는데 많은 도움이 될 것이다.

(1) 친밀감과 신뢰감 조성

면접대상자가 무엇인가를 이야기 해 주면 면접자도 반대급부로 대상자가 듣고 싶은 이야기를 해 줄 수 있다는 인상을 주어 친밀감과 신뢰감을 조성하는 것이 중요하다.

(2) 인간의 심리상태(욕망 및 약점)등을 이용

처음부터 직접적으로 정보수집자가 알고 싶은 것을 질문할 것이 아니라 요즘 세간에 관심을 불러일으키는 얘기 거리들을 실마리로 하여 면접대상자의 취미(예:골프, 테니스, 낚시, 바둑 등)에 대한 화제 등 부담없는 이야기로 시작하여 점차 의도하는 관심사로 발전시켜 나간다. 인간은 남으로부터 인정받고자 하는 욕망이 있는데 특히 허세를 좋아하는 사람, 무시당하는 사람, 외로운 사람, 열등감이 있는 사람은 자기를 인정해 주고, 추켜 주고, 매우 중요한 사람처럼 대해주는 사람에 대해서는 호감을 가지고 별 거부감 없이 자신을 들어내는 것이 보통이다. 따라서 면접을 통한 정보유도는 이러한 인간의 심리상태를 잘 이용하여야 한다.

특히 교수, 과학자, 고위직 간부, 감독자 및 전문가들은 자기 전문분야에 대한 대단한 자존심을 가지고 있어 남이 잘못 알고 있을 경우에는 충고하거나, 가르쳐

주거나 반박하려는 인간 본연의 습성이 있다. 즉, 자신의 지식을 입증하기 위해 남이 잘못 이해하고 있는 부분에 대해서는 상세히 설명하는 경향이 있다.

(3) 부정적인 접근방법 사용

예를 들면 "이 문제에 대하여 알고 있는 사람은 한국에는 아마 없을 것 같다"는 식으로 은근히 약 올리면 자신의 전문지식을 과시하기 위하여 해당주제에 대해 이야기 할 가능성이 많다.

(4) 회의적인 태도를 표시

대회의 주제에서 나타난 어떤 사실 또는 문제점에 대해 "글쎄, 그럴 수 있을까요?" 또는 "과연 그것이 가능할까요?" 등의 표현으로 은근히 증명해 보라는 암시를 주면 피면접자(면접대상자)는 자신의 입장이나 주장을 정당화시키기 위해 면접자의 관심사항을 무의식중에 이야기 할 가능성이 높다.

(5) 부분적으로 이의 제기

만일 면접대상자가 면접자의 관심사항을 이야기하고 있을 경우에는 그 대화를 계속 진전시키기 위해 진지한 태도로 경청하면서 대상자가 이야기한 내용이나 의견에 대해 부분적으로 이의를 제기한다. 그러나 주의할 것은 전적인 이의를 제기하여 대화를 중단시키거나 대상자의 기분을 상하게 해서는 결코 안 된다.

(6) 면접대상자의 전문분야에 대해 단편적인 논평

면접대상자는 면접자가 자기의 전문분야에 대해 단편적이면서도 완곡한 논평을 했을 경우 면접자가 해당 주제에 대하여 상당한 지식을 가진 것으로 믿게 되어 대화내용은 더욱 심도있게 발전될 수 있게 된다.

(7) 관심사에 유사한 화제나 비교되는 화제를 제시

면접자는 자기의 참된 관심사항에 가까운 대화의 주제 즉, 자신이 꼭 알고 싶은 관심사항과 비교설명이 될 수 있는 대화를 진행한다면 면접대상자는 이야기 도중에 면접자의 진정한 관심사항에 대해서도 언급할 가능성이 많다.

(8) 필요정보를 확인 시 해당정보가 객관적 사실인 것처럼 인용

어떤 정보의 진위 여부를 확인하고자 할 때 면접자는 그 정보가 이미 알려진 사실처럼 인용함으로서 면접대상자의 반응을 통하여 그 진위를 확인할 수 있다.

예를 들면 "몇일 전 어떤 신문에서 본 것 같다" 또는 "책 이름은 잘 모르겠지만 어떤 책에서 읽은 것 같다."는 식으로 인용하면 면접대상자가 사실을 말할 가능성이 있다.[4)]

4) 강기욱, 전게서, pp.161-173.

제 4 장

탐정의 자질과 이상적 요건

1. 비밀활동과 인간의 특성
2. 탐정 및 정보수집요원의 기본적 자질
3. 정보수집활동을 위한 탐정의 평소 훈련

제4장 탐정의 자질과 이상적 요건

1. 비밀활동과 인간의 특성

인간의 행동은 대개 유전적인 특성, 성장과정, 가정환경, 교육배경 등에 따라 크게 지배를 받는다. 인간의 특성은 적극적인 타입과 소극적인 타입의 두 가지가 있다. 비밀활동 및 정보수집활동은 기관단위보다는 인간 개개인에 의해 수행되는 무엇보다도 인간중심활동이다. 다른 직업과 마찬가지로 한 사람의 특성은 정보수집활동에 있어 업무의 성패에 결정적인 영향을 미친다. 소극적인 성격을 가진 사람은 대체적으로 비밀활동에 적합하지 않다. 어렵고 까다로운 정보수집업무에 임하다가 난간에 봉착하게 되면 최대한 노력을 해보지도 않고 불가능하다고 도중에 좌절해 버릴 가능성이 농후하기 때문이다.

1) 정보수집 활동의 위험한 취약점

심적으로 안정된 사람이란, 성공이나 실패할 경우에도 지나치게 흥분하지 않은 사람, 긴급 비상시나 위기에 직면하였어도 침착하게 생각하고 행동하는 성격을 의미한다. 정보수집활동이나 비밀활동에 참여한 사람은 계속적인 긴장 속에서 생활하게 됨으로서 때로는 과도한 스트레스 때문에 마음의 평정을 유지하기 힘들 때가 많다. 때로는 가족과 친구들로부터 멀리 떨어진 적성국이나 외국에서 오랫동안 생활할 수도 있다. 이러한 조건 하에서는 정상적인 심리상태에서 논리적이고 침착한 사람이라 할지라도 때로는 의기소침해질 수가 있다. 따라서 처음부터 심리적으로 불안한 사람은 임무수행 도중에 좌절하고 포기할 가능성이 많다. 이런 경우의 사람은 조직이나 동료들에게 큰 위험이 될 수도 있기 때문에 이런 사람을 채용해서는 안 되겠지만 고용이 되었다면 긴장이 적은 업무를 맡기든가 해고하는 수밖에 없다.

2) 비밀유지의 결여

우리는 가끔 비밀을 오래 유지 못하는 사람들을 주위에서 흔히 발견한다. 사실상 중요한 비밀을 오랫동안 지킨다는 것은 어려운 일이다. 많은 사람들은 아래와 같은 몇 가지 이유로 아무런 악의도 없이 비밀을 누설하게 된다.

① 자신이 비밀기관에 근무하거나 비밀업무를 수행한다는 것을 은근히 과시하고 싶어서
② 자신이 알고 있는 비밀사항이 중요한 것으로 생각되기 때문에(여자친구, 아내, 친구, 동료 등에게 알린다)
③ 비밀이 정신적 부담이 되어 다른 사람들과 함께 알고 싶기 때문에
④ 비밀보호 및 유지의 중요성을 제대로 인식하지 못하기 때문에
⑤ 무관심 때문에(그저 입을 통해서 흘러 나간다)

사람에 따라서는 이러한 경향을 고칠 수도 있지만 절대 수정이 안 되는 사람은 조직 및 업무에 끊임없는 위험적인 존재가 된다.

3) 성실성의 결여

외국에서 공식 외교관신분이 아닌 비합법요원으로 근무하는 정보관이나 탐정의 정보수집활동 업무는 매우 어려운 경우가 많다. 많은 중요 결정사항들이 악조건 하에서 갑작스런 회합을 통해 이루어지기 때문이다. 특히 여러 명의 비밀요원이나 탐정을 고용하거나 책임지는 사람은 인격적으로 정보원을 대하여야 하며, 매사에 성실하고 정직하며, 특히 예의바른 태도를 취해야 한다. 자기가 관장하고 있는 정보원들에게 항상 최대의 관심과 따뜻한 배려가 있어야만 자신이 원하는 정보가 성실하게 수집되고 보고되기 때문이다.

4) 비겁성

인간들 가운데 가끔 위험을 두려워하지 않는 사람이 용감하게 보일지 모르나 그런 사람은 사실 정보수집활동을 하기에는 바람직하지 못하다. 즉 그러한 사람들은 판단력 부족으로 무모한 모험을 감행하다가 자신은 물론 관계된 요원들을 함께 위험에 빠뜨릴 수도 있기 때문이다. 두려움이 있을 때 냉철한 판단에 의해 합리적으로 행동하는 습관이 바람직하며 또 그것이 정보요원으로서 취해야 할 정상적인 행동이다. 그렇다고 해서 긴박한 우기에 처했을 때 전혀 행동 못하는 겁쟁이도 정보활동조직에는 적합지 못하다. 따라서 정보요원은 위기에 직면하였을 때 가급적 무모한 행동을 자제하고 순발력있게 판단하여 그 상황에 가장 합리적으로 적응하는 빠른 두뇌회전이 필요하다.

5) 필요 시 단호한 반대의견의 제시

일반적으로 사람들은 함께 일하는 동료나 상사와 원만한 대인관계로 친분을 유지하여 평소 상호신뢰감을 조성하는 노력이 필요하다. 그러나 자신의 판단과 상사의 판단이 서로 일치하지 않을 경우에는 대단히 미묘한 입장에 놓이게 된다. 특히 비밀기관이나 정보수집활동에 종사하는 사람들은 이런 경우 매우 위험스러운 결과를 초래한다. 자기 상사가 제시하는 방법이 적절치 않아 반대해야 함에도 불구하고 상사 의견에 그냥 따를 수가 있는데, 이런 경우 마음이 약해 불합리한 상사의 지시를 단호하고도 명백하게 반대하지 못하면 불행한 사고가 발생하기 때문이다. 따라서 확실하고도 자신있는 방법을 알고 있을 때나 필요시에는 단호한 반대의견을 제시해야 한다.

6) 우정(友情)의 한계

비밀조직이나 정보수집활동에 참여하는 사람은 무엇보다도 인간관계가 끈끈해야 한다. 그러나 역설적으로 위험성은 깊은 우정이나 인간관계 때문에 일어날 수도 있다. 정보수집업무 시 특히 자기가 책임자로 있거나 같은 동료로 있다면 우정의 한계를 명확히 하여야 하며, 인간의 감정에 관계없이 오직 적합성에 근거를 두고 관계를 유지하여야 한다.

7) 습관

대부분의 사람들은 각자 나름대로의 습관에 젖어 있다. 매일 같은 거리를 통해 출근하고 같은 사람들을 만나고 같은 음식을 먹고 같은 말을 되풀이 하는 경향이 있다. 이러한 인간의 활동들은 비밀활동이나 정보수집활동에 있어서는 약점이 될 때가 있다. 자기도 모르는 사이에 형성된 사람들의 습관은 다음과 같은 위험성이 내재되어 있기 때문이다.

① 만일 상대방의 보안기관이나 경쟁사 측의 정보수집요원들이 특정 비밀조직의 요원들이 활동하는 사소한 습관의 일부분이라도 발견한다면 그 기관 전체의 활동방법이 노출될 수도 있기 때문이다.

② 비밀조직에 대한 공작습관을 연구함으로서 상대방의 정보요원이나 기관들은 수행 중인 비밀활동을 발견할 수 있고, 감시를 계속하게 된다. 어떤 비밀조직은 역의 구내식당에서 빈번히 비밀회합을 유지하다가 상대방의 비밀기관에 의해 발견되었다. 비밀보안에 있어서의 중요한 규칙은 그 업무나 활동에 있어서 다양한 수단을 사용함으로서 임무수행에 있어서 고정된 습관이 붙지 않도록 하는 것이 중요하며 동시에 수단 변경 시에도 자연스럽게 변경시켜야 한다.

2. 탐정 및 정보수집요원의 기본적 자질

1) 비밀요원의 이상적인 특징

탐정과 같은 정보수집요원의 개별적인 임무의 성공과 생사문제는 비록 우수한 조직, 엄격한 비밀보안의 유지, 주도면밀한 계획에도 불구하고 종국적으로는 해당 요원 자신에게 내재한 선천적 또는 후천적 자질에 달려 있다.

완전하고도 이상적인 적성을 겸비한 사람을 찾아내는 것은 매우 어렵지만 이상적인 정보수집가의 자질은 정립할 필요가 있다.

주요 선진국 몇 개의 나라에서 추구하거나 기준으로 두는 비밀요원의 접근 개념은 조금씩 다르지만 한 예로 제시해 보면 다음과 같다.

영국은 이상적인 비밀요원의 모델로 중산층 이상의 좋은 집안 출신이며, 고등교육을 받고 스포츠맨형 청년으로 눈에 띠지 않을 정도의 미남에다 이성적이면서도 용기와 인내심을 구비한 사람을 기준으로 삼고 있다. 이러한 비밀요원의 타입은 사실상 감수성이 강하며 기민하고 침착하며 박식하고도 호기심이 많은 인간이지만 약간 잘난체하는 경향이 있는 성격의 소유자들이 많다.

비밀요원에 대한 러시아인의 접근방법은 좀 색다르다.

러시아 사람들이 그리는 이상적인 비밀요원은 열성적이고 수많은 서적을 탐독하여 지식이 풍부하고 수완이 좋은 지성인으로 정직하고 근면하며 제반 법령 및 규정들을 무조건 준수하며 그리고 어떤 경우에도 일정한 한도 이상의 반응을 나타내지 않는 강한 자제력을 가진 사람이다.

실제 러시아의 비밀요원은 세련된 자동인형과 같은 느낌을 주는 사람인데 비밀공작이 순조롭게 진행되는 동안은 더할 나위 없이 모든 일을 잘해나가지만 비밀교육기관에서 배우지 않았던 문제에 부딪히면 순간적인 두뇌회전이 모자라 가끔 위험에 빠지는 경우도 있다고 한다.

미국에서 비밀요원이란 반드시 모든 분야에서 뛰어날 필요는 없지만 적어도 자기의 전문분야에서만은 그에 정통한 전문가로서 천성적으로 비상한 재주와 직감력이 뛰어나고 이성적인 인간을 모델로 삼는다. 또한 모험심, 용감성, 적응력 등이 있고 친절하고 말솜씨가 좋으면서 위기나 곤란한 처지에 직면했을 때 순간적인 재치와 두뇌회전이 빠르고 약간 신중하지 못하지만 문제해결을 위해 앞뒤를 가리지 않는 그런 타입을 생각한다. 특히 비밀요원 선발에 심리학적 테스트가 발달되어 있는 미국에서는 이상적인 비밀요원의 성격구조를 확립하기 위한 몇 가지 과학적인 연구가 이루어 졌는데 그 연구결과를 토대로 하여 다음과 같은 특징의 목록표를 작성하였다.

① 비밀요원은 사기가 높아야 하고 장차 임무에 대해 진지한 흥미를 가져야 한다.
② 비밀요원은 정력적이고 열성이 있어야 하며 진취적인 기상을 가져야 한다.
③ 비밀요원은 임기응변적 기지, 신속하고도 실제적인 사고력, 정확한 판단력 그리고 각종 사물, 사람 및 사고방식에 대처하는 방법을 터득하고 있어야 한다.

④ 비밀요원은 정서적으로 안정되고, 각종 스트레스에 강한 인내력이 있어야 한다. 성격은 조용하고도 침착하며 관대하고도 건전한 마음을 유지해야 한다.

⑤ 비밀요원은 다른 사람들과 더불어 잘 지낼 수 있어야 하고 팀의 한 멤버로서 자신의 임무를 완수할 수 있고, 다른 사람들의 단점을 이해하는 한편, 자신의 단점은 최대한 노출시키지 않도록 노력할 줄 아는, 즉 공동체의 삶과 활동에 잘 적응할 줄 아는 사람이어야 한다.

⑥ 비밀요원은 타인과의 협력을 아끼지 않고 또 타인을 기꺼이 지도하려는 태도를 견지하여야 한다.

⑦ 비밀요원은 매사에 신중해야 하며, 의식적으로 자신의 정체를 감추기 위해서 애써야 하고 항상 비밀을 지키는 태도를 경지하여야 하낟.

⑧ 비밀요원은 때로는 허세를 부리거나 상대방을 기만시킬 수도 있어야 하지만, 이러한 허세와 기만은 꼭 필요한 경우에 한한다.

⑨ 비밀요원은 민첩하고 소박하며 또 사랑스러워야 한다.

⑩ 비밀요원은 관찰력과 기억력을 구비하여야 하고, 또 어떤 사물 보다 큰 복잡성에 대하여 배경정보를 이용하여 그것들을 상호 관련시키거나 유추해 내는 능력을 가져야 한다.

이상과 같은 특징을 구비한 인간을 찾기란 매우 힘들다. 우수한 관찰력의 소유자와 훌륭한 보고를 하는 사람, 또는 훌륭한 교양과 우수한 지도력을 가진 사람들이 때때로 발견되거나 각 개인마다 몇 가지의 우수한 능력은 다 갖고 있기 마련이다.

실제로 이상적인 비밀요원은 인간의 장점을 두루 갖춘 영화 속의 주인공 같은 매우 탁월한 요원이 아니라 왕왕 아주 평범한 사람이었음을 알 수 있다. 비밀요원의 이러한 평범성은 외모에서까지 남의 눈에 잘 띄지 않는, 마음씨 착한 시골아저씨 같은 냄새가 풍겨야 하는 것이다.[1)]

---

1) 강기욱, 전게서, PP.280-290.

2) 이상적인 탐정의 요건

탐정은 의뢰사건에 대해 정보수집과 실체조사 영역의 전문가라 할 수 있다. 탐정의 업무가 자신의 전문능력을 바탕으로 일차적으로는 탐정 개인의 영리추구 목적을 지니고 있으나, 제3자에 대한 조사 및 정보수집 활동이 국가와 사회전체에 미치는 시각에서 본다면 탐정의 업무는 고도의 사회공공성과 도덕성이 요구되는 직업영역이다.

유능한 탐정에게는 이와 같이 업무 특성상 반드시 필요한 성품과 적성이 있는데 선천적이 아니더라도 교육이나 훈련 등의 후천적 노력에 의하여 반드시 갖추어야 할 자질들을 살펴보면 다음과 같이 정리할 수 있다.

① 모든 일에 주의 깊은 관찰력과 모든 사물을 빠르고 쉽게 기억할 수 있는 민첩성이 뛰어나야 한다.

② 힘들고 급박한 업무 상황에서도 오래 견딜 수 있고 대처할 수 있는 강한 체력과 정신력을 지니도록 노력하여야 한다.

③ 어떤 문제에 접했을 때 객관적이고 합리적인 모든 가능성을 생각해 날 수 있는 객관성과 합리적인 추론능력이 있어야 한다.

④ 상대방과의 대화를 통해서 필요한 정보를 얻어 낼 수 있는 의사소통 능력과 대인관계기술을 지녀야 한다.

⑤ 사람을 다루는 요령 등을 포함한 위험한 임무에 대해 완벽하게 이해하여야 하며, 다양한 지식은 물론 법률 및 전문영역의 해박한 지식을 지닐 수 있도록 계속 노력하는 자세를 지녀야 한다.

⑥ 각종 장비 및 기기에 관하여 능숙하게 조작할 줄 알아야 하며 정확한 기록, 보고서 작성 및 재판증거 제출 등의 각종 형식이 요구하는 기록유지를 위한 사무능력도 갖추어야 한다.

⑦ 어떤 유혹, 금전 및 위압에도 흔들리지 않고 오직 의뢰인의 정보를 내 생명과 같이 다룰 수 있는 철저한 프로정신을 지녀야 한다.

⑧ 업무 수행 시 의뢰인을 비롯한 모든 사람에 대해 존중할 수 있는 인성과 성품을 지녀야 하며 불법적인 방법을 사용해서는 안 된다.

⑨ 많은 정보를 수집·보유할 수 있고 능률적인 감시 능력과 배경 조사 등을 포

함한 다양한 기술을 개발할 수 있어야 한다.2)

⑩ 탐정은 사건에 따라서 은밀하게 정보 수집 및 조사를 해야 할 경우가 많은데 사건을 해결할 때까지 자신의 정체를 절대 알려서는 안 되며 의뢰인에 대한 철저한 비밀보장과 직업에 대한 사명감이 있어야 한다.

⑪ 탐정은 법과 인터뷰 기술, 조사방법 등에 대해 배우고 익혀야 하며, 분석기술은 물론 훌륭한 언어구사 능력과 문서작성 능력 또한 갖추어야 한다.3)

또한 탐정은 업무와 관련하여 다음과 같은 여러 가지 능력을 보유하여야 한다.

첫째, 의뢰인이 불리한 상황에서는 관련정보를 가장 먼저 의뢰인에게 제공하여야 한다.

둘째, 탐정업무와 관련된 증거를 보존하여야 하며, 의뢰인과 그 밖의 관련자에게 피해가 없도록 현재의 상황을 안전하게 유지할 수 있어야 한다.

셋째, 정보에 대한 상세기록과 보관을 위해 사진촬영, 비디오녹화, 스케치, 보고서 작성 등을 완벽하게 할 수 있어야 한다.

넷째, 탐색·사고나 범죄 피해자들 혹은 증인들의 면담을 통한 정보 수집을 하여야 하며, 용의자나 의심스러운 자에 대한 질문 혹은 심문을 할 수 있어야 한다.

다섯째, 법률관련 탐정업무일 경우 법률지식은 물론 법정에서의 증거증명 시 자기의 주장을 소신껏 주장할 수 있어야 한다.4)

3) 이상적인 감시요원이란?

이상적인 감시요원은 다음과 같은 요건을 구비하여야 한다.

- 개인적인 자질
- 자신감
- 예기치 못한 상황에 빨리 대처하고 행동할 수 있는 능력
- 인내심

---

2) Karen M. Hess·Henry M. Wrobleski, Introduction to Private Security fourth edition, West Publishing Company, 1992, p.339.

3) Robert J. Fisher & Gion Green, Introduction to Security 5th ed, Butterworth-Heinemann(USA), 1992, p.28.

4) Karen M. Hess·Henry M. Wrobleski, op. cit., p.340.

- 언제나 자연스럽게 행동하고 주제넘게 나서지 않아야 함
- 다양한 배경에 대해 적응하고 그 배경과 하나가 될 수 있도록 해야 함
- 시력과 청력이 훌륭해야 함
- 기억력이 좋을 것
- 말도 잘하고 연기도 잘해야 함
- 신체적으로 민첩하고 건강함을 유지할 것
- 팀뿐만 아니라 본인 스스로의 기상을 가지고 일을 할 수 있어야 함
- 길을 찾는 기술을 겸비한 자신감 있고 능숙한 운전 기술
- 일하고 있는 배경에 통찰력이 뛰어난 사람
- 카메라나 라디오 등의 조사에 필요한 기계 장비를 사용하는데 능숙할 것
- 경험에 의한 센스를 가질 것.

3. 정보수집활동을 위한 탐정의 평소 훈련

탐정과 같은 정보수집업무는 잠복조사, 미행조사와 같은 육체노동의 부분이 있지만 일반적으로는 고도의 정신력이 필요한 정신노동이라 할 수 있다.

조사란 논리적으로 일정한 양식을 따르는 지능게임이다. 이 일정한 논리 양식은 합리적인 추리기술이 전제가 되어야 하는데 이 기술들은 자신이 어떠한 노력을 하느냐에 따라서 향상될 수 있을 뿐만 아니라 더욱 정교하게 발전될 수도 있는 것이다. 여기에선 탐정의 전문능력을 행상시키기 위해 평소에 스스로 할 수 있는 몇 가지 작은 비법들을 소개하고자 한다. 여기의 비법들은 비록 매우 단순해보일지라도 KGB나 특정 정부기관들에서 이와 비슷한 훈련을 실행하고 있으며, 이 훈련을 약 3개월 정도 꾸준히 연습하면 세부사항, 신체범위, 인지능력, 기억력 및 논리적인 사고력과 같은 추리능력을 상당히 향상시킬 수 있을 것이다.

1) 기억력 훈련(Memory training)

운전 시 바로 앞에 가는 차의 번호판을 3초 내에 외워 본다. 대략 3분 후에 그

번호를 보지 않고 기억해 내도록 한다. 이 훈련의 목표는 더 오랫동안 기억하는 시간을 늘리는 것으로 목표물을 거리에 두고 추적할 때 모든 세부사항을 보고해야 할 필요가 있을 경우에 대비한 것으로 상당한 도움이 된다.

2) 주변훈련(Peripheral Training)

운전을 하며 지나가고 있는 거리의 한 주소지를 정하여 거리에서 보이는 집에 있는 모든 물체들, 자동차와 기타 그 소재지에 있는 모든 것들을 서술해 본다.

가급적이면 목표하고 있는 지점을 직접적으로 응시하지 않고 옆 눈으로만 보도록 노력한다.

3) 식별기술훈련(Identifying Skill)

이것은 상당한 연습을 요하는 훈련으로서 다가오는 차량의 식별 기술이다. 이 차량들을 색상, 제조회사, 모델 등으로 분간한다. 또한 백미러로도 차량을 식별하도록 노력해 본다. 감시활동 전체를 백미러로 해야 하거나, 백미러나 사이드미러에 비치는 장면들을 비디오카메라로 촬영해야 하는 경우도 있기 때문이다.

4) 인식능력 및 기억력 훈련(Perception and Memory Skill)

이 훈련은 어디에 있든지, 어디로 가든지 다양한 공간에서 연습 및 활용할 수 있는 기술이다. 먼저 특정대상을 쳐다 본 후에 세부적으로 키, 체중, 머리 색깔 및 머리길이, 안경, 의상스타일과 색상, 신발에 대한 정보들을 종이에 서술, 묘사하여 기록해 본다. 매번 할 때 마다 대상물을 더 사실적이고 세부적이면서도 빨리 묘사할 수 있도록 노력해 본다.

5) 실습(Practioning)

길을 가면서 누군가를 따라가는 연습을 해 본다. 따라가는 대상이 눈치 채지 못할 때 까지 어느 정도 갈 수 있는지 시험해 보는 것이다. 이때 상대와의 거리는 편안한 느낌을 가질 수 있을 정도로 유지하며, 앞 사람이 어떤 실수를 하는지 따라가면서 기억해 놓는다. 이러한 훈련은 미행의 기술을 향상시킬 수 있을 뿐만 아니라 자신만의 노하우가 될 수 있음을 깨듣게 된다. 단지 남자의 경우 따라가는 대상을 여자로 선정하여 미행연습을 하게 되면 스토킹으로 오해받거나 심할 경우엔 법적인 문제까지 발생할 소지가 있으므로 절대 삼가야 한다.

6) 법률보조훈련(paralegal Training)

탐정 및 정보수집활동에 종사하거나 이 분야에 대해 알고자 하는 이들에게 꼭 필요한 훈련은 법률보조훈련이다. 법률보조분야란 변호사 업무에 관련 된 모든 탐문 및 조사를 하는 업무이다. 때때로 이러한 조사가 법률상의 조사형태로 그칠 경우도 있지만, 법률조사원들은 (사건)조사, 의뢰인 및 증인신문과 진술기록 등을 하며, 법률보조 분야를 통해 변호사의 시각으로 사건을 보는 훈련을 할 수도 있다. 또한 법률보조분야 훈련은 증거입수와 리포트작성요령에 큰 도움이 된다. 따라서 탐정은 다양한 분야의 업무를 수행하기 때문에 많은 문서를 빠른 시간에 이해할 수 있어야 하며, 그 가운데에서도 특히 관련법에 관한 지식이나 절차, 형식 등에 대한 공부를 게을리 하지 않으면 안 된다. 자신이 하는 행동이 법에 저촉되는지 그 여부에 따라 탐정으로서의 수명이 결정되기 때문이다. 아울러 법률은 수시로 변하기 때문에 한상 공부하는 자세를 가지고 있어야 한다.[5]

---

5) 이동영, 21세기 공인탐정이 뛴다, 굿인포메이션, 2000, pp.180-182.

제5장

탐정의 관찰묘사와 기억훈련

1. 관찰묘사(재생)와 관찰원칙
2. 관찰묘사(재생)와 기억훈련

제5장 탐정의 관찰묘사와 기억훈련

1. 관찰묘사(재생)와 관찰원칙

관찰(Observation)이란 사물의 현상 또는 사건의 전말을 감지하는 과정이며 묘사(Description)란 관찰의 결과를 재생, 표현하는 것을 말한다. 관찰과 묘사는 밀접한 관계에 있으므로 통상 관찰묘사(Observation and Description)라는 하나의 낱말로 사용하는 경우가 많다.

관찰묘사는 정보수집활동에 있어서 중요한 기술 중의 하나로 첩보의 원천에 접근하여 가치있는 사물의 현상(인물 포함)과 어떠한 사건 내용을 면밀히 관찰하여 그것을 정확히 묘사하는 것으로 탐정 및 정보요원들이 일상적으로 활용하여야 할 수집기술이다. 그러나 인간이 가지고 있는 관찰능력의 차이가 많기 때문에 수집된 첩보의 가치도 크게 달라지는 것이다. 예를 들어 똑같은 사실을 두 사람이 관찰하였다 하더라도 이것을 묘사한 두 사람의 내용은 서로 다르게 된다. 이때 평소 관찰묘사에 대한 훈련을 받은 사람과 그렇지 못한 사람 간에는 많은 차이가 있다.

관찰묘사에 대한 정확한 이해는 훈련에 의하여 이루어지며 평소의 생활화를 통해서만이 그 기술이 향상됨으로 계속적인 노력이 필요하다. 이러한 훈련은 통상 심리학과 기억술, 그리고 스케치에 대한 기본적인 소질을 향상시킬 수 있도록 계획되어야 한다.

■ 사례 1. 관람객이 가장 선호하는 전시물

만약 당신이 중앙박물관을 방문하여 관람객이 가장 많이 모이는 전시물은 무엇인가? 라는 관찰력에 대한 테스트를 받았을 때 어떻게 할 것인가? 여러 가지 답변이 나올 수 있겠지만 가장 명쾌한 답은 전시물 바로 앞 마룻바닥이 가장 많이 닳고 전시물을 보호한 유리가 가장 많이 손때가 묻은 곳이다.

■ 사례 2. 관찰에 의한 전쟁 징후 포착

1941년 5월초 영국주재 대사관 미국 무관보좌관인 Brian소령은 어느날 독일 무관으로부터 초청을 받고 독일대사관 Borman대령의 사무실을 방문하였는데, 여태까지 책상 뒤면 벽에 영국지도가 붙여져 있었는데 갑자기 영국지도는 사라지고 대신 소련지도가 붙여져 있어서 혹시 독일, 소련 간 전쟁이 일어나는 것이 아닌가 하고 자기 사무실에 돌아오자마자 본국에 관찰 사실을 보고하였는데, 정확히 50여일 뒤에 전쟁이 발발하였다.

■ 사례 3. 육군정보학교 학생들의 관찰력 테스트

관찰력 테스트는 육군정보학교 창설직후 장교기초과정 제1기생 32명을 대상으로 평소의 관찰력 테스트를 한 결과이다.

〈표 5-1〉 학생들의 관찰력 테스트

질문내용	답변결과	사실(정답비율)	참고
전 시간 교관의 얼굴 형태는?	달걀형 12명 둥근형 12명 역삼각형 5명 기 타 3명	둥근형(38%)	*대상교관은 3시간 동안 교육하고 약 10분전 교실을 떠난 상태임
전 시간 교관의 언어는?(도별)	서울 21명 전라도 7명 충청도 2명 경상도 1명 강원도 1명	전라도(22%)	
교통신호등의 세로의 색깔 위치는?	정답 18명 오답 14명	적,황,녹색(51%)	
학교 정문 옆에 있는 식당 이름은?	정답 5명 오답 27명	진미식당(12%)	

■ 사례 4. 모 은행에서 낮12시경에 발생한 은행 강도의 목격자 10명에게 물어본 범인의 인상착의

〈표 5-2〉 은행 강도 인상착의 조사

연 령	응답자 수	얼굴형태	응답자 수	옷의 형태	응답자수
24-26	1	계란형	5	청색잠바	1
18-30	2			청색셔츠	2
30-32	2	둥근형	2	검은잠바	1
33-35	3			색깔 불명잠바	3
36-38	1	야윈 역삼각형	3	회색잠바	2
38-40	1			흑색 신사복	1
실제 : 32세		실제 : 야윈 역삼각형		실제 : 회색잠바	

* 비고
흥미로운 사실은 범행시간이 대낮이고 목격자가 많았으므로 대체적인 인상착의는 종합적으로 파악할 수 있으나 실제로는 전혀 맞지 않은 응답자가 많았음을 알 수 있다.
물론 당황하여 똑똑히 관찰하려고 노력하지 않은 탓도 있겠지만 평소에 의식적인 관찰습관을 가지지 않은 결과라 할 수 있다.

1) 관찰과 감각의 착오

감각(Sensation)은 관찰에 있어서 유일한 수단이다. 모든 관찰 활동은 감각작용에 의해 이루어지면 감각이란 여러 가지 자극에 의해 감각수용기에 직접 작용하여 물질계의 여러 가지 현상이 한 하나의 특성으로 나타나는 의식경험의 반영이라고 할 수 있다. 그러나 이 감각은 관찰자의 배경 즉, 교육·경험·직업·환경 등에 따라서 또는 인간의 착오에 의하여 정확하지 못한 경우가 많다. 그러므로 정확한 관찰을 위해서는 인간이 지니고 있는 오관의 지각작용[1)]을 항상 교체해 가면서 활발히 이용해야 한다. 인간의 감각에서 보편적으로 착오를 일으키는 몇 가지를 예를 들면 다음과 같다.

1) 전체감각작용 중에서 시각은 84%내외, 청각은 13%내외, 후각은 2%내외, 기타 촉각과 미각은 1% 내외 정도라고 한다.

〈그림 5-1〉 착오의 예

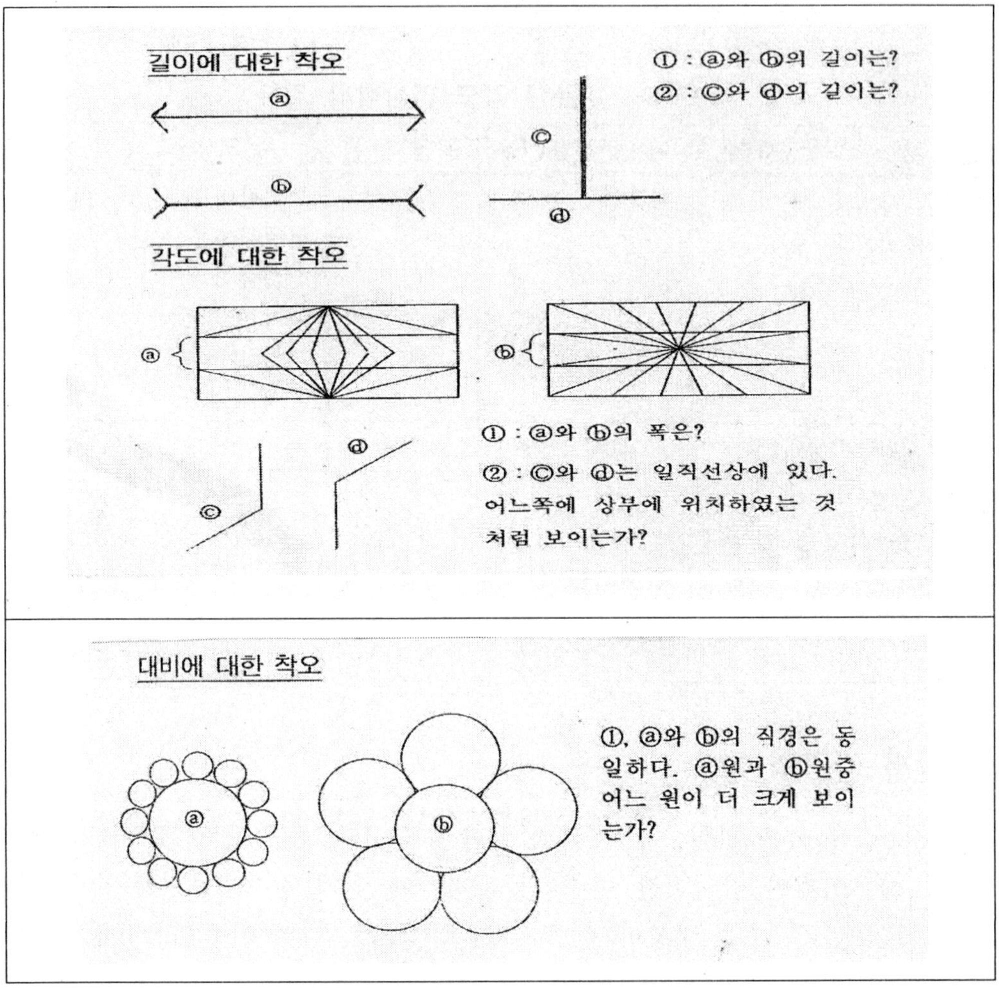
길이에 대한 착오
①：ⓐ와 ⓑ의 길이는?
②：ⓒ와 ⓓ의 길이는?
ⓐ
ⓑ
ⓒ
ⓓ
각도에 대한 착오
ⓐ
ⓑ
①：ⓐ와 ⓑ의 폭은?
②：ⓒ와 ⓓ는 일직선상에 있다. 어느쪽에 상부에 위치하였는 것 처럼 보이는가?
ⓒ
ⓓ
대비에 대한 착오
①, ⓐ와 ⓑ의 직경은 동일하다. ⓐ원과 ⓑ원중 어느 원이 더 크게 보이는가?
ⓐ
ⓑ

2) 관찰의 원칙

(1) 관심(Interset)의 원칙

정보수집활동에 종사하는 사람들은 일상생활에 있어서 모든 사물의 현상이나 사건에 관하여 항상 관심을 갖도록 노력하여야 하며, 특히 임무와 목적과 관련시켜 매사에 깊은 관심을 갖고 있어야 하며 사소한 일에도 흥미와 주의력을 집중시켜 관찰하는 태도를 가져야 한다. 한다. 우리가 잘 알고 있는 James Watt(1736~1819)는 물주전자의 끓는 물의 현상을, Issac Newton(1643~1727)은 사과가 떨어지는 현상을 보고 그것에 관심을 집중한 결과 각각 증기기관과 만유인력이라는 위대한 결과를 창출하였는데, 이것은 매사에 관심을 두고 살펴봐야 한다는 사실을 입증해 준 좋은 예이다.

〈그림 5-2〉 루빈의 잔[2)]

루빈의 잔

옆의 그림을 순수한 면에서 보면 하나의 그라스(술잔)처럼 보인다. 여기에 관심의 원칙을 적용하여 새로운 현상을 발견하시오.

---

2) 루빈의 잔 :
덴마크의 심리학자 루빈(E. J. Rubin)의 발상에 의한 게슈탈트 도해법이다.
그림에서 볼 수 있듯이 루빈의잔(1921)은 어느 영역이 도형(figure)이 되는가, 혹은 어느 영역이 배경(ground)이 되는지 도형-배경의 반전도형이라고 할 수 있다. 흰 부분을 전경(foreground)으로 하면 잔으로 보이고 반대로 검은 부분을 도형으로 하면 두 사람이 마주 보고있는 형태가 되며 흰 부분은 배경으로 밀려난다.
http://www.ktaaseoul.or.kr/ta_gestalt.asp

(2) 분류(Classification)의 법칙

관찰의 두 번째 원칙은 분류이다. 이 원칙을 활용함으로서 관찰의 신속성과 묘사를 위한 기억에 많은 도움을 준다. 분류에는 ①많은 수와 양에 대한 분류법 ② 같은 종류끼리의 분류법의 두 가지 방법이 있다.

① 많은 수 및 양에 의한 분류법

〈그림 5-3〉 같은 수 및 양에 의한 분류법

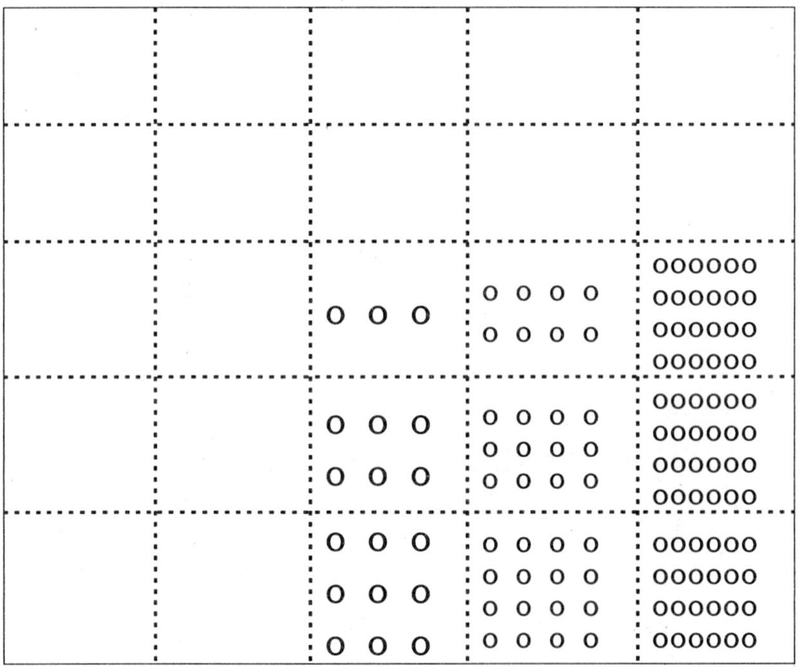

많은 수를 관찰하는데 있어서 분류를 하는 방법은 정확하고도 신속한 관찰 및 묘사를 위하여 그 대상을 가로 또는 세로의 가상선을 머리 속에 그어 놓고 그 수를 파악하는 방법으로 선거 시의 모인 집단의 인원수 파악이나 대부대의 인원 및 차량의 이동 대열을 먼 곳에서 관찰할 때 그 수량을 계산하는 방법이다.

② 같은 종류끼리의 분류법

이 방법은 여러 가지 다양한 물건들을 한꺼번에 관찰하는 것이 아니라 같은 종류 또는 비슷한 개념의 유형을 찾아 분류하는 관찰방법이다. 일본의 유명한 '나까노(中野)'정보학교에서는 학생선발 면접시험 시에 10가지 이상의 물건을 책상 위에 두고 면접시험이 끝난 후, 다른 교실에서 관찰력과 기억력 테스트를 하기 위해 "면접 시 무슨 물건이 있었는지를 묻는 식으로 학생들의 관찰력을 시험하였다 한다. 우리는 일반적으로 어떤 사물을 한꺼번에 그 전부를 기억하려고 초조한 마음을 가지지만 이와 같은 분류의 원칙을 알고 적용하면 놀랄 정도로 관찰력이 향상될 것이다.

〈그림 5-4〉 같은 종류끼리의 분류법

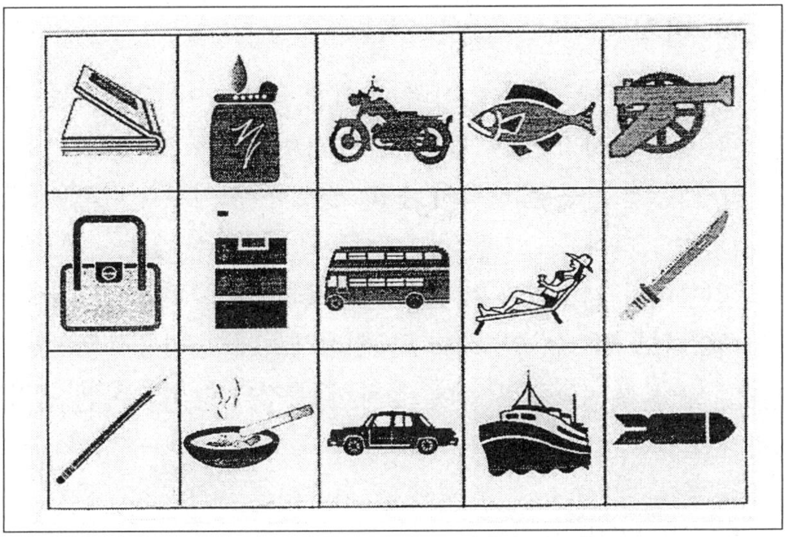

(3) 연상(聯想)의 법칙

연상이란 과거의 경험에 기초를 두고 일어나는 과정으로서 관심을 서로 결합시키는 것을 말한다. 이 연상은 관찰 시에 두 개의 완전히 상이한 사항을 동시에 상기시켜 결합시킴으로서 묘사에 효과를 얻으려는 것이다. 연상은 이론적인 제한이 없으므로 관찰자 자신이 마음대로 마음속에서 만들어 내면 된다. 따라서 합리적인 사건이나 사항보다 불합리한 것일수록 기억하는데 효과가 있다. 따라서 이론적으로 분류할 수 없는 문제에 봉착하였을 때 제일 좋은 방법은 관거의 경험에서 인상깊었던 것이나 예시적인 것을 생각하여 결합시키면 된다. 논리적이고 보편적인 연상은 곧 잊어버리기 쉽지만 불합리한 연상은 꽤 오랫동안 머리속에 남아 다시 되살아나기 쉬운 것이다. 예를 들어 9982의 전화번호를 기억하려 할 때 99곱셈의 원칙을 연상하여 9x9+81인데 하나 더 더해서 82라고 암기하는 식으로 불합리한 연상을 해 두면 쉽게 암기할 것이다. 그 외 특정한 숫자는 남성들의 군대시절 군번이나 주민등록번호나 자신의 차량이나 알고 있는 다른 번호와 연관시켜 연상하면 좋다. 이 연상의 원칙을 지나치게 사용해서는 안 되며 특히 잊어버리기 쉬운 어떤 고나찰대상의 양이나 성질의 것인 경우에 한하여 적용시키면 효과가 크다.

(4) 비교의 법칙

어떤 사물을 관찰할 때 자신이 이미 과거에 경험하여 알고 있는 사실과 비교하여 기억한다는 것은 묘사할 때에 매우 큰 도움이 된다. 예컨대, 어떤 큰 건물을 관찰하여 묘사할 때 '그 건물은 상당히 높고 멋있는 것이었다'라고 하면 매우 막연한 상태로 묘사된다. 그러나 '그 건물의 높이는 그 앞에 서 있는 사람과 비교할 때 약 10배 정도의 건물이며 서울역과 비슷한 모양을 한 건물이다'라고 하면 어느 정도는 정확게 묘사되었다고 할 수 있다. 또한 일상생활에서 사용하고 있는 자기 소지품의 크기(길이, 넓이 폭 등)를 사전에 정확히 측정하여 익숙하게 사용할 수 있도록 평소에 노력하면 정보수집 활동 시 더욱 효과적인 관찰을 수행할 수 있을 것이다.

2) 묘사(描寫) 및 재생

관찰은 관찰 자체로서 끝나는 것이 아니라 묘사를 전제로 한 관찰이다. 따라서 관찰의 최종 산물은 '묘사'가 되어야 한다. 관찰결과에 대한 재생방법(recalling Method)에는 ①사상(事象)묘사방법 ②인물(人物)묘사방법의 두 가지가 있다. 사상묘사방법에는 구두브리핑 및 제스츄어, 문서, 사진, 도시(圖示)등이 있으나 여기서는 가장 중요한 도시(圖示)와 인물묘사법에 대해서만 설명하도록 한다.

(1) 도시(圖示)묘사

도시(圖示)는 주로 스케치하는 것으로 이때의 스케치는 예술성보다 정확성이 요구되며, 정확성은 곧 스케치의 생명이라고 할 수 있다.

① 원근법(遠近法)

〈그림 5-5〉 도시(圖示)묘사

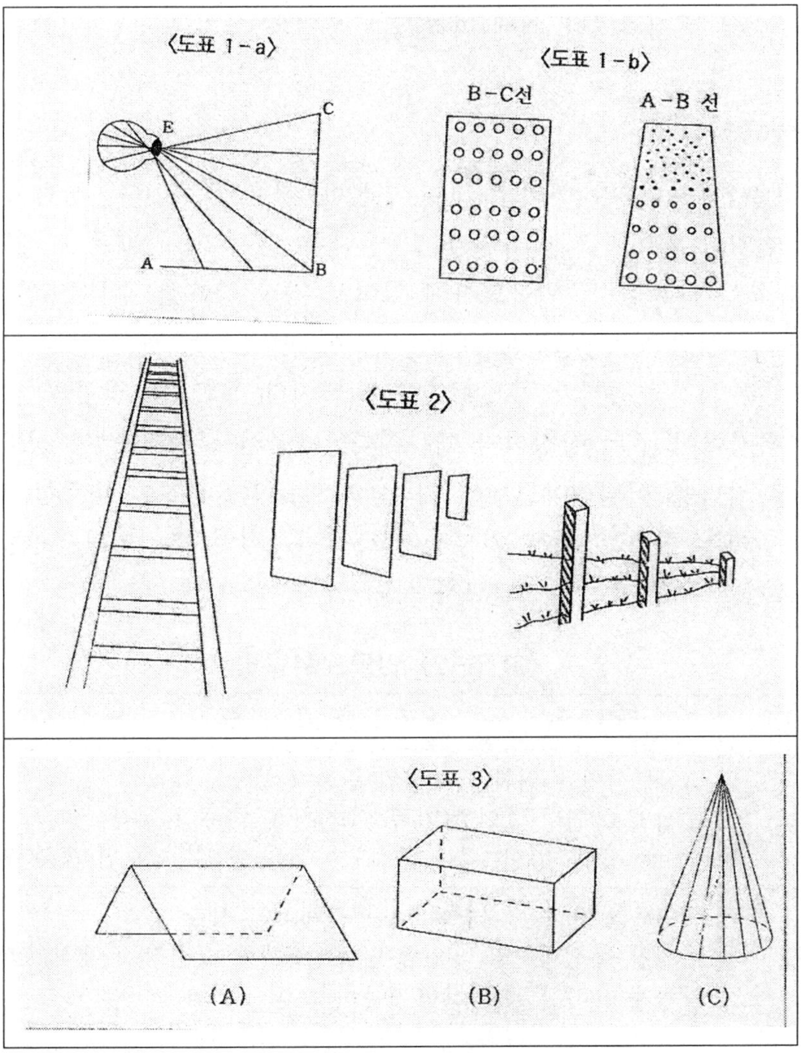

도표 〈1-a〉의 E(眼球)에 나타나는 B - C, A - B의 영상(映像)은 도표〈1-b〉와 같이 나타난다. 그러므로 동일한 평면상에 원근(遠近)을 정확하게 표시하기 위해서는 근거리에 있는 물체와 선을 원거리에 있는 것 보다 크게 표시하여야 된다는 원칙이다. 따라서 〈도표 2〉는 이러한 원칙을 적용하여 도식화 한 것이다.

② 입체법(立體法)

평면에 입체감을 나타낼 때는 〈도표 3〉에서와 같이 A, B, C처럼 보이지 않는 부분은 점선으로 표시하거나 때에 따라서는 음영을 그려 넣을 수 있다.

(2) 인물묘사

사상(事象)묘사 보다 더 어려운 것이 인물에 대한 묘사이다. 사람의 얼굴과 모습은 각각 현저한 차이가 나타나지 않고 유사한 점이 많기 때문에 세밀한 관찰과 묘사요령을 체득해야 한다. 인물묘사에 있어서 가장 중요한 부분은 얼굴이다.

우리가 어떤 사람을 연상할 때 우선 머리에 떠오르는 것은 복장, 언어, 태도, 걸음걸이의 특징도 있겠지만 무엇보다도 얼굴이다. 그것은 사람의 얼굴이야말로 그 사람을 특징이어 주는 상징이기 때문이다. 따라서 탐정과 같이 정보수집활동을 하는 사람은 사람을 식별해야할 경우가 많으므로 인물관찰에 따르는 묘사의 정확한 방법을 알아야 한다는 것은 기본적이고도 필수적인 조건이다. 인물묘사방법에는 ①기본묘사 ②보통묘사 ③정밀묘사 등이 있다.

〈표 5-2〉 인물묘사방법

묘사방법	묘 사 내 용
기본묘사	❑인물식별을 위한 기초적인 판단자료 ①성별 ②연령 ③인종(민족) ④신장 ⑤체중 ⑥체격 등 *이때 성명, 가명, 출생지, 배경 등을 알 수 있으면 더욱 좋다.
보통묘사	❑체포를 요하는 사람에 대한 구체적인 사항 ①성명 ②생년월일 ③인종(민족) ④체중 ⑤신장 ⑥체격 ⑦성별 ⑧연고자관계 ⑨사진 ⑩주소 ⑪지문 등

<table>
<tr><td rowspan="3">정밀묘사</td><td>❑사람을 식별하는데 가장 중요하고 세밀하게 표현되는 방법</td></tr>
<tr><td>❑일반적인 정보
특정한 사람을 구성하고 있는 행정적인 제요소와 객관적인 특징
①성명 ②별명 ③생년월일 ④주민등록번호 ⑤지문 ⑥국적 ⑦현주소(주소) ⑧습관 ⑨음성 ⑪언어 ⑫질병 ⑬태도 ⑭오락 및 취미 ⑮가족사항 ⑯정당관계 ⑰직업 ⑱교육 ⑲군사 및 사회경력 ⑳범죄기록 등
❑일반적인 특징은 기본묘사에 포함 된 내용과 동일하나 주의할 것은 신장, 체중, 연령을 기록함에 있어 반드시 5단위 숫자로 구분하여 기록하여야 한다. 예컨대 23세가량 되는 사람의 연령 기록 시는 '20~25세'로 하는 것이다.
❑인물묘사 중에서 가장 어려운 인상을 묘사하는 것으로 흔히 몽타쥬(Montage)를 작성하게 된다.</td></tr>
<tr><td>○특수한 신체적 특징
① 얼굴 : 형, 색깔, 특징
② 두발 : 형, 숱, 색깔 , 특징
③ 머리 : 두개골의 형, 특징
④ 이마 : 넓이, 길이, 특징
⑤ 눈썹 : 형태, 색깔, 특징
⑥ 눈 : 형태, 색깔, 특징
⑦ 코 : 형태, 콧구멍, 특징
⑧ 입 : 형태, 크기. 특징
⑨ 치아 : 색깔, 모양, 의치, 특징
⑩ 입술 : 형태, 특징
⑪ 턱 : 형태, 경사, 수염, 특징
⑫ 귀 : 형, 위치, 특징
⑬ 어깨 : 넓이, 경사, 특징
⑭ 배 : 돌출도
⑮ 손(팔) : 손가락의 특징, 반지, 팔의 동작
⑯ 다리 : 걸음새. 형태. 특징 등</td></tr>
</table>

〈표 5-3〉 탐정 기억법의 한 예

방법		내용	예
●장소기억방법	➡	처음 도착한 장소에서는 어디에나 있는 목표물을 중심으로 우선 머리에 넣어둔다	○파출소 ○우체국 ○은 행 ○학 교 ○관 청 ○백화점 ○슈퍼마켓(등)

방법		구체적인 특징이나 복장의 모습을 생각한다	
●인물기억방법	➡	구체적인 특징	복장의 모습
		○키가 크다 · 작다 ○뚱뚱한 체형 · 마른체형 ○피부가 희다 · 검다 ○수염의 유무 ○안경의 유무 등	○화려 · 수수하다 ○캐쥬얼 · 정장 ○좋아하는 색 ○좋아하는 브랜드 ○액세서리 ○향수 · 머릿기름 등

(3) 관찰묘사 시 고려사항

① 의심의 유지

관찰 시에는 막연한 상태보다 그 대상에 대하여 항상 의심을 가지고 관찰하여야 한다. 의심이 유지됨으로서 관찰은 발전과 계속성을 가질 수 있으며 세밀한 부분까지 포함시킬 수 있다.

② 묘사의 전제(前提)

관찰 후에는 반드시 그 결과로서 묘사를 해야 되기 때문에 재 표현할 것을 염두에 두어야 한다.

③ 객관성의 유지

관찰 시에는 관찰자 자신의 편견이나 예상을 피해야 하며 결과를 예측하지 말아야 한다. 주관적인 결정을 금하는 이유는 관찰자가 중요치 않다고 생각하는 것이 때로는 중요한 정보가 될 수도 있기 때문이다.

④ 관찰의 생활화

탐정과 같은 정보수집자는 항상 주의력을 갖는 생활 즉, 사람·물건·사실·사건 등에 대하여 의심을 가져야 하며 이러한 것이 자동적으로 생활화 되어야 한다.

⑤ 대상에 대한 사전지식

대상에 대한 배경정보는 관찰자로 하여금 시간, 노력, 효과 면에서 많은 도움이 된다. 따라서 대상에 대한 내용은 물론 주위환경까지도 사전에 조사하여 충분한 지식을 갖도록 노력하여야 한다.

⑥ 가치판단

관찰자는 지역과 시간에 제약성을 갖고 활동하기 때문에 관찰대상이 많거나 광범위할 때는 그 대상의 정보가치 여부를 판단하여 관찰의 우선순위를 결정하여 중요한 것을 중점적으로 관찰하여야 한다.[3)]

2. 관찰묘사(재생)와 기억훈련

관찰묘사와 기억력은 정보수집활동 상 밀접한 관계가 있으며 특히 경계가 삼엄한 곳에서 제한 된 시간 내에 목표(Target)를 관찰하고 요점을 수집하기 위해서는 기억력에 따라 많은 영향을 받게 된다. 아무리 예리하고 정확한 관찰을 하였다 하더라도 묘사 시에 기억을 상기시키지 못하면 정확한 정보가 불가능하다. 기억술에는 여러 가지 방법이 있으나 관찰활동에 가장 많이 이용되는 연상결합법에 대해

3) 강기욱, 전게서, pp.140-161.

서만 설명하도록 한다. 심리학자들에 의하면 인간은 한번 기억한 것은 결코 잊지 않으며 가령 잊었다고 하는 것은 기억해 내지 못할 따름이라고 한다. 따라서 기억술의 원리는 생각해 내지 못하는 것을 생각해 내는 기술로서 이미 알고 있는 사항과 그것을 연상시키는데 그 핵심이 있다.

1) 기초결합법

기초결합법은 우리가 이미 알고 있는 사실을 미리 준비하여 이것을 기초로 기억하는 것을 말하며 그 기초의 순서가 명확하여야 하고 그 순서에 번호를 붙여 기초표를 작성하여 여기에 암기할 대상을 결합하는 방법이다. 이러한 기초가 되는 사실은 얼마든지 있는데 여기서 몇 가지 예를 들면 다음과 같다.

① 신체부분

머리 → 이마 → 눈썹 → 눈 → 코 → 입 ....등의 순서

② 버스정류장, 지하철정거장, 열차정거장 등의 명칭

③ 집의 내부 구조

대문 출입문 현관 응접실 안방 공부방 화장실 부엌 등

이상과 같이 우리가 잘 잊어버리지 않는 사실에 대상을 결합시켜 두면 추후에 쉽게 상기 해 낼 수가 있는데 이때 결합된 상태가 불합리할수록 기억의 효과가 크다는 것이 실험에 의하여 밝혀지고 있다.

〈표 5-4〉 경부선 완행열차의 정거장에 대한 기초표

기초표	대 상
①서울역에서	(여자)가 탔다
②용산역에서	(신문)을 샀다
③노량진역에서	(구두)를 벗었다
④영등표역에서	(강도)를 맞았다
⑤수원역에서	(담배)를 피웠다
⑥오산역에서	(비행기)가 추락하여 불타고 있었다
⑦평택역에서	(냉면)을 사 먹었다
⑧천안역에서	(자동차)가 기차 안으로 들어왔다
⑨조치원역에서	(담배)가 회장실에 빠졌다
⑩대전역에서	(초가집)을 한 채 샀다

■ 기초 결합 시 주의사항

① 여러 가지 종류의 기초표를 가급적 많이 만들어 둘 것
② 반드시 연산결합 된 상태를 상상해서 정해 둘 것
③ 가급적 빨리 기억할 것
④ 상상 시 망설이거나 다른 것으로 바꾸지 말 것
⑤ 물건의 이름을 말할 때에는 그 물건이 어떤 물건인가를 특정지울 것
(자동차 → 누구의 자동차)
⑥ 가급적 밀접하게 직접적으로 결합된 상태를 상상할 것('담배가 화장실에 빠졌다'하는 것은 화장실에서 잃어버렸다 하는 것보다 직접적이다)

■ 기초 결합법의 연습방법

① 자기 자신이 문제를 내는 것보다 다른 사람이 문제를 내는 것이 더 효과적이다.

② 연습 시에 대상물을 불러주는 사람은 발음을 명확하게 하고 처음에는 10초의 간격으로 하고 점점 시간을 줄이도록 한다. 이때 기억하는 사람이 도중에 어느 것을 미처 결합하지 못했다 할지라도 그것을 남겨둔 채 계속 진행하여야 한다.

③ 여러 개의 기초표를 작성해 놓고 처음에는 그것을 옆에 놓고 보면서 연습하다가 숙달되면 기초표를 치워버린다.

④ 이상과 같은 방법으로 최초단계에서는 10문제 정도로 연습하고 숙달되면 점차 40~50문제까지 증가시켜 매일 최소한 10분정도씩 규칙적으로 연습하면 효과적이다.

2) 연상결합법

연상결합법은 여러 가지 사물을 기초표 없이 순서대로 결합시켜 기억하는 방법으로서 제①의 사물을 제②의 사물에 결합시키고 제②의 사물을 제③의 사물에 결합시켜 기억하는 방법이다. 연상결합법은 기초결합법이 숙달되었을 때 실시해야 효과적이며 기초결합법과 병행해서 사용하면 더욱 효과적이다.

■ 예 (관찰대상 : 기차, 담배, 권총, 나침반, 쌍안경, 시계, 주민등록증, 안경, 군인, 사진)

① 기차가 담배를 피웠다.
② 담배위에 권총이 올라앉았다.
③ 권총이 나침반과 싸웠다.
④ 나침반이 쌍안경을 죽였다.
⑤ 쌍안경이 시계를 깼다.
⑥ 시계가 주민등록증을 불태웠다.
⑦ 주민등록증이 안경을 덮었다.
⑧ 안경이 군인으로 입대했다.
⑨ 군인이 사진을 공격했다.

제6장

탐정의 기초조사 실무

1. 탐정의 감시조사
2. 잠복기법
3. 미행기법
4. 탐문기법

제6장 탐정의 기초조사 실무(잠복, 미행기법)

1. 탐정의 감시조사

1) 감시조사

감시란 개인들의 활동이나 신원에 관한 정보를 얻기 위해 어떤 사람, 차량, 장소 그리고 물품들에 대해 지속적으로 보거나 듣는 공개적 혹은 비공개적 행위라고 할 수 있다. 또한 감시란 지속적인 관찰이라고 할 수 있다. 만약 어떤 사실이 지속적으로 녹음이 되고 있는 것이 아니라면, 관찰을 하는 기간 동안에는 중간에 끊기는 일이 없이 감시가 수행되어야 하는 것이다.

예를 들어, 어떤 감시 대상을 아침 7시 30분경부터 몇 시간 동안 미행하기 시작했는데, 10시경에 교통체증으로 그 대상을 놓쳤고, 30분후에 감시 대상을 찾아내 다시 감시를 재개하였다고 하자. 이것은 결과적으로, 일정 시간 동안 목표가 당신의 손을 벗어났기 때문에 감시가 지속적으로 되었다고 볼 수 없다.

2) 감시조사의 목적

감시활동은 의뢰인의 계약에 의해 일반적인 정보를 수집하거나, 의심스럽거나 위법한 행위를 찾아대거나 방지하기 위한 것, 또는 그러한 행위 및 인물의 증거를 확보하는 등 감시조사는 많은 이유로 수행되지만, 특히 다음의 목적을 위한 것들이 많다.

- 범죄나 인가 받지 않은 활동들의 증거를 얻기 위해
- 감시대상의 활동에 대한 상세한 정보를 얻기 위해

- 다른 경로로부터 얻은 단서와 정보를 좀 더 구체화시키기 위해
- 감시대상이 현재 어디에 있는지를 알아보기 위해
- 정보제공자가 제시한 정보의 신빙성을 입증하기 위해
- 추후에 있을 인터뷰에서 사용될 정보를 얻기 위해
- 감시대상과 관련한 사람들의 소재를 파악하기 위해
- 법정에서 사용될 증거를 얻기 위해
- 사람들의 신원을 파악하기 위해

3) 감시조사 방법 및 수단

감시는 다양한 방법으로 진행되지만, 주로 5개의 범주로 구분된다. 또한 감시업무는 개별적으로 분리되어 진행되거나, 혹은 다른 요소들과 혼합되어 사용될 수도 있다. 어떤 방식으로 감시가 진행되든지 간에 이 모든 작업은 팀워크에 큰 비중을 두고 있다. 감시는 개인적으로는 혼자 해야 한다는 탐정의 책임을 잊어서는 안 되지만 조사의 종류에 따라 절대 혼자서 진행할 수 있는 것이 아니다.

그것은 바로 팀워크이며 무전기 같은 커뮤니케이션 도구를 사용하여야 팀워크를 효과적으로 발휘할 수 있다.

걸어서 혹은 차량으로 감시를 할 때 혼자서 작업을 하는 것에는 매우 큰 위험이 따르며 사실 현명하지 못한 일로 보여 진다. 이렇게 혼자 감시를 하게 되면, 2가지 문제점이 있을 수 있는데 감시요원 자신이 위태로운 상황에 빠질 수도 있고, 감시대상을 놓치는 상황이 발생할 수도 있다. 또한 감시를 하는 요원이 혼자라면, 감시대상이 자신을 감시하고 있는 요원을 알아볼 수 있는(특히 그가 감시 상황에 대해인식하고 있는 경우) 가능성이 매우 크다.

감시를 하면서 감시대상의 눈에 띄지 않으려면, 조금 물러서서 대상으로부터 거리를 두어야 하는데 이렇게 되면 결국 대상을 시야에서 놓칠 수도 있고 또한 감시 대상을 업무에 다시 연결할 수 있는 모든 고리를 잃을 수 있다는 위험이 뒤따른다.

혼자서 하는 감시업무는 여러 가지 이유로 사실 절대로 권하고 싶지 않다.

그러나 사실 팀 안에 속해 있는 경우에도, 요원 각자가 다른 팀원들과 떨어져

있는 경우가 많아서 스스로 종종 자신이 대상을 미행하고 있는 유일한 사람이라고 느낄 수 있다.

감시조사의 종류는 다음과 같은 것들이 있다.

① 도보감시 - 도보로 하는 감시 활동

② 차량감시 - 차량을 이용한 감시

③ 잠복감시 - 한 자리에 머물면서 하는 감시

④ 시스템감시 - 기계적, 기술적 감시 조사

⑤ 종합적 감시

4) 감시대상의 유형

많은 사람들이 여러 가지 다양한 이유로 감시의 대상이 되는데 고객으로부터 보고를 받을 때 조사 대상자가 과거에 감시를 받은 적이 있는지를 알아보는 것이 매우 중요하므로 꼭 처음 보고를 받는 단계에서 물어보도록 한다.

만약 그런 적이 있다고 한다면, 예전에 있었던 감시업무의 결과를 꼭 알아내야 하며, 그때 어떤 위험이 있지는 않았는지 물어야 하는데 이제는 당신이 그를 맡아서 새로운 전략을 적용시켜야 한다.

조사 대상자의 인지상태에 따른 감시 대상을 분류하면 다음과 같다.

- Aware - 인식을 하고 있는 상태
- Unaware - 인식을 못하고 있는 상태
- Semi-aware - 반 정도만 인식을 하고 있는 상태
- Hidden - 숨어있는 감시대상

5) 감시의 단계

감시 작업은 다음과 같은 단계로 나누어질 수 있다.

① Pick up,

② follow,

③ housing이다.

이것들은 계획을 짜서 감시업무를 본격적으로 시작 할 수 있는 단계를 의미한다.

조사 대상자가 집에서 나오거나 차에 타고(pick up 단계), 2분 동안 운전을 해서(follow 단계), 신문판매대에 앞에서 멈춰 서서 그곳으로 들어간다(housing 단계).

그러고 나면 사이클은 다시 시작되는데, 조사 대상자가 상점에서 나와 다시 차에 타게 되고(pick up 단계), 다시 운전을 하고(follow 단계) 조금 후에 직장에 도착한다(housing 단계). 이와 같은 일련의 단계들이 계속하여 반복되는 것을 볼 수가 있다.

6) 계획과 준비

상세한 계획과 준비는 감시업무가 진행되기 전에 필히 사전에 시행되어야 한다.

감시 당일 아침에 조사 대상자의 주소를 알아보면서 앞으로의 일이 잘 진행되기를 희망하는 것은 어리석은 일이며 사전 계획과 준비만이 최상의 결과를 만들어 낸다.

(1) 조사 대상자의 사전 정보

- 조사 대상자의 이름, 별명, 가명
- 집 주소 그리고 조사대상과 관련된 주소
- 전화번호
- 특징
- 조사 대상자의 사진이나 비디오를 구할 수 있는가
- 교통수단 및 차량정보
- 가족신상과 다른 집안관련 정보들
- 직업상태
- 습관이나 취미 및 하루 일과 등에 관한 정보

(2) 정보수집처

의뢰고객과의 면담에서 의뢰인으로부터 가능한 많은 정보를 얻어내도록 해야 한다. 때로는 고객이 가지고 있는 정보가 잘못 전달이 되거나 혹은 부정확할 경우도 있다. 그러므로 그 정보들 중에서 어떤 것이 중요하고 어떤 것이 아닌지를 결정해야 한다. 또한 사전에 조사 대상자를 다른 일로 위장하여 방문하여 보거나, 거래처, 전에 근무했던 직장, 전화번호부, 지역적인 탐문조사 등을 통한 다양한 방법으로 사전 정보를 조사할 수 있다

7) 감시조사 시 이상적인 자세

① 조사의 중점이나 순서, 방법에 대해서는 반드시 사전에 충분한 연구와 준비가 필요하다.

② 계획적으로 하고 필요 없는 노력, 경비, 시간을 허비함이 없이 능률적으로 신속, 정확히 해야 한다

③ 진상파악을 그 사명으로 하는 이상 충분히 조사하는 끈기나 노력을 아끼지 않는 열의가 중요하며 속단은 금물이다.

④ 시간적 여유가 없다고 해서 조사에 소홀함이 있거나 조사를 중지해서는 안 된다.

⑤ 조사에 착수해서는 예리한 관찰력이나 신속한 활동력이 필요하다.

⑥ 숙달된 직감력은 중요하지만 직감력에만 의존하는 것은 위험하다.

⑦ 조사 상 필요한 상식, 법률 등의 지식함양과 정신자세 그리고 임기웅변에 대처할 수 있는 평소의 연구가 중요하다.

⑧ 항상 사회변화의 정세를 주시하고 그것에 대응한 조사방법에 대해서는 연구를 게을리 하지 말아야 한다.

⑨ 어떠한 경우라도 신념과 자신을 가지고 조사에 임해야 한다.

⑩ 모든 상대방에 대해서는 항상 성실과 봉사의 자세로 겸허하게 대처해야 한다.

⑪ 조사는 공평무사해야 한다. 즉 주관적인 편견이나 선입관을 버리고 사적인 감정을 배재하여야 하며 정실관계 또는 외부압력 등으로 왜곡되어서는 안된다.

⑫ 다양한 형태로 다가 오는 유혹과 위협에 이성을 잃어서는 안 되며 단호히 대처하는 결의와 정직성 및 용기가 필요하다.

⑬ 조사대상자에게 조사사항 이외의 문제가 있다 해도 그것은 조사자의 권한 밖의 사항임을 잊지 말아야 한다.

⑭ 조사에 임하여 탐문태도가 위압적이거나 지나치게 비굴해서는 안 된다.

⑮ 조사에 임하여 부주의한 언동이 사건 해결에 중대한 장해로 될 수 있다. 특히 어떠한 이익의 기대를 갖게 하거나 요구하는 발언은 절대 금물이다

⑯ 조사보고서는 조사에 의한 명백하게 된 사실을 있는 그대로 솔직하게 써야 하고 추정이나 예측 등으로 보충하거나 사실에 기인하지 않는 과장된 표현이나 수식을 해서는 안 된다.

⑰ 조사의 지시항목은 정확히, 상세히 기록할 필요가 있지만 필요이상 길게 늘어 놓지 않도록 주의하고 중복되지 않도록 기술해야 한다.

⑱ 조사는 완전해도 보고서 작성방법이나 표현이 불충분하고 중요사항이 누락되어 있으면 의뢰인의 합리적인 판단을 방해하는 것이 된다.

2. 잠복기법

탐정의 조사 방법에는 여러 가지가 있지만 그중 가장 기초가 되는 것이 '미행'과 '잠복'이며 탐정 업무의 대부분이 이 두 가지에 집약되어 있다고 해도 과언이 아니다. 다시 말해서 탐정업무는 미행과 잠복이 확실히 되지 않으면 성공할 수 없으며, 이 두 가지만은 아무리 기계가 첨단화되어도 인간이 아니면 할 수 없는 일이기 때문이다. 가령, 첨단 기계를 사용한다고 해도 최후에는 인간의 눈과 귀, 손발, 말하자면 통찰력과 인내력, 그리고 체력이 중요한 역할을 하기 때문이다. 이것은 탐정뿐만 아니라 어떤 일에서도 마찬가지겠지만 첨단기술의 발달에 비례하여 인간의 능력 향상 또한 필요하다는 의미이다.

미행은 '동(動)', 잠복은 '정(靜)의 형태로 이 두 가지가 합쳐져서 대부분의 조사과정 중에 동시에 행해지고 있다. 예를 들면, 조사대상자가 자택이나 어떤 장소에 있으면 잠복이고 그 대상자가 밖으로 나가면 미행이 되는 것으로 미행과 잠복이 계속 반복되기도 한다.

여기서는 알기 쉽게 미행과 잠복을 나누어 설명하고 있지만 실제 조사에서는 동시에 진행되고 있다는 것을 염두에 두기 바란다.

조사는 일반적으로 잠복을 한 후에 미행으로 진행되는 것이 대부분이기 때문에 설명도 잠복부터 하기로 한다.

우리가 영화에서나 경찰의 수사처럼 여러 명이 이 일을 하는 것으로 일반적으로 알고 있지만, 탐정들의 미행과 잠복은 모두 혼자서 하는 것을 기본이라고 생각한다. 한사람을 조사하기 위해 여러 명의 인원을 확보하고, 자동차나 자전거를 여러 대 준비한다는 것은 있을 수 없는 일이다. 그렇게 한다면 주변으로부터 눈에 띄기 쉽고 조사업무에 드는 경비가 많이 지출이 되므로 의뢰인의 의뢰비도 올라가기 때문이다. 사실, 한사람을 조사하기 위해 여러 명의 인원과 여러 기동수단을 이용한 '현대적 탐정'의 이미지를 만드는 탐정회사들이 많은 것도 사실이지만 조사에 있어서 왜 한명이 하는 것이 기본인가를 분명히 이야기 해 두고자 한다.

미행과 잠복을 실시하기 전에 우선 의뢰인으로부터 조사할 인물 즉, 조사대상자의 사진을 받는 것이 기본 원칙이다. 그러나 머리모양이 변했을 가능성도 있어서 의뢰인으로부터 계약 시 입수한 사진에만 의존하지 말고 예비조사 단계에서 실제 본인의 얼굴을 확인해야 한다. 조사 대상자가 집에서 나올 때 잠복을 하고 있다가 얼굴을 확인하는 경우가 많은데 이때 본인의 걷는 법, 보행시의 습관 등을 동시에 파악하여 둔다.

〈그림 6-1〉 내부감시

- 탐정을 복수로 배치하여 교대로 감시.
- 내부감시는 실내에서 뿐만 아니라 양해를 얻은 이웃집의 마당이나 건물과의 담 사이에서 감시할 수도 있으나 조사대상자에게 보이지 않도록 한다.

1) 가공의 스토리 준비!

잠복하기 전에 먼저 주변 환경에 대한 예비조사(기초조사)를 시작한다.

그 결과, 가령 근처에 공사현장이 있거나, 공사기간을 알아냈다고 하자. 그런 때는 사정을 이야기 하고 때로는 작업 인부 중의 한명으로 가장하는 경우도 있다. 작업을 하지는 않지만 인부와 같은 동료로서 가장할 수 있을 것이다.

이러한 경우에도 탐정이라는 사실은 밝히지 말고 '가공의 스토리(커버스토리라고도 한다)'를 준비한 후에 이것에 의해 사정 설명을 해야 한다.

또한 조사 대상 주변이 상가라면 '이 근처 손님들의 출입 상황을 조사하고 있다는 식의 '시장조사'라는 스토리가 유효할 것이다.

어떤 특정 가게를 정해서 조사하고 있다는 가공의 스토리를 만들어 놓고 실은 바로 그 옆 가게를 조사하는 방법도 있다.

사전에 잠복 장소의 근처에 있는 몇몇 가게에 가공의 스토리를 전달해 두는 것이 좋은데 혹은, '무엇을 하느냐?' 라는 질문을 받았을 때 잠깐 비밀 유지를 부탁하는 방법도 있다.

예를 들어 어떤 부인이 다가와서 '여기서 무엇을 합니까?' '잠깐 시장조사를 하고 있습니다. 자세한 이야기는 해 드릴 수 없지만, 걱정 마십시오.'라는 식의 자연스러운 행동으로 주변에 안심을 시켜야 한다.

잠복에는 내부 잠복과 외부 잠복의 두 종류로 나눌 수 있다.

내부 잠복이란 조사대상자의 자택 근처의 개인집이나 회사, 주위를 살필 수 있는 곳(일정한 공간)에서 주변의 양해를 얻어 잠복을 하는 방법이다. 물론, 양해를 얻는다 해도 탐정 본연의 신분을 밝혀서는 절대 안 된다. 예를 들어 '지도제작을 위한 조사'라는 가공의 스토리를 만들어 두고 탐정의 조사라는 것이 눈치 채지 않도록 조심하면서 부지 안이나 건물들 사이로 들어가서 조사 대상을 감시하는 것이다. 그러나 어떠한 경우라도 조사대상자의 집에 직접 들어가서 불법주거침입이라는 범법적인 행위를 일으켜서는 안 된다.

내부 잠복 장소로는 주택지에선 마당 끝, 아파트에선 비상계단과 같은 장소가 많이 이용 된다. 이에 반해 외부 잠복이란, 말 그대로 옥외 잠복을 말하며 대개 주변의 양해를 구할 필요가 없이 잠복을 할 수 있는 것이다.

외부 잠복은 '어디서 어떻게 잠복할까?'가 매우 중요하다.

여러분들도 생각할 수 있는 예를 든다면, 도로 가운데에서의 '교통량 조사'이다. 거리의 혼잡함 속에 뒤섞여 누구도 의심을 하진 않지만 실은 탐정일 수도 있는 것이다.

잠복시에는 여러 가지 변장을 하는데, 탐정 자신이 만든 가공의 스토리 그대로 거기에 맞는 소도구도 확실히 응용해야 한다.

앙케이트 설문조사 직원으로 가장했을 땐 그 모습에 맞는 바인더를 소지한다면 정말 진짜처럼 보일 것이다. 때로는 거리 모퉁이의 화가나 또는 손금 보는 사람, 관상가처럼 변장하는 케이스도 있다.

또한 멀리서 잠복하며 살피는 경우도 있는데 이런 경우는 시야가 확 트인 장소가 유효할 것이다. 예를 들면, 조사대상자 집에서 역 까지가 아주 가깝거나 혹은 길이 하나밖에 없는 경우이다. 이런 때는 조금 떨어진 장소에서 가끔 망원경으로 대상을 확인할 수도 있다.

2) 가공의 시나리오 활용 시 주의사항

가공의 시나리오란 미행 및 잠복감시활동 시 감시의 진짜 목적과 의도를 감추기 위한 변명의 방법으로 탐정이 자신의 목적을 숨기는 것을 말한다. 이러한 기법은 가공의 시나리오를 통해 제3자가 탐정의 본래의 목적을 알 차리지 못하게 필요정보 및 자료를 획득하기 위한 방법으로서 탐정의 역량과 능력과 깊은 관계가 있다. 그러나 이러한 가공의 스토리를 통한 행위들이 윤리적이고 위법행위나 혹은 그런 행위들에 근접할 수 있음을 주의해야 할 것이며 탐정은 법률의 한계를 위반하지 않도록 해야 한다. 따라서 여러 가지 상황에 따른 완벽한 가공스토리를 잘 적용시킬 수 있도록 많은 경험과 노력으로 노하우를 축적할 수 있도록 노력하여야 한다.

① 감시업무 실시 전 대상자의 주변 환경에 대한 예비조사를 반드시 실시해야 한다. 즉, 주변의 지리, 지형, 환경 등의 특성을 미리 파악함으로서 대상자부터 의심을 피할 수 있는 사공스토리를 만들 수 있다.

② 가공스토리 활용은 미행팀과 별도로 활동하여야 한다. 미행감시팀에 가담하는 경우 다른 탐정들을 탄로 나게 할 수도 있기 때문이다.

③ 가공스토리 활용 시 가공의 명함을 활용한다.

④ 가공스토리 활용 시 절대 공무원을 사칭하거나 위법행위를 해서는 안 되며, 조사를 통해 알게 된 어떠한 정보도 유출하여서는 안 된다.[1]

3) 항상 빛을 등지고 잠복하라!

낮에는 시야가 밝고 확실하기 때문에 잠복 관찰하기가 쉬운 반면 탐정 자신도 주변 사람들에게 쉽게 보일 수 있어 의심받을 확률도 높다. 그러므로 시야가 넓은 장소에서 먼 거리 대상을 잠복 조사 할 때는 특히 주의해야할 필요가 있다.

낮 시간에 잠복할 경우의 기본 원칙은 태양을 등지고 잠복하는 것으로 즉, 역광 상태에 자신의 몸을 두며 흐린 날에도 같은 요령으로 한다. 될 수 있으면 자신의 얼굴을 주변에서 보기 힘든 위치에 두고 반대로 주변의 사물이 눈이 부셔 볼 수 없는 상황은 스스로 피해야 한다.

〈그림 6-2〉 빛을 등지고 잠복

- 주간 잠복시의 기본은 항상 태양을 등지도록 한다.
  역광의 중심에 탐정 자신을 둠으로서 탐정의 얼굴이 주변에서 잘 보이지 않도록 하며, 동시에 탐정 자신에게도 주변의 사물이 눈부셔 잘 보이지 않는 상황은 피해야 한다.
- 야간 잠복의 경우도 가로등과 같은 불빛을 등지고 있는다.
- 촬영 시에도 빛을 등지는 것이 더욱 효과적이다.

1) 손상철, 전게서, p.216.

밤에는 낮에 비해 조사대상자 가까이서 잠복하는 것이 가장 좋다.

탐정 자신도 사물을 관찰하기 힘들지만 상대도 탐정을 보기 힘들다. 게다가 낮의 태양 빛과 같은 이치로 자동차의 헤드라이트 등을 뒤로 하는 것이 바람직하다. 또한, 어둠 속에서의 담배는 특히 금물이다. 담뱃불은 의외로 눈에 잘 띄기 때문에 쉽게 자신의 위치를 주변에 알려주게 되는 격이다.

도심의 번화가에서는 24시간 영업하는 편의점 등이 즐비하기 때문에 어둠은 상대적으로 적다고 볼 수 있다. 이런 상황은 잠복하기 쉬운 경우도 있지만 어려운 때도 있다.

잠복조사 시 낮과 밤, 장소에 따라 밝기의 차이가 있다는 것을 반드시 염두에 두어야 하는데 편의점의 경우, 밤에는 안이 잘 보이지만 낮엔 그 안을 쉽게 보기 어렵다. 실제로 여러분도 거리에서 편의점 안을 보면 쉽게 알 수 있기 때문에 탐정은 그것까지 파악하여 잠복활동을 해야만 한다.

이러한 자연의 원리에 관한 부분 까지 염두에 둔 잠복 조사는 오랜 경험에서 나온 독자적인 탐정기술이라 해도 과언이 아니다.

탐정의 잠복 그 자체를 조사대상자가 눈치 채지 못했다 하더라도 한 지역에 오래 머무르게 되면 그 지역 주민들은 수상한 인물에 대해 과민하게 되어 '이 주변에 무슨 용무입니까?'라는 질문을 많이 하게 된다. 그곳에서 계속 잠복 조사를 하고 싶었지만 갑자기 경찰이 나타나 소지품 검사를 당하는 경우도 있다.

이러한 때야 말로 상대를 납득시킬 뿐만 아니라 완전하게 안심시킬 만한 가공의 스토리 설정이 점점 중요하다는 것을 실감할 것이다.

4) 여러 명의 탐정이 잠복하는 경우

조사 현장의 상황에 따라 다르지만 대규모의 빌딩에서의 잠복과 같이 여러 명이 잠복해야하는 경우도 있다.

어디에서든 3, 4명이 한군데 모여 있는 모습은 당연히 주변의 눈에 띄어 의심을 받거나 시선이 집중되기 쉬우므로 낮이라 하더라도 분산하여 잠복하는 것이 최선의 방법이다.

대개, 각자의 역할이 분담되어 잠복조사에 임하게 되는데 우선 한명이 유인조가 되어 조사대상자의 얼굴 확인과 출입 확인만 하도록 한다. 그 외에 다른 조사원들에게 보고를 마친 유인조는 바로 그 현장을 떠나도록 하는 것이다.

백화점 등과 같은 대형건물 내에서의 잠복임무의 일례를 아래의 그림을 통해서 설명하면 출입구, 엘리베이터는 반드시 지키며 확인한다(A). 조사대상자가 피하거나 도망가는 경우를 생각하여 뒷문(C)이나 가장 가까운 역까지의 도로(B)에도 사람을 배치하는 것을 잊어서는 안 된다.

조사대상자의 얼굴이나 출입체크를 마친 탐정(D)는 다른 탐정에게 보고한 후 바로 현장을 떠난다. 특히 규모가 매우 큰 빌딩이라면 가능한 조사대상자가 향하는 계단이나 건물과 빌딩과 연결된 지하철 출입구 등에도 탐정을 배치하여 만전을 기하도록 한다.

단, 탐정은 어떠한 상황에서도 혼자서 잠복하는 것이 기본이라는 것을 생각하고 있어야 한다. 여러 명의 탐정이 동시에 잠복을 한다고 해도 그들 각자가 완벽한 잠복임무를 할 수 없으면 의미가 없는 것이다.

사실, 처음에는 여러 명이 잠복을 같이 했다 하더라도 나중에는 한명만이 잠복을 하는 경우가 많기 때문이다.

〈그림 6-3〉 대형건물에서의 잠복

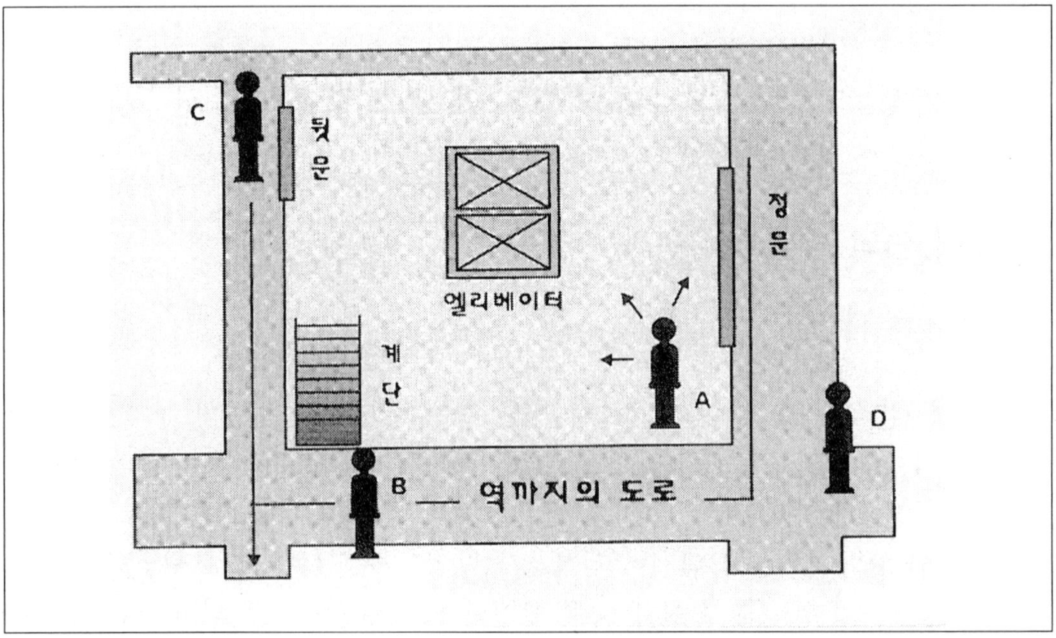

5) 대중음식점, 커피숍에서의 잠복

미행을 하던 조사 대상자가 커피숍에 들어간 경우는 우선 출입구 체크를 먼저 해 둔다. 출입구가 여러 곳인 업소가 많으므로 이것을 철저하게 확인해야 한다.

커피숍에 들어갔다고 해서 안심할 수는 없다. 일단, 상대가 안으로 들어갔어도 가게 안이 혼잡하거나 기다리는 사람이 오지 않는 등의 상황으로 바로 가게를 나오는 경우도 생긴다.

휴대전화가 일반화 된 현대에는 서로가 만나는 장소 등은 쉽게 변경할 수 있다고 생각해야 하며, 가령 조사대상자가 미행을 의식했다면 의도적으로 엉뚱한 곳으로 들어가는 경우도 있다.

〈그림 6-4〉 대중음식점·커피숍에서의 잠복

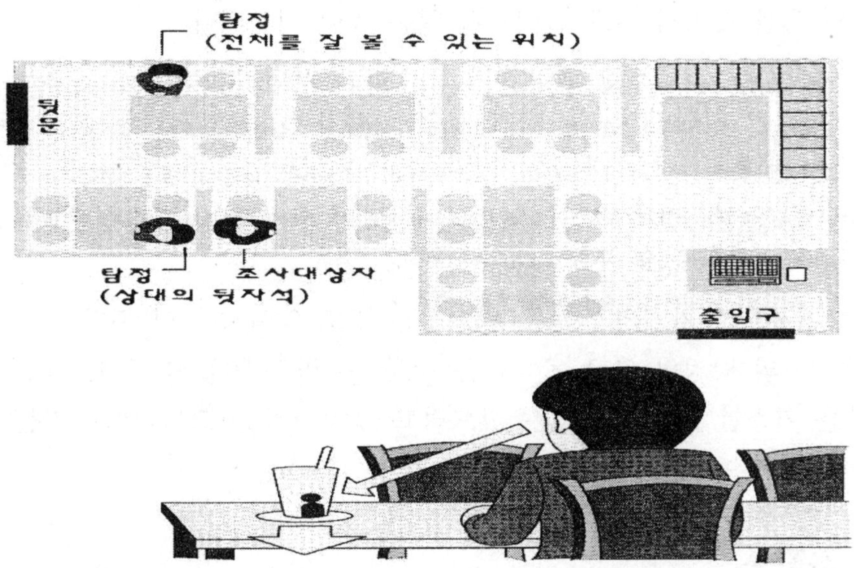

- 커피숍과 같은 대중음식점 내에서의 탐정의 좌석은 실내 전체의 모습이 잘 보이는 곳이나 조사대상자의 대화를 잘 들을 수 있는 상대의 뒷좌석 등 조사 목적에 따라 위치한다.

- 상대의 뒤에 좌석을 잡은 경우에는 노골적으로 얼굴을 보며 감시하는 듯한 인상을 주어서는 안 된다.
- 탐정이 주문한 음식이나 음료수의 요금은 미리 지불하는 것이 중요 포인트이다.
- 유리컵이나 안경 등 유리제품을 거울 대신 사용하며 휴대폰의 화면부분도 충분히 거울 대용품이 될 수도 있다.
- 탐정이 여성인 경우는 화장거울이 유효하므로 가볍게 화장을 고치는척 하면서 뒷좌석 상대방의 동정을 살피면 의심받을 가능성은 낮다.

커피숍에는 누구라도 최소한 30분은 있을 것이라는 생각을 갖고 있다면 그러한 선입견은 빨리 버리는 것이 좋을 것이다.

조사대상자가 커피숍 내에 자리를 잡고 앉는 것이 확인이 되면 출입구 확인 후 그 다음 행동으로 옮겨야 한다.

증거사진 촬영을 위해 커피숍 안으로 들어가지 않으면 안 될 상황이 생긴다 해도 상대의 뒤를 쫓아서 바로 들어가지 않는 것이 기본이다.

상대의 대화를 듣기 위해 다른 동료의 지원을 요청하는 경우도 있는데 그 때 대화를 듣기 위한 지원인지, 두 명이 같이 들어가야 하는 지원인가를 순간에 빨리 판단해야만 한다.

한 사람이 들어야 한다면 앉는 위치는 상대의 뒤가 가장 좋은데 이때 동시에 변장하는 쪽이 좋은가 어떤가도 빨리 판단해야 한다.

또한 증거품으로 가게의 성냥을 받아두는 것도 잊어서는 안 된다.

커피숍에서의 탐정의 음료수 요금은 주문 후 바로 지불해 둔다. 요금을 지불할 때는 적은 거스름 돈 같은 것은 받으려고 생각하지 말고 그대로 지불하고 바로 떠나야 한다.

6) 자동차잠복

드라마나 영화 등에서는 형사가 자동차 잠복을 하는 장면이 자주 나오는데 예를 들면, 야간에 용의자와 관계있는 집과 그다지 멀지 않은 곳에서, 차 안에 있는 형사에게 교대 형사가 수고했다면서 야식으로 빵과 우유를 갖다 주는 장면은 드라마만의 이야기는 아니다.

탐정이라면 자동차 안에서의 잠복은 형사에 비해 그리 많지 않다.

특히 주택지에서는 길가에 주차되어 있는 그 자체만으로도 이상한 일로 의심을 받게 되는데 만약 경찰이라면 그 수상한 상황에 대해 경찰 신분증을 보여 주면 끝나지만 탐정은 그럴 수도 없는 것이다.

또한 조사대상자가 자동차로 이동하는 것을 알았을 때, 자동차 미행이 필요한 경우에도 잠복할 경우에는 자동차에서 떨어져 잠복하는 것이 좋다.

탐정이 주차장소를 선정할 때는 신중을 기하지 않으면 안 된다. 신중치 못한 노상 주차는 동네 주민들에 의하여 신고 될 가능성이 높기 때문이다.

아무리해도 혼자서 할 방법이 없다면 2인 잠복 체제를 갖춘다. 1명은 차 안에, 다른 한명은 밖에서 잠복을 하는 것이다.

차안에서는 운전석을 피하고 반드시 조수석에 앉는다. 운전기사가 있는 것처럼 가장한다면 의심받을 확률이 그만큼 적기 때문이다.

그 외에 자동차에 최신 기계장치를 설치하는 방법도 있다. 조사 대상자의 자동차에 발신기를 부착하여 레이더와 같은 기계를 사용하여 행방을 찾아내는 것이다.

그러나 주차장에 들어가거나 차를 바꿔 타는 경우도 발생할 수 있어서 완전한 방법이라고는 할 수 없지만 상황에 따른 방법이 될 수도 있다.

또한 대상자의 차에 가까이 주차하여 잠복을 하는 경우, 특히 몇일 동안 계속되는 잠복 조사일 경우에는 매일 바뀌는 차의 종류와 차 색깔에 주의해야 하며 연료는 항상 가득 채워져 있는 상태로 준비해야 한다.

결론적으로 말하자면, 꼭 필요한 경우가 아니면 잠복조사에 자동차를 사용하지 말아야 한다. 그것은 무엇보다도 제3자가 차번호를 기억할 염려가 있기 때문이다.

조사대상자가 자신이 조사받고 있다는 것을 전혀 모른다고 해도 다른 이유로 다른 사람에 의해 탐정의 수상한 행동을 경계할 가능성도 있기 때문이다.

이것은 실제 미행과 잠복의 모든 경우에 해당되는 것으로서 조사대상자에게만 의심받지 않는다고 해서 만사 OK라고 생각해서는 절대 안 된다.

특히 아마추어나 서투른 탐정들은 조사대상자에게만 신경을 집중하는 실수를 하는데 사실, 가장먼저 의식해야 할 것은 그 주변으로부터 의심받지 않는 것이다.

예를 들면 백화점에는 전문 보안요원들이 있으면서 항상 주변을 감시하고 있고 또한 고급주택지나 정부요인의 저택 주변에는 자체 경비원이나 혹은 경찰이 항상 감시할 수도 있다. 이와 같은 장소에서의 잠복조사는 아무리 고도로 숙련된 탐정이라도 매우 어렵다.

조사대상자보다도 먼저 그 주변 상황을 파악해 두지 않으면 순조로운 미행과 잠복을 할 수 없다는 것을 반드시 명심해야 한다.

〈그림 6-5〉 자동차 잠복

- 자동차 내에서의 잠복은 최종수단으로 생각한다.
- 조사대상자 뿐만 아니라 주변의 시선에도 신경을 써야 한다.
- 주차 장소는 주변의 시선이나 의심을 받지 않도록 신중하게 선택해야 한다. 의심을 받거나 도로변 주차로 주민들이 신고하여 문제를 일으킬 염려도 있다.
- 차내에서 혼자 기다릴 때는 운전석은 피하고 조수석에 앉아 운전사를 기다리고 있는 것 같은 모습으로 가장한다.
- 백미러나 사이드 미러를 사용하여 주변상황도 자주 관찰한다.

7) 발신기를 사용하여 상대의 행동 체크!

대상자 가까이서 잠복조사가 매우 곤란한 경우에 한해 발신기나 CCTV 카메라 등을 사용하기도 한다. 대개 상대가 외출하는 것을 확인하기 위해 현관 입구에 발신기를 부착, 문이 열릴 때 '찰칵'하며 내는 신호음을 듣기 위한 것이다. 가령, 고층 아파트의 경우, 조사대상자가 살고 있는 같은 층에서의 잠복조사는 매우 어렵기 때문에 이러한 방법을 활용할 수 있다.

또한 대상자 아파트의 출입구를 확인할 수 있는 위치의 다른 아파트에서 외출확인을 할 수 있는 방법도 있다.

그러나 이때 발신기만을 의지해서는 안 되며, 기계를 사용할 때는 항상 자기 자신 즉, 인간 고유의 전문적인 감각과 능력이 반드시 필요하다는 것을 잊어서는 안 될 것이다.

8) 추운 겨울의 잠복 대책

날씨가 추운 한 겨울의 잠복조사는 매우 힘들다. 장시간 걸리는 경우엔 교대로 잠복하는 경우도 있지만 속옷, 양말을 이중으로 겹쳐 입는 등 방한을 완벽히 준비해야 하며 휴대용 비상식품을 코트에 숨겨두기도 한다. 사람이 음식을 먹을 때는 체온이 올라가기 때문이다.

물론 코트의 색상에도 신경을 쓰지 않으면 안 된다.

자신이 속해 있는 탐정사무소가 있는 지역 외의 지방에서 잠복하면서 지원을 부탁할 수 없는 경우에는 오직 혼자서 추위를 참으며 업무를 할 수 밖에 없는 경우가 있다. 그런 때에는 휴대용 난로를 준비할 수도 있다.

사방이 눈으로 쌓인 곳에서의 잠복도 매우 힘들다. 주변이 모두 흰색이기 때문에 눈에 띄기 쉽고 우선 아주 추운 날씨의 눈 속에서는 아무리 탐정이라도 한곳에 계속 있기에는 한계가 있다.

몇 년 전, 동경에 큰 눈이 왔을 때 탐정들이 일제히 많은 고생을 한 적이 있다. 동경과 같이 눈이 많지 않던 도시에서는 눈이 오면 버스, 자동차 등의 교통수단이 불통되기 때문에 조사대상자의 행동이 갑자기 바뀌는 경우가 많으므로 탐정은 이러한 변화에도 늘 대응할 수 있어야 한다.

9) 주택가 잠복 요령

주택가의 잠복은 매우 힘들다. 혼란 없이 평온한 생활을 바라고 있는 주민들은 주변의 사소한 변화에도 민감하여, 경찰에 신고하는 확률이 높기 때문이다. 그러므로 의심받지 않을 만한 모습을 하는 것은 물론, 수상히 생각하여 말을 걸어오는 주변 주민들이 이상히 여겨 말을 걸어 왔을 때 단순히 '친구를 기다리고 있다'는 정도의 이유로는 주변을 납득시킬 수가 없으며, 주위사람들을 피하기 위한 적당한 방법은 되지 못하므로 주민에게 얘기를 해도 괜찮을만한 가공의 스토리를 작성하는 것이 특히 중요하다.[2)]

3. 미행기법

미행(尾行, Following)이란 사전적 의미로는 '몰래 뒤를 따라다님'의 의미이며, 법률적으로는 미행(尾行, Shadowing)이란 '혐의자의 뒤를 밟아 그 행동을 감시하는 것'을 의미한다. 우리나라의 현행 법률상 무조건 남의 뒤를 쫒아 미행하는 것은 적법한 행위가 아니라고 보지만, 뺑소니차량 현수막에 의한 목격자 및 정황증거를 찾아 주는 일과 형사소송법 제212조, 213조에 근거하여 피의자가 도주 시 피해자의 요청에 의하여 소재를 찾아주는 일은 적법하다고 볼 수 있다.

따라서 여기에서 서술하는 미행감시기법이란 유동감시(Moving Surveillance)의 유형으로 탐정이 의뢰를 받은 적법한 행위에 관한 것들로서 불법적인 증거자료 및 조사자료의 수집 또는 조사대상자의 소재지, 기타 여러 가지 조사에서 필요한 내용을 확보하기 위하여 대상자를 추적 감시하는 기법을 의미한다.

1) 미행감시의 종류

미행의 형태는 감시대상자의 성질, 미행의 구체적인 목적, 미행임무를 수행하는 탐정의 수, 이동로의 상황 등에 따라 다르다.

(1) 조사대상자의 행동수단에 따른 분류

① 도보미행 : 감시대상자가 도보로 이동하는 경우에 실시하는 감시 형태.

2) 김태환·강영숙 역, 프로탐정의 테크닉, 백산출판사, 2004, pp.31-44.

② 차량미행 : 감시대상자가 차량을 이용하여 이동하는 경우의 감시형태

(2) 미행 선(Following Line)의 수에 따른 구분

① 단선(單線)미행 :

탐정과 감시대상자가하나의 선으로 연결되어 이루어지는 미행 형태

② 복선(復膳)미행 :

조사대상자를 중심으로 여러 방향에 의한 여러 선으로 이루어지는 미행 형태

(3) 미행 담당 탐정 수에 의한 구분

① 단독미행 : 한명의 탐정에 의한 미행.

② 공동미행 : 두 명 이상의 탐정에 희해 실시되는 미행.

2) 미행감시활동 시 유의사항

① 미행의 실패는 탐정으로서 자격미달임을 명심하고 평소에 꾸준한 훈련을 해야 한다.

② 미행실시의 기본방향은 뒤, 뒷방향이 곤란할 때는 좌,우 라는 것에 유의한다.

③ 감시대상자의 머리모양, 얼굴, 복장(신발 포함), 보행 시의 습관 등을 사진은 물론 사전에 실물확인으로 파악해 두어야 한다. 실물이나 복장 등은 바뀔 수 있지만 보행 시의움직임은 쉽게 바뀌지 않기 때문에 멀리서도 판별하기 쉽다.

④ 미행 감시 중 대상자의 직선상의 뒤에서 미행하지 말고 비스듬한 뒤쪽에서 미행하는 것이 유리하다.

⑤ 감시대상자에 따라서는 건물(자택, 사무실 등)에서 나올 때나 길모퉁이를 돌 때에 반드시 뒤를 돌아보거나 확인하는 경우도 있으므로 특히 유의한다(특히 의뢰인이 직접 미행이나 다른 조사회사에 의뢰하여 실패한 경우).

⑥ 도보미행에서 감시대상자가 행동을 시작하면 바로 서두르지 말고 약간의 여유를 가지고 미행으로 옮기는 것이 바람직하다.

⑦ 도보미행 중 감시대상자의 후두부를 주시하는 것은 좋지 않다. 감각이 발달하거나 미행을 의심하고 있는 대상자는 고개를 갑자기 돌려 확인하는 경우가 발생하므로 시선이 마주치지 않도록 특히 조심해야 한다.

⑧ 어린이의 미행은 상황에 상관없이 어린이 특성 상 돌발행동이 많으므로 특히 주의한다. 어린이는 걷는 속도가 어른에 비해 느릴 수도 있으나 경우에 따라선 갑자기 뛰기도 한다. 또한 모든 사물과 주위환경에 관심과 호기심이 발동하기 때문에 의외의 상황까지 주의를 기울여야 하는 등 어려움이 많은 대상임을 특히 유의한다.

⑨ 미행감시 수행 중 주위의 상황과 환경에 적합한 위장을 통하여 최대한 노출을 방지해야 하며, 대상자에게 들키는 위급시의 상황에선 최대한 침착하게 그 상황을 모면할 수 있는 기지를 발휘할 수 있어야 한다.[3)]

3) 미행감시 종류

(1) 도보미행

도보미행을 하는 경우 실제로 걸어 다니면서 많은 정보를 습득할 수 있다. 노출될 위험성은 높지만, 정보의 중요성에 대한 신뢰도는 크다고 볼 수 있다. 도보미행을 한명이 하는 것은 너무 위험하기 때문에 최소한 두 명 이상이 필요 하다. 좋은 도보 미행의 표준은 오직 지속적인 연습과 경험에 의해서 얻어 진다.

미행에는 크게 나누어 '단선미행(單線尾行)'과 '복선미행(複線尾行)'이 있다.

가끔 단독미행이라는 말을 사용하는 사람들이 있는데 의미가 서로 다르다. 단독이란 혼자가 되고 말았다는 상태로 결국, 상대를 쫓아 여럿이 미행하다가 실패한 상태를 의미하게 되는 것이다.

'단선'이란 탐정 한사람과 조사대상자가 선으로 연결되어 있는 상태를 의미하는 것이고 당연히 '복선'은 여러 명이 미행하는 것이다.

그러나 이것도 잠복조사와 마찬가지로 기본은 항상 1인에 의한 단선 미행이란 것을 잊어서는 안 된다. 여럿이 미행하고 있어도 도중에 한명이 남는 상황이 생기

3) 손상철, 전게서, p.227.

는 경우가 많다.

오래된 이야기지만 1972년 일본의 아사마 산장사건 수사에서도 처음엔 여러 명의 형사들이 범인을 미행했다고 한다. 그러나 최후에 범인의 은신 장소를 발견했을 때는 한사람이 행한 단선미행이었다고 한다. 최후까지 미행을 했던 형사는 '어디까지나 미행의 기본 원칙에 충실했기 때문에 가능했던 것이다.'라고 하였다. 당시 이 형사는 그다지 경험이 많지 않았으며, 반대로 미행에 실패했던 형사들은 캐리어가 있는 형사였다고 한다.

놀랍게도 미행에 실패했던 형사들은 오랜 경험에서 얻은 선입관을 갖고 자기 나름대로의 응용술에 의지한 나머지 기본을 잊어버리고 말았던 것이다.

탐정도 이와 마찬가지로 여러 명이 같이 하는 미행이라 하여 안심하지 말고 언제나 혼자서도 할 수 있도록 훈련하고 기술을 몸에 익혀 컨디션을 조정하지 않으면 안 된다. 그렇지 않으면 복선 미행도 단순한 오합지졸에 불과할 것이다.

탐정은 거리에서의 도보 미행 시 대상자의 의도를 미리 읽어내기 위해서 끊임없이 생각하고 다음과 같이 자신에게 질문을 던져야 한다.

- 만약 조사대상자가 길을 건넌다면…
- 만약 조사대상자 건물에 들어간다면…
- 만약 조사대상자가 뒤 돌아서 내 쪽으로 걸어온다면…

팀원들 간에 의사소통이 부족하다면 도보 미행을 수행 하는 것은 확실히 어려운 일이다. 통신망(무전기)이나 연락수단이 없다면 혼란은 더욱 가중될 것이고 미행대 상을 놓치게 될 가능성이 높거나 혹은 실제로 노출 될 가능성도 매우 높다. 첩보용 무전 장치는 필수적인 장비이며 팀원들 간의 의사소통은 필수적이다.

① 도보미행(감시)의 종류

● 한사람에 의한 도보감시

한사람에 의한 도보미행은 통행이 복잡한 곳에서는 대상자를 놓치지 않기 위해 비교적 가까운 거리에서 뒤따라가야 하며, 반대로 통행이 한산한 곳에서는 먼 거리를 두고 뒤따라가야 한다. 따라서 보행자가 적은 경우에는 탐정이 목표인 대상자를 발견하기가 쉽지만 탐정이 역으로 대상자의 눈에 띄기 쉽다.

● 2인1조에 의한 도보감시

2인1조에 의한 도보미행은 한명이 미행하는 것보다 훨씬 융통성이 있다. 보통 첫 번째 감시자가 목표(조사대상자)를 가까운 거리에 두고 미행하고, 두 번째 감시자는 먼 거리를 두고 미행한다. 두 번째 감시자는 같은 길을 따라 미행할 수도 있고, 또는 반대편 길을 따라 미행할 수도 있다. 또한 주기적으로 두 사람의 감시자가 미행위치를 교대하여 바꿈으로서 조사대상자에게 의심을 받는 일이 없도록 한다.

● 3인 또는 그 이상에 의한 도보감시

이 방법은 가장 정교하고 세밀한 기술로 미행하기 때문에 미행대상자가 감시자들을 탐지하게는 가장 어렵다 일반적으로 한사람의 감시자가 목표의 돌발적인 행동에 대비하기 위해 목표의 뒤의 가까운 거리에서 미행한다.

두 번째 감시자는 동일한 길에서 첫 번째 감시자를 볼 수 있는 일정한 거리를 두고 뒤따라간다. 세 번째 감시자는 반대편 길에서 목표와 나란히 걷거나 조금 뒤쳐져서 미행한다.

목표(조사대상자)가 걸어갈 수 있는 길이 여러 길이 아니고 비교적 통로가 제한된 지역에서는 한사람의 감시자가 목표가 눈치 채지 않도록 주의를 기울여 목표 앞에서 걸어갈 수도 있다. 미행감시자의 위치는 빈번하게 바뀌는데, 특히 교차로에서 많이 바뀐다. 미 경우 목표 뒤에 바짝 뒤따라가던 감시자는 길 반대편으로 걸어가고, 다른 감시자가 목표 뒤를 따라간다. 세 사람의 미행감시자 중에서 한사람이라도 목표의 의심을 받게 되면 다른 감시자로 교대된다.[4)]

② 거리의 은폐물 이용

또한 다음과 같은 '거리의 가구'라고 불리는 지형지물을 이용하여 일시적으로 은폐하기 위한 은폐물로 이용한다.

- 다른 보행자
- 공중전화박스

---

4) 강기욱, 전게서, p.377.

- 광고판
- 주차된 차
- 버스 정류장
- 가로수
- 가로등
- 건물로 들어가는 입구
- 도로 상의 쌓아 놓은 방치물이나 물건 등

③ 임무 교대

팀의 사이즈가 클수록, 더욱 자주 교대를 해줄 수 있지만 그저 교대를 위한 교대를 해서는 안 된다.

길을 걸어가면서 교대를 할 때에는 백업이 교대역할을 맡을 수 있는 포지션에 있는지 항상 물어보아야 한다(이런 경우를 "계획된 교대"라고 부른다.)

만약 대답이 'YES'라면 가게에 들어가거나, 옆길로 빠지거나 다른 쪽 길로 이동하거나, 백업이 자신을 통과해서 교대역할을 맡을 수 있게 한다.

그러나 언제 임무를 교대할 것인가를 결정하는 것이 중요하다.

보통 임무를 교대할 때는 다음과 같은 4가지 경우이다.

- 대상자가 자신을 알아보기 시작했거나 교대 역할을 상당시간 동안 맡았을 때
- 대상자가 방향을 바꾸었을 때
- 대상자가 정지했다가 다시 움직이기 시작했을 때
- 탄로 날 수도 있는 위험에 처한 상황일 때

④ 도보미행 시 주의점

도보로 미행 시 상대에게 여러 차례 목격 당하는 경우와 유별난 행동을 하는 경우에는 특히 주의를 기울여야 한다.

- **사진에만 의존하지 말고 상대의 행동과 버릇을 발견하라!**

미행에 있어서 조사 상대가 나올 때 순간에 그 모습을 모두 파악하지 않으면 안 되는데 그때의 머리모양, 안면, 복장(구두포함)의 색과 형태, 보행 시의 습관, 기

타 행동 등의 체크 포인트를 해 둔다.

사진을 받았다고는 하지만 머리나 얼굴모양 등은 사진과 크게 다를 가능성이 있고 또한 복장은 수시로 바뀔 수도 있다. 따라서 조사대상자 본인임을 인식하기 위한 중요한 체크 포인트는 보행시의 행동버릇이다.

어떤 사람이라도 버릇만큼은 좀처럼 고치기 힘들기 때문에 몸 전체적인 움직임을 파악해 두면 멀리서도 본인임을 판별하기 쉽다.

특히, 사람은 방향에 따라 신체의 모습이나 얼굴 모습도 조금 다르기 때문에 전후좌우에서 빨리 확인해 두어야 한다. 또, 처음부터 미행을 경계하고 있는 조사대상자 그 자체에도 신중을 기하여야 한다.

〈그림 6-6〉 조사대상자의 보행 시 버릇 체크

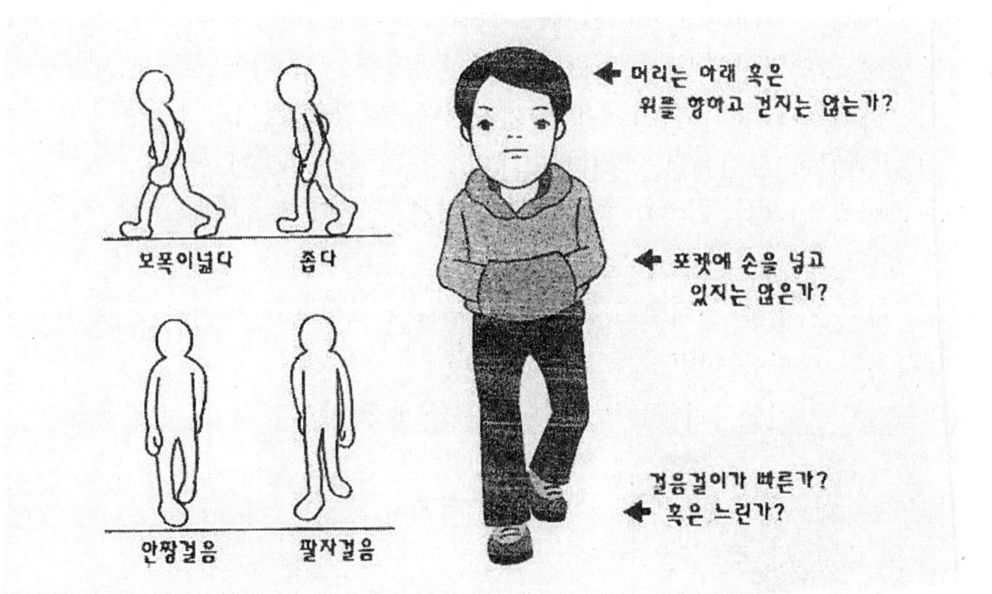

- 조사대상자 몸 전체의 움직임을 살펴서 파악해 두면 멀리서도 당사자를 쉽게 판별할 수 있다.
- 전후좌우의 인상이 다를 수도 있으므로 반드시 확인해 둔다.

● **조사대상자와 1대1 선(腺)으로 연결!**

미행 시 탐정은 상대와 어느 정도 거리를 유지하면 좋을까?

미행의 기본거리는 15m라고 생각한다.

이정도의 거리면 탐정 쪽에서는 조사대상자가 잘 보이면서 대상자 쪽에서는 탐정을 알아차리기 힘든 최적의 거리이다. 그러나 실제 현장과 상황에 따라서는 15m가 아닌 1m-100m 정도의 먼 거리가 되기도 하고, 더 가까운 거리로 변하기도 한다. 그래서 탐정들은 '미행은 고무줄과 같다'고 생각하고 있다. 즉, 미행 시 상대와의 거리는 상황에 따라 어떤 식으로든 신축성이 있어야 한다는 것이다.

또한 '미행은 물과 같다'라는 말도 있다. 물은 용기(容器)에 따라 얼마든지 형태가 변하는 것처럼 미행도 상황에 따라 얼마든지 변할 수 있기 때문이다.

그러나 실제 미행에서는 그때마다 몇m나 되는지 재어 볼 수도 없고 생각할 그럴 여유도 없다. 상대와의 거리감은 눈으로 보는 것 보다 자신의 몸으로 확인하는 것이 좋을 것이다. 그럼 거리감을 알기위해 가장 믿을 수 있는 것은 무엇일까?

그것은 자신의 보행수일 것이다. 거리감을 몸으로 느낀다는 것은 말 그대로 자신의 발을 사용하는 것이다.

〈그림 6-7〉 조사대상자와 안전거리 확보

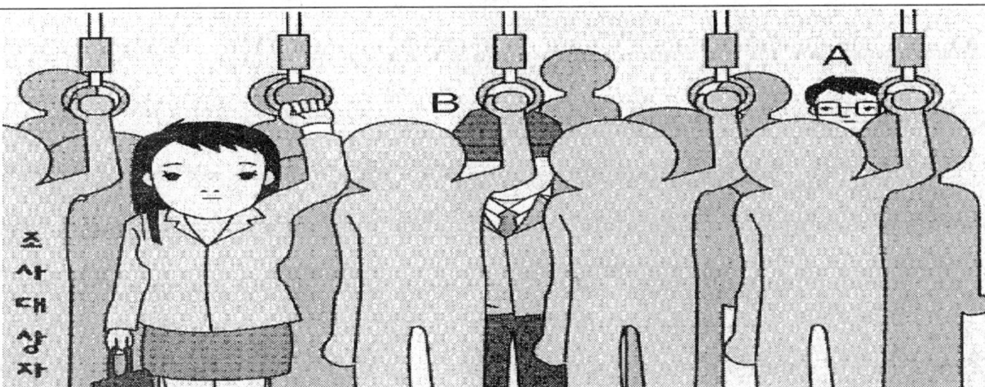

- 항상 기본거리를 염두에 둔다(탐정 A).
- 지하철이 혼잡할 때나 대화를 듣기 위한 경우에는 가까이 접근(탐정 B).
- 차 내에서 한쪽으로만 시선방향을 두면 의심받기 쉬우므로 주의함.

● **혼잡한 교통수단이나 비 오는 날에는 상대에게 밀착!**

번화가의 혼잡한 인파 속이나 만원버스 내에서의 미행은 상대를 놓치지 않을까? 라고 대부분의 사람들은 그렇게 생각할 것이다. 물론 맞는 말이다.

사실, 사람이 많으면 미행에 어려운 점도 있지만 오히려 상대에게는 의심받지 않고 접근할 수 있기 때문에 탐정에게는 이보다 좋은 상황은 없을 것이다.

접근거리는 역시 기본인 15m 이내 이지만 사람이 혼잡할 때에는 밀착하는 상황이 더 많다. 즉, 만원버스에서는 대상자의 바로 뒤에 서 있을 수도 있다. 대개 복잡한 전철에서 상대와 5~7m정도 떨어진 위치에 타고 있을 때 탐정이 한쪽 방향으로만 예리한 시선을 향하고 있는 모습은 의심받기 쉽다. 물론 상대와 가까운 거리에 있어도 다음 도착역에서는 어느 쪽 문이 열리는지 그 정도는 반드시 체크해 두어야 한다. 노련한 탐정이라면 아무리 혼잡한 상황이라도 이 정도는 간단할 것이다.

비 오는 날의 미행은 우산을 쓰기 때문에 상대를 놓치기 쉽기 때문에 혼잡시와 마찬가지로 상대와의 거리는 조금 더 가깝게 잡는다. 상대도 비 오는 날에는 우산을 쓰기 때문에 맑은 날처럼 주위가 모두 시야에 들어오지는 않는다. 상대가 주변을 그다지 경계하지 않는 한 가까이 접근해도 문제는 없을 것이다.

그런데 주택가나 인적이 드문 곳에서는 상대를 관찰하기 쉽고 놓칠 염려는 없지만 탐정 자신도 상대의 눈에 띄기 쉬우므로 탐정에게는 오히려 이런 상황이 곤란하다. 이런 경우엔 거리를 충분히 취할 수밖에 없으므로 시골의 외길과 같은 상황에서는 매우 멀리 떨어져 미행하는 경우도 있게 된다.

● **지하철 이용 시 미행 요령**

전철이 혼잡할 경우에는 조사대상자와 같은 칸에 있어도 무방하지만 비어 있는 경우에는 조사대상자와 같은 칸이 아닌 옆 칸에 타는 것이 기본이며 그곳에서 연결부의 유리창을 통해 상대를 감시한다. 탐정이 이때 앉거나 서 있는 위치는 상대와 같은 방향인 옆으로 앉는 것이 바람직하다.

대각선으로 앉으면 시야가 넓어져 상대를 보기는 쉽지만 역으로 상대에게 눈에 띌 가능성이 높다.

도심에서의 미행방법과 비교하면 이러한 전철 속에서의 미행방법이 이상할 수 있겠지만, 실제 미행을 하다 보면 보행 시 보다 전철을 이용하여 미행을 하는 시간 쪽이 더 많을 정도이다.

고속전철이나 열차에서의 미행에서는 같은 칸에 타는 것이 원칙이다. 어떤 상황이든지 우선 차 안으로 들어가 상대의 차량과 좌석위치 등을 확인해 두며 어떤 경우든 절대로 자신의 신분을 밝혀서는 안 된다는 것을 잊지 말아야 한다.

미행의 기본방향은 '뒤'이지만, 뒷방향이 곤란할 땐 '좌우'라는 식으로 생각하도록 한다.

〈그림 6-8〉 지하철 이용 시

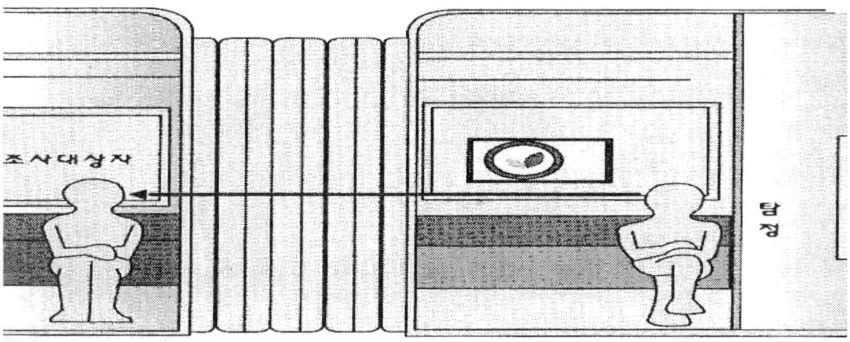

- 지하철이 한가한 경우에는 조사대상자의 옆 칸에 위치.
- 앉는(혹은 서는)위치는 조사대상자와 옆으로 나란히 위치.
- 차량연결부위의 유리창을 통하여 대상자의 행동을 주시하다가 상대가 이동 시 같이 이동함.

● 상대의 갑작스런 행동변화에는 재빨리 위장행동을 취하라!

미행 중, 상대가 커브 길을 돌아 시야에서 사라져 버리는 경우가 있다.

그런 때는 역시 빠른 걸음으로 쫓아가는 것이 기본이지만 그대로 쫓아가다가 상대가 갑자기 돌아 나왔다면 어떻게 할 것인가? 그땐 주춤거리거나 뒷걸음을 치지 말고 자연스럽게 위장 행동을 해야 한다.

예를 들면, 구두끈을 고쳐 맨다거나, 자전거가 세워져 있을 땐 자전거를 닦는 척 해서 위장 행동을 하는 것도 하나의 방법이 될 것이다.

이와 같이 상대의 갑작스런 돌발행동에도 탐정은 당황하지 말고 기지를 최대한 발휘하는 순간의 판단력이 매우 필요하다.

● 엘리베이터 안에서는 탐정이 버튼을 누르는 역할을 한다!

상대가 백화점 등의 대형마켓에 들어갈 경우, 에스컬레이터는 비교적 미행하기가 쉽다. 그러나 엘리베이터에서는 반드시 같이 타야 하는 것이 기본이다.

엘리베이터 안내원이 없는 경우에는 탐정 자신이 버튼을 누르는 역할을 해서 상대를 먼저 내리도록 한다.

그런데 남성의 탐정이 백화점 같은 곳에서 여성 상대를 미행 하는 경우, 여성 속옷매장과 같은 곳에 들어간다면 어떻게 할 것인가?

보통의 남성이라면 당황하겠지만 탐정은 선물 사는 척 하면서 위장을 하거나 같은 업계사람을 위장하여 매장의 상품 조사를 하는 척 하면서 여러 가지 행동을 자연스럽게 할 수 있어야 한다.

〈그림 6-9〉 엘리베이터 이용 시

- 엘리베이터는 조사대상자와 같이 타는 것이 기본
- 엘리베이터 안에서는 대상자에게 얼굴을 보이지 않도록 함.
- 탐정이 버튼을 누르는 역할을 함
- 탐정은 상대가 내리는 바로 위층의 버튼을 누르며 상대가 먼저 내리게 함

● **어린이 미행**

상황에 관계없이 미행이 곤란한 조사대상자가 있다.

우선, 노인과 같이 걷는 속도가 느린 사람이다. 이것은 미행 시 아무리 거리를 충분히 두어도 탐정도 똑같이 느린 걸음으로 간격을 유지하면서 미행하려면 매우 어렵고 눈에 띄기 쉽기 때문이다. 너무 느릴 경우에는 한번 돌아가서 기둥 등 거리의 은폐물이나 물건 뒤에서 기다리는 등 이쪽의 속도를 여러 가지로 바꾸면 좋을 것이다. 그러나 빠른 걸음일 때는 오히려 이보다 미행하기는 쉽다.

초등학생 이하의 어린이의 미행도 매우 어렵다.

어린이까지 미행하나? 라고 생각할지 모르겠지만 어린이들의 집단따돌림이나 가출인의 거처나 소재파악 조사의 경우도 많기 때문이다.

가령, 가출한 남편이나 혹은 아내 쪽에서 애들을 보기위해 의뢰하는 케이스가 여기에 해당 된다.

어린이는 키가 작아 놓치기 쉬운 면도 있지만 어린이라는 특성 자체가 미행을 어렵게 만드는 것이다.

어린이는 어른보다 주위의 상황에 대해 직접적이고도 민감하게 반응한다.

어른이라면 뭔가 이상한 일이 있어도 선입관으로만 '뭔가 있구나' 라고 자기만의 해석으로 생각해서 끝내고 말지만 어린이에게는 어른과 같은 그런 선입관이 없기 때문에 이상한 일이 있으면 즉시 표현을 하게 되는데 '아저씨, 뭐하세요?'라고 직접적으로 크게 소리 지르며 물어보기 때문이다. 이런 의심을 갖게 된 어린이는 집에 뛰어 들어 가면서도 '엄마. 저기 이상한 사람이 있어요' 라고 바로 큰 소리로 보고하는 것이다.

특히 상가나 주택가에서 친구들과 같이 있는 아이들은 그런 경향이 더욱 강하다. 그러므로 탐정은 의외의 상황까지 주의를 기울일 필요가 있다.

● **상대가 갑자기 택시를 타더라도 당황하지 마라!**

걷고 있던 미행 대상자가 택시를 타는 상황은 매우 빈번히 일어난다.

이런 경우엔 상대가 택시를 탄 것을 확인한 후 자신의 차를 타고 간다면 그땐 이미 늦다. 노련한 탐정이 되려면 기선을 제압할 수 있어야 하는데 상대의 움직임을 보는 것만으로도 상대가 택시를 잡으려고 하는 분위기를 사전에 파악할 수 있어야 한다. 가령, 상대가 먼저 택시를 잡는다고 해도 시내 중심심부라면 크게 서두를 일은 아니다. 그 정도의 간격을 두어도 아마 택시 한대는 있을 것이다. 또한 도심에서는 교통신호와 정체현상이 많아서 거리가 멀어지는 별로 없을 것이다.

만에 하나, 아무리 기다려도 정말 택시가 오지 않는 경우엔 어떻게 할 것인가? 도심부나 번화가에서 정체현상이 심하다면 택시 타는 것을 과감히 포기하고 뛰어서 일단 뒤를 쫓아가 상대가 탄 차를 확인한 후, 정체 중에 빈 차가 있으면 그때 택시를 타는 것이다. 그것도 안 된다면 택시회사와 차 넘버를 기억하여 전화로 하차장소를 물으면 좋을 것이다. 상황이 어떻든 도심이나 번화가에서의 미행조사 시 택시는 손쉽게 잡을 수 있을 것이다.

(2) 차량미행감시

차량감시에 사용되는 차량은 일반적으로 외관이 눈에 잘 띄지 않고 희미한 색깔의 차량이 무난하다. 일반적으로 차량 문을 열고 닫을 때 차량 내부의 사람이 보이지 않도록 차량 실내등은 작동하지 않도록 미리 조절해 둔다.

감시차량에는 보통 2명 혹은 그 이상의 감시요원이 승차한다. 왜냐하면 감시대상자가 차를 주차시키고 걸어가는 경우를 대비하여 한사람은 차에 대기하고 다른 한 사람은 목표를 도보로 뒤따라가야 하기 때문이다.

차량이 이동 중일 때는 운전자는 운전에만 신경을 집중해야 하고 미행 감시자는 목표인 조사대상자를 감시하고 무전기를 사용하여 목표의 행동에 대한 특징을 메모한다. 미행 중인 감시차량은 목표를 놓치지 않기 위해 가끔 교통법규를 위반하는 경우가 있다. 만약 빨간 정지 신호등을 무시하고 달리거나, 또는 위험하고도 급작스러운 차선변경을 하는 경우엔 목표는 자신을 미행하고 있다고 의심을 하게 된다.

감시차량과 목표차량 간의 거리는 교통의 흐름과 교통량에 따라 다르다. 대부분의 경우, 감시차량은 그들과 목표차량 사이에 한 대 또는 두 대의 차량 간격을 두고 미행한다.

① 차량감시의 종류

도보감시의 경우와 마찬가지로 차량감시도 1대 또는 2대 및 그 이사의 차량으로 미행한다.

● 단독차량에 의한 감시

차량 1대로 미행 할 경우에는 한 사람이 도보 감시를 하는 경우와 같이 결점이 많다. 목표차량은 항상 시야에서 떨어지지 않아야 하고 동일 차량으로 계속 미행하여야 하는 어려움이 있다. 감시요원들은 차안에서 서로 좌석을 바꾸거나 : 모자, 코트, 안경을 착용하거나 벗어버리는 등 단독미행차량의 취약점을 최대한 극복하여야 한다.

● 2대 또는 그 이상의 차량감시

2대 또는 그 이상의 차량으로 감시할 경우에는 감시자들이 서로 미행위치를 바꿀 수 있을 뿐만 아니라 경우에 따라서는 불필요한 차량을 떠나보낼 수 있는 장점이 있다. 1대의 미행차량이 목표차량을 뒤따르면서 무전기로 다른 차량들에 대하여 감시를 위한 지시를 한다. 다른 미행차량들은 앞서 가는 미행차량을 뒤따라갈 수도 있고, 목표차량을 추월하여 앞서갈 수도 있으며, 다른 차선이나 옆 차선에서 나란히 달릴 수도 있다. 교차로에서는 목표차량의 방향에 따라 대열의 변형이 생기게 되는데 목표차량이 우회전이나 좌회전을 할 경우 바로 뒤에 따라 가던 감시차량은 통상 똑바로 직진하고 나머지 감시차량은 목표차량이 회전해서 가는 방향으로 뒤따라간다. 이럴 경우 또 다른 1대의 감시차량이 목표차량의 바로 뒤에 붙어서 미행하게 되며 운전사는 다른 감시차량에게 무전기를 통해 지시하게 된다. 최초에 목표차량 뒤에서 뒤따르다가 교차로에서 직진해 버린 감시차량은 U턴을 하거나 한블록 돌아 나와서 새로운 위치 선정을 하게 된다.[5)]

---

5) 강기욱, 전계서, p.380.

② 차량미행 시 주의점

● 자동차 미행 시엔 차간거리와 사전 정보수집이 중요!

탐정 자신이 직접 운전하는 차로 미행하는 경우, 우선 상대의 차에 바짝 붙어 갈 수는 없다. 상대의 차 사이로 두, 세대의 차가 있는 것이 보통이지만 상황에 따라서는 1m에서 100m 까지 도보 미행 시와 같이 차간 거리도 신축성 있게 잡아야 한다.

일반 큰 도로에서는 신호나 끼어들기에 조심하는 정도여서 도보미행 시 보다는 큰 어려움은 없을 것이다.

그러나 자동차 미행 시 비교적 어려운 부분은 상대가 큰길에서 골목과 같은 좁은 길에 들어가는 경우이다. 골목에서는 차간 거리를 어느 정도 멀리 취하지 않으면 안 되므로 상대를 놓칠 경우가 많다. 그러나 큰 도로에서 골목으로 들어간다는 것은 부근에 상대의 목적지가 있는 경우가 많기 때문에 방향성을 미리 알고 있으면 정차 중의 상대를 발견할 가능성이 매우 높다.

자동차를 사용하는 조사대상자에 대해 의뢰를 받는 단계에서는 상대가 늘 이용하는 길을 상세하게 의뢰자로부터 미리 들어두는 것이 매우 중요하다.

골목과 같은 상황에서 자동차 미행이 예측 된다면 이것은 의뢰받을 때의 정보수집에 따라서 성패가 달려있다고도 할 수 있을 것이다.

또한 상대가 잠깐 들르는 곳을 알고 있다면 무리하게 차로 계속 미행하지 말고 먼저 그 장소 부근에 가 있는 것도 하나의 방법이 될 수 있다.

또 다른 방법으로는 자전거를 이용하는 경우도 있다.

골목에서는 자동차 보다는 자전거가 더 편리하며 골목이 복잡하여도 먼저 빠져나갈 수 있는 이점이 있어서 의외로 소득을 얻을 수 있다.

그러므로 전문 탐정사무소에서는 전용차, 전용 자전거를 항상 준비하고 있다.

차종이나 색상은 대체로 심플한 것으로 준비하며, 특별한 차종이 필요할 때는 렌터카를 이용하여 처리한다.

〈그림 6-10〉 차량미행

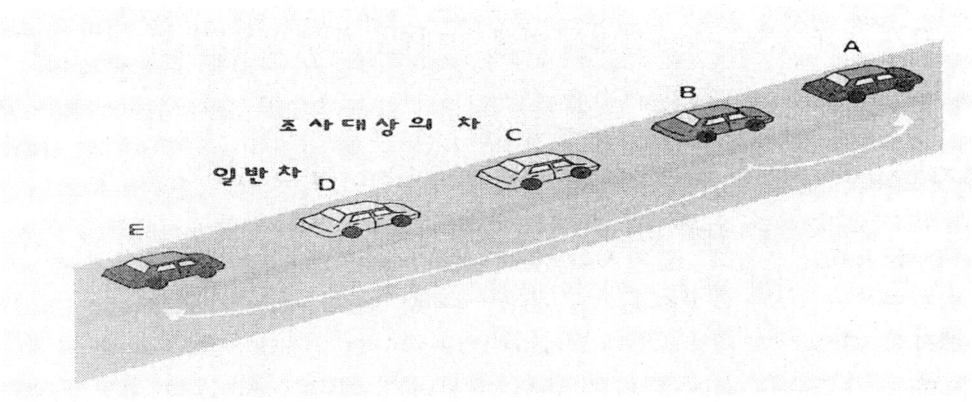

- 여러 대의 차(A,B,E)로 미행할 때는 중간에 조사원의 차량을 전·후 위치를 바꾸는 등 의심을 사지 않도록 주의한다.
- 대상자의 차에 바짝 붙어 가는 일은 피한다.
- 중간에 다른 일반차(D)를 둠으로서 대상자의 차(C)에서 쉽게 볼 수 없도록 한다.
- 차간 거리는 도보미행 시와 같은 요령으로 상황에 따라 신축성 있게 조졸한다.

● 고속도로 미행 시!

고속도로 미행은 일반도로 보다 매우 빠른 속도를 낸다는 점에서 운전에 신경을 써야 하기 때문에 어렵다. 특히 야간의 고속도로 미행에서는 고도의 주의력이 필요하다. 따라서 고속미행이 예측될 때에는 네비게이션 장치를 설치하는 것이 좋다.

언제나 탐정 한사람이 조사하는 것이 기본이지만 안전을 위해서 고속도로에 한해서는 두 명 이상의 탐정이 필요하다. 고속도로가 한가하다면 차간거리는 충분히 여유 있게 두지만 혼잡한 고속도로라면 접근해서 할 수도 있다.

고속도로 주행 중, 차간거리와 함께 주의할 점은 고속도로 휴게소에 들어가는 경우, 주차위치나 차에서 내린 후의 행동에도 신경 써야 하는 점이다. 특히 고속도로 출구의 통행료 계산 시엔 가능한 빨리 통과해야 한다. 거스름돈은 꼭 받을 생각을 하지 말고 상대 보다 먼저 통행료 지불을 끝내고 빨리 빠져나가 갓길에서 대기하고 있는 것이 좋다.

● **자동차는 하나의 상자일 뿐, 조사대상사람에게서 눈을 떼선 안 된다!**

택시나 자동차, 그 외의 이동수단으로 상대를 미행하는 상황에서는 차 자체에 더 주의가 가게 됨에 따라 상대가 차에서 내렸는데도 알아차리지 못해 생각지도 않게 미행을 놓쳐 실패하는 일이 의외로 많다.

이것은 차에 탔다면 적어도 멀리 가거나, 한 구간 정도는 가겠지 하는 선입관이 실패의 원인이 되는 것이다.

또한 정체가 심할 때의 장소가 특히 커브길이라면 걷는 쪽이 훨씬 빠르다는 생각으로 조사대상자가 바로 차에서 내리는 경우도 있는데 이때 거스름돈도 영수증도 받지 않고 빨리 내린다면 택시 문을 열고 내리는 시간은 순식간이 될 것이며, 이때 마침 새로운 승객이 탄다면 내릴 때처럼 눈에 보이지 않을 수도 있을 수도 있다.

모든 이동수단들은 형태를 갖춘 하나의 상자일뿐 미행의 대상은 어디까지나 그 안에 있는 사람이다. 대상자가 자동차나 엘리베이터에 탔다고 해서 엘리베이터만을 감시하는 탐정은 없을 것이다. 이런 기본 원칙을 잊어버린다면 자주 실패의 원인이 될 것이다.

탐정이 모든 조사업무 시 시내 중심부의 철도역이나 지하철의 경로, 환승역 등은 반드시 파악해 두어야 한다.

미행 대상자가 지방 도시로 갈 때, 탐정은 낯선 도시의 교통사정까지는 익숙하지 않을 것이다. 그러므로 초행길의 도시에서는 길 도중에 상대를 만나기도 하지만 어떻든 간에 상대로부터 눈을 떼지만 않는다면 상대가 탐정을 가이드 해 가는 격이 된다. 지방 도시의 미행은 생각처럼 그렇게 쉽지 않을 것이라고 생각하는 탐정도 있긴 하지만 미행 조사의 기본만 확실히 숙지한다면 초행길에서도 큰 문제는 없을 것이다.

● **미행의 실패는 탐정으로서도 실격!**

미행의 실패는 표면에는 그다지 나타나지는 않는다. 물론, 상대를 놓쳤다거나 혹은 미행하는 것을 들켰다는 것은 탐정의 완전한 실패라 할 수 있다.

그렇다면 최후의 목적이 되는 사진 촬영 등의 증거만 확실히 잡았다고 해서 미행에 성공했다고 말할 수 있을까?

우리들이 생각하기에는 탐정의 업무로서는 성공했다고 해도 미행 그 자체는 성공했다고 말하기는 어렵다. 문제는 결과가 아니라 그 과정이다.

예를 들면, 한가한 전철 내에서 탐정이 미행 중의 상대에게서 조금이라도 눈을 뗐다면 그 시점에서 미행은 실패라 할 수 있다.

상대가 때로는 같은 칸에 계속 있을 수도 있겠지만 눈을 잠깐 뗀 사이 하차할 가능성도 있을 것이고, 또는 순간에 탐정 자신의 바로 앞으로 나오거나 잠드는 경우도 있을 것이다. 이런 것들은 단순히 운이 좋았다고 볼 수 있다.

그런 식으로 운 좋은 조사를 계속해 나간다면 언젠가는 상대를 미행할 때 완전한 대실패를 맛보게 될 것이다.

그러한 운 좋은 순간을 다행히 넘겨 온 서투른 탐정들이 주변에는 매우 많다. 당연히 그런 운에 맡긴 탐정업무나 탐정회사 경영은 오래가지 못할 것이 뻔하다.

물론 우리 생활에서 행운도 가끔 중요한 요소가 되긴 하지만 탐정업무에서 반드시 기억해야 할 것은 운이 아닌 평소의 꾸준한 훈련과 연습뿐이다.

결론적으로 미행의 실패는 즉, 탐정으로서의 실격을 의미한다.

탐정의 미행 실패는 잠복, 탐문과 같은 기술의 실패보다 더 치명적이기 때문이다.

어떤 탐정이 조사에서는 프로라고 자칭한다면 이 세상의 다른 분야의 프로와 마찬가지로 자기의 책임도 충분히 인정하고 받아들일 줄 알아야 한다. 그렇지 못하면 탐정은 영원히 고리타분하고 가치 없는 존재가 될 것이다.[6)]

4. 탐문기법

탐문조사라면 형사 신분증을 재빨리 보이며 틈을 주지 않고 질문을 하는 즉, 수사 드라마에서 나오는 형사의 모습을 떠올리는 사람도 많을 것이다. 그러나 그것도 어디까지나 경찰의 신분증과 수사권이란 공권력과 대의명분이 있기 때문에 가능한 일이다.

6) 김태환·강영숙 역, 상게서, pp.46-59.

탐정에게는 경찰의 수사권이라는 대의명분과 신분증도 없으며 자신의 신분을 명확히 밝히며 하는 탐문수사는 있을 수 없다. 가끔 서투른 탐정들이 경찰신분증 비슷한 것을 보이며 탐문한 결과(물론 이것은 위법이다), 그 주변에 헛소문만 퍼뜨리거나 문제를 일으키는 경우도 있다.

전문 탐정회사에서는 그러한 가짜 신분증 등은 일체 만들지 않고 있으며 탐정은 당연히 그러한 신분증을 제시하거나 신분을 밝히는 일이 없어야 한다.

1) 탐문조사 전 철저한 예비조사 필요!

우선 탐정 업무의 순서 중 탐문은 잠복, 미행을 반복한 후에 시작하는 것이 원칙이다. 탐문 조사를 가장 먼저 시작하게 되면 가장 먼저 질문했던 사람에게 얼굴을 보이게 되면서 주변사람들에게 경계심을 일으켜 잠복조사 하기가 어렵게 된다.

또한 '직접조사는 피한다'는 전제 조건도 있다.

직접조사란 조사대상자 본인을 직접 만나서 조사내용을 듣는 것이다.

물론, 가공의 스토리를 만든다 해도 본인에게 직접 해당되는 예도 있으므로 가능한 '직접조사'는 피하는 것이 좋을 것이다.

실제로 탐문수사에서는 갑자기 무작위로 알지 못하는 사람에게 물어보는 일은 없다. 탐문조사를 하기 위해 가장 먼저 할 일은 그 지역의 예비조사부터 시작하는 것이다.

주변의 지리, 지형, 환경 등의 특성을 파악하는 것이다. 파악한 결과에 의해 탐문 시간대와 탐정의 복장 등이 결정되는 것이다.

또한 잠복술에서 서술한 것과 마찬가지로 상대가 의심을 갖지 않도록 정체를 감추기 위한 가공의 스토리를 만들어 둔다.

예비조사의 성공률은 의뢰를 받을 때, 얼마나 많은 정보를 얻을 수 있는가에 달려있다. 그때의 정보를 무시한다면 탐문은 물론 미행, 잠복의 성공률도 낮을 것이다.

예비조사 후 탐문조사를 끝낸 다음에 뒷조사를 하는 것이다. 탐문조사에서 얻어진 정보는 모두 '미확인 정보'일 뿐이다. 이것을 '확인정보'로 만들기 위해선 뒷조사를 하는 것이다. 그 때문에 잠복, 미행을 여러 번 하는 경우도 가끔 있다.

2) 탐문은 목표대상(Target)을 중심으로 외곽에서부터 시작!

탐문조사의 대상은 일반주택이나 상가에만 정해져 있는 것은 아니다. 때로는 회사에 관한 탐문조사도 있다. 회사라고 해서 조사대상자 본인이 근무하고 있는 회사에 바로 가지는 않는다. 동업의 라이벌회사, 거래처, 혹은 이전의 근무처 등 먼 주변부터 조사하는 것이 일반적이다. 물론, 여기서도 가공의 스토리는 필요하다.

〈그림 6-11〉 탐문은 주변부터 시작

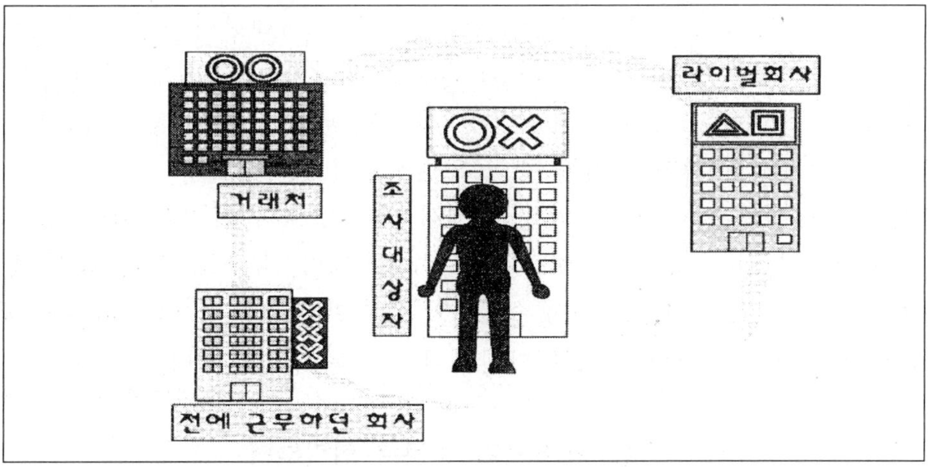

회사나 직장 탐문 시 탐문대상자의 결혼에 관한 조사를 의뢰받았다고 해서 결혼에 관한 가공의 스토리를 만들지는 않는다. 원칙으로 기업의 승진에 관한 조사를 하고 있다는 등, 회사와 관련된 가공의 스토리 설정을 한다.

그런데 기업이라는 것은 고용주(사장)에 관한 자료는 어느 정도 풍부하게 있다고 볼 수 있다. 주택이나 상가지역의 조사와 달리 그러한 자료를 알아내는 것만으로도 조사를 종료하는 경우도 있다.

그러나 전문 탐정이라면 자료로만 끝나지 않는 조사, 결국 미행·잠복·탐문으로 얻어진 정보를 근거로 진실을 찾아내야 하는 것이 당연한 업무일 것이다. 혹시, 관청이나 국회도서관에 나타난 공개자료 만으로 조사를 마친다면 인터넷의 검색이 쉬워진 현대에선 탐정의 활동, 아니 탐정의 존재조차 필요 없을지도 모른다.

여기서는 결혼 조사에 관한 탐문조사를 예를 들고자 한다.

조사 의뢰자는 신랑 쪽의 부모, 조사대상자는 신부인 A씨라고 하자.

이런 조사에 있어서 탐정이 가질 수 있는 좋은 안목이란 탐문대상자의 가족구성을 파악해 두는 것이다. 가족 중에 대학생이 있으면 취직에 관한 가공의 스토리를 작성하는 것도 하나의 방법이다. 또 부친이 유명 기업의 사원이라면 그 방면에서도 가상스토리를 작성할 수 있다.

조사의뢰 단계에서 무엇을 중점적으로 조사하면 좋을지 미리 생각하고 있어야 한다. 가공의 스토리가 작성되었으면 탐문 조사를 시작하는 것이다.

대상은 목표 대상의 주변 사람들이지만 갑자기 조사대상인 A씨의 옆집을 방문해서는 안 된다. 조금 떨어진 곳에서부터 탐문을 시작하는 것이 일반적인 방법이다.

주택가의 단독주택이라면 반경 200～300m에 있는 집부터 탐문을 시작하여 조금씩 조사대상자 집 가까이 가는 것이 일반적이다.

조사대상자 집과 가장 멀리 있는 곳에서 대상자 A씨 가족에 관한 스토리를 듣는 것을 그다지 실속 없는 일이라 생각하면 안 된다. 두, 세 번째 옆집 얘기를 들으면서 '그런데 바로 옆집은 어떻습니까?' 물으면서 어디까지나 이쪽의 흥미대상은 A씨 집이 아닌 것처럼 태도를 가장하여 탐문을 진행해 가는 것이다.

〈그림 6-12〉 탐문은 외곽부터

- 탐문은 외곽부터 시작하여 멀리서 돌아오면서 목표 대상자의 집 가까이 간다.
- 단독 주택가지역은 반경 200~300m주변부터 탐문 시작.
- 가장 외측이라도 대상자에 대해 직접적인 질문은 피한다.

3) 가공의 스토리 활용!

가공의 스토리는 구체적으로 어떻게 말하면 좋을까?

예를 들어 조사 지역이 역사와 전통이 있는 도시라면 대학의 연구원으로 위장하여 그 주변의 역사에 대해 조사하고 있다고 설정하면 좋을 것이다. 당연히 탐정의 복장도 연구원에 적합한 모습으로 준비하여야 한다.

향토사료 작성을 하고 있다는 이야기부터 말을 꺼내 '원래 땅 주인은 누구입니까?'라는 질문과 '지금 어디 살고 있습니까? 라고 하면서 구체적인 질문으로 연결시켜 주변의 인간관계 등을 알아내는 방법도 있다.

이와 같이 먼 외곽에서 조사대상자 이외의 정보를 조금씩 입수해 나가다 보면 그 지역에 대해 상세한 것을 알게 되는 것이다. 그래야 대상자 가까이 갔을 때도 매우 자연스럽게 탐문을 할 수 있기 때문이다.

가령, A씨가 아파트에 살고 있다면 아파트 자치회가 있는지를 알아보고 언제부터 입주했는지 조사하는 것도 매우 중요하다.

이사 온지 얼마 안 되는 상태라면 전에 살던 주소로 거슬러 올라가 조사할 필요가 있다.

그런데, A씨 집 근처 가까이 가게 될수록 옆집에 대해 비밀유지를 위한 선물 같은 것이 필요하게 된다. 비밀을 부탁한다고 해도 100% 지켜질 수는 없기 때문에 어떤 얘기를 해도 괜찮은 가공의 스토리를 만들어 활용하는 것이다.

비밀유지를 부탁할 때는 선물을 준비해 가는 자세도 매우 중요하다. 좀 더 자세히 말하면, 선물의 내용물에도 신경을 써야 한다는 것이다. 나이 드신 노인에게 탐문할 때, 딱딱해서 씹기 곤란한 과자종류를 준비한다면 실례이다. 과자 종류까지야 신경 쓰지 않아도 되겠지 하는 방심은 금물이며 되도록이면 부드럽고 맛있는 과자로 선택하여야 한다.

왜냐하면 탐정에게는 두 번 같은 집에 가지 않는다는 기본원칙이 있지만 조사내용에 따라서 노인들에게 듣는 탐문조사가 한 번에 끝나지 않는 예외도 있을 수 있기 때문이다. 물론 한번뿐인 방문이라 해도 '다음에 오면 또 잘 부탁드리겠습니다.'라고 말할 수 있는 인간관계를 유지하는 것도 매우 중요하다.

탐정의 탐문조사는 여러분이 상상하고 있는 것 이상으로 세심한 주의를 필요할 때가 많이 있다.

어떤 가공의 스토리를 준비했다고 해도 항상 예의를 갖춘 마음으로 모든 업무에 임하여야 한다. 가공의 스토리가 있다고 해서 상대가 전혀 의심하지 않는다고는 할 수 없을 것이다. 예의를 갖추어야 초면의 상대가 마음을 열기 때문이다.

갑작스런 방문자를 수상하게 생각하고 의심이 많은 현대에 탐정의 탐문조사는 '예(禮)로서 시작하고 예(禮)로 끝낸다'라는 것을 반드시 명심해야한다.

4) 위장조사와 가짜명함의 활용법

의외로 어려운 것은 상가지역의 탐문조사이다.

상가라는 것은 누구나 출입하기가 쉬운 반면에 상가 서로간의 관계는 매우 긴밀하기 때문에 이상한 탐문 조사를 시작하면 '잘 모르는데 이상한 조사원이 왔다'라는 정보가 빨리 퍼지기 때문에 들킬 가능성이 매우 높은 곳이다.

그러므로 이런 곳에서는 위장조사를 사용하는데 예를 들면, A과일가게가 조사대상자라면 다른 B과일가게가 조사대상자인 것처럼 위장하여 탐문을 하는 방법이다. A과일가게에 대해선 어디까지나 조용히 듣기만 하는 것이다. 상가가 밀집된 상업지역에서의 탐문조사는 이런 동업자의 존재가 중요한 포인트가 될 수 있다.

조사의 내용에 따라 다르지만 탐정은 조사 할 때 마다 가짜 명함을 만들지는 않는다. 즉 바꿔 말하면 명함을 꼭 내놓아야 할 상황까지는 가지 않는다는 것이 탐정의 원칙이다. 그러나 현대사회의 사교 관계나 회사의 사무실이 밀집한 곳에서는 '명함 좀 주시겠습니까?'라고 먼저 말하는 곳도 많아서 명함이 필요 없다고 단언할 수는 없다. 따라서 탐정은 탐문활동 시 가장을 위한 가공스토리 설정과 함께 언제나 적절한 명함도 준비해야 한다. 만일 산업 간행물이나 웹사이트의 연구원이라고 한다면 새로운 제품들이나 마케팅전략 등에 관한 질문들을 할 수 있는 자격이 생긴다(인간은 심리적으로 경쟁상대 앞에서는 입을 꼭 다물고 있지만 언론 관련자들에게는 비밀을 조금씩 털어 놓기 마련이다). 그 외에 비즈니스 연구원, 경향분석가, 비즈니스 컨설턴트, 지역경제 분석가 등 다른 유용한 직함과 직책들을 조사상황에 맞게 설정해 놓고 명함 속 전화번호는 전화를 받아 주는 자동응답서비스(Answering Service)를 신청하면 유용하다.[7] 그렇지만 가짜명함이라도 남발해서는 안 되며 어디까지 속수무책의 상황에서는 임기응변으로라도 그 상황에서 벗어 날 수 있는 기지가 필요하다.

5) 상대의 거짓말을 알아차리는 관찰력이 중요!

탐문조사에서는 고도의 세련된 화술도 중요하지만 그보다 더 필요한 것은 '관찰력'이다. 예를 들어 상대의 눈동자, 얼굴표정, 손동작, 신체 전체의 동작에 의해 상대의 발언의 진위를 간파할 수 있는 힘이 있다면 매우 큰 도움이 될 것이다. 그러므로 탐정은 상대의 한 순간의 움직임도 놓쳐서는 안 될 것이다.

처음부터 의도적으로 거짓말을 하는 사람은 없다고 해도 확실히 모르면서도 아는 척 하는 사람은 의외로 많다. 탐문조사라고 하는 것이 이야기를 듣기만 하는 업무라고 생각할지 모르지만, 오히려 '보면서(관찰하면서) 느낀다'라고 표현하는 편이 더 적합할 것이다.

이야기의 실마리를 잡기 위해서도 상대의 관찰은 매우 중요하다.

현관에 들어 갈 때, 신발이 많고 적음, 혹은 신발장 위에 무엇이 놓여 있는가를 관찰한 다음에 말을 거는 것이다.

애완동물을 기르고 있다면 단순하게 '귀엽네요'라는 식의 한마디로만 끝내서는 안 된다. 강아지를 쓰다듬으면서 '저희도 개를 기르고 있습니다만 요즘 앓고 있습니다.'라는 식으로 이야기를 꺼낸다면 그것만으로도 초면의 사람과 거리가 가까워질 수 있는 것이다. 그런 다음, '이 부근에 동물병원이 있습니까?'라고 그다음의 화제로 연결해 나간다면 상대에게 가까이 다가갈 수 있는 것을 하나 더 잡을 수 있는지도 모른다. 무엇부터 얘기를 시작할까? 이것 또한 탐문조사 이상으로 중요하다고 말할 수 있다.

---

7) Keith Melton and Craig Piligian 저·임경아 역, 스파이 가이드, 루비박스, 2004, p.89.

6) 상대가 무의식적으로 말하는 순간을 놓치지 마라!

출신지나 고향에 관련된 이야기를 시작하는 것도 탐문조사에는 매우 좋다.

여러분도 경험이 있겠지만 고향이 같다거나 고향 근처라는 이유만으로도 쉽게 가까워지거나 대화가 제법 풍성해질 수 있다는 것을 느낄 것이다.

실제, 탐문조사에서는 'OO동네로 말하자면 OO가 명산지로서 그것 너무 맛있어요'라는 이야기가 나오면 '그것도 좋지만 OO도 맛있어요'라는 식으로 덧붙여 나간다. 이러한 것은 정말로 같은 고향이 아니더라도 그 지역의 정보를 사전에 알아두면 말할 수 있는 것이다. 어느 순간에 탄로가 나서 '당신은 정말 모르는 것이 없네요. 정말 B출신 이예요?' 라고 반문한다고 해도 당황하지 말고 '아니오. 어렸을 적에 잠깐 살다가 C도시로 이사 왔어요.'라는 식으로 역전 시킨 다음 자신의 본래 출신지에 관한 이야기를 전개해 나가기도 한다.

즉, 결과적으로 출신지 얘기 하나만으로도 상대와 이야기를 어느 정도 진행시킬 수 있다는 것이다.

다음으로 취미에 관한 이야기도 사용하기에 좋다.

이것은 조사의뢰 접수를 받으면서 의뢰자에게 여러 가지를 물어서 탐문 대상자에 대한 취미정보를 미리 알아 둔다면 매우 유효하다. 예를 들면, 조사 인물의 취미가 격투기 관람이라면 격투기의 역사부터 현재까지의 모든 것을 파악해 두는 것이다.

탐정이 알고 있는 사람 중에 격투기를 좋아하는 사람이 있다면 그를 통해 이야기도 미리 들어두고, 없다면 책이나 잡지로 그러한 내용에 대해 공부해 둔다.

혹은 현관 입구 가까이 골프가방이 있을 땐 당연히 골프 이야기도 유효하다. 자주 다니는 연습장 등의 일상적인 얘기는 물론 좋아하는 골프선수에 관한 얘기까지 될 수 있는 한 대상자의 취미에 관한 예비조사를 철저히 해 두어야 한다.

그런데 조심해야 할 것은 대상자에게 취미에 대한 이야기를 꺼내기 위한 타이밍 즉, 적절한 찬스를 잡는 것이다.

가급적 대화의 초기단계에서 이와 같은 내용을 넣어가며 이야기를 풀어나가는 것이 좋다. 아무리 취미에 관한 이야기로 흥미있게 깊이 이끌어간다고 해도 상대가 이쪽을 경계한 상태에서는 절호의 기회를 잡는다는 것이 그렇게 간단하지 않을 것이다. 한번 닫혀 진 상대의 마음은 좀처럼 열리지 않기 때문에 그러한 인간의 심리를 충분히 염두에 두어야 한다.

이렇게 상대의 마음을 열어가는 과정은 무도(武道)와 같다고 생각한다. 그 가운데서도 유도(柔道)에 비유한다면 유도는 예(禮)로 시작하여 예(禮)로 끝난다고 강조하고 있다. 왜냐하면, 상대를 메치고, 누르고, 꺽고, 조르는 격렬한 상황에서도 상대의 인격을 존중하며 자기의 이성을 잃지 않고 상대의 힘을 변화시켜 나가면서 자신의 강한 기술을 걸어가는 것이다.

이와 같이 탐정의 기술도 자신의 페이스에 흔들림 없이 이야기를 진행해 가기 위해선 임기응변의 지식 보다는 역시 자신의 몸과 경험으로 익힌 지식으로 이야기를 전개해 나가는 것이 훨씬 좋기 때문이다. 즉 앞에서 예로 든 애완견 이야기 속에서도 단지 귀엽다는 무의미한 칭찬보다는 실제의 체험이 없으면 얼마 못가서 탄로가 나기 쉽다는 사실을 잊어서는 안 된다.

가공의 스토리를 설정하여 공부한다고 해도 자신과 너무 거리가 먼 내용을 선택하는 것 보다는 언제가 자신이 체험한 분야의 내용을 생각해서 즐겁고 쉽게 공부하는 것이 좋다.

예를 들면, 조사대상자가 하는 일이 금융관계라면 당연히 그 방면의 스토리를 만들려고 하는데, 그것이 탐정 자신에게 정말 모르는 분야라면 그 방면의 가공의 스토리는 과감히 피하는 것이 좋을 것이다. 그리고는 취미, 음식에 관한 다른 스토리를 다시 찾아보는 것이다. 그렇게 재차 노력함으로써 어떤 이야기의 맥을 찾게 되면 반드시 어딘가에 즐겁고 쉬운 방법으로 탐문조사에 나설 수 있을 것이다.

7) 의심을 받는 위기상황에선 자연스럽게 피해라!

실패하기 쉬운 것은 역시 조사대상자 본인과 아주 가까운 인물을 탐문할 때이다.

어느 탐문조사에서 조사대상자 본인과 같이 사는 남동생을 탐문하기로 되어 있었다. 남동생이 집에 있는 요일과 시간을 정해 놓고 만반의 준비를 갖추고 그 집에 들아 가자 갑자기 조사대상자 본인이 나타났던 것이다. 이런 때는 즉시 가공의 스토리를 만들어서 얼버무리면서라도 급히 그곳을 빠져나오는 것이 좋다.

또, 사진을 입수하지 못해서 본인과 마주친 경우도 있다.

탐문조사를 위한 방문을 하려고 할 때, 바둑을 두고 있는 두 사람이 보였던 것이다. 이것은 많은 정보를 입수할 수 있는 좋은 기회로 생각하고 그 사람들과 이야기를 진행해 나갔다. 그런데 이야기 도중에 두 사람 중의 한명이 조사대상자 본인임을 알게 되었다. 본인이 바둑을 매우 좋아해서 그날은 가끔 들르는 이웃집에서 바둑을 두고 있었던 것이다. 이럴 때에도 마찬가지로 탐정은 그 상황을 빨리 종료시키고 물러나야만 한다.

의뢰를 받는 시점에서 사진을 입수하지 않았기 때문에 이런 상황이 발생했던 것이다. 사진이 없는 경우라면 본인의 얼굴정도는 의뢰 접수 시 물어보거나 특징 등을 비슷하게라도 그려놓는 등 본인의 용모, 풍채정도는 어느 정도 파악해 두지 않으면 안 된다. 이러한 실패 예는 본인의 용모나 풍채에 별로 특징이 없었던 원인도 있긴 하지만 탐정에게는 그것 역시 변명밖에 되지는 않는다.

탐문 조사 시 필요 이상으로 오래 머물러도 좋지 않다.

탐문 상대가 노인일 경우, 이야기를 걸어 보았을 때, 이상한 얼굴표정을 짓는 일은 자주 있는데 너무 오래 머무른다면 역으로 질문을 당하게 되고 최후에는 '신분증을 보여 달라' 고 해서 궁지에 몰리는 상황도 발생한다.

탐정이 탐문자리에 오래 머물게 되는 이유로는 탐정이 조사 내용의 요점 부분을 도출시키지 못하고 너무 주변 이야기만 겉도는 경우이다.

예를 들면, 'A씨는 보통 언제 쯤 돌아옵니까?' '대개 6시경입니다. 그런데 어제는 웬일인지 밤9시경에 들어왔어요.'라는 대화가 오고 갔다면 여기서 탐정은 '왜 그날은 9시에 돌아왔을까요?'라는 질문으로 확인하지 않으면 안 된다. 귀가 시간이 밤 9시였다는 것은 그날에 어딘가 들른 곳이 있을지도 모르고 그 이유를 제때에 질문을 했다면 그것을 알아낼 방법이 있었을 것이다. 그러나 요점을 질문 하지 않은 채 다른 얘기만 계속한다면 아무런 정보도 찾아낼 수 없다. 이렇게 되면 상대는 이미 대화에 흥미를 잃어버리게 되면서 탐정에 대한 경계심이 생기게 되는 것이다. 그렇게 되고 나서 처음으로 본인이 들른 곳에 관한 얘기를 유도하기 위해 다시 질문을 해도 정말 친절하거나 한가한 사람이 아닌 한 다시 얘기해 주지는 않을 것이다.

한곳에 오래 머물지 않고 소기의 목적을 이루려면 '왜? 어떻게?'와 같은 의문이

머리에 떠올랐을 때 타이밍을 잘 찾아 상대에게 지체 없이 질문을 하는 기술이 매우 중요한 것이다. 누가, 언제, 어디서, 무엇을, 왜, 어떻게, 즉 5W1H의 원칙을 항상 머리에 넣어두어야 한다.

탐정에게 정교한 화술이 있다면 5W1H의 원칙을 바탕으로 되도록이면 대화 초기에 빨리 이끌어 내야 할 것이다.

또한 상황에 어울리지 않는 복장도 실패로 연결될 가능성이 높다.

TPO(Time, Place, Occasion)에 적합한 복장으로 자신을 변화시켜야 하므로 장소의 조건을 처음부터 파악해 두지 않으면 안 된다.

탐문 현장은 주택가나 상가, 사무실 뿐 아니라 때로는 고급클럽부터 민속주점까지 탐문을 위한 현장은 매우 다양하다.

그냥 무조건 가서 바로 탐문조사업무에 임한다면 긴장할 수도 있어서 실패하기가 쉽기 때문에 각 장소의 특성을 미리 답사해 두어야 한다.

실제 조사가 아니더라도 평소에 여러 곳을 조사해 두는 자세가 필요하며 탐정에게는 '모른다, 몰랐다'라는 사실은 허용되지 않는다.

탐정이 탐문조사 시 상대와 얘기 중에 만일 의심, 경계를 받거나 상대를 화나게 했을 경우에는 바로 정중하게 사과를 해야 한다. 그렇게도 못할 상황이라면 즉시 피하는 수밖에 없다. 급하게 휴대전화가 들어온 척 하면서 밖으로 나가는 방법도 생각할 수 있다.

그런데 가끔은 상대가 탐정 쪽을 경찰 관계자로 착각하는 경우도 있다.

이것은 조사원의 용모풍채와 관계된 것이기도 하지만 보기에도 눈빛이 매섭거나 체격이 좋은 조사원은 일반인들이 형사로 착각하는 경우도 많다. 실제 우리들이 알고 있는 사례 중에서도 형사로 착각하는 쪽이 탐문 조사 시 자연스럽게 진행할 수가 있다. 형사처럼 보이는 그런 용모를 탐정 업무 시 불리하다고는 단정 지을 수 없을 것이다.

8) 탐문기법은 영업의 프로 세일즈맨과 같다.

가공의 스토리 설정 중 하나를 알기 쉽게 예를 들어본다.

어떤 탐정이 탐문조사에 앞서 설정한 가공의 스토리는 자동차 세일을 가장한 스토리였다. 자동차라면 대개 가족구성원을 물어보는 것부터 이야기는 시작되는데, 이때 듣고 있던 상대도 의심 없이 응해 줄 것이다. 상대가 비록 응할 기분이 아니더라도 세상사는 이야기를 하다보면 중요한 이야기를 탐정에게 흘릴 가능성이 높은 것이다. 기분을 나쁘게 하지 않는 선에서 열심히 자동차 세일에 관한 얘기를 하는 동안에 상대가 왠지 빨리 끝내고 싶을 땐 말이 많아지게 된다. 여기까지 얘기가 진행되면 그 집에 대한 역사나 내력 같은 정보를 조금 알 수 있게 되는 것이다. 자동차라는 얘기의 실마리는 어느 정도 까지는 유효한 가상 스토리 설정이었다고 생각할 수 있다.

세일즈맨으로 가상스토리를 설정한 어떤 탐정은 정말 자동차 한대를 팔게 되었다는 재미있는 얘기도 있다. 물론 이것은 탐정이 진짜 자동차 세일즈맨의 역할을 잘 했기 때문에 자동차까지 팔게 되었다는 내용이지만, 그 탐정은 사전에 자동차 업계의 현황과 신차에 관한 예비조사를 철저히 하였던 것이다. 또한 세일 방법에 있어서도 진짜처럼 확실히 배웠던 것이다.

그러나 어떤 지식을 얻어 가장을 한다고 해도 역시 본업은 탐정이라는 사실을 잊어서는 안 된다.

너무 오랜 시간 자동차세일 이야기를 하는 동안에 생각지 않게 탄로가 날 수도 있으므로 필요한 정보를 얻어내기 위해선 필요 이상으로 오래 머무르는 것은 금물이다. 상대로부터 많은 질문이 나오기 시작하면 탐정은 고도의 주의를 요할 때이다. 탐문의 요점을 잡아 정리가 되면 신속히 철수하는 것도 탐문조사에서는 중요한 일이다.

미행과 잠복은 탐정의 독자적인 훈련을 필요로 하는 것이지만 영업의 세일즈맨은 평소부터 탐문 훈련을 하고 있는 것과 같을 것이다. 그렇다고 해서 영업 세일즈맨 누구나 그렇다는 것은 아니다. 사람들로부터 얘기를 듣는 일을 하고 있다면 탐정의 탐문술은 얼마든지 응용할 수 있는 것이다. 여기서 중요한 것은 상대와 대응할 때 관찰력을 키우는 것이 중요하다.

'듣기 전에 본다'라는 것을 항상 염두에 둔다면 당신도 전문 탐정이상으로 대화시 상대의 기선을 제압하며 대화를 이끌어 가는 능력이 생길 것이다.[8)]

---

8) 김태환·강영숙 역, 전게서, pp.60-74.

제 7 장

탐정의 가장과 변장기법

1. 탐정의 가장(假裝)
2. 탐정의 변장(變裝)

제7장 탐정의 가장(假裝)과 변장(變裝)기법

1. 탐정의 가장(假裝)

가장이란 비밀요원이나 탐정과 같은 사람들이 주위환경에 자연스럽게 어울리도록 하여 정상적이고 합법적인 직업을 가진 것처럼 꾸며서 정보수집 임무를 수행하는 것이다. 예를 들면 특수카메라로 특수 공장시설물을 촬영하거나 눈에 띄게 이상한 차림을 한 사람은 수상한 사람이나 스파이로 탄로 날 것이다. 그러나 그 사람이 보통의 카메라를 들고 여자친구를 촬영하는 것(그 시설물을 배경으로 아주 우연인 것처럼) 같이 한다면 의심받을 확률은 적을 것이다. 이 경우 그는 가장을 이용한 것이다. 탐정은 무엇보다도 상대방으로부터 의심받는 행동은 삼가야 하므로 자신의 신분, 활동, 이용수단 등이 어색하거나 이상하지 않도록 자연스러워야 하며 가장은 완벽할수록 매우 안전한 방법이 될 것이다.

1) 가장(假裝)의 분류

(1) 장기적 가장

장기가장을 꾸미는 데는 상당한 노력이 요구된다. 이것을 꾸미기 위해서는 가장을 하여 임무를 수행하는 탐정이나 비밀요원의 출생지와 교육적 배경을 바꾸게 되며, 그의 실제임무와 실제거주지 등 그에 관한 모든 사실이 은폐되도록 꾸며져야 한다. 가장 스토리의 내용뿐만 아니라 행동 대화 등도 누가 봐도 진짜처럼 보여야 하며 가장된 사소한 내용이라도 가장된 자는 모두 일관성있게 기억하여야 한다.

(2) 단기적 가장

이것은 가장직업에 적합지 않은 어떤 일을 해야 할 때 그 이유를 설명할 수 있는 가상의 구실(Cover Story)을 미리 준비해야 함을 뜻한다. 예를 들면, 탐정이 임수수행 상 장기가장이 성실한 상인이라고 하자. 그런데 어떤 생명공학협회가 주최한 세미나에 참석하지 않으면 안 될 상황에서 이는 장기가장에 설정한 상인의 신분은 이에 어울리지 않기 때문에 세미나에 참석하여도 전혀 의심을 받지 않을 다른 구실이 필요하다. 이 때 세미나에 참석하는 한 연구원이 오랫동안 보지 못했든 옛 친구라든가, 또는 고향사람이어서 고향에 있는 가족들의 안부를 묻기 위해서라는 그럴싸한 단기 가장이 필요한 것이다.

(3) 예비가장

때로는 비밀요원이나 탐정이 이미 설정 된 가장 속의 직업을 더 이상 사용할 수 없는 경우가 발생 한다. 이러한 경우에 대비하여 그가 사용할 수 있는 또 다른 가장을 사전에 미리 준비해 두어야 한다. 이것을 예비가장이라고 한다. 예를 들면 어떤 비밀요원이 장기가장으로 신문사의 해외특파원인데 갑자기 주재국 정부에서 외신기자들에게 기사를 그들 본사에 더 이상 보내지 못하게 한다. 이러한 경우 그 비밀요원은 자기자라에서 파견 된 무역상사 지점장으로 곧 취직이 되어 활동할 수 있는 예비가장을 사전에 준비되어야 한다.

2) 가장(假裝)계획

비밀요원이나 탐정은 장차 활동할 국가나 지역에 관한 풍부한 정보가 없이는 가장계획을 작성할 수가 없다. 따라서 가장계획 작성에 필요한 목표지역 및 임무에 대한 주요 정보를 수집하여야 한다.

① 어떻게 생활하고 있는가?(주택, 음식. 의복, 오락 등)
② 어떻게 일을 하고 있는가?(근로조건, 근로법, 직업의 종류, 무역, 임금, 취업에 필요한 자격 등)
③ 정치적 현황은?
④ 인구의 구성은 어떠한가?(상이한 민족의 종류, 인종, 종교 등)
⑤ 경제적 현황은?(GNP,노동자의 연간 평균소득, 물가, 흔행의 운용방식 등)
⑥ 정부에 의한 주민 통제방법은?(여행통제 및 제한사항, 주택 및 작업장에 관

한 규정 및 제한사항, 신분등록 및 기타신분증, 전화도청, 우편검열, 국가기관·경찰 및 군기관의 구성형태 등)

가장계획은 해당 임무 수행자의 인간성과 적성에 맞게 계획되어야 하며, 그 가장은 임무수행자가 생가장 속의 인물로서 생활하거나 일을 하기에 적합하여야 한다.

예를 들어 교사경험이 없으면 교사로서 행세할 수 없고, 무역거래에 대한 실무경험이 없이 무역상사 직원이 될 수 없으며, 중국어를 잘 모르면서 중국에서 온 것 같이 활동할 수는 없는 것이다.[1)]

2. 탐정의 변장(變裝)

탐정과 같은 정보수집활동을 하는 사람들은 단순히 가장(假裝)만이 요구되는 것이 아니라 그 가장 속에 파묻혀서 활동할 줄 아는 기술이 요구되기 때문에 천의 얼굴을 가져야 한다. 오늘은 깔끔한 신사차림을 하다가도 내일은 기름때 묻은 노동복으로 전형적인 공장엔지니어로도 변신할 수 있어야 하고, 특히 위험한 상황하에서도 용감하고 침착한 태도로 대처할 수 있는 임기응변과 또 급히 변장할 줄 아는 는 훌륭한 배우가 되어야 한다.

〈그림 7-1〉 모자와 안경 이용 시

1) 강기욱, 전게서, pp.299-305.

1) 변장기법의 종류

정보수집이나 비밀활동 시 노출을 예방하고 상대방을 착각이나 혼돈에 빠뜨리기 위해 훌륭한 변장이 필요하며, 미행이나 감시를 당할 때에도 이를 교묘히 회피하기 위해서는 간단하고도 신속한 그러나 매우 효과적인 변장술이 필요하다.

변장기법에는 전체변장과 부분변장의 두 가지로 크게 나눌 수 있지만 심한 경우 영화에서 보는 것처럼 안면을 비롯한 신체일부를 의료적 방법으로 성형수술을 하거나 사람의 얼굴에 정교한 마스크를 입혀 완전히 다른 사람으로 변장시키는 등 특별한 기술과 시간이 소요되는 경우도 있지만 여기서는 변장에 있어 가장 기본적인 기술에 한해서 설명하고자 한다.

변정에 있어 가장 효과적인 방법은 개인의 특징을 발견하여 이 특징을 적절하게 변형시키는 것이다.

보통 변장에는 특수하고 대단한 물건이 쓰인다고 생각하지만 긴박한 업무를 하는 탐정의 변장에 가장 필요한 기본적인 아이템으로는 모자, 안경, 겉옷(상의)의 준비가 필수적이다. 변장의 포인트는 위의 세 가지 변장 도구들로 조합을 시켜서 가능한 한 본래의 인상과는 매우 달라져 보이게 해야만 하는 것이다.

모자는 여러 환경에 두루 쓰일 수 있는 안팎 양면용의 리버서블 타입(reversible type)으로 모자의 챙이 없는 것이 좋으며, 안경은 검은 테가 좋다. 검은 테 안경은 안경을 썼을 때와 벗었을 때 의외로 인상이 매우 달라져 보이기 때문이다.

모자만 쓰거나 혹은 안경만 쓴다는 것은 별로 효과가 없기 때문에 모자와 안경은 상의(上衣)와 함께 한 세트로 착용하거나 벗기도 한다.

이와 같은 세 가지를 한 세트로 여러 색깔의 상의와 잘 조화시켜 다양한 상황에서의 변장패턴을 만들어 가면 되는 것이다.

평상시의 슈트(상의)를 입고 있었다면, 변장 시에는 상의를 벗고 안경과 모자를 쓴다. 혹은 평소에 안경을 쓰던 탐정이라면 상의를 벗은 채 안경을 쓰지 않고 모자만 써도 모습이 많이 바뀔 것이다.

혹시 어떤 탐정 마니아가 얼굴의 뺨에 두둑한 솜 같은 것을 넣어서 용모까지 변화시키는 것을 생각할 지도 모르지만 실제 그렇게 까지 할 필요는 없을 것이다. 중요한 점은 인상을 바꾸는 것이기 때문에 우선 사람의 눈이 가는 부분부터 바꾸어야 한다는 것이다. 즉, 모자=머리, 안경=눈, 상의=상반신의 부분을 바꾼다는 뜻이다.

머리변장이라고 하면 가발을 떠올리는 사람도 있을 것이다.

여성 탐정이라면 가발을 쓰는 경우도 있긴 하지만 남성인 경우, 일반적으로 가발은 들키기가 쉽다. 따라서 가발과 가짜수염은 모습의 어색함과 어떤 위화감으로 상대에게나 주변에 묘한 인상을 줄 수 있기 때문에 별로 사용하지 않는 것이 좋으며, 별로 의미가 없다.

단, 어떤 것을 신체에 붙였다 뗐다 하는 것만으로 변장이 끝났다고 생각하면 절대 안 된다. 때로는 다리를 질질 끄는 모습을 하거나 등이 굽은 자세를 취하는 등 신체와 인상을 같이 변화시키는 방법도 있다. 변장도구에만 의존하는 것은 서투른 탐정이나 하는 일이다.

일본탐정협회의 창립자인 고다마 미치나오 회장의 지론 중에 '마음까지 변장해야 한다'라는 말이 있다. 누군가로 바뀌어야 한다면 마음부터 바뀌지 않으면 안 된다는 의미도 있지만 이것은 사실 항상 평온한 마음을 가져야 한다는 뜻이기도 하다. 상대의 갑작스런 말이나 행동에도 항상 포커페이스(poker face : 감정을 겉에 나타내지 않는 표정)로 대처하지 못한다면 변장해도 아무 소용이 없기 때문이다.

물론 아무런 변장을 하지 않아도 처음과 두 번째가 실제로 달라 보이는 인상을 상대에게 줄 수 있을 정도의 기술도 필요하다. 그 기술은 훈련으로 몸에 익히는 방법 이외에는 없다고 생각한다.[2)]

변장을 위해서 사용되는 일상적인 소품은 다음과 같다.

(1) 의복에 의한 변장 :

여러 가지 색상의 옷, 각종 모자, 넥타이, 각종 구두 및 신발 등을 이용한 변장이다. 의복에 의한 효과적인 변장은 빈약한 체격을 비대한 체격으로 변장시키거나 반대로 뚱뚱한 사람을 마른 체격으로 변장시키는 것으로 이는 옷감과 무늬, 복장 디자인, 의복 형 등이 있는데 두터운 섬유에 선이 굵고 횡으로 된 무늬나 체크형 무늬의 옷을 입으면 뚱뚱하게 보이고, 반대로 얇은 섬유에 선이 가늘고 직선 무늬의 옷을 입으면 보다 마른 사람으로 보인다.

---

2) 김태환, 강영숙 역, 전게서, pp.77-79.

또한 양복의 디자인에도 양복 깃이 넓고 상의와 하의의 길이가 약간 짧은듯하면서 체격보다 약간 큰 의복을 입으면(동절기에는 여러 벌의 내복을 껴입으면 더 효과적임) 뚱뚱하게 보인다. 반대로 양복 깃이 좁고 길이가 약간 길며 자기 체격에 꼭 맞는 옷을 입으면 날씬해 보인다.

옷감의 재료로는 뚱뚱하게 보이기 위해선 스펀지, 솜, 기타 부드러운 재질의 섬유가 좋고 마르게 보이기 위해서는 비닐, 가죽 등이 효과적이다.

평소 모자를 쓰지 않던 사람이 중절모를 쓰거나 기타 여러 가지 형태의 다양한 색깔의 모자를 수시로 바꿔 쓰면 된다. 넥타이도 넓고 좁은 것, 화려하거나 단조로운 것에 따라 사람의 인상이 바뀔 수 있으니 효과적으로 활용한다.

구두도 뒤 굽을 높이거나 낮추어서 신을 수 있으며, 키가 커보이도록 하려면 구두 속에 키높이 깔창을 끼워 신거나 특수하게 맞추어서 신으면 더욱 효과적이다.

(2) 모발의 변장 :

머리스타일의 변경 , 머리 가발, 수염, 눈썹 등을 이용한 변장이다.

모발의 변장은 헤어스타일을 변형하거나 두발의 색깔을 약품으로 변형시킬 수 있으나 동양인의 경우는 별로 효과적이지 못하다. 따라서 헤어스타일을 바꾸는 것이 더욱 효과적일 수 있는데 이는 삭발, 스포츠형, 기타 여러 헤어스타일로 바꾸면 예상 외로 사람의 인상이 크게 달라진다.

가발은 여러 가지가 있지만 기본적으로 직선형 머리털과 파마형의 곱슬머리가 있고, 또한 나이를 속이기 위해 희끗희끗하게 흰머리를 넣어 특수 제작한 가발도 효과적이다.

콧수염이나 턱수염을 사용할 때는 단단히 부착하여야 하며, 머리털 색깔과 잘 어울리도록 한다. 눈썹 변장은 면도에 의한 방법, 눈썹 뽑기에 의한 방법, 화장품으로 그리는 방법(여성에게만 해당) 등이 있다.

(3) 안경에 의한 변장 : 얼굴 모양을 변화시키는 각종 안경

안경은 무엇보다 시력에 이상이 없다면 평소 안경을 쓰지 않던 사람이 안경을 쓰면 매우 효과적이고, 시력이 나빠 꼭 안경을 써야 될 경우에는 안경대신 콘택트

렌즈로 대신하여 안경을 벗는 것이 변장에 효과적이다.

그 외에 얼굴모양을 다르게 보이기 위해선 폭스형, 웨링턴형, 둥근형 등 다양한 스타일의 안경을 활용하면 된다.[3)]

2) 변장실무 요령

(1) 자신의 외형적 특징 파악

남들이 멀리서 나 자신을 알아 볼 때 자신은 모르지만 다른 사람들은 쉽게 알아보는 개별적인 특징들이 각자 있다. 한 인물의 외향에 대한 기본적인 특징들은 다음과 같이 있는데 그 특징들 중 몇 가지만 바꿔도 쉽게 알아보지 못한다.

- 머리 : 스타일, 길이, 색깔, 머릿결 등
- 얼굴 : 수염, 생김새, 피어싱, 장신구, 안경, 화장, 주름살 등
- 체격 : 키, 몸무게, 체형, 자세, 장애여부, 성별 등
- 걸음걸이 : 걷거나 서있거나 달릴 때의 스타일
- 복장과 신발 : 유형, 스타일, 색상, 재질 등
- 소지품 : 보석, 넥타이 및 핀, 배지, 벨트, 버클, 반지, 담배, 장갑 등
- 부속품 : 목발, 지팡이, 서류가방, 가방, 지박, 휴대전화기, 책 등

위에 열거된 목록을 사용하여 나 자신의 무엇이 사람들 눈에 띄게 하는지 친구나 다른 사람들(남, 녀)에게 똑같은 질문을 한다. 이렇게 하여 대부분의 사람들이 동의하는 공통되는 특징들을 다섯 개 정도 우선순위별로 알아 낸 후 그 특색을 바꾸어 보는 것이다.

(2) 단시간의 외모 바꾸기 연습

단시간에 외모 및 외형을 바꾸는 가장 빠른 길은 입고 있는 옷의 스타일, 그리고 머리스타일과 머리 색깔을 바꾸고 모자를 이용하는 것으로 가장 많은 변화를 줄 수 있으며 효과 또한 가장 크다.

---

3) 강기욱, 전게서, pp.315-317.

(3) 평소와 반대로 바꾸기

평서의 머리카락이 길었다면 짧게 자르고, 짧은 머리는 긴 가발을 쓴다. 또한 캐쥬얼의 옷차림에서 다른 스타일로 바꾸거나 키 작은 사람은 키높이 구두를 신어서 전체적인 스타일을 변화시킬 수 있다.

(4) 관심을 다른 데로 돌릴 포인트를 둔다.

어떤 부분 하나만으로도 사람들의 주의를 다른 데로 끌 수 있다. 사람들이 그곳에 집중할 때는 외모의 다른 많은 요소들을 간과하기 마련이다. 여기에는 일반적으로 금으로 된 앞니나 두꺼운 안경, 얼굴의 커다란 사마귀나 점, 부러지거나 돌출 된 이빨, 부담스러울 정도로 큰 가슴(여성의 경우), 별난 모자, 지팡이, 목발, 외알 안경, 안대 등이 포함된다.[4)]

〈그림 7-2〉 평소의 모습(Before)

4) Keith Melton and Craig Piligian 저 · 임경아 역, 전게서,p.90-93.

〈그림7-3〉 변장 후(After)

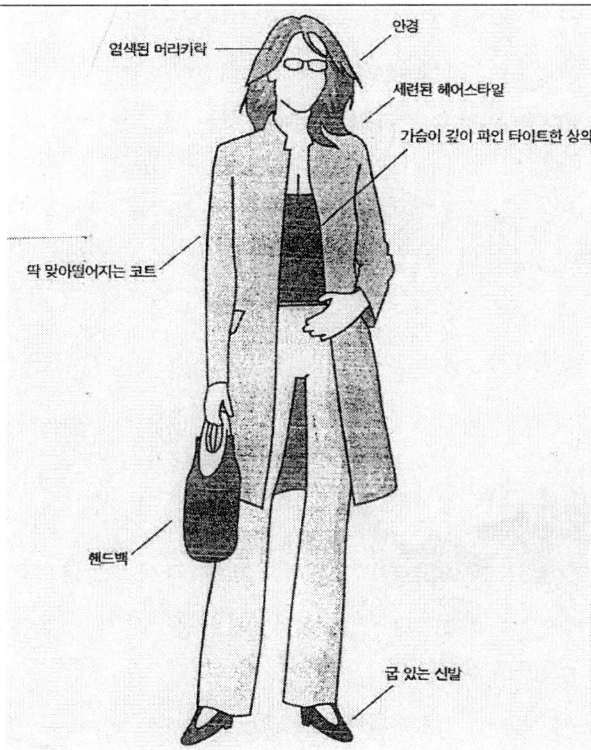

3) 탐정의 코디네이트(coordinate)

미행, 잠복 시 탐정의 복장 중 검은 색은 피해야 한다. 장례식 때의 잠복이라면 얘기는 다르지만 검은 색은 낮에도 어둡기 때문에 사람들에게 쉽게 눈에 띄고 오히려 돋보이게 된다.

사람들은 일반적으로 검은색이 눈에 띄지 않는다고 생각할지 모르지만 우리들의 경험상 멀리서 보는 경우에도 가장 눈에 띄는 색이다.

그러나 반대로 도시의 거리에서 가장 눈에 띄지 않는 색은 회색계열이다.

회색은 도시의 지면이나 빌딩 벽면의 콘크리트나 아스팔트의 색과 비슷하기 때문에 주변 색으로 쉽게 흡수될 수 있다.

또한 해가 지면 회색이나 갈색은 검게 보이기 쉽다는 것도 기억하면 좋을 것이다.

전문 탐정이라면 색체 감각 하나에도 신경 써야 한다.

시가지, 주택가에서 복장의 기본은 정장 슈트(suit)이다.

단 조사대상자가 젊은 사람일 때는 캐쥬얼 복장이 더 바람직 할 것이다.

지역의 분위기에 따르면서 주변 환경에 역행하지 않는 것이 가장 중요하다.

그러나 산간지역이나 시골 같은 곳에서의 조사업무를 행할 때에는 회색이 아닌, 땅의 흙색이나 야산의 색깔과 비슷하게 입는 것이 좋을 것이다.

탐정은 구두 굽이나 구두 밑창에도 신경을 써야 하는데, 걸을 때 소리 나는 구두는 미행 시에 눈에 띄기 쉽기 때문에 고무제품이나 합성수지제품의 가벼운 구두가 더 좋을 것이다.

4) 프로 탐정의 필수품!

여기에선 탐정에게 최소한 필요한 생활 속의 도구에 대해 이야기하고자 한다.

먼저, 사무실 안에서는 전화, 팩스 등의 연락용 기기. 컴퓨터, 필기도구 등의 사무용품, 자료정리용품이 있으면 충분하다.

그러나 더욱 중요한 것은 외부 활동 시 탐정이 개인적으로 상비하고 있어야 할 다음과 같은 7가지 종류의 도구이다

촬영도구, 녹음기, 소형 플래시, 접이우산, 햇빛가리는 모자, 안경, 망원경, 비닐봉투, 현금과 면허증이다.

여러분 중에, '탐정의 상비 도구 가운데 왜 휴대폰이 없는가? 라고 생각하는 사람들이 있을지 모른다. 확실히 휴대폰은 있으면 편리하다. 그러나 실제현장 조사 시 절대로 필요한 도구라고 보기에는 어렵다. 오히려 없는 쪽이 더 좋다고 생각될 수도 있다.

왜냐하면, 만일의 경우 업무 중에 떨어뜨려 잃어버렸을 땐 조사와 관련된 연락처가 제3자에게 들어날 가능성이 높고, 자신의 신분이나 관계가 밝혀질 수도 있기 때문이다. 그럼으로써 의뢰자의 신용을 잃게 되면 큰일이 아닐 수 없다.

그러므로 전문 탐정에게 휴대전화는 반드시 필요한 도구라고는 말할 수 없다.

또한, 탐정은 원칙으로서 가방이나 파우치(작은 가방)를 들고 걷지 않는다는 것

이다. 특히, 미행 시에는 언제나 양손이 비어 있는 상태가 더 좋다.

탐정은 힘센 장정처럼 필요한 물건들을 모두 소지하여 움직임이 거북한 것 보다는 언제나 가벼운 차림이어야만 한다는 뜻이다.

물론, 가방에 구멍이나 틈을 내어 핀홀 렌즈(pin hole lens)를 부착하여 촬영하는 경우는 예외라고 볼 수 있다.

〈그림 7-4〉 핀홀카메라 가방

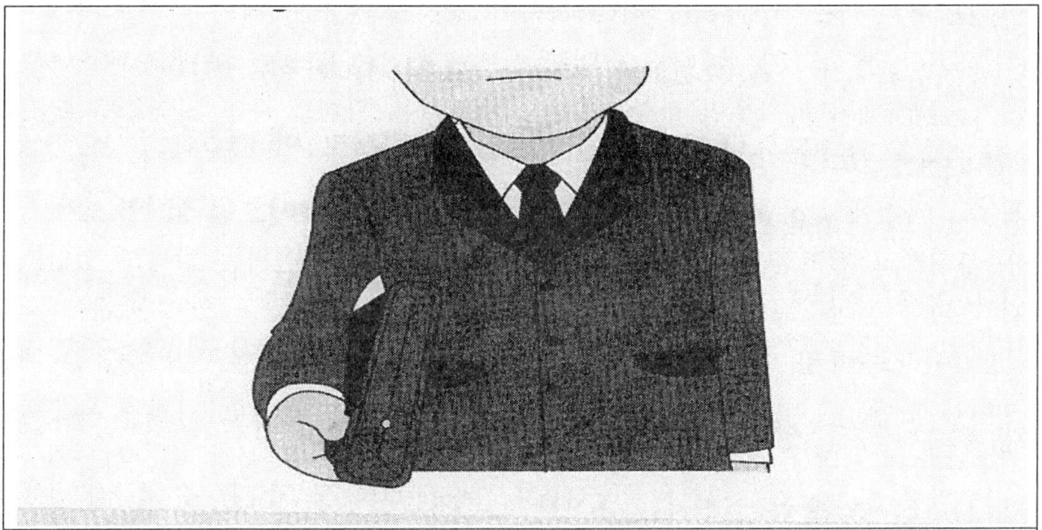

- 탐정은 기본적으로 가방이나 파우치 같은 것을 들지 않는 것이 좋다.
- 예외로 비디오 촬영 시에는 핀홀카메라를 설치한 팔에 끼는 가방을 사용하여주로 상반신을 촬영하는 경우이다. 이때 숄더백은 실용적이지 못하다.

(1) 녹음기 사용법

탐정에게 필요한 녹음상황은 크게 두 가지로 분류할 수 있다.

상대의 대화를 녹음하는 상황과 메모 대신 자신의 메시지를 음성으로 수시로 녹음하는 상황이다.

어느 쪽이나 소형이며 고성능이면 더 바람직하겠지만, 최근에는 녹음기능이 있는 휴대전화가 나와서 미행 중의 메모 녹음에도 매우 중요한 역할을 하고 있다.

말하자면, '몇시 몇분에 OO에 들어갔다'고 휴대폰에 녹음을 하는 것인데 이것은 누가 옆에서 보아도 휴대전화로 통화하고 있는 것처럼 보기 때문에 아무래도 편리할 것이다. 앞에서 전문 탐정은 휴대전화를 아무 때나 갖고 다니지 않는다고 말했지만 어디까지나 상황에 따른 얘기로서 휴대폰이 여러모로 더 편리하게 사용할 수 있다면 물론 적극적으로 이용하면 된다. 그러나 만에 하나, 전화 명의를 자신의 이름으로 하지 않고 다른 사람의 명의로 해 놓는 배려도 필요하다.

대개 소형 녹음기로 상대의 목소리를 녹음할 때에는 양복의 상의(上衣) 안주머니에 숨긴 채 녹음을 한다. 그러나 녹음이 장시간 걸리게 되면 테이프 종료 시 '딸칵'하는 버튼 소리가 날 때도 있어서 상대에게 의심을 받게 된다. 그러므로 테이프가 끝날 때가 가까우면 화장실에 다녀오겠다는 핑계를 대고 자연스럽게 자리를 일어나는 것도 한 방법이다.

또, 그 자리에서 상대의 대화를 녹음하기 어려운 상황이라면 조사원이 송신기를 몸에 부착하고 떨어진 장소에서 별도의 다른 조사원이 녹음하는 방법도 있다. 그러나 전파를 통한다는 것은 교신내용을 제3자가 들을 가능성도 있기 때문에 최선의 방법이라고는 말 할 수 없으므로 송신기에 의한 녹음은 최후의 수단일 때만 사용해야 한다. 그러나 탐정에게 정말로 최후의 녹음 수단이란 기기에 의존하는 것만은 아니다. 또한 최근 많이 등장한 녹음기능이 있는 '보이스 펜', 녹음기능이 있는 시계 등 쉽게 눈에 띄지 않으면서 녹음할 수 있는 다양한 기기들도 사용되는데, 테이프가 아닌 IC메모리에 의한 녹음으로 녹음의 삭제도 간단하여 탐정들이 많이 이용하고 있다.

그러나 어떤 기기도 없이 위험한 상황에 처했을 때는 결국, 자신의 눈과 귀, 그리고 두뇌가 모든 것을 말하게 되는 것이다.

즉 반복해서 말하지만 주의력, 기억력, 관찰력 이 세 가지를 모두 활용하는 것이야 말로 탐정의 최후의 방법이 아닌가 생각한다.

그러므로 이러한 것들을 몸에 익숙하도록 훈련해야만 여러 가지 하이테크 기기도 유용하게 사용할 수 있는 것이다.

일본의 탐정학교에서는 '기억한 것으로 기록한다'라는 교육법을 쓰고 있다. 상대의 말을 듣고 있는 그 옆에서 바로 쓰지 않고 일정 시간이 지난 후 기억에 의해

문자화할 수 있도록 지도하는 것이다. 여기에는 물론 예외도 있다. 메모를 해야 할 상황에서는 오히려 무엇인가를 쓰지 않으면 반대로 의심을 받을 가능성도 있기 때문이다. 녹음기나 송신기가 있다고 해서 상대의 말을 성의 없이 건성으로 들으면 아무 소용이 없다. 덧붙여 말하면, 이러한 녹음기가 소형이라고 해서 항상 휴대하고 다닐 수는 없다. 필요한 상황이 발생하기 시작하면 갖고 가는 것이다.

(2) 소형 플래시의 사용법

우리가 쓰는 소형플래시로는 미국제의 맥라이트가 매우 사용하기 편한데 이것을 전용 벨트로 허리에 차는 것이 일반적이다.

맥라이트는 일반 플래시 보다 배터리 효율이 매우 높아 밝으며 플래시 전체가 알루미늄 합금소재로 매우 가볍고 단단하며 각 연결 부위는 방수용 고무 패킹 처리가 되어 있어서 비 오는 날에도 사용하기가 쉽다.

렌즈 부분을 밖으로 돌려 수직으로 세우면 밝게 빛이 켜지고 만일의 경우 위급한 상황이 생길 땐 상대를 세차게 찌를 수 있어 호신용구로도 사용할 수 있는 이점도 있다. 이것은 고속도로 휴게소나 그 밖의 노점 등에서 일반적으로 널리 시판되고 있어서 손쉽고 싸게 구입할 수 있는 것이다.

(3) 우산 사용법

탐정들의 우산은 휴대가 편리한 접이식으로 해야 하며 적어도 양복의 안주머니에 들어 갈 수 있는 소형의 접이식이라면 더욱 좋다.

미행, 잠복 중에 갑작스런 비를 피할 수 있을 뿐만 아니라 위급 시 호신용구로서 상대를 찌를 수도 있다.

(4) 햇빛 가리는 모자의 사용법

모자는 햇빛을 가리거나 주로 간단히 변장하는데도 사용할 수 있는 것으로 모자 안팎의 색이 서로 다른 리버서블 (reversible) 타입이 좋다.

면 소재로 하나로 된 형태가 좋으며 혹은 비를 맞아도 스며들지 않는 방수처리가 된 것이 좋다. 모자는 변장 이외에도 유용하게 쓰일 수 있다. 모자로 어떤 표시나 사인도 할 수 있기 때문이다. 동료 조사원끼리 만날 때, 의뢰인이 현장에 꼭 와야만 할 때 등의 내용을 동료에게 알릴 때는 모자의 색을 바꾸면 바로 눈에 띄어 사인을 주고 받을 수 있는 것이다.

혹은, 모자에 손을 갖다 대거나, 모자를 쓰고 벗는 등, 야구경기 중 벤치에서 선수에게 보내는 블록 사인과 같은 동작으로 조사원끼리 서로 교신도 할 수 있는 것이다. 이와 같이 모자에 의한 서로의 교신방법은 꽤 유용할 것이다.

〈그림 7-5〉 모자 활용 사례

(5) 안경 사용법

변장용으로 매우 유용한 안경은 검은테 안경이다. 검은테 안경은 안경 그 자체로 인상을 남기기 쉽기 때문에 썼을 때와 벗었을 때의 인상의 차이가 매우 크다. 앞에서 설명했던 것처럼 안경과 모자를 한 세트로 사용한다면 얼굴 자체의 인상이 매우 달라진다. 우리가 영화나 만화에서 본 '슈퍼맨'의 주인공이 큰 검은 테 안경만으로 다른 인상을 가진 사람으로 변장한 것을 기억한다면 이해가 갈 것이다.

자기의 맨 얼굴을 바꾸거나 간단히 가리고 싶다면 검은 테 안경과 모자는 탐정에겐 필수적인 물건이 될 것이다.

(6) 망원경 사용법

이것은 잠복 시 자주 사용되는 도구이다.

드라마나 영화 등에서는 탐정의 조사 모습을 과장시켜 시청자의 눈에 띄게 하기 위해 커다란 쌍안경을 사용하기도 하지만, 실제로는 시중에서도 쉽게 구할 수 있고 눈에 띄지 않게 손 안에 쏙 들어갈 정도의 소형 망원경을 사용하는 것이 좋다.

(7) 휴대용 비닐봉투 사용법

휴대용 비닐봉투는 간단한 물건을 담아 다닐 때 필요하기도 하지만 오히려 변장을 해야 할 때, 물건을 사서 집으로 돌아가는 모습처럼 변장할 때 효과적이다.

특히, 최근에는 주변에 많이 생겨난 편의점의 봉투를 몇 개 준비해 가지고 다니면 짧은 시간에 유용하게 쓰일 수도 있다.

시험 삼아 말끔한 정장 차림의 남성이 편의점 봉투를 들고 간다고 생각해 보자. 그 사람은 그 동네의 주민이나, 인근에서 근무하고 있는 샐러리맨처럼 보일 것이다.

(8) 현금과 면허증

탐정이 만일의 경우에 필요한 것은 현금카드나 신용카드 보다는 현금이다.

카드는 분실 시에 신분이 탄로 날 염려가 있고 재발급하기도 번거롭기 때문이다.

그러므로 미행이나 잠복조사가 시작되면 만일의 경우를 대비하여 보통 때 보다 여유 있게 현금을 갖고 있는 것이 중요하다.

미행 대상자가 갑자기 열차나 고속버스로 멀리 갈 때도 현금이 많이 있으면 얼마든지 대응할 수 있다. 어디서든 카드를 사용할 수 있다는 생각은 금물이다.

미행을 하던 곳에서 갑자기 자동차를 운전해야 할 경우도 있기 때문에 자동차 운전 면허증은 항시 휴대하는 것이 좋다.

제 8 장

탐정의 증거수집 촬영

1. 탐정의 촬영장비 요건
2. 증거 촬영 시 주의점
3. 위장형 증거수집 촬영장비 종류

제8장 탐정의 증거수집 촬영

현대 기계문명의 발달은 증거법의 세계에도 영향을 미치고 있는 바, 피사체의 상황을 광학적으로 기억하는 「사진」과, 사람의 음성이나 언어를 고정하여 재생시키는 「녹음테이프」, 사람의 음성을 비롯하여 사람의 눈으로 파악할 수 있는 모든 피사체를 기계적 장치를 통하여 재생할 수 있는 「비디오테이프」가 새로운 증거방법으로 사용되기 시작한 이래 현재 보편화 되어가고 있다. 통신 및 사실관계를 정확하게 녹음할 수 있고 사진과 비디오촬영은 사건해결을 위한 결정적인 단서가 되는 중요한 증거들을 영상으로 보존하여 생생하게 재생할 수 있어 실체진실의 발견을 위해 높은 증거가치를 가지는 증거방법이라 할 수 있다.

증거수집을 위한 영상촬영물에는 비디오테이프뿐 만 아니라 음성만을 취득한 녹음테이프등도 포함이 되는데 실로 이 영상촬영물은 현대적 기계문명의 발달에 따라 전문가의 전문적인 감식이 필요할 정도로 비전문인의 조작이 용이해졌다. 또한 영상촬영물의 상대방의 동의가 있음으로 문제시 되는 것은 없지만 대다수의 촬영물은 피녹화자의 승낙이 결여되어 있는 것이다. 그러므로 그 영상물 자체의 증거능력을 부정하는 것은 옳지 않지만 이러한 위법수집 증거자료는 위법수집증거능력의 배제의 법칙에 따라 처분하여야 하겠다. 요즈음 문제시 되고 있는 도청문제가 이러한 문제를 잘 반영해주고 있다고 본다. 그러므로 증거물 채택과정에서의 신중한 고려와 비록 사인에 의해 수집된 증거일지라도 수법에 위법이 없고 그 진정이 인정된다면 다른 여타의 증거물과 다를 바 없이 보아야 하겠다. 형사소송법에서는 가장 큰 목적이 실체적 진실의 발견이므로 날이 갈수록 범죄의 광역화, 교묘화, 이웃 간의 단절 등으로 증거물 수집이 어려워져 실제 범죄수사의 난관에 봉착하였을 때 이러한 영상물이 확실한 증거자료로 효과를 발휘 할 수 있기 때문이다.

그러므로 위법수집으로 문제화 되지 않는다면 증거능력의 인정은 타당하다고 할 수 있다. 비록 여러 가지 판례에서는 사인의 불법한 증거취득도 범죄의 중대성에 비례하여 증거로 인정함에는 타당성의 의문의 여지가 있지만 증거 조작의 위험성에 따른 전문가의 감식기술이 발달하고 몰래카메라 등과 같은 불법감식장비에 대한 법률의 제정과 집행기관의 강력한 처벌이 전제된다면 영상물의 증거능력은 기존의 증거물에서 가장 확실한 증거능력을 갖게 되리라 본다.

1. 탐정의 촬영장비 요건

탐정의 증거수집 업무 중 사진이나 동영상 등의 촬영 자료의 역할은 법정 및 각종 위법행위의 뚜렷한 증거 및 의뢰인에게 필요한 가장 적합한 보고서의 완성과 그 자료의 가치를 높이기 위한 증거이다. 따라서 탐정의 증거 수집을 위한 촬영기법은 사실 전문가의 수준을 갖추도록 노력해야 한다. 촬영 자료가 증거자료로서 그 가치를 인정받기 위해선 현장, 인물 또는 대상물건, 상황 등에 대한 묘사의 정밀여부에 의해 결정되기 때문이다. 전문가수준의 촬영기술들은 망원렌즈의 사용, 적외선플래시 또는 램프의 사용, 필름속도를 최대화하기 위한 현상과정, 그리고 연속촬영카메라의 사용법뿐만 아니라 현재 시중에 판매되고 있는 초소형, 최첨단 수집장비의 사용법 등도 숙달시켜야 할 것이다.

촬영장비는 여러 가지가 있는데 먼 거리에 있는 대상을 망원렌즈 및 줌(Zoom)을 이용하여 촬영하는 경우, 장시간 동안의 연속적인 촬영(Time Lapse cameras)을 해야 하는 경우, 초소형 카메라를 이용하여 은폐된 곳에서 촬영을 해야 하는 경우 등 촬영의 상황이나 환경 및 목적에 적합한 기능을 가진 장비를 다룰 줄 알아야 한다.

과거에 비해 광학기술과 전자기술의 발달로 촬영장비가 소형화·고성능화 되어 있고, 위장형의 첨단장비도 많이 시중에 판매되고 있지만 탐정의 촬영장비는 다음과 같은 요건을 고려하여 선택하여야 한다.

- 사용자가 촬영장비의 조작법을 잘 알고 있을 것.
- 잘 고장이 나지 않으며 내구성이 있을 것.
- 어떠한 상황에서도 쉽게 사용할 수 있을 것.[1)]

2. 증거 촬영 시 주의점

1) 조사대상자 촬영 시 일반적인 주의점

조사대상자를 촬영해야 하는 경우는 미행·잠복감시 및 주·야간 등 다양한 상황에서 발생할 수 있기 때문에 항상 촬영준비를 완벽하게 갖추어 두어야 신뢰성과 증거가치가 높은 사진을 촬영할 수 있다.

① 사진 촬영 시 다양한 방향과 앵글에서 촬영하면 더 포괄적이고 신뢰성 높은 증거기록을 제공해 준다.

② 탐정은 피사체를 미행하거나 움직이는 상황에서 신속히 찍어야 하므로 주변이나 당사자에게 발각되지 않도록 조심해야 한다.

③ 보행 중 촬영할 경우는 포커스(Focus)가 잘 맞아야 하며, 흔들림이 없어야 한다.

④ 손 떨림이나 이동 중의 흔들림을 방지하기 위하여 카메라를 잘 잡고 팔꿈치를 가슴에 대고 안정적인 보폭을 유지해야 한다.

⑤ 외부에 설치 된 전광게시판, 시계탑, 거리의 위치를 알 수 있는 건물 등을 배경으로 촬영함으로서 의뢰인이나 제3자에게 신뢰를 높이고 확실한 증거의 능력을 갖추도록 한다.

⑥ 조사대상자를 촬영하는 모든 동작들이 노출되지 않도록 자연스러운 상태에서의 촬영기술이 필요하므로 많은 훈련을 통하여 숙달시켜야 한다.

⑦ 파인더를 보지 않고 촬영해야 하는 경우에는 실패를 고려하여 한 장면을 최소한 2장 이상 촬영하도록 한다.

⑧ 촬영을 할 경우에는 고장 등의 상황에 대비하여 반드시 예비 장비를 준비해야 한다.

⑨ 야간 촬영 시는 플래시나 소리의 사용에 주의하고, 야간 촬영 시는 어두운 곳에서도 촬영이 가능한 장비를 갖추는 것이 좋다.[2)]

---

1) 손상철, 민간조사학개론, 백산출판사, 2005, p.222.
2) 손상철, 전게서, p.222-223.

〈그림 8-1〉 조사대상자 촬영 시 일반적 요령

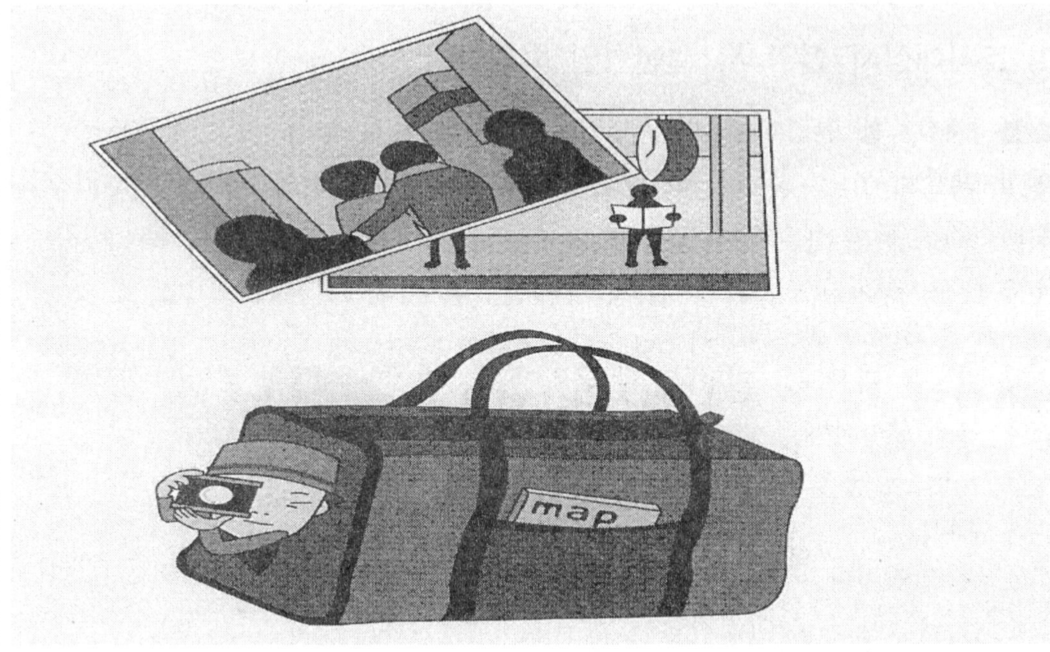

● 증거사진을 찍는 탐정에겐 사진 찍는 기술은 필수.
● 사진 속에는 인물뿐만 아니라 거리를 쉽게 알 수 있도록 건물을 배경으로 넣는다.
● 역 광장의 시계 등을 함께 찍음으로서 조사 일시의 신빙성을 높이고, 확실한 증거를 위한 포인트가 된다.

미행 중에는 걸으면서 가는 곳 마다 촬영할 수밖에 없다.

매복하여 기다리면서 찍거나, 먼저 돌아가서 상대의 정면을 찍기도 하고, 서로 엇갈리면서 스치듯 지나가는 모습으로 찍는 등 여러 가지 상황이 있을 수 있다.

상대에게 접근하여 뒷모습을 찍을 때에는 먼저 어떤 정해진 배경이 들어오도록 해야 하기 때문에 미행 시의 사진 촬영은 탐정에게는 여러모로 매우 복잡하고 바쁘다. 미행 중 촬영을 하는 경우에도 도시나 그 지역의 거리의 모습을 바로 알 수 있도록 반드시 배경을 넣어서 사진을 찍는 것이 매우 중요하다.

인물의 묘사는 물론, 역이나 광장에 있는 시계 등이 사진 속의 배경에 들어가도록 하는 것이 좋다. 배경이나 시간, 건물의 명칭 등을 동시에 찍는 것은 증거사진을 찍어야 하는 탐정에게는 탐정기법의 기본이라 할 수 있다.

머리를 긁는 척 하면서 사진을 찍거나 팔짱을 끼면서 찍는 등 보통의 동작 중 촬영이 이루어지도록 한다. 피사체의 범위·초점을 맞추기 위한 카메라의 파인더(finder)를 들여다보면서 찍을 수는 없기 때문에 정말 숙련되지 않으면 어려운 기술이다. 관광지나 축제 등의 미행에서는 대상자에게 카메라를 향하는 일도 있는데 이때는 혼잡한 틈을 타서 자연스런 행동으로 찍는 것이 좋다. 특히 불륜조사의 경우, 관광지에서 자연스럽게 찍힌 사진들이 증거가 되는 경우가 많다.

〈그림 8-2〉 조사대상자 촬영 시 일반적 요령

- 팔짱을 끼면서 촬영하는 경우는 앞쪽보다는 뒤쪽 손에 카메라를 잡도록 한다.
- 탐정은 파인더를 보지 않고도 확실하게 촬영할 수 있도록 많은 훈련이 필요하다.
- 손바닥 안에 카메라를 숨기듯이 잡는다.

카메라의 파인더를 보지 않고 자연스런 행동을 취하면서 사진을 찍기 위해선 탐정은 야구에서 배트 등을 실제로 치는 듯이 휘두르는 연습처럼 위장행동을 하면서 셔터를 누르는 동작의 반복 훈련을 해야 한다. 찍어야 할 대상자 즉, 피사체를 야구공으로 정해 놓고 공이 오는 방향에 정확하게 렌즈를 향하도록 반복하여 같은 포즈를 취해 연습하는 것이다. 야구 배트로 공을 맞히는 감각을 몸에 익히는 것과 같은 요령으로 하는 것이다.

2) 교통사고 현장에서의 사진촬영 방법

교통사고가 났을 때 결정적 증거가 될 수 있는 것이 바로 사진 자료이다. CCTV나 운전자 증언만으로는 과실여부를 판단하기 어려운 경우가 있기 때문이다. 요즘은 스마트폰 사용자가 늘어나 사고가 난 즉시 사진으로 현장기록을 남겨 놓을 수 있는데 현장사진은 차후 중요한 증거자료가 될 수 있으므로 꼼꼼하게 남겨두는 것이 좋다. 하지만 정작 사진을 찍을 때 상대방 차량번호만 찍거나 파손부위만 근접촬영하는 경우 등 어떻게 촬영해야 할 지 모르거나 자료사진이 도움이 별로 되지 않는 경우도 있다. 따라서 본 장에서는 탐정은 물론 누구나 반드시 숙지해야할 교통사고 현장 사진 촬영법에 대하여 간략히 정리하였다.

(1) 사진은 가능한 한 사고현장에 아무 변화가 없을 때 찍어야 함

부상자. 차의 정지위치, 파손물과 흐트러진 상황, 차의 파손, 노면에 남겨진 파인흔적이나 타이어 자국 등 시간이 지나면 없어지기 쉬운 흔적들을 우선적으로 촬영한다.

(2) 적당한 거리와 여러 각도에서 찍는다(근접촬영, 원거리촬영).

차의 손상 부분을 명백히 하려면 전후좌우에서 차 전체를 촬영하고, 가능하면 상하로 부터의 촬영도 한다. 부분적인 것과 세부적인 것이 같이 잘 나타나도록 적당한 거리와 각도에서 여러 장을 찍는다. 차량이 파손된 부위나, 파손 정도는 사고차량의 속도 추정에 중요한 자료가 된다. 사고로 인한 파손 부위가 있다면 근접촬영을 통해 자세하게 찍어 둔다. 또한 사고 지점에서 20~30m 정도 떨어져 차와 차선이 함께 보이도록 원거리에서 촬영하는 것도 도로상황을 파악하는 중요한 역할을 한다. 도로의 상태와 신호 등의 주변상황을 통해 사고가 난 이유를 추측할 수 있기 때문이다. 주변에 스키드마크나 기름 자국, 흙자국 등 단서가 될 만한 차량진행 흔적이 남아있다면 함께 촬영한다.

(3) 기준점을 같이 촬영한다.

기준점으로서는 건조물의 모서리, 전주, 표지판 등 고정적인 물체가 적당하다. 즉 기준점은 사고 후의 현장조사에서 한 번 더 도로를 측정하거나 촬영한 위치를 재현할 수 있는 물체가 적당하다.

(4) 핸들과 바퀴가 돌아간 방향 촬영

앞바퀴의 조향각은 차의 정지위치에 크게 영향을 미치므로 그 각을 구할 수 있도록 앞바퀴를 최대한 촬영해 두는 것이 바람직하다.

(5) 블랙박스 유무 촬영

요즘은 차량마다 블랙박스를 장착한 운전자가 늘어나면서 예전보다 사고 경위 파악에 많은 도움을 받고 있다. 하지만 간혹 사고 이후 조사과정에서 블랙박스가 없다고 발뺌하는 운전자들이 있는데 이를 방지하기 위해 사고 후 상대 차량의 블랙박스 유무를 확인한 뒤 사진으로 남겨두는 것이 좋다.[3)]

3) 범죄사건 현장 사진촬영 요령

사진의 핵심은 시각적인 전달에 있다. 범죄현장 촬영 시 조사에 임한 자는 어떤 사건이 어디서, 어떻게 발생했는지 보는 이로 하여금 완전히 이해할 수 있도록 유용한 정보를 최대한 담으려고 노력하여야 한다. 일반적으로 촬영한 사진이 적은 것 보다는 많은 것이 좋지만 사진은 그 범죄가 발생한 일차적인 장소뿐만 아니라 범죄 후 수반 된 사건들이 발생한 인접지역을 포함해야 한다. 필요한 사진의 수와 종류는 해당 사건의 유형, 심각성, 현장의 크기, 관련된 물적 증거의 양과 기타, 다른 요인들에 의해 결정된다. 예를 들면 사진의 물적증거가 필요하고 범죄현장이

3) http://blog.hyundai-mnsoft.com/601

넓은 범위에 걸쳐 있는 방화사건의 경우에는 광범위한 지역의 대량사진이 필요하지만 반면 노상 무장강도의 경우는 사건현장에 거의 흔적을 남기지 않으므로 범죄현장에 대한 대량의 사진은 비생산적이 될 수 있다. 단순절도의 경우와는 달리 살인사건현장은 많은 수의 사진을 필요로 한다. 대부분의 경우 조사관은 물적 증거들이 수집되고 현장에서 옮겨지기 전 원상태의 범죄현장을 촬영할 수 있는 기회를 단 한번밖에 가지지 못한다. 살인사건현장에서 어떤 물체는 그리 중요하지 않게 보일지 몰라도 차후 조사가 진행되는 과정에서 조사관은 그 물체가 실제로 살인도구라는 정보를 찾아 낼 수도 있기 때문에 범죄현장에서 외관과 물체 및 위치사진은 매우 큰 중요성을 가지고 있다.

(1) 사건현장 사진촬영의 목적

현장사진은 사건이나 범행직후의 사물의 상태를 정확히 촬영하여 둠으로써 사건발생의 동기 및 경위 등을 명백히 하여 수사자료 또는 증거자료로 제공하기 위한 목적을 위해 이용되지만 세부적으로 서술하면 다음과 같다.

① 영구적인 기록 보존을 위해(To provide a permanent record)

범죄현장 사진은 증거물들이 옮겨지거나 어지럽혀지기 전에 범죄발생 직후 현장이 어떤 모습을 하고 있었는지에 대한 영구적인 기록을 남긴다.

보고서, 범죄현장 스케치와 함께 사진은 조사의 공식적인 기록의 한 부분을 이룬다. 범죄현장 사진은 조사, 기소, 그리고 법정에서 이루어지는 사건에 대한 진술 전체에 이용될 뿐만 아니라 항소가 제기 된 경우, 사진은 범죄를 재구성에도 매우 유용하므로 사진들은 사건재판 종결 후에도 오랜 기간 동안 파일에 기록, 보존되어야 한다.

② 범죄를 이해하기 위해(To understand the crime, affair)

범죄현장에 대한 구두진술은 항상 사진에 의한 설명보다 불명확하기 때문에 사건을 조사, 기소하는데 있어 많은 관련자들은 이에 대해 자세히 알 필요가 있다.

검사, 변호사, 경찰, PI(Private Investigator), 실험실 연구원, 피해자 가족 등

관련자들은 시간과 인력이 한정되어 있기 때문에 범죄현장을 직접 볼 수 있는 기회가 제한되어 있다. 따라서 사건현장의 촬영사진들은 범죄의 직접적인 이해와 범죄현장에 직접 가지 않고도 범죄를 이해할 수 있는데 도움을 주는 역할을 하고 있다.

③ 수사목적을 위해 (For investigative purpose)

- 범죄현장을 촬영할 때 조사자는 정확한 사실 확인, 정보수집이나 기소를 뒷받침하기 위해 증명해야 할 사안들에 그 방향을 맞출 것이다. 범죄에 따라 범죄현장의 어떤 요소는 특별한 관심을 받는다. 예를 들면 절도사건에서 침입이나 진입장소의 사진, 방화사건의 발화 장소, 살인사건에서 살해수법과 원인이 이에 해당되는데 이에 대한 정확한 설명과 사진촬영은 어떠한 범죄가 발생하였는가에 대한 사실을 확립하는데 큰 도움이 된다.

- **증인과 용의자의 진술 확인(To verify the story of a witness or a suspect)**

사건에 대한 증인과 용의자들의 진술은 범죄현잔 사진에서 보이는 물체, 가구, 문 그리고 창문의 배열과 상태에 부합하는가에 따라 검증될 수 있다. 또한 심문과정에서 용의자가 범죄현장 사진과 범죄가 어떻게 일어났는가에 대한 설명과 마주했을 때는 자백할 가능성이 높기 때문이다.

- **조사관의 기억을 새롭게 하기 위해(To refresh the investigator's memory)**

사진은 조사관의 기억 속에서 범죄를 재구성하는 것을 용이하게 해 준다. 이러한 과정을 반복하는 것은 조사관으로 하여금 이 범죄를 다른 유사한 사안과 연관지을 수 있게 하거나 조사관으로 하여금 다른 수사방향을 찾을 수 있도록 해 준다.

- **물적증거에 대한 불필요한 접촉 차단(To avoid excessive handling of the physical evidence)**

증인을 인터뷰할 때 그에게 살인무기와 같은 특정 물체를 인식했는지에 대한 질문은 반드시 필요하다. 이 과정에서 특정물체 대신 사진을 이용함으로써 물적증거에 대한 불필요한 접촉이나 변질의 위험에서 벗어날 수 있으며 증거를 안전하게 보존할 수 있는 효과가 있다.

④ 법정 제시를 위해 (For court presentation)

범죄현장 사진은 현장에 대한 객관적인 설명을 통해 판사와 배심원등의 사건 관련자들이 증거를 이해하고, 피고인의 행동을 검토하는데 있어 가장 중요한 수단이다. 사진의 목적은 보통의 목격자들이 볼 수 있는 것처럼 범죄 장면을 재구성하는 것에 또한 있기도 하므로 사진이 법정에서 증거로서 인정될 수 있기 위해서는 그 사진들이 주된 준제에 대해 충실히 설명하고 있는가를 증명해야만 한다. 사진은 그 어떤 중요한 부분에서도 보는 이를 오도(誤導)해서는 안 된다. 물체의 크기와 길이는 눈으로 보기에 보통이어야 하고 중요한 대상물에 초점이 맞추어져 있어야 한다.

(2) 촬영사진의 증거법칙 (Evidence rules relating to photographs)

조사관은 촬영한 사진이 법정에서 증거로 인정받기 위해서는 몇 가지 사항을 지켜야만 하는데 그 가운데에서도 최소한의 요구사항은 다음과 같다.

① 사진에서 설명하고자 하는 설명대상은 구체적이고 해당 문제에 관련된 것이어야 한다. 즉 물적 증거는 사건에서 문제되는 점과 관련되어 있고 중요하다는 사실 모두를 입증하는 것이어야 한다.

② 사진은 선입견이나 동정심을 갖게 해서는 안 된다.

심한 상처나 끔직한 장면과 같은 사진은 배심원의 마음에 공포, 분노, 그리고 분개의 감정들을 자아내게 할 수 있다. 사진의 목적이 사건에 있어 타당한 사실들을 증명하는데 있고 피고인에 대해 배심원들에게 편견을 갖게 하는 것이 아니어야 판사에게 증거로서 인정받을 수 있을 것이다.

③ 사진은 왜곡되어서는 안 된다.

사진이 설명하는 장면이나 대상을 절대로 잘못 나타내서는 안 되는데 왜곡은 다음의 몇 가지 유형 중의 하나에 해당된다.

a. 관찰지점의 오류(Incorrect point of view)

렌즈의 초점이 특정방향을 선택케 함으로써 사진 촬영 시 필수적인 대상을 흐릿하게 하고 대신 다른 물체를 강조할 수 있다.

b. 부적절한 원근 (Improper perspective)

카메라를 위아래로 기울임으로써 대상의 크기와 길이를 왜곡할 수 있다. 사진들은 대상의 크기나 길이가 보통의 관찰자에게 보통으로 보일 때 적절한 원근을 갖는 것이다. 이는 카메라 렌즈의 초점을 눈의 높이에 맞춰 반대편 벽과 90도의 각을 이룸으로써 이룰 수 있다.

c. 거짓 명암(Deceptive tones)

모호한 명암은 현상과정에서의 조작이나 필름의 노출 또는 필름이나 인화지의 부적절한 선택에서 발생하는데 이것은 현장사진에서 나타내고자하는 상황을 제대로 설명하지 못하는 경우가 많다.

(3) 범죄 및 사건 현장의 사진촬영요령

카메라의 사진 촬영이 일반적이면서 정확한 정보를 잘 전달하기 위해서는 신중하게 배치되어야 한다. 카메라의 세로축과 가로축으로 이루어져 있는 잘못된 사진각도의 선택은 종종 왜곡되고 잘못된 현장의 모습을 나타내게 된다. 카메라의 높이는 보통의 눈높이에 맞추는데 이는 증인이 어떤 위치에서 무엇을 보았는지를 보여주는 것이 사진의 목적임을 고려할 때 특히 중요하므로 카메라의 위치를 기록해야 하고 범죄현장 스케치에 그려야 한다.

범죄현장을 촬영하는데 있어 조사관은 어떻게 범죄가 발생하였는지에 대해 보는 사람이 이해할 수 있고, 유용한 정보를 최대한 제공할 수 있는 연속촬영이 필요하다. 따라서 현장의 사진촬영 담당자는 다양한 대상들이 사건과 서로 어떤 관계를 가지고 있는지 보일 수 있도록 하여야 하며 물건들의 위치는 인식 가능한 배경들에 대한 언급과 함께 명확하게 보여야 한다. 사진을 촬영할 당시 조사관은 각각의 증거품들이 가지는 중요성에 대해서는 알 수 없기 때문에 완벽하게 전체를 나타낼 수 있도록 여러 장의 사진을 찍어야 한다.

4×5와 35mm카메라는 한때 신문기자들에 의해 널리 사용되었기 때문에 보도카메라로 불리는데 오랜 시간 동안 범죄현장에서 가장 널리 쓰인 카메라이다. 그 이유는 4×5인치 원판은 대상의 정밀한 세부사항의 대부분을 담거나 확대시킬 수 있기 때문이다. 그러나 이 카메라의 주요 결점은 상대적으로 큰 크기와 부담되는 주변기기이다. 반면 35mm카메라는 배우기도 쉽고 작동도 편리하지만 반면에 가장 작은 35mm 원판의 확대는 4×5 보도카메라보다는 정밀성과 선명함이 뒤떨어진다.

전통적으로 범죄현장의 사진 촬영은 흑백필름을 사용하였지만 현대에는 컬러필름이 더 자주 쓰인다. 컬러사진은 사실과 더 가까운 범죄현장의 장면을 보여준다는 장점을 가지고 있는데, 증인에게 범죄현장 사진에서 옷가지나 다른 대상을 구별해 줄 것을 요청할 때 컬러사진에서 그 물건의 식별을 더 잘 할 수 있을 것이다.

또한 컬러사진은 육체의 상처, 특히 시간경과에 따라 색이 변하는 타박상을 촬영하는 데는 최적이다. 그러나 경우에 따라서는 희생자의 상처에 애한 컬러사진의 사용은 피고에 대한 감정을 격앙시키고 편견을 갖게 할 수 있기 때문에 배심원제도가 있는 영미법계에서는 법원에 의하여 거절되기도 한다. 따라서 이상적인 범죄현장 사진촬영은 흑백과 컬러필름 모두를 이용하여 촬영하여야 한다.

a. 수사본부 설치사건 및 중요 특이사건의 현장사진 작성은 흑백 또는 천연색으로 촬영

b. 반드시 천연색으로 촬영하여야 하는 대상물

- 혈흔이 부착되어 있는 사람, 물건, 장소
- 해부사체의 장기손상 및 일혈점, 혈액의 변색 등
- 사체의 시반, 삭구
- 중요하다고 인정되는 피해물품, 유류품
- 색칠이 떨어진 조각의 색채 및 색층 기타 입증 상 필요하다고 인정되는 "녹"의 발생 상황

c. 현장 사진의 작성은 임장시의 현장상태를 그대로 나타내도록 촬영하고 다음에 현장감식의 진행에 따라 세부에 이르기까지 촬영한다.

d. 증거물 등을 촬영함에 있어서는 그 소재와 상태가 명백히 나타나도록 촬영하

여야 하며 필요에 따라서는 참여인 또는 그가 서명한 지편을 넣어 촬영한다.

e. 흉기, 창상, 흔적 등은 그 길이, 폭 등을 명백히 하기 위하여 측정용 방안지 또는 줄자 등을 사용하여 촬영한다.

f. 임장 사건의 사진기록 작성에 있어서는 그 기록의 내용을 충실하게 하기 위하여 현장 도면사진, 현장사진, 감정사진 등으로 구분 작성한다.

g 사진기록을 작성할 때에는 촬영위치, 방향, 각도 등을 명시하여 현장상황을 명확히 한다.

① 종합적인 사진 (Overall photographs)

전체적인 시야(View)를 가지고 촬영하여야 한다. 카메라는 이러한 사진을 찍을 때 까지 오른쪽으로 돌면서 적어도 네 번이상은 촬영해야 한다.

② 사망자 사진 (Photographs of deceased)

시체의 중요한 부분을 보여주기 위하여 여러 시야를 모으는 것이 필요하다 예를 들면 주변 가구들과 사체와의 관계는 죽음과 직접적으로 관련된 동작에 대해 암시할 수도 있기 때문이다.

③ 증거물품 사진 (Photographs of articles of evidence)

현장을 검증할 때 다양한 대상들이 살인과 직접적인 관련을 가진 것으로 밝혀질 것이다. 무기, 혈흔, 머리카락, 섬유조직, 종이 그리고 비슷한 품목들은 그것들이 옮겨지기 전에 촬영해야 한다. 길이 6인치 이하의 중요 물체는 두 장의 사진이 필요한데, 첫 번째 사진은 물체에 대해 자세하고 큰 이미지를 얻기 위해 근거리에서 찍어야 하며 두 번째 사진은 배경을 담을 수 있고 원근 안에서 대상을 보여주기 위해 물체에서 6피트 정도 떨어져 찍어야 한다.

④ 시계(視界)안의 표지 (Markings in the field of view)

표지(Markers)는 시계(視界)안에 배치하여 사진이 현장을 나타내는데 도움을 주는 장치이다. 법정에서 증거물표지는 증거에 주의를 집중시키고 재판에 관계된 배심원들에게는 그 증거의 중요성과 증거와 범죄와의 관계를 이해하는데 도움을 준다. 표지를 세우는 것은 한편으로는 조사관이 증거를 조작할 수 있는 여지를 주는 것이기 때문에 대부분의 법정에서는 표지를 사용하는 경우 두 가지의 사진촬영을 요구하고 있다. 첫째는 본래 상태 그대로 범죄현장을 기록하는 것이고, 둘째는 표지를 포함하는 것이다. 표지는 증거를 잘못 설명하거나 증거의 중요한 부분을 속여서는 안 된다. 널리 쓰이는 표지에는 다음과 같이 세 가지 유형이 있다.

a. 자(Rulers)

자, 야드 자(Yardstick) 또는 줄자를 사진에 포함시킴으로써 대상의 크기와 다른 대상과의 거리를 효과적으로 전달 할 수 있다. 작은 자를 배치하는 것은 범죄나 사건현장 촬영사진 연구자들로 하여금 필요한 확대 정도를 결정짓는데 도움을 준다.

b. 위치 표지(Location markers)

흰색 화살표나 숫자표시는 증거의 중요한 부분에 주의를 집중시키기 위해서 사진에 배치된다. 이는 증거의 크기가 작거나 간과되기 쉬운 경우에 많은 도움이 된다. 대신, 표지에 붙이는 투명 피복지는 사진 위에 덧붙일 수 있고 이 기술은 앞에서 설명한 두 번째 사진을 찍을 필요가 없다는 이점을 가지고 있다.

c. 구별자료(Identifying data)

시야에 배치한 표지는 사진을 분류하는데 사용될 수 있다. 이 정보는 대개 사진촬영자의 이름뿐만 아니라 범죄현장의 위치, 자료 그리고 시간까지 포함한다. 자료에는 조사 중인 피의자의 유형이나 범죄에 대한 어떠한 견해도 담고 있어서는 안 되는데, 이것은 사건 관련 배심원들로 하여금 편견을 갖게 한다는 이유로 법정이 사진의 이용을 거절하는 경우를 피하기 위해서이다.

⑤ 특수기술(Special techniques)

광각렌즈는 실내범죄현장에서 보통의 일반렌즈로 얻는 것보다 더 많은 정보를 얻기 위해서 사용한다. 채취한 지문이나 도구사용 흔적들과 같은 증거는 특수한 기술을 사용하여 촬영한다. 물론 지문은 지문촬영 전용카메라로 촬영해야 한다.

즉 실물보다 큰 이미지의 사용인 확대사진은 카메라의 주름상자가 허용하는 한 도구사용 흔적 촬영에 사용된다.

⑥ 주변부 촬영(Photographing the environs)

범죄현장을 단순히 피해자의 시신이나 범죄의 일차적 대상을 둘러싸고 있는 제한된 지역으로 한정해서는 안 된다. 예를 들면, 살인사건이 집안에서 발생하였을 때 조사관은 시신이 발견 된 방만을 전체 범죄현장으로 생각해서는 안 된다는 것이다.

접근, 추적, 도주 또는 몸싸움에 이용된 모든 인접장소들을 범죄현장으로 여겨 적절한 주의를 기울일 필요가 있다. 범죄성질은 범죄의 발생을 이해하는데 있어 어느 범위의 주변부까지 촬영해야 하는지를 결정해 주는데 현장 조사관은 현장사진 촬영 시 다음과 같은 중요하고도 적합한 대상들을 촬영하여야 한다.

〈표 8-1〉 범죄사건 주변부 촬영 대상

• 방의 배치	• 통로
• 깨진 유리	• 창문의 위치
• 핏자국	• 부서진 가구
• 집과 길과의 관계	• 희생자와 가해자의 흩어진
• 가로등의 위치 기타	• 옷가지
• 총탄자국	• 바닥이나 천장 또는 벽의

⑦ 운반이후의 사체 촬영(Photographing the body after removal)

사체에 대한 추가적 사진은 사체가 범죄현장에서 옮겨지고 피복이 제거된 후 촬영한 사진을 말한다.

a. 신원확인(Identification)

만약 사망자의 신원이 불확실하다면 얼굴이나 구별 가능한 흉터 또는 장애와 같은 부분의 사진이 매우 중요하다. 얼굴은 앞에서부터 양 옆까지 모두 촬영해야 하며 촬영지점은 보통의 증명사진과 같아야 한다.

b. 상처(Wounds)

피해자에 의해 생긴 상처의 특성은 사건을 기소하는데 매우 중요하다. 중요한 상처는 정확한 크기, 모양 그리고 외형을 정확히 전달하기 위해서 흑백과 컬러필름 모두를 사용하여야 한다. 이러한 사진들은 부검보고서에 첨부될 수 있다.

⑧ 사진 데이터 (Photographic data)

다음의 사항은 법정의 요청이 있는 경우에 대비하여 완벽하게 기록하여야 한다.

a. 범죄사진을 확인할 수 있는 자료

b. 사진사를 확인할 수 있는 자료

c. 각 장면에서 카메라의 위치를 확인할 수 있는 자료

d. 촬영시간에 대한 자료

e. 촬영 시 날짜와 빛의 정도를 반영하는 자료

f. 카메라, 필름, 기타 촬영에 사용 된 특수 장비의 세부사항에 대한 자료

g. 렌즈의 초점거리

h. 인화, 출력, 특수한 실험기술에 대한 자료(실험기술에 대한 자료는 실험실 연구자들에 의해 준비되지만 사건조사를 담당하는 조사관은 법정에 자료를 제출하고 실험실 기술자나 연구자들의 발표에 대해 정리할 수 있는 위치에 있어야 한다)

i. 사용한 필름의 보관에 대한 자료[4]

4) 중요사건 비디오 촬영 및 보존(Videotape)

(1) 목적

공장건물 방화나 사무실 건물 절도와 같은 광범위한 범죄현장에 직면했을 때, 비디오테이프카메라나 캠 레코더는 조사관에게 매우 큰 도움이 된다.

범죄현장 비디오테이프는 범죄현장의 분위기를 잡아내고 서로 관련 없어 보이는 사진들이 어떤 관계를 가지고 있는가를 보여줌으로써 사진들의 배경과 논리적

---

4) 김종옥 역, 「미연방수사국(FBI) 범죄수사원칙」, 도서출판 태봉, 2006, pp.86-95.

관련성을 보여준다. 범죄현장을 가로지르며 '팬 촬영'[5]을 함으로써 조사관은 그 중요성이 아직 인식되지 못했거나 간과된 증거물들을 기록할 수 있다. 방화나 살인범죄현장에서 목격자들을 촬영한 비디오테이프를 후에 분석해서 중요한 증인이나 심지어 용의자까지도 밝혀낼 수도 있다. 따라서 중요사건에 대하여 사진촬영 이외에 비디오 촬영을 실시하여 범죄현장이 변경된 후에도 수시로 촬영화면을 관찰하여 증거자료의 발견 및 현장상황을 파악하고 공소유지 및 재판과정에서 정황증거 등 보강증거자료로 활용하게 된다.

캠코더로 범죄현장을 촬영하는 것은 스틸사진으로 다음과 같은 과정을 거치는 것과 유사하다.

첫째, 넓은 시야는 범죄현장을 가로질러 '팬 촬영'함으로써 얻을 수 있다. 그 다음 줌 렌즈를 이용하여 물적 증거의 근접촬영을 한다. 도구의 흔적, 지문 등과 같은 정밀한 근접촬영을 위해서 캠코더는 매크로렌즈(Macro lens)를 장착할 수 있다. 일반적으로 캠코더의 사용은 한명의 조사관이 카메라맨으로서의 역할을 다른 한명이 오디오 부분을 서술하는 역할을 맡아야 한다.

지워지거나 편집된 테이프는 법정에서 증거로 인정하지 않기 때문에 촬영 시에는 의도하지 않은 내용이 촬영되지 않도록 주의하여야 한다. 이러한 이유 때문에 소음이 많고 복잡한 범죄현장에서 일부 조사관들은 소리부분을 제거해 주는 캠코더의 묵음버튼을 누르고 촬영하기도 한다. 또한 캠코더의 추가적 특징은 조사관이 중요한 증거의 모든 부분을 데대로 촬영했는지 확인하기 위해 모든 장면을 다시 볼 수 있게 해 주는 '다시보기', '잠시 멈춤', '느린 재생'이 가능하여 원하는 대로 특정 장면을 연구하는 기회를 가질 수 있다는 것이다.

그러나 사진과 같은 자세한 세부사항을 담을 수는 없기 때문에 비디오테이프가 사진을 대체할 수는 없다는 사실을 명심해야 한다. 만약 범죄현장에 대한 비도테이프를 만든다면 사진도 함께 첨부해야 한다.

비디오테이프는 사실 확인 시 매우 이상적인 증거제시방법이다. 예를 들면 심각한 상처를 입었다고 하며 막대한 보험금을 타내려고 하는 경우, 부상당했다고 주장하는 피해자의 팔다리가 활발하게 움직이는 것을 보여 주는 비디오테이프는 배

5) 화면에 파노라마적인 효과를 내기 위해 카메라를 상하좌우로 움직이며 하는 촬영.

심원들로 하여금 그의 주장이 사기임을 확신시키는 충분한 증거가 된다. 각종 쇼핑몰이나 은행의 절도, 강도 방지 프로그램의 일환으로 또는 대낮의 도로변, 차량 절도, 경찰업무 등 현대생활의 모든 면에서 비디오테이프 및 CCTV의 사용기회는 급증하고 있으며 그만큼 증거력은 매우 크다.

(2) 촬영대상

- 수사본부 설치 또는 설치가 예상되는 사건
- 기타 강력 사건

(3) 촬영요령

- 담당직원은 촬영대상 장소에 최우선으로 임장하여 원상 그대로 촬영
- 담당직원은 항상 기기를 점검하고 촬영에 앞서 사건 개요의 파악, 유류품의 소재확인, 현장변경 유무 등을 확인한 후 촬영
- 사진책임자는 촬영목표, 범위, 위치와 각도, 방법 및 시간 등 구체적인 지시를 하여 촬영이 실패하는 일이 없도록 지도 점검

3. 위장형 증거수집 촬영장비 종류

인터넷 포털사이트에 '초소형 캠코더'를 검색하면 100여 개의 업체와 종류도 다양한 수많은 초소형 캠코더 목록이 있다. 아래의 〈그림 8-3〉에서 보는 것과 같이 종류도 갖가지여서 손목시계, 야구모자, 안경, 넥타이핀, 단추, 만년필, 자동차 스마트키, 키홀더, 핸드폰 보조 배터리, 탁상시계, TV 리모컨, 텀블러, 담뱃갑, 라이터, 액자, 전등, 전등 스위치 등 다양한 생활 소품들이 나온다. 모두 고성능 초소형 카메라를 탑재한 위장제품들이다.

화질은 SD급(720*480)부터 풀HD (1920*1080)급으로 다양하다. 불빛 없이도 가능한 적외선 촬영, 동작감지 등 기능도 최첨단이다. 가격은 형태, 화질, 기능 등에 따라 천차만별인데 보통 10만원~60만원 수준이다.

〈그림 8-3〉 위장형 캠코더 종류

*자료: https://univ20.com/13786.

2015년 8월 경기도 용인 에버랜드 캐리비안베이 내 여자샤워실과 탈의실에서 몰래카메라로 촬영한 동영상 유포사건과 몰카와 관련된 유사범죄가 급증하면서 '몰카'가 성범죄의 도구나 사생활 침해와 공공의 안전을 위협하는 수단으로 악용되지만 규제는 미약하다며 규제의 필요성이 수면 위에 떠올랐다.

몰카는 엄연한 '웨어러블 카메라'라는 명칭이 있고 IT기기지만 부정적이고 불법적인 사용으로 불법과 합법 사이 어딘가 아슬아슬한 지점에서 은밀히 쓰이는 탓에 부정적 인상이 앞선다.

그러나 몰카로 불리는 위장형 카메라들이 처음부터 나쁜 일에 쓰라고 만들어진 건 아니다. 합법적인 시장이 형성돼 있고, 경찰의 공공의 안전과 치안을 위한 합법적인 필요에 의해서 찾는 수요자가 있다.

위장형 카메라 업계의 주요 고객 중에는 고시·입시 학원가 학생들이 있다. 이들은 강의 녹화에 몰카를 쓴다. 대놓고 찍을 수 없어서다. 칠판에 쓴 내용까지 빠짐없이 담으려면 카메라가 필요하다고 한다. '복습용' '학습용'이라고 할 수 있다.

의류업체 직원들도 '시장조사용'으로 위장형 카메라를 사간다. 경쟁사 매장을 돌며 신제품을 파악할 때 쓰기 위해서다. 두 손이 자유로우면서 눈으로 보는 걸 그대로 담을 수 있는 안경형 몰카를 주로 사용한다.

사업하는 이들에겐 거래 상대방의 '발뺌방지용' 대비책이 된다. 말로만 약속하는 구두계약 때 요긴하다. 상대가 말을 바꾸는 상황에 대비해 거래 장면을 찍어두는 것이다. '현장포착용'으로는 몰카만한 게 없다. 흥신소가 사생활 뒷조사를 하거나 개인이 불륜 증거를 잡으려 할 때 등에 동원된다.

파파라치에겐 필수품이다. 학원·식당·상점 등에 들어가 규정 위반 증거를 확보할 때 사용된다. 학원 불법영업부터 건강기능식품 무허가 판매, 재료의 원산지 미표시, 일회용 비닐봉투 무상제공까지 찍을 건 많다.

어린이집이나 유치원에 보내놓은 아이가 교사에게 폭행당하진 않는지 확인하는데도 쓰인다. '자녀보호용' 감시 장비인 셈이다. 2015년1월 인천 어린이집 폭행사건 단서를 포착한 게 몰카였다고 한다. 'CCTV 보완용'으로 활용하기도 한다. 건물 내부 CCTV 카메라는 위치가 드러나 마음만 먹으면 피할 수 있다. 이 빈틈을 메우려고 자재 창고나 사무실에 고정형 몰카를 설치하는 경우가 있다.

한 건설자재 제조업자는 중국 현지 공장 곳곳에 벽시계형 와이파이(무선인터넷) 몰카를 설치했다. 물건이 자꾸 사라지는데 CCTV에는 포착이 안 돼 수를 쓴 것이다. 일부 직원이 평소처럼 물건을 가져가다가 덜미를 잡혔다. 특수카메라업계 관계자는 "범인들이 CCTV 앞에선 정체를 숨기지만 CCTV가 없는 곳에서는 방심하게 마련이다. CCTV가 범행을 막는다면 몰카는 범인을 잡는다"고 강조했다.

경찰이 몰카를 사용하는 것도 이런 장점 때문이다. 경찰은 2013년부터 불법게임장과 성매매업소 단속 때 옷에 붙이는 '보디캠'이나 '단추형 카메라'를 증거확보용으로 사용하고 있으며 전국 지방경찰청 등에 정식으로 배치된 몰카는 보디캠 50대, 단추형 24대 등 74대다. 적외선 촬영기능 등이 개선된 단추형 59대를 추가 구입하고 시계형 50대도 도입한다. 2015년 10월말까지 시계형 등 109대가 추가되면 2.5배 수준으로 늘어난다.

정보기관과 군부대도 몰카를 사용한다. 군에서는 감시카메라가 닿지 않는 지역에 무선 몰카를 설치해 통신망으로 영상을 관찰한다고 한다. 이렇게 몰카는 민간과 공공 영역에서 감시와 정보 수집, 증거 확보, 분쟁 예방, 불법 적발, 범인 검거 등에 널리 쓰이고 있다.

다만 몰래 사용하는 기기인 만큼 그 사실이 드러났을 땐 의심이나 비난을 피하기 어렵다. 2015년 12월 청와대 제2부속실에서 손목시계형 몰카를 구입한 사실이 드러나 논란이 일었다. 청와대 제2부속실은 과거 영부인 수행을 담당하던 곳이다. 청와대는 몰카가 회의기록용이라고 주장했다.

몰카는 항상 소지해도 눈에 거슬리지 않으면서 단순한 제품이 잘 나간다. 단추를 몇 번 누르는 것만으로 조작할 수 있어야 한다. 디지털 카메라와 달리 촬영상태를 확인할 수 있는 화면이 없다. 작은 불빛이 변하는 것만 보고 녹음·녹화 여부를 파악해야 한다. 업계 관계자는 "기능이 많다고 좋은 게 아니다. 복잡하면 잘 안 팔린다"고 전했다.

워터파크 몰카 사건 이후 몰카 제조·수입을 금지하는 방안이 거론됐지만, 경찰도 원천적 금지는 불가능하다고 본다. 범죄 말고도 필요로 하는 영역이 있기 때문이다. 서울경찰청 사이버범죄수사대 관계자는 "몰카를 사용한 범죄가 문제지 정상적으로 유통되는 제품 자체가 문제라고 볼 수는 없다"며 "밀수를 통한 불법 유통 시장을 단속하는 데 집중할 계획"이라고 말했다[6].

---

6) http://news.kmib.co.kr/article/view.asp?arcid=0923262193&code=11131100&cp=zu(국민일보. 2015.10.01)

제 9 장

탐정의 직업윤리

1. 직업윤리란
2. 직업윤리의 종류
3. 직업윤리교육의 필요성
4. 탐정의 직업윤리
5. 외국의 탐정 윤리강령

제9장 탐정의 직업윤리

1. 직업윤리란

일반적으로 직업이라 함은 경제적 소득을 얻거나 사회적 가치를 이루기 위해 참여하는 계속적인 활동을 말한다. 넓은 개념으로 Career(모든 일 즉 보수나 시간에 관계없이 한 인간이 평생 동안 하는 일의 총체), 좁은 의미로 Occupation(반드시 보수가 지불됨), job(직업의 최소 단위)으로 나누기도 한다.

오늘날의 직업은 개인적으로는 생계유지의 수단인 동시에 자아실현을 위한 터전이며, 사회적으로는 인간이 공동생활에 참여하는 통로로서 인간에게 있어서 가장 중요한 삶의 과정이다.

서구 크리스트교 문화권에서는 직업의 의미를 "신으로부터 부름을 받는다"는 것으로 해석하였는데, 이는 자기 자신의 직업에 충실히 임하는 것이 바로 신의 부름에 응하는 것이라는 생각이다.

생업이 직업에 대한 개인적인 차원에서의 개념이라고 한다면 천직은 직업에 대한 사회적인 차원에서의 개념이라고 할 수 있다. 직업은 사회적 역할 분담이며, 하늘이 정해 준 것이라는 의식이 바로 직업에 대한 천직의식이며, 또한 소명의식(직업에 귀천이 없다는 생각)이다.

직업인이 자기가 선택하여 근무하는 직장에서 열심히 일하고 애정을 가지는 것은 당연하다. 즉, 열과 성을 다해서 충실히 자기 일을 완수해 낼 때 직업인으로서 삶의 보람을 느낄 수 있다. 그것이 직업인으로서의 기본적인 자세이며 직업의 세계에서 지켜야 할 기본적인 도리는 인간의 도리와도 통한다.

현대와 같이 노동이 분화되고 새로운 직업이 생겨나며, 수많은 조직이 구성되는 사회에서 살고 있는 우리들은 사회전체에서 요구하는 보편적 윤리 이외에 집단과 조직에서 요구하는 특수윤리에 의해서도 행위관계를 통제 받게 되었다. 더구나 필연적으로 어느 집단에든 소속되어야만 하는 현대인들은 그 대부분의 행위 관계가 집단의 목표와 과업의 성취를 겨냥해야만 하기 때문에 보편적인 윤리보다 특수윤리에 의해 지배 받을 가능성이 더욱 높아졌다고 할 수 있다. 이와 같이 현대인의 행위 관계를 크게 지배하는 특수 윤리 가운데 어떤 직업에 종사하고 있을 때에 그 직업에서 요구하는 기본적인 도리와 질서를 직업윤리라고 한다.

직업윤리의 근본 원리는 우리 모두가 제각기 자기의 능력에 따라 맡은 바 직분을 성실하게 수행하는 것이다. 그러므로 우리는 모든 직업이 사회발전에 이바지하고 있다는 측면에서 직업에 의의와 가치를 부여해야 할 것이며, 모든 사람들은 소명의식과 사명감 및 자부심을 가지고 자기 직업에 임해야 할 것이다. 그러므로 개인의 직업에 대한 가치와 행동에 있어 다음과 같은 윤리적 기본자세가 강조되어야 한다.

① 직업적 양심

직장 동료들 사이에 인격적으로 신뢰할 수 있도록 맡은 일을 자주적, 자율적으로 행하여야 하고, 성실하게 책임을 다하여야 한다.

② 공동체의식

공동체의식을 가지고 맡은바 최선을 다하며 어떠한 경우에도 책임을 다한다. 같은 직장 동료 사이는 물론 같은 업종의 기업 간에도 연대의식이 있어야 한다. 노동 분쟁, 공해 문제 등의 해결에 있어 연대함으로써 모두에게 이익을 줄 수 있기 때문이다.

③ 전문적인 지식과 기술

자기 분야에서 요구하는 전문적인 지식과 기술을 지니고 있을 때 남들로부터 신뢰와 존경을 받을 수 있다.

④ 인간애

직장 생활을 통해서 결국은 인격을 완성하는 것이 직업인의 궁극적인 목적이기 때문에 직업인에게 있어서도 다른 사람에 대한 사랑의 실천은 최고의 덕목이다.

⑤ 노동 숭상과 직업 존중

노동은 자신에게 있어서나 국가에 있어서나 흥망성쇠의 지름길이다. 어떤 일이든 맡은 바 정직하고 성실하게 수행해야 한다는 정신을 지니고 있어야 한다. 또한 직업에는 귀천이 없어 모든 직업은 사회의 발전을 위해 기여하고 있음을 의식하면서 자기의 직업뿐만 아니라 남의 직업도 존중할 줄 아는 지혜를 지녀야 한다.

⑥ 천직의식

우리나라에서는 예로부터 의리, 인정, 지조 그리고 절개를 매우 높은 도덕과 인격으로 믿어 왔다. 현재의 직장이 비록 규모가 작고 대우가 아주 좋은 편은 아니라고 할지라도 '이 직장을 좋은 직장으로 만들겠다'는 생각으로 열심히 일할 때 현재의 직장이 보다 좋아질 것은 물론 보다 나은 직장으로의 전직 기회도 또한 만들어질 수 있을 것이다. 직장은 단순히 돈을 벌기 위한 장소가 아니라 제2의 가정으로 인식되어야 할 것이다.

⑦ 기업윤리

직업윤리는 개인에게만 국한되는 사항은 아니며, 기업도 마땅히 지켜야 할 도리가 있다. 기업의 기본 목적이 영리 추구에 있지만, 이것 이외에 사회의 경제적 번영에 공헌하고 소비자에게는 싸고 품질 좋은 상품을 공급하며 종업원에게는 좋은 대우와 복지 시설을 마련해 주어야 한다. 또한 안전관리와 시설, 장비를 잘 갖춰 안전사고가 일어나지 않도록 예방하여야 할 것이다.

⑧ 보안의식

업무상의 보안을 확실히 지킨다. 업무상 습득한 정보나 자료는 절대 개인적인 용도로 유출 및 이용하지 않는다.

2. 직업윤리의 종류

1) 일반적 직업윤리

대부분의 직업 세계에는 인간이 직업을 가지고 살아가면서 직업인으로서 지켜야 할 기본적인 원칙과 기준 도리인 인간관계의 윤리와 질서가 있다. 왜냐하면 직업의 세계에는 사회라는 공동체의 질서를 도모함으로써 공동체의 유지와 발전을 위해서 요구되는 기본적인 원칙과 기준이 있어야 하기 때문이다. 그것은 직업윤리이기 이전에 인간의 일반적인 도리와도 상통한다. 교사가 학생을 가르칠 때에 성실하게 가르쳐야 하고, 공장의 노동자가 물건을 만들어 낼 때에 정직하게 만들어 내며, 의사가 진찰을 할 때 책임감 있게 진료하는 것은 직종이 다르지만 일반적으로 통용되는 직업윤리이자 삶의 자세이다. 그러므로 직업윤리의 발전적 기준은 직업 활동에서 사회통념상의 가치와 규범을 지킬 것이라는 사회적으로 기대되는 마음가짐으로 직업인으로서 정직과 성실, 신의, 책임, 의무 등 직업 활동상의 정신이나 기풍이 공통적으로 지켜야하는 기본 윤리이다.

그러므로 일반적인 직업윤리는 보통 사람들이 직업을 가지고 활동할 때의 마음가짐이나 정신 자세 등을 가리키는 것으로 근본적인 인간 삶의 태도를 나타내는 주로 내적인 가치 체계로 볼 수 있다. 즉, 직업생활을 통해 근로와 노동을 존중하고 정직과 성실을 기분으로 생활을 영위해야한다. 그러나 마음가짐은 어느 시대를 막론하고 동일하다고 할 수 없다. 시대와 장소, 상황에 따라 다양하게 표출된다.

2) 특수 직업윤리

직업 생활을 하는 일반인이 지켜야할 윤리는 보통생활의 태도와도 밀접한 관련이 있다고 앞에서 지적한 바 있다. 그런데 정보 사회로 진행되어가고 있는 현재, 직업의 종류에는 새롭게 등장하는 것이 매우 많다. 특히, 전문 직종의 증가와 분화가 매우 두드러진다. 이러한 전문 직종에는 그에 따른 새로운 직업윤리가 요청된다. 바로 특수 직업윤리가 특정한 직업에 따른 직무를 수행할 때에 특별히 요구되는 행동 기준이다. 전문 직종인 의사, 약사, 간호사, 변호사, 회계사, 세무사,

노무사, 각종기술사, 항해사, 교사, 학자, 저널리스트 등의 경우가 많다. 그 조합을 통해 행동 규범을 정하고 동업자 상호간의 법률적 옹호에 힘쓴다. 그만큼 사회적 기대감과 도덕적 자질 등 요구되는 것도 많다. 이러한 전문 직종에 종사하는 사람들은 사실 구속적인 규범을 지니고 있다. 예컨대. 의사에게 기대되는 도덕적 자질은 우리가 자주 거론하는 인술(仁術)일 수도 있고. 교사에게 기대되는 도덕적 자질은 학생에 대한 끊임없는 관심과 애정이다. 따라서 이들 직업인에게 요구되는 자질과 윤리는 그들 개인의 행위를 제약할 수 있다. 이러한 점에서 직업윤리는 구속적인 측면에 있다. 만약, 공동체에의 사회 제약 속에서 한 직업인이 개인의 사에 따라 마음대로 행동한 다면 공동체로서 직업윤리는 의미가 없어지게 될 것이다.

일반적으로, 미래 사회의 산업은 기계나 공산품과 같은 하드웨어보다는 아이디어, 정보, 프로그램 등과 같이 눈에 보이지 않는 소프트웨어가 산업의 원천이 될 것이다. 이는 전문적인 직업의 세계에도 변화가 있을 것을 예고한다. 즉, 새롭게 생겨나는 직업으로 정보처리 서비스 전문가, 컨설턴트, 컴퓨터 전문가, 시스템 분석가 등 새로운 시대의 직업인에게는 새로운 직업윤리가 요구되는 것이다.

그런데 최근 사회적 책무성은 무시한 채 개인의 이익만 탐하거나 인터넷상의 익명성에 기초하여 사이버 범죄를 저지르는 등 반 윤리적인 문제가 많이 발생하고 있다. 그럼에도 불구하고 아직도 이런 분야에서는 직업 윤리적 측면에서 새로운 윤리 규범을 형성하지 못하고 있는 실정이다. 이는 일반적이고 전문적인 직업 영역에 비추어 보아서 시급히 해결해야할 문제이다. 왜냐하면, 윤리가 없는 인간의 삶은 혼란과 파멸을 초래할 수 있기 때문이다.

한편 다양한 직업에 공통적으로 적용되는 직업윤리의 일반성과 특수한 직업에만 적용되는 직업윤리의 특수성은 양립 가능하지만 때로는 양립 불가능한 경우도 있다. 특수한 직업의 경우 인간적 의미나 사회적 의미의 윤리를 파괴할 때도 있는데, 이는 일반적인 직업윤리와 배치된다. 예컨대 특수한 직업에 종사하는 과학자가 군사적 목적을 위해 첨단 군사 무기 실험을 했다면 이는 인명 살상을 목적으로 하는 것이다. 이러한 측면에서 본다면 어떤 특수한 직업윤리는 일반적 직업윤리와 상이할 수 있다. 이처럼 직업윤리는 일반성과 특수성을 공유하는 것이지만, 다음과 같은 몇 가지 기본 요건을 반드시 갖추어야 한다.

첫째, 직업은 사회적인 것이므로 개인의 생계 수단을 넘어서서 사회적 역할 분담으로서의 책임의식과 소명 의식이 있어야 한다.

둘째, 직업의 종류에 따라 차이가 있지만, 직업 활동에는 어느 정도의 규제와 제약이 필요하다. 이를 극복할 수 있는 가장 확실한 방법은 자발성과 자율성을 가지는 것이다.

셋째, 직업은 인간의 상호 관계, 공동체의 상호 관계의 창조와 발전에 기여해야 한다. 인간 삶의 구심이 직장이라고 할 때, 인간관계를 일을 중심으로 건전하게 하는 것이 대단히 중요한 일이다.

넷째, 직업은 국가와 사회의 번영과 발전에 관계되므로 항상 사회적 책무성을 지니고 있어야 한다.

다시 말해, 책임 의식과 소명 의식, 직업상의 규제와 제약, 상호 관계의 유지, 사회적 책무성 등은 직업인이 반드시 갖추어야 할 요건이다.[1)]

3. 직업윤리교육의 필요성

사회와 조직에서 개인이 성공할 수 있는 요소는 시대와 환경에 따라 차이가 있을 수 있겠지만 동서고금을 막론하고 성공을 위한 기본조건으로 윤리와 인성을 꼽을 수 있다. 오랜 시간에 걸쳐 자본주의라는 체제의 장단점을 체험하고 점검하면서 발전해온 서구사회와는 달리, 우리는 급속한 산업화와 정보화를 거치면서 한국 특유의 고유한 미풍양속이던 상호부조, 근면, 절제, 도덕 등의 긍정적 요인들이 가려지고, 물질숭배, 근시안적 이기주의, 배금주의 등 사회의 부정적 요인들이 전면에 나타나고 있다.

이로 인해 파생되는 부정적인 현상과 비도덕적 행위들이 사회문제로 대두되면서 문제의 심각성을 표면화시키고 있다. 일례로 세계적인 수준을 자랑하는 정보통신 환경에서 불법유해 정보의 무분별한 유통이나 음란·폭력 사이트를 비롯한 불건전한 커뮤니티, 악플과 같은 사이버 폭력 및 스팸 메일 등의 인터넷 역기능들이

---

1) http://www.lee7886.com.ne.kr.

다른 선진국보다 심각한 사회문제로 대두되고 있다. 또한 자신의 직업에 대한 윤리의식 결여로 나타나는 개인의 사명감 부족이나 의욕상실 등은 개인뿐 아니라 전반적인 조직의 경쟁력을 약화시키는 주요한 요인으로 작용하고 있다. 이러한 부정적 요인들은 사회전반의 도덕성 약화와 불신풍조를 야기 시켜 국가 전체의 경쟁력 저하를 가져오고 급기야는 국가의 선진화에 큰 걸림돌이 되고 있다.

국제사회에서 인정받는 당당한 인재나 기업 그리고 선진국가가 되기 위해서는 윤리와 인성훈련을 바탕으로 한 직업윤리교육이 그 어느 때보다 시급하다고 할 수 있다. 숨 가쁘게 진행된 산업·정보화의 과정에서 노출된 윤리적 사회문제의 역기능을 제거하고 글로벌 시대에 맞는 새로운 가치관을 정립해야 할 과제를 안고 있는 것이다. 이러한 문제의식에 따라 국내에서도 윤리와 인성이 성공을 위한 중요한 기반이라는 인식이 점차 확산되고 있다. 예컨대 개인이나 기업 활동에 있어 윤리적인 의사결정이 중요하게 부각되고, 사회시민 또는 기업으로서 사회적 역할과 책임을 중시하는 윤리의식과 윤리경영의 중요성이 기업을 중심으로 강조되고 있으며, 국가나 기업의 사회적 책임증대와 투명성의 제고로 윤리에 대한 중요성이 확산되고 있다. 조직이나 개인의 비윤리적 활동은 개인이나 기업의 성패를 결정하는 중요한 기준이 될 수 있으므로 적극적인 윤리적 사고, 정당한 경제 활동과 사회공헌, 환경보호 등 시민으로서의 사회적 책임과 역할을 다하는 인재 그리고 기업만이 성공할 수 있다. 글로벌 시대에 선 우리사회도 개인이나 기업 모두가 성공의 결실을 거두기 위해서는 사회적 책임과 역할이 중요한 요인이 된 것이다. 이를 위해서는 무엇보다 사회를 구성하는 개인의 인성과 윤리가 투명해야 하며, 이것이 신뢰받는 사회를 만들어 가는 기본적인 요소가 되기 때문에 이에 대한 교육적 기반과 사회분위기가 형성되어야 한다.

유아교육에서부터 인성 윤리교육을 실시하는 것도 중요하지만, 직업윤리교육 또한 못지않게 중요하다. 지금까지 대학에서는 전문적인 전공교육이나 기술교육에 많은 노력을 기울여 왔다. 그러나 사회에서 신뢰받는 전문인을 양성하기 위해서는 대학에서 전문 지식을 가르침과 동시에 인성 윤리를 바탕으로 한 직업윤리교육을 함께 교육하고 체험할 수 있도록 해야 할 것이다. 이는 선진 사회인으로 나아가기 위해 시민윤리, 봉사윤리와 함께 전문 직업인으로서 갖추어야할 직업윤리에 대한 투철한 정신을 습득해야 하기 때문이다. 이미 국내외 많은 조직이나 언론에서도 성공하는 인재의 가장 큰 덕목으로 직업에 임하는 자세와 윤리의식을 제시하고 있다. 전문적인 지식을 교육하는 대학에서 보다 신뢰받는 인재를 양성하기 위하여 전문가의 직업윤리에 대한 교육이 절실히 필요한 시점이다.[2]

4. 탐정의 직업윤리

탐정은 기본적으로 의뢰인의 필요 정보를 수집, 제공하면서 사적인 비밀을 지켜 주어야만 하는 직업이지만 업무 현장에서 내, 외부로부터의 부정, 유혹에 직면하게 되기 때문에 다른 직업보다 더 많은 사명감과 책임감, 도덕성 등의 윤리의식이 요구된다. 탐정의 윤리행동은 법률적 규정에 의한 강제 제재와 협회 차원의 윤리강령에 의한 자율적 준수를 강조하고 있는데, 탐정의 윤리규정은 각 국가마다 조금씩은 차이가 있지만 관련 법규를 준수해야 한다는 점 외에 다음과 같은 공통점을 내포하고 있다. 첫째, 사건의 수입에 있어 불법적이거나 비윤리적 사건, 혹은 고객사의 이익과 상반되는 사건을 수임하지 못하도록 규정하고 있다. 탐정의 조사업무는 사실 매우 다양하고 광범위하기 때문에 의뢰인으로부터 사건의뢰계약 전 충분하고도 명확한 상담을 통해 의뢰업무가 명확하게 어떤 것인지 확인해야 하며 그 임무수행에 있어서 불법적인 요소나 비윤리적 요소가 있다면 사건수임을 거절해야 한다.

둘째, 업무 수행과정에서 취득한 정보에 대한 비밀준수이다. 기본적으로 고객과 탐정은 서로에 대한 신뢰를 바탕으로 계약관계가 유지되기 때문에 고객은 탐정으로부터 자신이 원하는 정보를 얻을 수 있음과 동시에 정보의 비밀이 준수되기를 요구하고 있다.

셋째, 업무와 의뢰요금에 대하여 계약 전 명확한 범위설정 및 설명으로 추후 발생 될 수 있는 비용시비에 대해 사전에 방지하여야 한다.

넷째, 윤리규정 위반자에 대한 통보의무이다. 탐정의 사회적 인식과 자질향상을

2) 김병일, [디지털타임스 2006.02.17 04:05:07] http://myclass.pe.kr/html

위해 비록 동료라 할지라도 규정이나 법규, 윤리 위반 행위를 한 회원에 대해서는 협회 혹은 감독기관에 통보할 것을 의무로 하고 있어 직업적으로 매우 높은 윤리의식과 그 실천을 요구하고 있다.

5. 외국의 탐정 윤리강령

주요 외국의 탐정협회 윤리규정을 소개하면 다음과 같다.

1) 미국

미국은 각 주별로 탐정관련 법규에 윤리규정을 포함시킨 경우도 있고, 각 협회에서 별도로 탐정윤리규정을 제정하여 회원들로 하여금 업무지침으로 준수토록 하고 있다.

(1) Maine주 탐정 윤리규정

① 연방 및 주의 법에 명시 된 시민의 권리를 침해할 수 없으며, 관련법과 개인보호 법령에 대해 적용되는 연방법, 법령, 지시 등의 모든 법규에 대해 숙비 및 준수하여야 한다.

② 조사에 근거한 사실과 이에 근거한 보고만을 하여야 하며, 기만행위를 하여서는 안 된다.

③ 고객의 동의없이 조사과정에서 수집한 정보를 배포해서는 안 된다.

④ 의뢰인의 이득을 침해하지 않는 범위 내에서 효용성확대를 위해 전문가들과 협력할 수 있다.

⑤ 여건이 허락되면 사회정의를 위한 탐정의 역할과 Maine주에서의 탐정은 법집행기관으로부터 특별한 권한을 받은 사람이 아니라는 것을 일반인들에게 알려야 한다. 또한 매사에 정직하고 공정해야 하며, 규정을 위반한 회원에 대해서는 협회에 통보하여야 한다.

(2) Texas주 탐정윤리규정

① Texas주 탐정으로서 전문가가 되어야 하며 성실하고 정직해야 한다.
② 의뢰인에게 업무의 내용과 보고, 비용 및 청구요금 등에 대해 상세히 설명하여야 한다.
③ 업무는 관련 법률과 윤리규정 내에서 수행하여야 하며 법규위반이나 비윤리적 행위에 대해서는 의뢰인에게 알림과 동시에 관련기관의 요구 시 법집행기관과 정부기관에 협조한다.
④ 탐정으로서 직업적 연구와 노력을 계속하여야 한다.
⑤ 탐정협회의 회원으로서 협회의 목적과 목표, 방침을 충실히 따라야 한다.

(3) Connecticut주 탐정 윤리규정

① 취득한 정보를 누설하거나 부적절한 공개를 하지 않아야 하며 고객들에게 정직, 성실, 신뢰 및 전문적인 태도를 유지한다.
② 모든 조사는 진실과 정직을 기초로 하며 매너를 지켜야 한다. 직원 채용 시 최선의 노력을 다하여야 하며 적절한 보험에 가입하여야 한다.
③ 연방정부와 주정부의 관련 규정 및 지식을 습득하고 준수하여야 한다.
④ 탐정업을 수행하면서 비윤리적이거나 부적절한 사업을 하지 않는다.
⑤ 윤리규정을 준수하지 않은 회원에 대해 협회에 제보하여야 한다.

(4) Tennessee주 탐정 윤리규정

① 법규와 규정을 준수하며, 타인에게 해를 끼치지 않는다.
② 교육, 훈련, 경험에 대해 정확히 설명한다.
③ 보고서는 개인적 감정이나 편견을 배제하고 진실과 사실에 근거하여 정확하게 작성한다.
④ 자신의 의뢰인, 직원, 협회에 충실하며 회원 간의 모함은 하지 않도록 한다.
⑤ 개인적인 이해관계가 있는 사건에 대해서는 수임하지 않는다.
⑥ 임무와 비용에 관한 것은 고객에게 상세히 설명하고 적절하게 수행한다.

⑦ 다른 회원의 명성, 경험, 경력 등에 대해서 비판하지 않는다. 그러나 비윤리적, 불법적인 업무수행을 하는 회원에 대해서는 협회에 신고하도록 한다.[3)]

(5) Pennsylvania주 탐정협회 윤리강령

탐정 서비스 분야에서 윤리적인 행위의 높은 원칙들을 준수해야한다. 또한 탐정들은 항상 그들이 상대하는 모든 의뢰인들에게 언제든지 정직하고, 올바르고. 공정하고, 정중한 가장 높은 기준으로 대하여야 한다. 회원들은 그들의 업무 수행 시 이러한 높은 수준의 윤리적인 행동을 지속해야 한다.

① 회원은 재판 시 그들의 업무 역할을 적절한 시기에 일반에게 설명한다.

② 회원은 서로 오도하거나 남을 속이는 태도를 나타내서는 안 된다.
회원은 다른 탐정 및 전문가들에게도 서로 정직해야 하며, 어느 때라도 다른 탐정의 직업적 명성을 손상시키거나 해를 입혀서는 안 된다. 탐정업무 수행 시 비윤리적, 불법, 또는 불공정한 책임이 있을 경우 그 정보 및 사실은 윤리위원회에 문서로 통보될 것이다.

③ 회원은 사적 혹은 영업상 이해관계가 충돌할 경우 업무 수락을 자제해야 한다. 고객은 공정하고 정당한 대우를 받아야 한다.

④ 탐정은 각자 의뢰받은 업무는 물론, 요금(수수료)에 대한 명확한 근거와 탐정의 의무에 대해 해당 의뢰인에게 설명해야 한다. 회원은 그들의 조사의 업무상 교섭과 그들의 고객과 입수된 정보에 대해서 비밀을 지켜야 한다.

⑤ 회원은 업무상 유혹이 있더라도 다른 탐정과 불법적으로 경쟁해서는 안 되며, 업무상 유혹이 있을 때 마다 윤리적 매너로 자신을 지켜야 한다.

⑥ 회원은 직업상 품위와 명예를 불신시키거나 손상시키는 행위를 피해야 한다. 회원은 업무 수행과 직업 자체를 규율하는 어떤 법률도 위반해서는 안 된다. 미 연방 헌법이나 각 주의 헌법에서 보장하고 있는 시민의 권리와 권리를 침범해서는 안 된다.

⑦ 회원은 모든 진실과 사실에 기초하여 보고해야 하며, 그에 기초하여 정직

3) 정일석, "민간경비 영역확장을 위한 민간조사제도 도입방안", 용인대학교 대학원 박사 학위논문, 2008, pp.123-124.

한 의견을 표현해야 한다. 고객을 위한 조사업무 시 획득된 결과에 대해 사실적, 진실적인 발표를 방해하는 사적인 느낌이나 편견이 있어서는 안 된다.

⑧ 회원은 고품질의 서비스를 고객이 받을 수 있도록 기술적인 능력을 유지시켜야 한다. 회원은 가능한 한 기술적인 능력이 향상되고 유지될 수 있도록 항상 전문적 성장과 훈련기회를 이용하여야 한다.

⑨ 회원은 탐정 직업의 높은 표준인 PALI(펜실베니아 탐정협회)의 지침을 지원해야 한다. 회원의 의무는 가장 우수한 수준에서 수행되어야 한다.

(6) Pinkerton사의 탐정 행동윤리강령

① 불법적인 활동에 관계하지 않을 것.

② 정보 수집을 위해 비윤리적이거나 회사의 명성에 해를 끼칠 수 있는 사건에 관여하지 않을 것.

③ 타인을 모함에 빠뜨리거나 범죄행위를 하도록 하지 않을 것

④ 고의적으로 또 다른 고객의 불이익을 위해 업무를 수행하지 않을 것.

⑤ 의뢰업무 성공에 대해 보증하거나 또는 성공에 대한 조건으로 사례금을 받지 않을 것.

⑥ 보상 또는 선물을 받거나 또는 그러한 행동을 한 직원을 묵인하지 않을 것.

⑦ 범죄행동을 한 피고인의 이익에 관련 된 업무를 하지 않을 것.

⑧ 중죄인과 타협하거나 또는 절취된 재산의 반환을 위해 타협하거나 적법절차 없이 재산을 강탈하지 않을 것.

⑨ 은밀하고 불법적인 방법으로 설계, 기록, 고객명단 또는 사적인 사업정보를 획득하지 않을 것.

⑩ 자기보험과 보험회사를 상대로 불법적 이익을 얻고자 하는 자들을 위해 대리하거나 업무수행하지 않을 것.

⑪ 배심원을 미행하거나 공무원의 직무수행에 관한 일을 조사하지 않을 것.

⑫ 범죄사건을 제외한 여성의 행동이나 품행조사를 하지 않을 것.

⑬ 이혼소송에 이용하기 위한 정보나 증거를 획득하지 않을 것.

⑭ 도청이나 금전수금업무에 관여하지 않을 것.

2) 영국 탐정협회 윤리규정

영국탐정협회(ABI : The Association of British Investigators)에서는 윤리규정을 작성하여 영국탐정협회 및 탐정업계의 명예를 손상시키는 행위를 한 탐정을 제명처분하고 있는데 영국탐정협회의 윤리규정의 내용을 살펴보면 다음과 같다.

① 최상의 도덕적 원칙에 따른 직업적 의무를 수행하며, 탐정개인의 직업과 영국 탐정협회에 비난을 초래하는 잘못을 결코 하지 않는다.
② 조사를 수행하기 위해서는 의뢰인들의 증명서, 도덕성, 합법성을 검증한다.
③ 의뢰인의 비밀과 합법적인 일은 존경한다.
④ 부주의로 인한 개인정보의 누설로 인한 보호와 비밀보호에 대해 확실히 보증한다.
⑤ 탐정업무를 조력하는 고용인 및 그 밖의 관련자에게도 윤리규정을 고수하며, 그에 따른 책임을 인정하도록 한다.
⑥ 적법성, 도덕성, 직업적 윤리성의 범위 안에서 모든 조사를 수행한다.
⑦ 가장 숙달된 능력과 전문성을 유지함으로써 의뢰인을 존경하고, 유리하거나 불하더라도 조사과정에서 확인된 일은 모두 의뢰인에게 보고하며, 불법적, 비윤리적인 일로 의뢰한 계약은 응하지 않는다.
⑧ 탐정협회의 가장 높은 직업적 목표의 성취에 대한 본 협회의 모든 회원과 함께 일하며, 진실, 정확, 신중함의 교훈을 준수한다.

3) 호주 빅토리아주의 탐정협회 윤리강령

① 오스트레일리아의 법에 따라 윤리와 전문성의 최고 기준을 고수하는 방식으로 모든 전문 임무를 수행한다.
② 윤리와 전문성 및 고객 서비스의 최고 기준을 장려한다.
③ 요구된 신분증과 법이 요구하는 인가를 가진 사설탐정의 자격 범위 내에서만 활동한다.
④ 긍지와 존경을 나타내는 업무기준을 장려, 보호 및 유지하고 탐정산업의 건전한 대외적 지위증진에 노력한다.

⑤ 탐정의 서비스와 정보에서 고객의 사생활과 비밀을 보호한다.
⑥ 모든 고객, 피고용인과 사업에 관련된 정보는 불법적 접근, 누설 및 악화에 대하여 보호된다는 점을 확신시켜야 한다.
⑦ 탐정의 직업과 직접적으로 관련되어 있고 그 직업에 종사하기 위해 직접적으로 요구되는 고객정보만을 받아들이고 검토한다.
⑧ 모든 피고용인과 기타 관련자들은 이 윤리강령을 고수하여 조사활동을 보조하며, 책임을 받아들여야 하며 그렇지 않을 경우 그에 상응하는 고소 조치를 취한다.
⑨ 항상 정직·공평·성실에 기초한 행동을 하며, 모든 조사업무의 수행 및 종결 시 최고의 고객서비스를 기준으로 한다.

4) 일본 탐정협회 윤리규정과 자주(自主)규제

(1) 윤리규정

① 책임자각(職責自覚)

업무의 사회적 사명을 자각하고 직무를 성실, 공정하게 행함과 동시에 국민생활에 기여하는 마음을 가져야 한다.

② 신의성실(信義誠実)

조사는 성실, 정확하게 수행하고, 요금은 적정하게 함으로서 탐정업자로서의 신의를 중히 여겨야 한다.

③ 법령준수(法令遵守)

업무수행 시 항상 법령을 준수함과 동시에 사회적 상식에서 벗어나는 일을 하지 않도록 한다.

④ 인권존중(人權尊重)

회원은 항상 인권을 존중하고, 타인의 명예나 권익을 침해하거나 차별을 위한 조사를 행해서는 안 된다.

⑤ 비밀보호유지(秘密保持)

업무상 알게 된 비밀을 함부로 타인에게 누설하거나 발표해서는 안 된다.

⑥ 자기개발(自己硏鑽)

탐정회원은 항상 인격을 함양하고, 업무지식 및 기능의 향상을 위해 노력하여야 한다.

⑦ 융화협조(融和協調)

탐정회원들은 서로 융화협조를 기하고, 단결하여 탐정업계의 발전에 노력하여야 한다.

(2) 자주규제(自主規制)

① 기본적 인권에 관계된 조사의뢰는 절대로 수임하지 않는다.
② 이혼준비를 위한 조사에 관해서는 하지 않는다.
③ 전화번호만으로 가입자의 주소나 이름을 조사하거나 부정수법에 의한 정보수집은 절대 하지 않는다.
④ 모든 범죄경력에 대해서는 소문 등의 부정수법에 의한 정보수집은 절대 하지 않는다.
⑤ 채무사실 조사 시 금융기관 등에서 부정한 방법으로 정보 수집을 하지 않는다.
⑥ 조사결과에 대해 확대하거나 허위보고는 절대 하지 않는다.
⑦ 기타, 부적정한 광고게재나 비합법적인 영업활동 및 조사는 절대 하지 않는다.

제 10 장

증거수집과 현장보존 요령

1. 현장 보존의 중요성과 범위
2. 현장보존 요령
3. 범죄현장 감식 및 관찰

제10장 증거수집과 현장보존 요령 (Collection of evidence and preservation of the scene)

우리 사회에서 발생하고 있는 절도사건, 방화에 의한 보험조사, 사기, 교통사고, 테러행위, 폭탄위협, 요인경호에 대한 위협, 호텔이나 대학 등 시설물 침입, 폭력적인 노동쟁의, 배상 등의 모든 유형의 정보수집과 사실 확인 등 사건조사에 있어서 범죄현장 보호와 증거의 보존은 필수적이다. 이것은 경찰관에게는 당연히 필수적이지만 이때 요구되는 기술과 능력은 PI(Private Investigator, 탐정)에게도 같은 방법으로 적용될 수 있다. 따라서 이 장에서는 경찰관의 증거와 현장보존을 위한 기술과 포괄적인 방법에 대해 살펴본다.

1. 현장 보존의 중요성과 범위

중요사건 발생 시 피해자, 신고인 등 사건 관계자, 기자, 일반인은 물론이고 임장 경찰관의 부주의로 현장이 인위적으로 파괴되어 현장채증활동 및 감식 등 사건 수사에 막대한 지장을 초래하는 경우가 많으므로 현장보존은 현장의 파괴, 멸실, 변경 등의 방지를 위해 절대적으로 필요한 것이다.

범죄수사규칙 제85조 "경찰관은 범죄를 실행한 지점뿐만 아니라 널리 현장보존의 범위를 정하여 수사 자료의 발견에 대처하도록 하여야한다."고 규정하고 있다. 현장에서의 물품은 단지 범죄가 행하여진 지점 만에 한정되지 않고 범죄현장으로부터 상당히 떨어진 장소에서 범인에 관한 유력한 물적 증거가 발견되는 경우도 적지 않다. 따라서 현장보존의 범위를 정함에 있어서는 후에 그 범위를 너무 좁게 잡았기 때문에 증거자료가 발견되지 않았다고 하는 일이 없도록 하지 않으면 안 된다. 그러면 구체적으로 어느 정도의 범위로 하면 좋을 것인가? 이에 대하여는 구체적 사건이 각각 현장의 상태를 달리할 뿐만 아니라 범죄의 양상도 다르기 때문에 미리 현장의 중심으로부터 몇 미터라고 획일적으로 정할 수는 없다. 결국 일반적으로는 '되도록 멀리'라고 할 수 밖에 없고 구체적 사건의 현장에 임할 경우에는 범죄 및 현장의 상태 그리고 인원, 장비 등을 참작하여 되도록 넓게 보존하면 된다. 그리고 후에 그렇게 넓게 할 필요가 없다고 판단되면 그때 가서 범위를 축소하는 편이 처음부터 좁게 정하는 것보다 좋다. 보존하여야 할 범위를 정하면 곧 '출입금지' 또는 '촉수금지' 등의 표시를 하는 동시에 줄을 치거나 표찰 등을 달아 현장의 출입을 제한하여야 한다.

이것은 가족 기타 부득이한 사정이 있는 자를 제외하고는 제3자가 함부로 현장에 출입하지 않도록 하기 위한 것이지만 동시에 가족과 기타 현장에 출입하는 사람이라도 현장에 있는 물건의 위치 또는 상태를 변경하거나 함부로 손을 대는 일이 없도록 미리 그들에게 주의를 시켜야 하며 동시에 개, 고양이 등과 같은 가축의 출입도 막아야 한다.

2. 현장보존 요령

1) 현장보존 전 조치

(1) 현장 도착까지의 현장보존 조치의뢰

사건 발생신고를 수리하였을 때에는 피해자, 신고인 등 관계자에게 현장을 파괴하는 일이 없도록 전화, 기타 방법으로 현장 보존에 필요한 사항을 의뢰한다.

(2) 현장보존 기구 등의 휴대확인

현장의 철저한 증거 수집을 확보하고 사실 확인을 위해선 현장 임장 시에는 현장보존에 필요한 장갑, 구두커버, 조명기구, 로프, 출입금지 표찰 등의 현장보존용 기구, 채증 기구의 휴대를 확인한 뒤 임장한다. 이에 필요한 도구를 정리하면 다음의 〈표 10-1〉의 내용과 같다[1].

〈표 10-1〉 현장보존 활동 시 필요 도구

쌍안경	분무기	담요
스탬프	붓	철제줄자
휴대용 확성기	면봉	밧줄
주사기	체인	꼬리표
분필	녹음기	점검표
모형	절단기	온도계
금속용 가위	조명탄 혹은 도화선	구급상자
투관 조명등	소형 무선전화기	수건
튜브	드라이버	구운석고
필기자	진공청소기	핀셋
밀랍	압설자	밑그림 양식
스펀지, 살균거즈	렌치(너트를 죄는 스페너)	철사
비닐장갑	구두커버	출입금지 표찰 등

(3) 장갑, 구두커버의 착용

현장에 도착한 현장 임장자(臨場者는) 자신의 지문, 발자국을 남기지 않도록 장갑 및 구두커버 등 필요한 장구를 확실히 착용한다.

2) 현장보존

현장보존이 잘못된 경우는 대부분 출입제한 조치가 소홀했기 때문이다.

피해자 및 그 가족이라 할지라도 부득이한 경우 외에는 출입을 제한하고 출입을 하는 경우라도 현장에 있는 물건의 위치나, 형상을 변경하거나 함부로 손을 대는 일이 없도록 사전에 주의를 환기시켜 두어야 한다.

아울러, 경찰관 자신의 부주의로 현장을 변경. 파괴하여 사건의 판단을 잘못하게 되는 경우도 가끔 생기므로 주의를 해야 한다. 또한 출입제한은 사람뿐만 아니라 옥내, 옥외를 막론하고 개, 고양이, 닭, 소 등 가축은 물론, 가능하면 쥐의 왕래까지도 막아야 한다.

---

1) 임준태·이동영, 탐정학개론, 도서출판 좋은세상, 2003, p.109.

(1) 출입제한 조치

- 보존용 줄을 쳐서 통행을 차단
- 보존용 줄에 "출입금지" 표찰이나 적색등을 단다.
- "촉수금지", "주의" 등의 표찰을 비치
- 정복 직원의 배치
- 현장 보존용구는 지서, 파출소, 형사기동차량 등에 항시 비치하고 손질을 하여 필요시 언제든지 사용할 수 있도록 준비해야 한다.

(2) 현장보존 중 현장출입

출입제한 조치가 완전하게 이루어지면 현장의 변경, 파괴를 막을 수 있다. 수사상 필요에 의해 부득이 현장을 출입할 때에는 경찰관자신이 족적을 무의식중에 남기거나, 범인의 족적을 밟거나 범인의 지문을 멸실하는 경우가 생기지 않도록 동작에 세심한 주의를 해야 한다.

3) 피해자의 구호조치

(1) 피해자의 사망여부 확인

현장에 제일먼저 도착한 경찰관은 우선 인명피해상황을 확인하고 구호를 요하는 피해자가 있으면 신속히 구호조치를 해야 하고, 피해자가 이미 사망하였으면 그대로 현장보존을 하여 정확한 현장 감식 및 관찰을 할 수 있도록 한다.

(2) 현장상황의 확인

피해자를 옮기거나 의사로 하여금 진료하게 할 때에는 현장이 변경되기 때문에 원상태를 확실히 해둘 필요가 있다.

- 변경전의 상태와 변경후의 상태를 사진 촬영한다.
- 장의 필요한 부분에 표식을 한다.
- 면을 작성한다.
- 필요한 사항을 자세히 기록한다.

(3) 피해자 등으로부터 필요한 사항청취

피해자가 말을 할 수 있고, 들을 수 있는 경우에는 가능한 한 신속히 제3자를 참여시키고 범인, 범행원인, 피해자의 주소, 성명, 보호자나 목격자 등을 확인, 기록해 둔다.

4) 원상태로 보존

범죄수사규칙 제84조 "현장의 보존에 있어서는 되도록 현장을 범행 당시의 상황 그대로 보존하여 현장에 있어서의 수사가 정확하게 행하여지도록 하여야 한다." "부상자의 구호, 증거물의 변질과 산일의 예방 등 특히 부득이한 사정이 있는 경우를 제외하고는 경찰관일지라도 함부로 현장에 들어가서는 아니 된다."고 규정하고 있다. 피해자나 발견자로부터 물증에 의해 신고를 할 때에는 반드시 들어가지 말 것과 보존조치를 할 것을 일러 주어야한다. 현장보존에 있어서는 산란상태, 사체의 상태, 가구의 위치, 창문의 개폐 등 될 수 있는 한 범행당시의 상황 그대로 보존하여 현장수사가 정확하게 행하여지도록 노력해야 한다.

5) 자료의 변질, 파괴 방지조치

현장에 존재하는 혈흔, 토사물, 배설물, 족적, 차량적 등은 사람이 손을 대거나 밟지 않도록 하는 것만으로는 부족하고 이런 것들은 광선, 열, 강설, 우수, 바람 등에 의해서 변질, 변형 또는 멸실될 우려가 있기 때문에 세수 대야, 그릇, 텐트, 우산 등 적당한 덮개로 덮어두어 그 원상을 보존하도록 힘써야 한다. 또한 경우에 따라서는 속히 사진을 촬영하는 등의 조치를 필요로 하는 경우도 있다.

6) 현장보존을 할 수 없을 때의 조치

부상자의 구호 기타 부득이한 사정으로 부득이 현장을 변경할 필요가 있을 때 또는 증거물, 수사자료 등을 원상태로 보존할 수 없을 때에는 원상을 명백히 하기 위하여 다음과 같은 조치를 취하여야 한다.

① 변경 전에 사진을 촬영할 것

② 현장을 분필로 표시하여 나중에 도면을 작성하여 기록할 것
③ 수첩에 변경된 상황을 기록해 둘 것
④ 이상의 조치는 신속히 취할 것

7) 사건 관련자의 파악

범죄현장 또는 그 근처에 있었거나 배회하는 사람과 임장 전과 임장 후에 걸쳐 현장에 출입한 자, 사체를 이동하였거나 접촉한 자 등을 조사하여 그들의 인적 사항과 이유, 피해자와의 관계 등을 명확히 해두어 참고인으로서 또는 공판의 증인으로 활용한다. 또한, 사건 관련자 중 가장 중요한 사람은 사건의 최초 발견자와 범행 또는 범인을 목격한 자이다.

8) 비밀의 유지

현장보존 중에 알게 된 범죄와 관련된 사실들은 수사상 비밀일 뿐 아니라 피해자와 관련자의 인권에도 관련되므로 비밀을 유지해야 한다.

9) 시민에 대한 자세

오늘날의 수사는 시민의 협조가 없으면 매우 어려운 상황에 처하는 경우가 있다. 현장보존 임무에 당하는 경찰관은 과도한 통제로 시민과 불편한 관계를 스스로 자초하지 말고, 현장 책임간부에게 상황을 보고하여 적절한 조치를 취함으로써 시민들로부터 적극적인 수사협조를 얻는 방안을 모색해야 한다.

10) 현장 보존 시 유의사항

① 경찰관 자신이 함부로 현장에 출입하지 말 것

부득이 출입할 일이 있다면 현장의 변경을 필요한 최소한도에 그치도록 세심한 주의를 하고 지문, 족적에 특히 유의하고 불을 피우거나 담배꽁초, 가래침, 용변 등을 삼가 할 것.

② 범인이 현장의 분위기나 수사 진전 상황을 보기위하여 현장근처에 되돌아오는 경우가 있으니 현장근처에 있는 자의 착의에 주의를 기울이고 그들의 대화에서 사건의 목격자, 현장의 상황을 아는 자 등의 발견에 힘써야 한다.

③ 현장보존에 열중하여 부상자의 구호를 소홀하거나 사자에 대하여 결례를 해서는 안 된다.

④ 사건에 관하여 함부로 누설해서는 아니 된다.

⑤ 보도 관계인의 처우에 유의 결례됨이 없도록 할 것
흉기사용 범죄 등 중요사건의 경우에는 다수의 기자와 보도 관계인의 출입에 대하여 언쟁을 하게 되는데 이때에 태도는 엄연하고 언어는 부드럽게 하여 상대자에게 시비가 되지 않도록 할 것

⑥ 사체에 가마니(거적)를 덮지 말 것
사체가 노출되어 있으므로 보기 싫다 해서 가마니(거적)를 뜯어 덮어 놓는 사례가 많이 있는바 가마니에서 떨어진 오물로 인해 현장 감식을 그르치고 현장관찰에 차질이 생기에 되니 가마니를 덮지 말고 꼭 덮어야 할 경우라면 홑이불이나 광목 , 깨끗한 치마 같은 것을 이용하여야 한다.

⑦ 현장보존에 종사한 자가 교대할 때에는 현장보존 중에 견문한 것과 보존상 유의할 것을 반드시 인계할 것

⑧ 현장 도착 시간과 현장보존 임무를 마친 시간 및 현장 감식시간과 관찰을 마친 시간의 기록

⑨ 불필요한 대화를 금지하며 현장의 전화기는 사용하지 말 것

⑩ 화장실은 채증이 완료될 때까지 사용하지 말 것

⑪ 주방 등 물이 나오는 장소는 사용하지 말 것

⑫ 현장에 있는 술잔, 컵 등을 사용하지 말아야 하며 현장에서 음식을 먹거나 마시지 말 것

⑬ 중상자를 병원에 이송 중 사망하면 시간을 기록할 것

⑭ 현장보존 직원의 교체나 관찰 직원의 교체 시는 견문한 내용, 관찰기록, 주의 사항, 진행정도 등을 인수인계할 것

⑮ 이미 보고된 내용과 다른 사항을 인지하면 즉시 추가 보고할 것

11) 현장보존 실패 예

① 택시 강도 살인사건에서 택시만 보존하여 주위의 족적을 파괴시키는 예
② 택시 강도 사건에서 피해택시를 수사관이 타고 다니며 수사하는 경우
③ 살인사건에서 사체를 불결한 가마니로 덮어놓아 현장자료의 식별을 할 수 없도록 하는 경우
④ 금고털이 도난사건에서 금고나 열쇠구멍만 보전하여 침입구나 도주로를 무시하는 경우
⑤ 강도사건에서 범인이 침입하여 뒤져놓은 방에 피해자나 관계자를 불러들여 수사하는 경우
⑥ 석유통에 있는 석유를 뿌려 신체를 태운 변사사건에서 석유통의 뚜껑을 열어보고 닫아보고 하여 지문채취를 실패하게 함으로써 자. 타살여부를 감식하지 못하도록 한 예[2)]

12) 범죄현장에서의 유의사항

수사요원은 최초 범죄현장을 접할 때 가능한 한 현장 주변상황을 머릿속에 그려가면서 행동해야 한다. 사건의 초점을 포착하기 위해 세심한 주의력으로 출입문의 손잡이, 전등의 스위치, 그리고 기타 장소에서 발견되는 증거물에 대하여 주의 깊게 관찰하지 않으면 안 된다. 사건을 해결하려는 사명감과 열의만 있다면 놓치기 쉬운 증거물들이 용의하게 눈에 들어오기 마련이다.

- 출입문이 열려 있었는가? 닫혀 있었는가? 또는 잠겨 있었는가?
- 전등이 켜 있었는가? 어느 전등이 켜 있었는가?
- 커튼은 쳐 있었는가?
- 담배, 가스, 향수냄새 등이 났는가?
- 집 내부는 청소가 되어 있었는가? 등의 사항도 세밀히 관찰해야 한다.

범죄현장은 가능한 한 변동시켜서는 안 되며, 전체 수사팀들이 도착할 때까지 변동 상황이 있어서는 안 된다. 만일 현장의 물건을 꼭 이동시켜야 할 필요성이

2) 강력범죄 발생 시 현장보존(경찰청, 1993), http://org.catholic.or.kr.

있을 때는 자신의 지문이 남지 않도록 각별히 조심해야 한다.

어떤 물건을 이동하기 전에는 그 물건이 놓여 있던 위치를 정확히 수사보고서에 기록해야 함은 물론, 분필로 그 위치를 표시하며 그림으로 그려놓고, 또 사진으로도 촬영해 놓아야 한다.

수사요원들은 범죄현장에 대한 단순한 호기심 때문에 불필요하게 서성거리거나 주변 물건들을 만지거나 흐트러뜨리는 일은 절대 삼가야 한다. 수사요원은 범죄현장의 화장실을 사용할 수도 없고, 수돗물을 틀수도 없고, 담배를 피울 수도 없다. 또한 현장에 걸려 있는 수건을 사용해서도 안 된다. 범인이 피가 묻은 손이나 흉기를 닦는 데 수건을 사용했을지도 모르기 때문이다.

때로는 피해자 가족이 범죄현장을 청소할 경우, 즉시 이를 중지시켜야 한다. 만일 청소가 끝났을 때는 청소하기 전, 현장의 본래 모습을 상세히 물어서 기록해 놓아야 한다. 흔히 쓰레기통에 버렸던 증거물이 손상되지 않은 채로 발견되는 경우도 있다. 범죄현장에 도착한 수사요원은 가능한 한 빨리 가족과 구경꾼들로부터 현장을 보호하는 방법을 강구해야 한다. 만일 범죄현장이 출입문만 잠그면 폐쇄될 수 있는 장소라면 별 문제가 없다. 그러나 범죄현장을 폐쇄할 수 없는 넓은 외부지역이라면 밧줄이나 말뚝 등을 이용, 통행인의 출입을 제한해야 한다.

대부분의 가치 있는 증거물은 범죄현장 중심부보다는 근처 통행로 등에서 흔히 발견된다는 사실을 염두에 두어야 한다. 실제 범죄현장 중심부는 수사요원이 도착하기 전에 피해자의 가족 또는 구경꾼들에 의해 훼손되기 쉽기 때문에 여기에서 수사의 단서를 찾기란 어려운 일이기 때문이다. 넓은 외부 지역의 범죄현장을 보존할 때는 믿을 만하고 책임감이 강한 지역 주민의 도움을 얻는 것도 중요한 일이다.

수사요원들은 범죄현장에 대한 단순한 호기심 때문에 불필요하게 서성거리거나 주변 물건들을 만지거나 흐트러뜨리는 일은 절대 삼가야 한다. 수사요원은 범죄현장의 화장실을 사용할 수도 없고, 수돗물을 틀수도 없고, 담배를 피울 수도 없다. 또한 현장에 걸려 있는 수건을 사용해서도 안 된다. 범인이 피가 묻은 손이나 흉기를 닦는 데 수건을 사용했을지도 모르기 때문이다.

때로는 피해자 가족이 범죄현장을 청소할 경우, 즉시 이를 중지시켜야 한다. 만일 청소가 끝났을 때는 청소하기 전, 현장의 본래 모습을 상세히 물어서 기록해 놓아야 한다. 흔히 쓰레기통에 버렸던 증거물이 손상되지 않은 채로 발견되는 경우도 있다. 범죄현장에 도착한 수사요원은 가능한 한 빨리 가족과 구경꾼들로부터 현장을 보호하는 방법을 강구해야 한다. 만일 범죄현장이 출입문만 잠그면 폐쇄될 수 있는 장소라면 별 문제가 없다. 그러나 범죄현장을 폐쇄할 수 없는 넓은 외부지역이라면 밧줄이나 말뚝 등을 이용, 통행인의 출입을 제한해야 한다.

대부분의 가치 있는 증거물은 범죄현장 중심부보다는 근처 통행로 등에서 흔히 발견된다는 사실을 염두에 두어야 한다. 실제 범죄현장 중심부는 수사요원이 도착하기 전에 피해자의 가족 또는 구경꾼들에 의해 훼손되기 쉽기 때문에 여기에서 수사의 단서를 찾기란 어려운 일이기 때문이다. 넓은 외부 지역의 범죄현장을 보존할 때는 믿을 만하고 책임감이 강한 지역 주민의 도움을 얻는 것도 중요한 일이다.

범죄현장에 상해자가 있을 경우, 현장의 어떤 수사의 단서가 불가피하게 훼손되더라도 무엇보다 상해자의 생명을 먼저 구하는 것이 급선무이다. 인간의 고귀한 생명을 구하는 일은 최우선으로 행해야 하며, 물론 이를 통해 차후 모든 범죄 상황들을 상세히 알아낼 수도 있다. 경상의 상해자라면 수사요원은 상해자가 있던 위치 등을 간단히 스케치하거나, 표시하는 등 머릿속에 잘 기억해 두는 일이 중요하다.

상해자가 누워 있었는지, 앉아 있었는지, 또는 손과 팔 그리고 다리의 위치와 모양은 어떠했는지, 옷의 상태는 어떠했는지를 잘 관찰해 기록해야 한다. 또한 상해자의 손에 무엇을 쥐고 있었는지, 주의 깊게 관찰하는 일도 대단히 중요하다.

구급차가 도착해 의료 종사자가 현장에 왔을 때는 현장을 가능한 한 손상시키지 않는 방향에서 친절히 안내해 주어야 한다. 의료 종사자가 상해자를 운반할 때는 현장에 어떤 물건이 변동되는지를 수사요원이 주의 깊게 관찰하는 것은 필수적이다. 그 다음 상해자를 구급차에 태워 이동시킬 경우에는 수사요원은 그 상해자를 따라 함께 동행하는 것이 바람직하다. 왜냐하면 범죄해결에 귀중한 열쇠가 되는 상해자가 지껄이는 말, 절규, 때로는 죽어가면서 무엇인가 가까스로 남기는 말을 들어 포착할 수 있는 절호의 기회가 되기 때문이다.

또한 수사요원은 피해자의 의복에 대한 올바른 처리와 관리까지 도맡아야 한다. 대부분 병원 또는 안치소(시체의 경우)에 피해자의 의류를 수거할 목적으로 들어갔을 때, 그 옷은 이미 태워버렸거나 또는 시체로부터 찢어서 벗기고 절단하여 쓸모없는 헝겊 뭉치로 뭉쳐버리는 경우가 많기 때문이다. 사건의 상황에 따라서는 피해자의 옷이라도 사건의 실마리를 풀 수 있는 증거물이 될 수 있기 때문에 함부로 의류를 버리는 것은 방지해야 된다.

만일 범죄현장에 사망자가 있을 때 최초 도착한 수사요원은 우선 시체의 상태를 관찰하는 것이 최우선이다.

즉 사망은 틀림없는가? 시체에서 어떤 냄새가 나는가? 시체의 색깔은? 그리고 부패가 되었는가? 등을 관찰하고 나중에 전문적인 부검의의 더욱더 세밀한 검사가 끝날 때까지는 시체를 만지거나 이동시켜서는 안 된다.

최초 범죄현장에 도착한 수사요원은 때때로 현장에서 용의점이 있는 수상한 사람을 검거해야 할 필요도 있다. 이럴 때에 가장 먼저 지켜야 할 중요한 임무는 범죄현장의 보호 목적에서라도 수단과 방법을 총동원해야 한다. 부득이한 경우, 몇몇 믿을 만한 이웃사람에게 수사요원 모두가 도착할 때까지 범죄현장의 보호를 위한 임무를 부탁할 수도 있다. 이때는 반드시 그 사람들에게 현장보존을 위한 간단한 기술과 방법을 친절히 가르쳐 줄 것을 잊지 말아야 한다.

수사요원은 계속 용의자를 추적 관찰하면서 가능한 한 신속하게 범죄현장으로부터 용의자를 분리 보호해야 한다. 용의자가 새로운 수단을 준비할 기회나 범죄현장의 상세한 상황에 대해 관찰할 기회를 갖지 못하도록 감시해야 한다.

최초 범죄현장에 도착한 수사요원은 모든 수사요원들이 도착할 때까지 다음 사항을 준수해야 한다.

첫째, 범죄현장에 들어간 사람들이 누구인지 목격자들을 모두 기록해 놓는다. 이 정보는 차후에 지문의 분류와 범죄현장에서의 단서를 찾아내는 데 중요하다.

둘째, 최초로 도착한 수사요원은 현장에서 자신이 처음으로 목격한 사람이 누구인지를 각별히 주목해야 한다. 범죄사건의 발생 시각이 조금 전이라면 사건 해결에 매우 중요한 단서가 될 수도 있다.

셋째, 어느 장소라도 가능하다면 용의자와 목격자는 분리 보호해야 한다. 만일 용의자와 목격자간에 서로 이야기할 기회가 허용된다면 차후 수사상 의문점을 파악하는 데 큰 장애가 되기도 한다. 또한 피해자 가족들은 이웃집의 도움을 받아 보호받도록 해야 하며, 음료수 또는 필요시 진정제를 복용시켜 보호해야 한다. 극단적으로 비탄에 빠진 친지를 특별히 주목해야 하는 것을 잊지 말아야 한다.

넷째, 사건의 진실이 다만 암시에 의해 왜곡되는 것을 방지해야 한다. 목격자는 사건에 대한 이야기를 함부로 지껄이지 못하도록 분리 보호해야 한다.

다섯째, 목격자 또는 구경꾼들은 범죄 상황을 서로 이야기하지 못하도록 막아야 한다. 이것 또한 사건 상황의 잘못된 암시와 왜곡을 방지하는데 중요하다. 또한 범죄사건의 세세한 상황을 방송으로 보도하는 것도 수사를 방해하는 요소가 된다.

여섯째, 유능한 수사요원은 흔히 수사과정 중 매우 중요한 정보를 포착한다. 수사요원들은 항상 모든 수사정보를 주의 깊게 겸손하게 경청해야 한다.

일곱째, 손상 위험성이 있는 증거물을 보호해야 한다. 비 또는 눈이 내리는 동안에는 물의 흐름을 바꾸거나, 마분지, 널빤지 등으로 덮어서 현장증거를 보호해야 한다. 구경꾼들이 많이 몰려와 증거물이 밟혀서 훼손되는 것을 막기 위해서는 보호할 지역을 더욱 넓힐 필요가 있다.

수사요원들이 범죄현장을 보호하는 임무를 수행하는 데는 수사책임자의 명령에 따라 행동하는 것이 바람직하다. 또한 수사 책임자의 허락 없이는 범죄현장에 그 어누 누구도 접근할 수 없으며, 다른 수사팀 또는 상급자라도 마찬가지이다. 만일 현장 접근이 허락된 상급자 또는 기타 관계자들은 반드시 주머니에 양손을 넣고 행동할 것을 주지시켜야 한다. 부주의하여 무의식적으로 자신들의 손으로 범죄현장의 물체를 만지는 것을 방지하기 위한 것이다.

또한 범죄현장에 임하는 수사요원들은 장갑을 착용하는 것이 일반적인 수칙이나 스웨덴의 스벤손 박사는 범죄현장에서는 오히려 장갑의 착용을 금하는 것이 바람직하다고 말하고 있다. 장갑을 착용하면 더욱 마음 놓고 현장의 물체를 만질 위험성이 높아지기 때문이다.

범죄현장에 도착한 신문기자들에게 수사요원들은 범죄현장 상황에 대한 정보를 함부로 발설해서는 안 된다. 기자에게 정보를 주는 것은 수사책임자 또는 대변인의 책임 하에 하는 것이 좋다.[3)]

---

3) 최상규, 대한민국 과학수사파일. 해바라기. 2004, pp.72-74.

3. 범죄현장 감식 및 관찰

1) 자료 수집상황의 기록화

각종 중요 범죄사건 현장에 임할 때에는 반드시 현장자료 수집 일람표를 휴대하여 임장한다.

현장자료의 유형별 수집 항목에 의거 각종 현장자료의 상태를 광범위하고 세밀하게 수집 관찰하여 누락여부를 검토하고 현장자료의 상태를 그대로 기록한다.

2) 실황조사서의 작성

실황조사서란 수사기관이 강제력을 사용하지 않고 범죄현장. 기타 범죄 관련 장소, 물건, 신체 등의 존재 상태를 명확히 하는 것으로 범죄현장의 상황을 일목요연하게 알 수 있도록 실황조사서 작성

3) 현장 감식 실시순서 및 요령

(1) 지방경찰청 감식반 임장(살인사건 등 중요사건 발생시)

① 지방경찰청 소재지 경찰서 관내에서 발생한 사건에 대하여 즉시 임장

② 기타 지방경찰청 관내에서 발생한 사건에 대하여는 감식 요청 시 즉시 임장

③ 위항에 의할 수 없는 도서 등의 원격지에서 발생한 사건은 지방경찰청 수사계장과 형사계장의 협의 하에 수사과장이 임장여부 결정

(2) 현장보존

임장 즉시 현장 보존 상황을 점검하고 필요에 따라 출입금지 또는 제한 표시를 부착한다.

(3) 감식작업의 순서

① 감식책임자의 조치

수사, 감식책임자는 현장에 들어가면서부터 지문, 장문, 족 흔적 기타 유류물품이 있거나 있을 것으로 인정되는 개소에 백묵 기타 방법으로 보존표시를 하여야 하며 채증활동 개시 전에는 일체 현장이 멸실, 훼손되지 않도록 하면서 대강만 관찰

② 감식책임자와 현장 수사반과의 협조

③ 사진촬영 및 비디오 촬영

④ 수사요원의 관찰

수사요원의 관찰은 원칙적으로 현장사진 촬영 종료후 수사책임자의 지시에 의하여 될 수 있는 대로 신속히 현장자료 등을 손상, 멸실하지 않도록 세심한 주의로써 행할 것

⑤ 채증 활동

채증 활동에 있어서 수사를 촉진시키기 위하여 피해자의 신원확인, 피해품 또는 유류품에 관계있는 장소를 먼저 행한다. 기타 증거품 등의 채취에 있어서는 반드시 사건담당자 및 참고인을 참여시키고 행할 것

⑥ 범죄수법의 검토

침입구, 도주구 기타 범행수법에 있어서는 수법 공조반의 의견을 들어서 행할 것

(4) 현장 감식 및 조사상의 유의사항

수사관 및 전문조사원은 상상력을 동원하여 철저하게 책임구역을 수색해 나가야 한다. 예를 들어, 내부 범죄현장 수색 시 특히 준수해야할 사항은 대표적인 지점을 소홀히 해서는 안 된다. 또한 마루에 금이 간곳, 새로 칠을 한 곳(페인트칠, 석고 칠, 수선 등), 서재, 옷장, 그늘진 곳, 휘장 친 곳, 문 잠금장치, 문지방, 계

단, 난간, 쓰레기통, 석면파이프, 진공청소기 같은 청소기계 등을 철저히 수색해야 하며 다음의 주의사항을 유념하도록 한다.

① 냉정 침착하게 행동할 것
② 예단이나 선입감에 사로잡히지 말 것
③ 범죄현장은 될 수 있는 대로 널리 종합적으로 관찰할 것
④ 외곽으로부터 중심부로 관찰할 것
⑤ 면밀하고 객관적인 관찰을 할 것
⑥ 모순, 불합리점 발견에 힘쓸 것
⑦ 제삼자에 의한 현장 변경이 있을 때에는 그 원인을 규명할 것
감식요원이나 수사요원은 필히 장갑을 끼고 현장에 임할 것

(5) 현장의 모든 사람의 유의사항

① 보존선 내에서는 필요 이외의 자를 절대 들어오지 못하게 할 것
② 불을 피우거나 흡연을 금할 것
③ 함부로 돌아다니거나 현장물건에 손을 대지 말 것
④ 현장상태와 물건 등의 위치를 부득이 변경코자 할 때 백묵으로 원위치를 표시할 것
⑤ 현장자료는 사진 촬영 후 채취할 것
⑥ 사건내용과 현장모양을 누설하거나 기타 잡담을 금할 것
⑦ 현장자료의 수집은 현장자료 수집요령에 의하고 기술을 요하는 것은 전문요원으로 하여금 행하게 할 것

(6) 입증상의 조치

① 될 수 있는 대로 경찰관 이외의 제삼자를 참여시켜 확인을 받을 것
② 자료 발견 연월일시와 장소명 등을 기입한 지편 또는 줄자를 놓고 사진을 촬영할 것

(7) 현대과학 등의 응용

사체의 관찰, 해부 기타 현장에 있어서의 과학적 검사가 필요할 때에는 과학수사연구소, 관계기술요원 또는 현지 검사시설이 있는 병원, 연구소 기타 전문요원으로 하여금 검사케 하여 그 결과를 수사 자료로 활용할 것

(8) 자료 등의 취급

① 취급할 자료에는 채취대나 용기에 사건명, 품목, 채취 년·월·일·시, 장소 기타참고 사항을 기입한 지편을 첨부할 것
② 채취에 있어서는 자료가 파괴되지 않도록 주의해서 취급하여야 하며 파손 등의 우려가 있을 때에는 채취에 앞서 "스케치"하거나 또는 그라프지 등을 이용하여 형상, 특징, 거리 등을 명확하게 하여 사진촬영 할 것

(9) 사체 사진촬영

사체의 사진촬영은 먼저 사체 전체를 촬영하고 다시 작업의 진행에 따라 부분접사 등으로 순서있게 촬영. 신원불명의 변사체에 대하여는 반드시 안면, 치아, 특징 등을 접사촬영

(10) 사체의 관찰

사체의 관찰에 있어서는 착의의 손상, 오염, 부착물과 소지품의 상황, 사체 현상(체온측정), 신체 각 부위의 오염, 손상 등을 상세히 관찰하여 자. 타살 여부, 사후경과시간, 흉기의 종별, 범행수단. 방법, 사인 및 신원 등을 정확히 판단할 수 있는 자료 수집

(11) 참여의사 등의 의견청취

전항의 판단을 함에 있어서는 참여의사 등 전문가의 의견을 청취하여 참고할 것

(12) 신원확인 조치

신원불상의 사체 기타 필요한 때에는 변사자의 지문 및 특징 등을 채취하여 신속히 신원 확인 조치를 강구할 것

(13) 사체의 해부

해부의 참여자는 부검결과 중요한 개소의 사진을 촬영하고 집도의사로부터 사인, 추정 사후경과시간, 위내용물, 식후의 소화상황, 중요한 창상, 추정흉기, 기타 중요한 사항 등 개요를 청취 기록할 것

(14) 해부 참여자의 유의사항

해부참여자 등은 집도의사에 대하여 범죄개요 또는 수사경과 등 예단을 줄 수 있는 언동을 피하고 해부 소견 등에 의심나는 점은 이해할 수 있는 데까지 질문하여 해명할 것

5) 범죄현장 스케치(Crime scene sketch)

범죄현장 사진은 여러 가지 목표와 거리 사이에서 정확도나 조화를 균형있게 모두 나타내는 것은 아니다. 정확한 목표는 때에 따라 사진에서 인지되지 못하거나 명확하게 확인할 수도 없으며, 범죄현장의 연관성과 목표물과의 사이의 거리를 측정할 수도 없다. 따라서 범죄현장을 그리거나 스케치한다는 것은 가장 간단히 실제 측정된 상황과 범죄현장에 중요한 증거물들의 위치를 확인시켜 주는 최상의 효과적인 방법이다. 스케치는 일반적으로 대강 그리는 초벌스케치 방법과 마지막으로 보다 저 세밀하고 정확이 표현해내는 마무리 스케치방법이 있다.

범죄현장 초벌그리기는 작은 연필과 몇 장의 종이, 곧은 칼이 주로 사용되는 반면 마무리 그리기는 보다 전문적인 장비들이 요구되기도 한다.

만약 수사관이 범죄현장 지형 주변과 정확성의 합리적인 정도를 포함한 현장그리기를 원한다면 반드시 기하학적인 기초지식 및 전문지식을 알고 있어야 할 것이다.

(1) 초벌 스케치 (Rough sketch)

초벌그리기는 일반적으로 부드러운 연필이 바람직하다. 그래프종이는 그리기 종이로서 매우 뛰어나며 선과 크기의 비율을 제시해 준다. 끼우기 판이나 합판, 섬유판, 수사관의 가방에 잘 맞는 그리기판을 준비해야 하며 수사관은 나침반을 지참하고 또한 철재 테이프를 붙여 정확한 측정이 되도록 보장해 주어야 한다.

초벌그리기는 수사관에 의해 범죄현장에서 작성된다. 초벌그리기는 그리는 크기의 규모가 필요치 않지만 비율은 대략 합당하게 측정되어야 하고 입체적이어야 한다. 초벌그림은 마지막 그리기 작업의 기본으로 사용될 수도 있다. 수사관이 범죄현장을 떠난 후에도 최초 그려진 원본을 변경해서는 안 된다.

(2) 마무리 스케치(Finished drawing)

마무리 그리기는 기본적으로 법원에 제출하기 위해 그려지는 것이다. 일반적으로 초벌그리기에 바탕을 두며 기술자나 건축가 그 외 전문가가 기계적으로 그리기도 한다. 마무리그리기는 사무실에서 초벌그리기를 근거로 도안자가 그림을 요구대로 완료하는 것으로 초안과 부속물들, 좋은 품질의 잉크와 종이재료가 필요하다.

만약 마지막 스케치가 범죄현장에서 직접 이루어지는 경우에는 초안을 그리는 사람은 나침반을 비롯하여 강철테이프, 측성방향 측정기 등의 필요한 장비를 반드시 준비해야 한다.

(3) 스케치 기본요소(Elements of sketching)

① 측정(Measurements)

측정은 반드시 정화해야 한다. 공간이 큰 지역 내에서 이루어지는 풍경묘사는 그 정확도를 위해 야드나 마일 등의 거리를 나타낼 수 있는 자로 측정해야 한다. 측정은 다른 사람의 도움을 받기 보다는 그리는 사람 자신이 정확하게 측정하여 그려야 한다. 움직일 수 있는 목표물의 위치에 대한 측정 입증은 반드시 움직일 수 없는 고정 목표물을 토대로 그려야 한다. 반면 측정은 움직일 수 있는 목표물의 상호연관성에 관한 입증과 최소한도 하나의 입체적인 연관성을 나타내어야 하고 반드시 움직일 수 없는 목표물에 도달하여야 한다.

② 나침판 방향(Compass direction)

나침판 방향은 항상 스케치에 알맞은 방향에 맞추어 정지시켜야 한다. 나침판은 북쪽을 향해 고정시키고 방향을 가리키는 표준화살은 스케치방향을 가리키도록 일치시킨다.

③ 필수품목(Essential items)

스케치를 위한 준비 품목들은 범죄수사에 영향을 미칠 수도 있다. 불필요한 세부적인 것들을 포함하여 결과에 집중되거나, 그리기가 혼잡스럽거나, 모양이 숨겨지거나, 필수품목이 빠지는 상황이 있어서는 안 된다. 예를 들어 방의 윤곽과 함께 문, 창문, 굴뚝과 다른 큰 고정 목표물들이 포함되어야 한다.

가구들도 표시되어야 하는데 모형들을 이용하면 가구와 실내 설치물들을 그리는데 도움을 줄 수 있다. 원형들의 모양은 범죄현장을 그리는 종이위에 옮겨 위치하도록 하고 여러 가지 목표물에 대한 윤곽을 연필로 그려 넣는다. 가구의 윤곽, 파이프의 설치상태, 무기 및 흉기류, 사람모양, 남녀구분을 알맞은 크기로 배열하여 그려 넣는다. 사체나 다른 중요한 목표물들은 가구와 다른 목표물들과 관련이 있도록 나타내야 한다. 측정은 실내에서 이루어져야 하며 불이 난 장소, 하수구, 복도 등을 대상으로 이루어져야 한다.

④ 규모 또는 비율(Scale or proportion)

스케치의 규모나 상세히 보여주기 위한 정도는 보통 그려 넣는 종이크기에 달려있다. 종이규모는 보통 가장 작은 실제적으로 실행 가능한 것으로 사용하는 것이 적합하다. 실제적인 것이나 대략적인 스케치 규모는 낱말, 모양, 그래픽 같은 것에 의해 나타내야 한다. 만약 대강 그리는 초벌스케치를 원한다면 목표물의 규모는 다른 목표물과 상호 대략적인 관련성을 표시해야 한다. 예를 들어, 입체적인 방이 하나 있을 때 30피트와 또 다른 10피트의 선의 길이 표시는 30피트의 선이 10피트선의 3배가 되도록 해야 한다.

⑤ 표제(Legend)

표제는 스케치 안에 있는 목표물을 이용한 하나의 상징적인 설명이다. 넓은 지역의 그려 넣기는 전통적인 싸인(Sign)이나 상징적인 것들을 사용할 수도 있는데 이러한 것들은 표제에 설명되어야 한다. 만약 스케치의 좁은 지역 안에서 필요한 것을 상세히 보여주는 것이 어려우면, 여러 가지 목표물들을 글씨로 써 넣거나 표제를 포함한 설명을 하여 나타내어야 한다. 일반적으로 스케치안의 여백에 글자를 써 넣으면 스케치가 혼란스럽고 필수적인 품목들이 애매하게 보인다.

⑥ 제목(Title)

스케치 제목은 사건과 일치되도록 한다(사건파일번호와 죄명). 피해자 확인이나 현장상황 그려 넣기, 위치, 날짜와 만든 시간, 스케치 한 사람의 데이터는 인증을 받아야 한다.

(4) 투영(Projection)

스케치는 보통 한 평면에 두 입체적인 상황을 보여주는 것이다. 바람직한 그려 넣기는 3차원을 허용하는 것이 보다 좋은 방법인데, 3차원 방법의 이용 시에도 범죄현장의 증거 사실과 상호 관련성을 나타내어야 하고, 투영은 스케치가 반드시 사용되어야 한다. 실내 스케치의 투영 스크린은 골판지 상자에 그린 것과 같이 면도날로 잘라 옆을 넓적하게 하여 편리하게 사용한다.

(5) 조사기법(Surveying methods)

넓은 장소의 그려 넣기를 할 때는 일부 기본적인 조사방법은 스케치하는 사람의 작업과 정확성 보장에 대하여 도움을 주고 명확한 스케치를 하는데 용이하도록 도움을 준다. 만약 수사관이 조사에 대한 지식이 없다면 전문탐정이나 전문 조사업체에게 위임하여야 한다.

① 직교좌표(Rectangular coordinates)

가장 간단한 방법으로 스케치가 위치한 지점은 상호 두 수직선으로부터 거리를 두는 것이다. 만약 범죄현장이 방안이라면 그 목표물은 나란한 두 수직 벽을 사용하여 참조라인에 의한 지도를 그릴 수 있다. 하나의 의자를 예를 들면, 각 벽으로부터 거리측정에 의해 위치를 나타내고, 즉 서쪽 벽으로부터 82인치, 남쪽 벽으로부터 43인치라고 표시한다. 만약 그래프종이라면 하나의 그래프 눈금은 방안에서 5인치(예를 들어)를 나타내며, 의자는 16.4지점과 눈에 보이는 축과 평행선측으로부터 8.6인 두 지점에 위치하도록 나타낸다.

② 극점좌표(Polar coordinates)

한 지점은 선택한 지점과 축을 참고로 선택하여 만든 거리에 의해 도표를 그릴 우 있다. 이 방법은 특히 야외 현장에서 유용하며, 일상생활 안에서 공통적으로 사용되는 것이다. 최초 발생지와 같은 집 문이 사용되고, 나무는 남서쪽 42도 방향에서 324야드에 위치한다. 그 각도는 나침반을 사용하고 집 옆의 참조라인과 거리는 문에서 나무까지를 표시한다.

(6) 컴퓨터 스케치방법(Computer sketch method)

컴퓨터로 정확하고 상세히 범죄현장을 스케치 할 수 있다. 컴퓨터그림은 소프트웨어로 설계된 Apple Macintosh Computer가 이용되어 왔는데 이 외에 많은 프로그램이 있다. 컴퓨터그림은 복제모형(Templates)이라 불리는 상세한 목표영상으로 구성된 것들을 고르고 컴퓨터상에 나타난 다각적인 위치로 이동스크린을 조정하여 만든다. 컴퓨터 복제모형은 실내외 현장에 공통적인 요소들이 포함되는데 가구, 고정물체, 차량, 무기 및 흉기류와 다각적인 위치의 사람형태를 말한다.

범죄현장은 컴퓨터화면에 정확하게 배열해야 하며, 그 결과를 프린터로 출력해야 한다. 컴퓨터 스케치방법의 이점으로는 다음과 같은 것들이 있다.

① 많은 사람들이 범죄현장 스케치를 할 수 있으므로 특별한 예술적, 전문적 능력이 필요치 않다.

② 스케치의 모든 선들은 똑바르며, 얼룩의 염려가 없으며 지워지지 않는다.

③ 다양하고 많은 복사를 즉석에서 인쇄할 수 있다.

④ 저장과 스케치자료 열기를 쉽게 할 수 있다.[4]

4) 김종옥, 전게서, pp.102-109.

제 11 장

교통사고 조사 분석의 이해

1. 교통사고의 개요
2. 교통사고 발생 시 조치
3. 교통사고 조사 분석 용어

제11장 교통사고 조사 분석의 이해

1. 교통사고의 개요[1)]

일반적으로 교통사고라 함은 광의의 교통사고, 협의의 교통사고와 최 협의의 교통사고의 3가지로 구분하여 정의할 수 있다.

1) 광의의 교통사고

차량, 괘도차, 열차, 항공기, 선박 등 교통기관이 운행 중 다른 교통기관, 사람 또는 사물에 충돌 접촉하거나 충돌접촉의 위험을 야기케 하여 사람을 사상하거나 물건을 손괴한 결과가 발생하는 것을 말한다.

2) 협의의 교통사고

차 또는 괘도차의 교통으로 인하여 사람을 사상하거나 물건을 손괴한 경우를 말한다. 즉 차의 운전자 조종자 또는 그 밖의 보조자 등이 고의 과실에 의하여 다른 차 등이나 사람 또는 물건에 접촉 충돌하거나 할 위험을 야기하여 사람을 사상하거나 물건을 손괴하여 피해결과를 발생하여야 하는 것이다. 따라서 그 요건은 다음과 같다.

- 차 또는 괘도차의 통행으로 인하여 야기된 사고일 것.
- 교통이라 함은 도로상에서 운행 중인 것을 말하므로 도로상에서 야기 되는 사고일 것.
- 사람을 사상하거나 물건을 손괴한 결과가 있어야 할 것.

1) http://www.kotsa.or.kr.

3) 최 협의의 교통사고

도로교통법(이하"법") 제50조①의 법조항 "도로에서 차의 교통으로 인하여 사람을 사상하거나 물건을 손괴한 경우"로 한정하여 설명하여 보면

① "도로"에서 발생되는 사고여야 한다.

원칙적으로 "도로"에서의 사고에 적용되며, 도로이외의 장소에서는 적용되지 않는다. 여기서 말하는 도로는 도로법에 의한 도로(고속국도, 일반도로, 특별시도, 지방도, 시도, 군도 등), 유료도로법에 의한 자동차전용도로, 사도법에 의한 사도, 자동차운송사업법 및 도로법에 의한 자동차 전용도로, 고속국도법에 의한 고속도로 등은 물론 공공장소로 공중의 교통에 이용되는 곳과 사실상 불특정 다수인에게 이용이 허용되고 실제 이용되고 있는 곳이면 도로로 해석된다.

② "차"에 의한 사고이여야 한다.

법 제2조 13호의 차마라 함은 우마와 차를 말하며, 우마라 함은 교통운수에 사용되는 가축자체를 말하기 때문에 교통사고의 주체인 "차"로 볼 수 없다. "차"라 함은 자동차관리법 제3조에서 말하는 자동차(승용, 승합, 화물, 특수, 이륜)는 물론, 경운기, 중기도 차에 해당되며, 그 외 인력, 축산, 동력에 의하여 도로에서 운반되는 것을 말하므로, 손수레가 인력에 의한 차이면 우마차는 축력에 의한 차이고 원동기 장치 자전거는 동력에 의한 차이기 때문에 우마차, 손수레, 경운기, 중기에 의한 사고도 교통사고에 해당된다. 다만 다른 법령에 의한 기차, 전차, 케이블카, 전동차, 항공기, 선박 등은 포함하지 않으며, 유모차, 신체장애자용 의자차 등도 법에 의해 보행자로 보기 때문에 제외한다.

③ "교통으로 인하여" 발생한 사고이여야 한다.

교통이라 함은 사람을 운송하거나 물건을 수송하는 운행행위를 말한다. 즉 차의 본래 목적에 의하여 사용 중 발생된 사고는 교통사고로 보아야 하나, 차의 운행행위로 인한 사고로 볼 수 없는 사고는 교통사고라 할 수 없으며, 사고의 원인행위와 피해결과와의 사이에는 상당한 인과관계가 있어야 한다.

④ 피해의 결과발생이 있어야 한다.

교통사고는 타인의 신체생명재산에 대하여 피해의 결과가 발생하여야 하며, 피해의 결과가 없을 시는 법규위반의 문제일 뿐 교통사고는 아니다. 이때의 피해는 타인의 피해를 말하며 자기 자신의 피해는 말하지 않는다.

2. 교통사고 발생 시 조치

1) 현장출동 시 휴대품

교통사고가 발생하였을 경우 이에 신속 정확하고, 과학적으로 대처하기 위하여 평소에 다음과 같은 조사용 기자재를 준비하여 두어야 한다.

① 현장보존 용구 - 사고현장 표시판, 사고현장표시등, 방호책, 적색회전등, 적기, 철봉, 출입 금지용 로프.
② 사고방지 장구 - 반사성 헬멧, 반사성 혁대, 회중전등, 완장, 신호등
③ 증거수집 용구 - 도막 편 및 유리조각 취급용구, 스키드마크에 의한 속도 측정 표, 음주 측정기
④ 실황조사용구 - 권척, 스톱워치, 현장조사도판, 자, 용지, 필기구, 분필, 페인트, 줄자, 굴림 자
⑤ 구급용구 - 들것, 모포, 응급의료품 등
⑥ 사진기류 - 카메라, 야간촬영카메라용 조명기구 등
⑦ 기구 용구 - 삽, 잭, 작업용구, 청소용구 등

2) 인명구호

(1) 응급조치

교통사고 현장은 사망자와 중상자의 구분이 모호할 때가 많다. 물론 의사를 대동하였을 때는 그 식별이 용이하나 의사가 없다 하여 당황하면 중상자 중에는 응급조치가 지연되어 생명을 잃는 경우가 있다. 따라서 안전 관리자는 평소 구급법에 의한 일반지식을 습득하였다가 다음과 같은 경우 응급조치를 취하여야 한다.

A. 인공호흡

인공호흡의 기본은 보통 ABC단계로 되어 있다. A(Open the Air way)는 기도유지, B(Breathing)는 인공호흡, C(Circulation)는 심장 마시지를 말한다.

① 기도유지 단계

의식이 없는 환자는 입안에 이물질을 제거하고 턱을 앞으로 당겨서 기도가 일직선이 되도록 하여야 한다. 이때 환자가 정신을 차리라고 찬물이나 음료수를 주는 경우가 있는데 이때 물이 기도로 들어가고 폐에 차서 호흡이 막힐 우려가 있기 때문에 설혹 환자의 요구가 있더라도 음료수를 주어서는 아니 된다. 또한 내출혈이 있는 환자는 간혹 구토를 해서 질식할 수 있기 때문에 호흡곤란이 우려되는 환자를 눕힐 때는 등을 바닥에 대고 눕히는 것보다 얼굴과 몸을 옆으로 누이는 것이 좋다.

② 인공호흡단계

인공호흡은 맥박은 뛰고 있으나 호흡이 정지될 때 실시하는 것으로, 그 방법은 여러 가지가 있으나 구강 대 구강방법이 가장 효과적이다. 구강 대 구강법 인공호흡은 다음과 같이 실시한다.

- 3~5초간 의식 유무를 확인한다.
- 의식이 없으면 기도를 유지하고 3~5초간 호흡 유무를 확인한다.
- 호흡을 하지 않으면 코를 막고 처음에 부드럽게 2~3회 숨을 불어 넣는데 이때 가슴이 팽창하는지 확인하여야 한다.
- 위와 같이 한 후 맥박과 호흡을 확인하고, 이때에도 호흡을 하지 않으면 유아는 3초에 1회(1분당 20회), 소아는 4초에 1회(분당 15회), 성인은 5초에 1회(분당 12회)씩 규칙적으로 인공호흡을 실시하고, 실시 후매 1분마다 맥박검사를 실시한다.

③ 심장마사지(심폐소생술) 단계

심장마사지는 맥박과 호흡이 정지되어 있는 경우에 실시하고, 다음과 같은 방법으로 실시한다.

- 심장에 강한 충격을 주어 심장이 다시 뛸 수 있도록 손바닥이나 주먹으로 심장 주위를 4~5회 강하게 쳐준다.
- 위와 같이 하였는데도 심장이 회복되지 않으면 명치 위 가슴에 두 손을 포개어 얹고, 팔꿈치가 구부러지지 않도록 하고, 체중을 실어 반복적으로 눌러준다.
- 이때 1초에 1회 간격으로 가슴을 눌러주고, 가슴이 3~5Cm정도 들어갈 정도로 한다.
- 심장마사지는 1인 또는 2인이 실시하는데, 유아나 소아의 경우에는 5회 압박에 1회 호흡으로, 성인의 경우에는 15회 압박에 2회 호흡의 비율로 실시하고, 실시 후 매 1분마다 맥박과 호흡검사를 실시한다.

B. 상처에 대한 응급조치

① 출혈이 심하지 않은 상처

출혈이 심하지 않은 상처는 깨끗하지 못한 손이나 물건으로 함부로 건드리거나 응고된 핏덩이를 다치지 말고, 흙이나 더러운 것이 묻었을 경우 깨끗한 물로 상처를 씻어주고 소독된 헝겊을 상처에 대고 붕대로 감는다.

② 출혈이 심한 상처

출혈부위를 손수건이나 헝겊으로 덮어서 직접압박을 한다. 직접압박으로도 지혈이 되지 않으면 지혈대를 사용하여 지혈하여야 한다. 지혈대는 출혈부위보다 심장에 가까운 곳을 묶어 지혈한다. 특히 지혈대를 사용할 때에는 지혈대를 30분 이상 지속적으로 사용하지 않도록 하고, 지혈대의 보기 쉬운 부분에는 지혈대를 사용한 시간과 부위를 기록해 놓는 것이 좋다.

(2) 환자 후송

- 병원은 사고현장에 가장 가까운 또는 종합병원을 선택하여야 한다. 가까운 곳에 병원이 있음에도 불구하고 지정병원이 아니라 하여 멀리까지 수송하여서는 안 된다.

- 병원수송은 중상자순으로 하여 운송도중 생명을 잃게 되는 급박한 상황에 대비, 부상자의 인적사항을 알아 두어야 한다.
  * 부상자의 구호는 최단시간에 조치하여야 하기 때문에 타 운행 차량 및 운행인의 협조를 얻어 운송구호하고, 경우에 따라서는 의사를 사고현장에 동행하여 응급조치를 취하여야 한다.
- 교통사고에 의한 부상은 외상 이외의 뇌출혈, 뇌진탕, 내장파열 등이 있으므로 부상자의 상태를 주의하여야 하며, 한번보고 경상으로 인정하여 버리는 일이 없도록 하여야 한다.
- 부상자는 모포 등을 이용하여 보온조치를 하여야 하며, 절명이 임박한 부상자의 경우 이외에는 요구한다 하여도 음료수를 주어서는 안 된다.
- 부상자를 운송할 때에는 가급적 부상부위가 움직이지 않도록 하여야 하며, 특히 골절상인 경우에는 더욱 주의하여야 한다.

(3) 사고 장소의 표시

사고가 발생하면 차량의 정지위치, 자동차의 손상정도, 타이어 흔적, 혈흔, 도막편, 파손 유리조각, 기타 산재물이 없어지지 않도록 보존하여야 하나, 교통회복을 위하여 이와 같은 자료를 이동시켜야 할 필요가 있을 때에는 그 형태를 스프레이 등으로 표시하면서 최소한의 이동을 하여야 한다. 이 경우 사전에 사진기로 현장의 상황, 자료의 존재 상황을 촬영하고, 약도를 작성해 둔다.

(4) 사고신고

교통사고가 발생한 경우, 그 교통사고를 일으킨 차의 운전자등은 경찰공무원이 현장에 있을 때에는 그 경찰 공무원에게, 경찰공무원이 없을 때에는 가장 가까운 경찰관서(경찰지서, 파출소, 출장소를 포함한다)에 지체 없이 사고가 일어난 곳, 사망자수 및 부상정도, 손괴한 물건 및 손괴정도 그 밖의 조치상황 등을 신속하게 신고하여야 한다. 다만, 운행 중인 차만이 손괴된 것이 분명하고 도로에서 위험방지와 원활한 소통을 위하여 필요한 조치를 한 때에는 그러하지 아니한다(도교법 제50조②). 그러나 긴급자동차 또는 부상자를 운반중인 차 및 우편화물 자동차 등의 운전자는 긴급한 경우에는 승무원으로 하여금 신고를 하게하고 운전을 계속할 수 있다.(도로교통법 제50조 ⑤)

〈그림 11-1〉 교통사고 처리과정

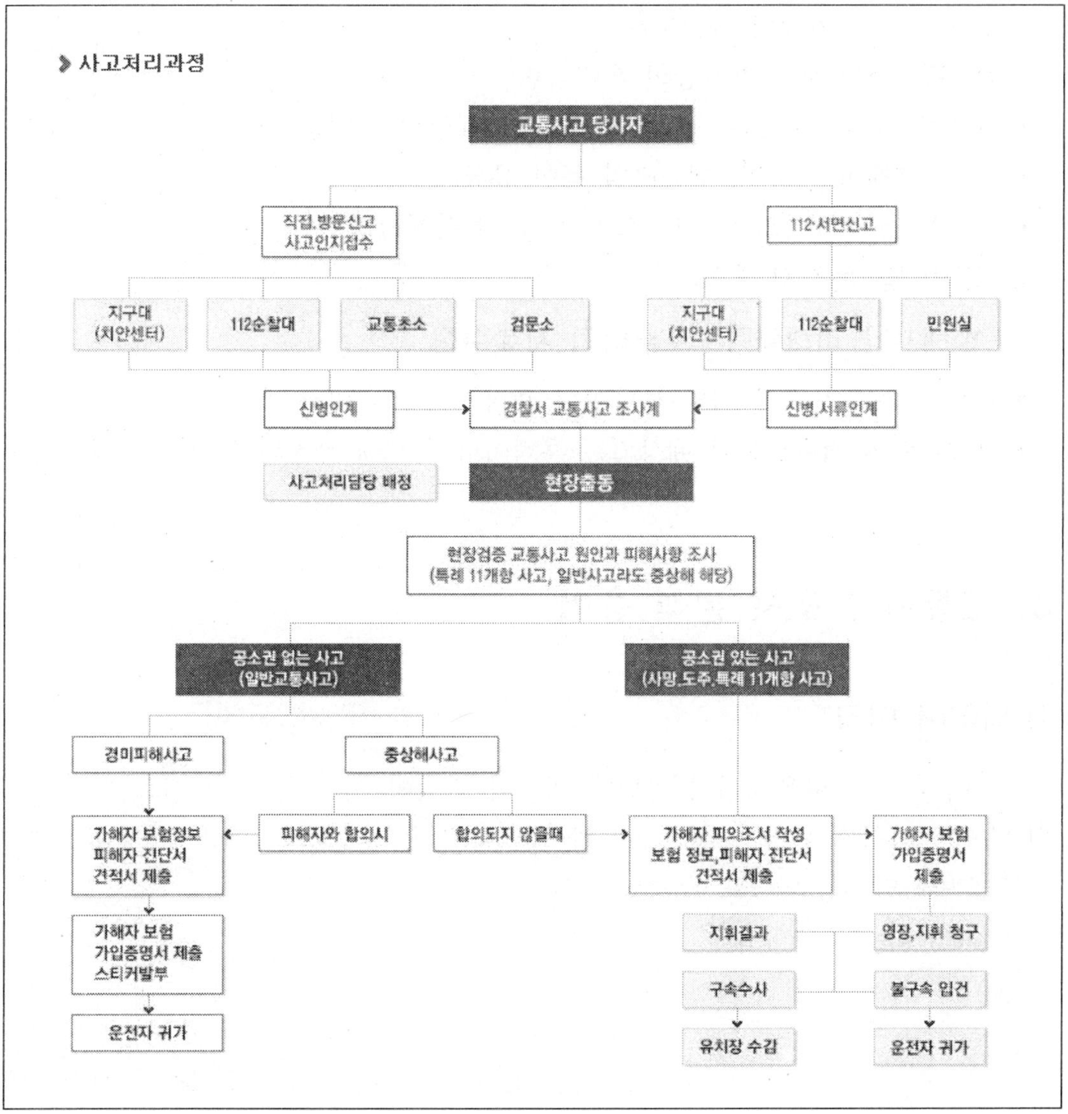

*자료 출처: 도로교통공단(http://bit.ly/1Hcazm9)

(5) 현장 자료수집

사고 현장에서 수집하여야 할 자료는 다음과 같다.

① 사고차량으로부터의 자료수집

- 부속품 또는 차체의 파손조각
- 전조등, 전면유리, 후사등의 유리파편
- 차체에 부착되어 있는 특유의 먼지나 적제함의 적제물 등
- 연료, 브레이크 오일, 엔진오일 등이 유류
- 타이어 흔적(스키드 마크나 요마크 등)의 사진촬영

② 증인 및 목격자 확보

③ 피해자나 피해차량으로부터의 자료수집

- 피해자의 피복 등에 나타난 타이어 흔적
- 가해차량의 접촉부분이 예상되는 흔적이나 차체에 부착되어 있는 물질 등

3. 교통사고 조사 분석 용어

1) 타이어 마크

타이어 마크는 다음 3가지 방법에 의하여 만들어 지는데, 각각 서로 다른 양태의 마크를 남기게 된다. 여러 가지 타이어 마크의 양태를 그 생성 및 형태를 중심으로 요약하면 다음의 〈표 11-1〉과 같다.

〈표 11-1〉 타이어 마크

구분	스키드 마크	Yaw마크	Flat마크	가속마크	타이어프린트
바퀴의 움직임	바퀴는 구르지 않고 타이어가 미끄러질 때 생성	바퀴가 구르면서 타이어가 옆으로 미끄러질 때 생성	바퀴가 구르고 타이어가 끌리면서 생성	바퀴가 제자리에서 구르면서 타이어가 미끄러질 때 생성	바퀴가 구르고 타이어가 미끄러지지 않으면서 생성
기능	제동	조향		가속	
마크의수(4륜)	대체로 4개 또는 3,2,1,개	대체로 2개 또는 1,3,4개	대체로 1개 드물게 2개	대체로 1개 드물게 2개	대체로 1, 또는 2,3,4,개
좌우 타이어	동일하게 뚜렷	선회외측이 보다 뚜렷함	대체로 1개 드물게 2개	둘일 경우 동일함	일반적으로 동일함
전후 타이어	앞쪽이 뚜렷	일반적으로 동일함	대체로 1개 드물게 2개	구동륜 자국	동일하게 뚜렷
마크의폭	직선인 경우 타이어의 폭과 동일	수cm에서 수십cm까지 변함	타이어 트레이드 가장자리 마크	타이어 폭과 동일함	타이어 폭과 동일함
마크의 시작	대체로 급격히 시작됨	항상 희미하게 시작됨	항상 희미하게 시작됨	뚜렷하거나 점차적임	항상 뚜렷함
마크의 끝	대체로 급격히 끝남	뚜렷함	뚜렷함	서서히 희미해짐	점차적으로 희미해짐
줄무늬	항상 타이어의 리브(Rib)마크와 같음	항상 Rib마크와 교차		타이어의 리브(Rib)마크와 평행	
기타사항	타이어 가장자리 쪽이 가끔 진함	Sild Rib마크형태, 확인 가능함	타이어 가장자리 쪽이 항상 진함	타이어 가장자리 쪽이 가끔 진함	트레이드 형태 확인 가능, 가끔 끊어짐
마크의 길이	수십cm에서150m까지	2~3m로부터 50~60m까지	10여m로부터 수십km까지	1~2m로부터 10여m까지	수십cm로부터 10여m까지

여기에서 스키드마크와 스커프마크는 여러 가지 공통적인 특징을 가지고 있는데 그중에서도 두 가지 마크가 모두 타이어와 노면의 마찰로 열이 발생할 때 생기기 때문에 젖은 노면에서는 이 두 가지 마크가 거의 나타나지 않으며, 만약 나타난다고 해도 곧 바로 지워지고 만다.

(1) 스키드 마크(Skidmark)

'스키드 마크'라 하면 일반적인 제동 스키드 마크를 뜻하며 몇 가지의 변형이 있다.

① 스키드 마크(Skidmark)의 종류

a. 측면으로 구부러진 스키드 마크

자동차는 일단 제동이 걸리면 차량이 미끄러지게 되는데 여기서 측면에서 약간의 힘을 받게 되면 진행방향이 쉽게 변한다. 일반적인 도로에서는 원활한 배수를 위하여 도로 중앙이 약간 높게 포장된 도로에서는 우측으로 약간 휘어지는 것이 보통이고, 이러한 경우 우측바퀴가 좌측바퀴보다 힘을 많이 받기 때문에 스키드 마크가 다소 진하게 나타난다. 또한 차량의 한쪽바퀴에 제동이 더 크게 걸렸을 때도 구부러지며, 한쪽바퀴는 마찰계수가 크고 한쪽바퀴는 마찰계수가 작은 경우에도 마찰계수가 높은 노면으로 스키드 마크가 심하게 구부러진다. 이와 같이 도로의 노면마찰계수가 심한 경우에는 차량을 제어할 시간적 여유가 없어 중앙선을 넘는 수가 있고, 이때에 Yaw마크와 혼동하기 쉬우므로 신중을 기해야 한다. 특히 두 차가 충돌하게 되면 스키드 마크가 급격하게 방향을 바꾸게 되는 데 이러한 경우에는 스키드 지점에서 양쪽 차의 충돌지점을 정확히 지적해 낼 수가 있다.

b. 차량제동 시 중량전이

차량에 제동이 걸리게 되면 후방에서 전방으로 중량전이가 발생한다. 따라서 노면마찰력은 제동중인 차량에 역방향으로 작용하는데, 무게중심은 계속해서 앞으로 이동하기 때문에 차량 앞부분이 내려가게 된다. 그 결과 앞바퀴에는 중량이 증가하게 되고 뒷바퀴는 감소한다. 앞바퀴 타이어는 뒷바퀴 타이어 보다 많은 열을 발생시키기 때문에 앞바퀴 타이어의 스키드 마크가 더 진하게 되며, 경우에 따라서는 뒷바퀴의 스키드 마크는 너무 희미해서 잘 보이지 않는 수도 있다.

c. 스키드 마크가 나타나지 않은 경우

자동차의 바퀴 중 어느 하나 또는 두개가 전혀 스키드 마크를 남기지 않는다 해서 그 바퀴에 제동이 걸리지 않았다거나 제동력이 약했을 것이라 함부로 추측하여서는 안 된다. 실제로 스키드 마크를 남긴 바퀴보다 스키드 마크를 남기지 않은 바퀴에 제동력이 더 강하게 걸릴 수도 있는데, 그 이유는 바퀴가 미끄러지기 직전에 마찰력이 최대로 발생하였기 때문이다.

d. 갭(GAP) 스키드 마크

스키드 마크는 구부러진 경우도 있지만 스키드 마크 중간이 단절되어 있는 것도 있는데 이 단절된 구간을 갭(Gap)이라 하고 그 거리는 대략 3m를 조금 넘는 정도이다. 이 갭 스키드 마크는 제동이 걸렸다가 순간적으로 풀린 후 다시 제동이 걸릴 때 생기는 데 보행자 사고와 관련하여 많이 발견된다. 한편 갭 스키드 마크의 길이를 가지고 사고이전의 속도를 추정하는 경우에는 갭의 길이는 전체의 길에서 제외하고 사용한다는 사실에 주의해야 한다. 즉 갭에서는 바퀴가 구르고 있는 상황이기 때문이다.

e. 스킵(Skip) 스키드 마크

스키드 마크가 실선으로 이어지지 않고 중간중간이 규칙적으로 단절되어서 점선으로 나타나는 경우를 스킵 스키드 마크라고 하는 데, 스킵 스키드 마크가 생성되는 원인 다음 3가지가 있다.

- 조금씩 튀는 세미트레일러

짐을 싣지 않은 세미트레일러의 경우 급제동 시 중량전이에 의해 뒷부분이 약간씩 들리게 되는데, 들리는 부분이 노면에 접하는 순간 이번에는 앞부분이 살짝 튀어 오르게 된다. 이러한 과정이 반복되어 형성되는 스키드 마크로 스킵 스키드 마크로 가장 흔한 형태이다.

- 노면상의 돌출부

노면상의 돌출부에 차량이 튀어 오르게 해서 생선되는 스킵 스키드 마크로 사고와는 별다른 관련이 없다.

- 충돌로 인하여 발생

충돌로 인하여 생성되는 스킵 스키는 마크는 급제동이 걸린 차량이 미끄러지는 도중에 보행자 등과 충돌하였을 때 생성되는데 소형 승용차에서 많이 발생한다.

f. 충돌 스키드 마크(Collision Scrubs)

이 마크는 차량에 제동이 걸려 바퀴가 잠길 때 생성되는 것이 아니라 차량이 파손되었을 때 갑작스럽게 생성되는 것으로, 이 마크가 선명하게 나타나는 경우는 차량 충돌 시 노면에 미치는 타이어의 압력이 순간적으로 크게 증가하기 때문이다. 충돌 스키드 마크의 길이는 충돌방향에 따라서 크게 다른데, 동일방향의 충돌이나 추돌인 경우는 길고 곧게 나타난 반면, 반대방향 충돌인 경우 짧고 구부러지거나 뭉그러진 점으로 나타나는 것이 보통이다. 사고에 따라서는 노면 상에 유일한 마크가 충돌 스키드 마크뿐일 경우도 있는데 이것은 대체적으로 충격지점을 나타낸다. 또한 이 마크는 생성당시 바퀴가 구르지 않고 미끄러지기 때문에 스키드 마크임은 분명하나 제동 스키드 마크가 아니라는 점에 유의해야 한다.

② 스키드 마크(Skidmark)로 부터의 속도추정

차량의 바퀴가 고정된 상태에서 타이어가 미끄러지게 되면 타이어와 노면과의 마찰에 의해서 차량을 감속시키는 힘이 발생한다. 이 힘은 노면의 미끄러운 정도에 따라 차량속도를 시속 몇Km씩 감속시키며, 차량속도가 0가 될 때까지 계속하여 미끄러지면서 차량이 정지하게 된다. 따라서 미끄러지는 차량의 감속도 및 속도를 알게 되면 정지하기 전 몇 초나 진행 했는지, 그리고 얼마나 진행하였는지를 알 수 있고, 역으로 미끄러진 거리(진행거리)와 정지할 때까지의 시간을 알게 되면 미끄러지기 이전의 차량속도를 추정할 수가 있다.[2)]

2) 기록사진

사진은 사실을 기록하는 데 최선의 수단이며 방법이라 할 수 있다. 특히 자동차 사고조사에 있어서는 매우 유용한 도구이다. 사진촬영을 함으로서 얻어지는 효과로는 대부분 말보다 묘사가 뛰어나고, 공술(公述)의 진실성을 증명할 수 있으며, 사고조사 시 흥분과 혼잡으로 누락된 사항을 기록할 수 있으며, 실제로 보았던 기록을 환기시키기 위하여 필요하다. 특히 사진에 의하여 수치적인 증거를 구할 수

2) http://www.kotsa.or.kr/instruct/traffic.

있다면 사고의 원인과 더불어 사고재현을 상당히 정확히 할 수 있기 때문에 여기서는 사진촬영에 대하여 설명한다.

(1) 사진촬영 시기

사고발생시 사진촬영을 하는 경우 시기가 문제가 되는 데 원칙적으로는 사고현장에 아무런 변화가 일어나기 전에 촬영하는 것이 바람직하다. 즉 사고현장에 도착한 즉시 촬영을 하여야 한다는 것이다. 이것은 시간이 경과함에 따라 상황이 변하여 그 사진이 진실을 빠뜨리는 경우가 있기 때문이다.

(2) 사진촬영의 대상

사진촬영의 시기보다 중요한 것은 그 속에 담는 내용이다. 이 사실에 대하여 엄격하게 정해진 규정 같은 것은 없으나, 대단히 유용한 지침은 제시할 수가 있다. 사진촬영의 대상을 다음과 같이 정할 수 있다

① 도로상황

- 시야 장애물(특히 시간이 경과함에 따라 변하는 것)
- 안개, 매연 등과 같은 시계조건
- 교통제어 시설물의 위치와 상태
- 적설, 강우, 비정상적인 노면상태 등과 같은 노면조건

② 노상의 교통사고 결과

- 타이어 마크는 길이, 너비 및 여타 물리적 특성과 도로와의 관련성
- 패인자국, 충돌자국, 스키드 마크상의 여하한 불규칙적인 형태 등과

③ 같은 노면상의 소규모 흔적

- 도로내외의 낙하물
- 파손된 고정대상물

- 이탈된 차량 부속품

④ 관련차량의 교통사고 결과

- 차량의 최종위치
- 사고차량의 직·간접 파손상태
- 세부적인 차량 파손 상태
- Imprint 및 대응부분
- 마찰흔적
- 파손된 등화
- 파손(마모)된 타이어
- 차량내외의 핏자국

(3) 사진촬영 방법

사진촬영의 기술적인 문제이지만 사진촬영이 한 부분에 편중되면 다른 부분의 상황을 파악할 수 없다. 따라서 사진촬영 시 직접충돌부분만 강조하여 촬영할 것이 아니라 아래의 그림과 같이 최소한 4면에서 사진을 촬영하여야 하고, 개개의 사진에는 차량의 한 면이 모두 나타나야 한다.[3)]

3) 사고분석의 기초 지식

(1) 차량의 직접손상과 간접손상

① 직접손상

차량의 일부분이 다른 차량, 보행자, 고정물체 등의 다른 물체와 직접 접촉 충돌함으로써 입은 손상이다.

이것은 바디 판넬(body panel)의 긁힘, 찢어짐, 찌그러짐과 페인트의 벗겨짐으로 알 수도 있고 타이어 고무, 도로 재질, 나무껍질, 심지어 보행자 의복이나, 살점이 묻어있는 것으로도 알 수 있다. 또한 전조등 덮개, 바퀴의 테, 범퍼, 도어

3) http://www.kotsa.or.kr/instruct

손잡이, 기둥, 다른 고정물체 등 부딪친 물체의 찍힌 흔적에 의해서도 나타난다. 그러나 직접손상은 압축되거나 찌그러지거나 금속표면에 선명하고 강하게 나타난 긁힌 자국에 의해서 가장 확실히 알 수 있다.

② 간접손상

차가 직접 접촉 없이 충돌시의 충격만으로 동일차량의 다른 부위에 유발되는 손상이 간접손상이다. 디퍼렌셜, 유니버설조인트 같은 것은 다른 차량과의 충돌 시 직접접촉이 없었는데도 파손되는 수가 있는데 그것이 간접손상이다. 차가 정면충돌 시에는 라디에이터그릴이나 라디에이터, 펜더, 범퍼, 전조등의 손상과 더불어 전면부분이 밀려 찌그러지는데, 그때의 충격의 힘과 압축현상 등으로 인하여 엔진과 변속기가 뒤로 밀리면서 유니버설조인트, 디퍼렌셜이 손상될 수 있다. 충돌 시 차의 갑작스러운 감속 또는 가속으로 인하여 차 내부의 부품 및 장치와 의자, 전조등이 관성의 법칙에 의해 생겨난 힘으로 그 고정된 위치에서 떨어져 나갈 수 있다. 이때에 그것들이 떨어져나가 파손되었다면 간접손상을 입은 것이다. 가끔 충돌 시 부딪힌 일이 없는 전조등의 부품들이 손상을 입는 경우도 있다. 간접손상의 또 다른 예로서는 교차로에서 오른쪽에서 진행해 온 차에 의해 강하게 측면을 충돌당한 차의 우측면과 지붕이 찌그러지고 좌석이 강한 충격을 받아 심하게 압축 이동되어 좌측 문을 파손시켜 열리게 한 것을 들 수 있다. 바디(body)부분의 간접손상은 주로 어긋남이나 접힘, 구부러짐, 주름짐에 의해 나타난다.

(2) 충돌흔적의 확인

① 강타한 흔적

대체적인 직접손상 흔적만을 파악한 정도로는 충돌한 상대차량의 부위를 관련시켜 차의 자세를 나타내주지 못하는 수가 많으므로 부서진 부위에서 특정표시(자국)를 찾아야 한다. 가장 유용한 자국은 강타한 물체의 모습이 찍힌 것이나 표면의 재질이 벗겨진 것이다. 희미한 자국은 발견하지 못하고 그냥 지나치기 쉬우므로 유의해야 한다. 충돌차량끼리의 접촉부위를 나타내주는 손상물질로서는 대개 페인트 흔적과 타이어의 고무조각, 보행자의 옷에서 떨어져 나온 직물 및 피해자의 머리카락, 혈흔 그리고 나무껍질이나 길가의 흙을 비롯한 그 밖의 다른 것일 수도 있다. 이것은 때로 유리조각이나 장식일 수도 있다. 접촉하고 있는 동안의 움직임은 종종 모습이 찍힌 것이나 재질의 벗겨짐에 의해 나타난다. 강타한 자국은 두 접촉부위가 강하게 압박되고 있을 때 발생하여 자국이 만들어지는 양쪽이 모두 순간적으로 정지 상태에 이르렀음을 나타내주는 것으로서 이것을 완전충돌(full impact)이라고 한다.

② 스쳐지나간 자국

스쳐지나간 자국은 순간적으로 정지된 상태에 도달하지 않고 접촉부위가 서로 같이 다른 속도로 움직이고 있었다는 것을 나타내준다. 이는 측면접촉 사고로서 옆을 스치고 간 충격(Sideswipe)이다.

문지른 부위에 대한 페인트를 세밀하게 조사하면 문지른 흔적의 시작된 부위와 끝난 부위의 위치를 알 수 있다. 실증적인 예로서 자동차보다 더 잘 고착된 금속 물체에 페인트를 칠하였다고 할 경우 문지른 물체에 의해 약간의 페인트가 벗겨졌을 때 그 모양은 눈물방울처럼 끝이 큰 흔적이 되는데 이것이 문지른 물체의 주행방향을 나타내주는 것이다.

찢긴 흔적은 눈물방울 흔적과 함께 나타나는데 문지른 끝부분에 나타나는 것이 특징이라 하겠다. 만일 2대의 자동차가 같은 방향으로 주행 중 옆을 문지른 경우 어느 자동차가 더 빨리 주행하고 있었는지의 여부를 결정하는 문제가 있는데 문질러진 흔적의 방향을 조사하면 상관된 속도를 알 수 있다. 즉 주행속도가 느린 자동차의 문질러진 흔적의 방향은 뒤에서 앞으로 나타나며 반대로 주행속도가 빠른 자동차의 문지른 흔적의 방향은 앞에서 뒤로 나타난다.

③ 충돌로 인해 타이어에 나타나는 문질러진 흔적

충돌로 인해 순간적으로 강한 힘이 작용되어 포장 면과 심하게 마찰됨으로써 열이 발생되어 타이어의 접지 면이나 옆벽의 고무가 닳으면서 더욱 검게 변한 모습이 나타난다. 이를 발견하기 위해서는 바퀴타이어를 헛돌려보면서 관찰하고 반드시 사진촬영 해 두어야 한다.

④ 여러 부위의 손상

한 사고에 관계된 차량끼리 여러 번의 충돌을 일으키면 각 충돌접촉마다 별도의 손상부위가 있게 된다. 두 번 이상의 충돌은 간접손상 부위와는 전혀 다르다. 가장 흔한 이중접촉손상은 차의 전면 끝부분이 심하게 충돌된 후 두 대의 차 모두가 각각 시계방향과 시계반대방향으로 회전하여 서로 평행한 자세로 잠시 떨어졌다가 다시 뒤끝부분이 부딪치게 된다. 때로는 페인트의 속 칠과 겉칠이 혼합되어 다른 물체에서 벗겨진 물질과 혼동될 수도 있는데 그러한 경우에는 각 차량의 속 칠과 겉칠을 긁어보거나 조각을 떼어보면 대개 확인을 할 수가 있다. 손상물질의 견본을 수거하여 보관하면 나중에 좋은 증거물이 될 수 있다. 페인트 견본을 수거할 때 마찰흔적보다는 페인트 조각을 구겨진 차체부분에서 발견하여 수집하여야 한다. 페인트조각의 측면은 현미경으로 속 칠과 겉칠의 페인트 층을 알아내는데 사용된다. 특히 뺑소니차량의 추적에 사용된다. 차체의 녹슨 상태는 그 부분이 손상된 후 얼마나 시간이 흘렀는가를 확인할 수 있으며, 그 손상이 사고이전에 생긴 것인지의 유무를 가르쳐주는 기준이 된다. 밝은 금속 광이 나는 손상부위는 다른 차량이나 고정물에 의해서 최근에 부딪친 것이다.

(3) 차량내부의 손상

① 탑승자의 충돌 후 운동방향

운전자를 포함한 차량탑승자들의 충돌직후 운동과정을 규명하는 데는 차량내부의 손상을 토대로 한다.

충돌로 인해 충돌전의 상태를 유지하려고 한다. 즉 충돌전의 속도대로 계속 움직이려고 하는 것이다. 그러므로 차량탑승자들은 2차로 차량내부의 장치물과 충돌하게 되어 큰 부상을 입게 되는데 충돌후 탑승자의 운동방향은 충격외력이 작용한 방향의 역방향이다.

② 사고당시 운전자가 규명

사고당시 운전자가 누구이었는가(탑승자가 어느 좌석에 앉아있었는가)에 대하여는 탑승자의 충돌 후 운동방향 (차량외부의 충돌부위에 의한 충격외력의 작용방향을 통해 추정), 탑승자들의 신체 상처부위, 탑승자들의 최종위치, 차량의 최종위치, 탑승자의 신체가 부딪친 차량내부의 손상 등을 종합하여 규명하게 된다.

③ 사고당시 안전벨트착용 여부

안전벨트 착용여부에 관하여는 안전벨트를 착용하였다하더라도 안전벨트 착용좌석 쪽에 차체가 심하게 찌그러져 하지(下肢)에도 부상을 입고 두부나 안면부에 상처를 입는 수는 있으나 안전벨트를 맨 승차자가 하지를 심하게 다치지 않았는데 두부나 안면부를 심하게 다칠 수는 없다. 결과적으로 두부나 안면부를 심하게 다친 사람이 하지나 다른 부위에 상처를 입지 않은 경우는 좌석안전벨트를 매지 않았다고 보아도 무방하다. 따라서 차량내부의 손상을 정밀히 파악할 필요가 있다. 승차자의 부상원인조사를 위해 차량내부에서 부상을 입히는 위험한 주요 구조물은 앞유리 및 옆 유리, 핸들, 계기판 및 대시 보드, 좌석골조, 천장구조물(특히 전도. 전복 시), 창틀, 바닥, 내부구조물 중 강성(綱性)이 있는 부분으로서 옆 창문, 손잡이, 도어손잡이, 거울, 안전벨트를 필라(骨柱)에 고정시키기 위한 볼트너트부분 등을 들 수 있다.

(4) 자동차 창유리의 손상

자동차에 사용되는 창유리는 열처리된 안전유리인데 앞창유리는 합성유리를 장착하게 되어있고 옆 유리 및 뒤 유리는 강화유리로 되어있으며 특성별 비교는 〈표 5-2〉와 같다.

① 합성유리

이중접합유리]라고도 불리는 이 유리는 서로 버티어주고 있기 때문에 균열 상태에 따라 그 손상이 접촉으로 인한 직접손상인지 아니면 간접적인 손상인지를 파악할 수 있다. 평행한 모양이나 바둑판 모양으로 갈라진 것은 간접손상에 따른 차체의 뒤틀림에 의해 생겨난 것이다. 직접손상은 방사선 모양이나 거미줄 모양으로 갈라지며 갈라진(금이 간)중심에는 구멍이 나 있는 경우도 있다.

〈표 11-2〉 유리성분과 특성 비교

구 분	내 용
합성유리	• 2장의 유리사이에 투명하고 접착력이 강한 폴리비닐부치랄을 끼워 압착한 유리. • 만일 파손되더라도 파편이 흩어지지 않음. • 파손되어도 투명성이 뛰어남. • 충격물이 관통하기 어려움.
강화유리	• 보통유리를 열처리함으로써 유리에 변형을 가하고, 표면층에 압 축력이 가하는 구조로 만든 것. • 보통유리보다 305배의 충격에도 강함. • 깨져도 파편이 팝콘모양이 되므로 상처가 적음. • 온도의 급변에 충분히 견딜 수 있음.
부분강화유리	• 강화유리 일종으로 파손된 경우라도 운전시야가 확보되도록 가공한 유리. • 강도는 강화유리와 같음. • 만일 파손된 경우라도 운전시야를 확보할 수 있음.

② 강화유리

강화유리가 파손되어 흩어진 것만을 보고는 직접손상인지, 간접손상인지 구분하지 못한다. 뒤 창유리에 사용된 강화유리는 박살났을 때 직접손상인지 간접손상인지에 대한 아무런 표시도 나타내 주지 않는다. 그것은 다른 물체와의 접촉에 의한 손상인지 아니면 차체의 뒤틀림에 의한 손상인지의 표시가 없기 때문이다. 어느 경우든 강화유리는 강한 충격에 의해 수천 개의 팝콘 크기의 조각으로 부서진다.

자동차의 창유리는 도로운송차량법 보안기준에 따라 안전유리를 사용하게 되어 있다. 이 안전유리는 2개의 판유리 중간에 투명한 합성수지 필립을 샌드위치모양으로 끼워 접착시켜 유리가 깨질 경우라도 유리파편이 흩날리지 않도록 하여 파편에 의한 상처를 방지하도록 한 합성유리와 보통의 판유리를 가열한 뒤 급냉시켜 유리의 결정을 치밀하게 하여 잘 깨지지 않게 함과 동시에 깨진 경우라도 보통유리 파편처럼 날카롭거나 뾰족하게 되지 않고 둥글게 되어 파편에 의한 상처를 방지하도록 한 강화유리 등이 있다.

(5) 노면에 흠집을 낸 부위의 손상

노면에 파인 홈(Gouge Mark)이나 긁힌 자국(Scratch)이 나타나 있으면 그 흠이나 자국을 만든 차의 부품들을 찾아 주의 깊게 살펴 보아야하는데 세밀한 조사를 위해서는 차를 들어 올리거나 차를 측면으로 세운다음 천천히 관찰하여야 한다. 그렇지 않으면 작기로 차를 들어 엎드려서 차 아래를 들여다 봐야한다. 흠을 남기게 한 부품들은 대개 심하게 마모되어 있거나 닳아있고, 만약에 볼트 등이 돌출해 있다면 휘어져 있을 것이다. 사고 후 짧은 시일 내에 차가 점검된다면 광택나는 부분을 쉽게 발견할 수 있다. 때로 그것들은 마찰시 생긴 열로 갈색이나 푸른색으로 될 수도 있다. 또한 아스팔트 성분이나 노면標示 페인트가 묻어 있을 수 있다. 이것은 특히 무더운 여름날일 경우는 쉽게 나타난다.

예를 들어 오토바이사고의 경우 오토바이의 앞바퀴 허브(hub)가 아스팔트노면을 긁어 파는 경우도 종종 나타나므로 주의 깊게 살펴보아야 한다. 흔히 오토바이가 넘어져서 노면을 긁어 파는 부위는 거의 발판(Step)에 의해서만 발생하는 것으로 고정관념을 가지는 수가 있는데 이는 잘못된 생각임을 명심해야 한다.

(6) 특정부위의 손상

① 브레이크

a. 발생빈도

- 정지시간 길어질 때
- 브레이크 불량
- 특히 교차로 사고, 추돌사고 및 보행자 사고의 원인이 됨.
- 과적한 트럭에 발생하기 쉬움

b. 조사요령

- 미끄러진 흔적이 있으면 차륜의 브레이크는 완전하였다는 것이 증명.
- 브레이크파이프가 충돌로 파손되어 있지 않은 경우
- 브레이크 오일의 누출이 없는가

- 브레이크 페달을 밟았을 때 바닥에 접촉하지 않는가.
- 트럭이 그 크기에 비해 짐을 너무 많이 싣고 있지 않았는가.
- 너무 무거운 짐을 운반하려 스프링, 차륜 및 타이아의 수를 늘린 사실은 없는가.
- 차의 손상이 심하지 않은가
- 이런 경우 급제동 실험(Skid test)을 해 본다.

차의 손상이 심한 경우, 브레이크 불량이 생각될 때, 브레이크 드럼과 브레이크 밴드의 마멸 상태습기, 진흙 또는 그리스 부착정도를 조사.

② 조향기어, 차륜, 스프링

a. 발생빈도

- 이것들의 파손은 타이어 파열 사고의 원인이 됨.
- 현가장치 고장, 브레이크 과부하등의 징후가 있을 수도 있음.

b. 조사요령

- 파손부품 특히 파손 가장자리의 경미한 녹슨 흔적, 허브, 차륜, 스핀들, 타이로드, 서스펜션 힌지 및 스프링 섀클의 볼트 구멍이 확대되거나 늘어난 부위를 찾는다.
- 볼·소켓의 마모와 덜거덕거림을 찾는다.
- 새차에는 드물다.
- 前輪이 파손되어 있지 않으면 차륜의 여유를 조사.
- 스티어링웸이 단단한 가 헐거운가를 조사.

③ 타이어

a. 발생빈도

- 펑크, 차량이 그 콘트롤을 잃어 일어난 사고 특히 노외일탈 및 정면충돌의 원인이 됨.
- 단독사고인 경우 교차로사고 또는 보행자사고에는 드문 경우.

c. 조사요령

- 타이어 공기가 빠진 채 주행한 형적을 찾을 것(림 全周에 걸친 마모나 구겨짐, 내부코드가 찢어져 벗겨져 있는가를 찾는다)
- 튜브가 갈기갈기 찢어진다. 타이어 측면의 광범위에 걸친 금이나 갈라진 곳 등.
- 얇게 된 트레드에 있는 찢어진 구멍은 펑크의 유력한 증거.
- 키지점 앞의 노면을 조사하여 공기가 빠진 타이어에 의한 흔적을 찾을 것.
- 新品타이어에서는 좀처럼 일어나지 않는다.

④ 앞유리, 옆유리, 후사경

a. 발생빈도

- 먼지, 스티커, 진흙, 서리, 습기에 의한 흐림에 의해 시야가 나쁘게 됨.
- 춥고 습기가 많거나 안개가 낀 날씨에 유리의 흐림은 뚜렷하게 나타 남.

b. 조사요령

- 사고 전부터 금(균일), 파손, 또는 유리가 없었는가를 점검.

⑤ 와이퍼

a. 발생빈도

- 와이퍼 작동하지 않은 경우 비 또는 눈 속에서 후퇴를 제외한 거의 모든 종류의 사고의 요인이 됨.
- 노외일탈, 추돌 및 고정물과의 충돌형태를 취함.
- 야간사고에 많이 관계함.

b. 조사요령

- 브레이드의 유무를 조사.
- 스위치 또는 콘트롤 놉이 어느 위치로 되어 있는가를 찾는다.
- 앞유리 와이퍼의 작동 범위 내에서의 줄 흔적, 깨끗하게 된 부분, 또는 브레

이크
작동의 가장자리 부분의 새로운 퇴적물에 대하여 조사하고, 사고시점에서의 와이퍼 작동상태의 증거를 찾는다.

⑥ 도어로크

a. 발생빈도

- 이것의 파손은 충돌 시 도어의 어긋남에 의한 부상의 원인이 됨.
- 중요한 것은 승객이 차에서 튕겨져 나가는 경우

b. 조사요령

- 도어 및 테두리 기둥의 파손된 고리나 빗장을 점검.
- 차의 측면을 검사하여 충돌한쪽의 앞, 뒤부분 또는 반대쪽의 한 가운데 부분에 충돌에 의한 늘어남이 있었는가를 조사.
  - 도어가 움푹 들어가 있을 때는 도어를 검사하여 빗장이 걸리지 않을 정도의 변형이 있는가를 조사.
- 충돌에 의해 차가 심한 스핀을 할 때나, 차가 측방으로 운동하거나 전복이나 도약을 해 노측에 이랑상의 흔적을 만들 때 특히 발생하기 쉽다.

(7) 충돌 전후 이동과정 중의 손상

차량의 빗물받이 또는 지붕선이 땅에서 끌렸던 금속상흔과 흙 등을 찾아보고 각 흔적들을 확인하면 첫 지점에서 마지막지점까지 차의 정확한 경로를 밝히는데 도움이 된다.

지붕이나 창틀, 트렁크 뚜껑이 아래 혹은 옆으로 찌그러진 것은 차의 전복을 나타낸다. 차가 전복되어 구를 때 차의 측면과 꼭대기가 노면에 긁히게 되는데 특히 모서리 부분이 긁힌다. 뒹굴 때 차가 거꾸로 회전할 수 있다. 차량의 측면과 윗면에 긁힌 자국의 방향은 차가 어떻게 움직였는지를 결정하는 데 큰 도움이 된다. 무게중심이 낮고 폭이 넓은 차들은 옆으로 미끄러지는 동안 도로변의 물체에 부딪힌다면 튀어 오르거나 거꾸로 내려앉거나 중간의 지면접촉이 없이 반대쪽 편에 내려앉을 수 있다. 차가 몇 번이나 굴렀는지에 대해서는 여러 추측이 난무하는 게 보통이다. 차가 가파른 제방을 굴러가고 있지 않은 한 차는 거의 한 번 이상 전복되지 않는다. 그 후에 곧 차는 제 모양대로 바로 서게 된다.

고정물체와의 손상도 차량의 이동과정을 통해 어떤 물체와 충돌하였는지, 충돌한 후 어느 방향으로 진행하였는지를 알기위해 조사하여야 한다.

도로조사를 통해 차가 몇 번이나 굴렀는지에 대해서 알 수가 있으나 손상부분만으로 이러한 사실을 알아내기란 쉽지가 않다. 목격자나 승객의 진술은 과장이 많으므로 진술 청취 시 언제나 그런 점을 주의해야 한다.

(8) 속도계기의 조사

사고 후 속도계가 차의 실제 속도보다 높은 수치를 가리키는 경우도 있고 0을 가리키는 경우도 있으므로 속도계 침이 가리키고 있는 속도는 참고로 하되 단정해서는 안 된다.

자동차를 검증할 때는 다른 때와 마찬가지로 계기판에 붙어있는 계기를 조사해야 하지만 속도계바늘이 충돌당시의 속도를 가리키면서 찌그러져 있는 경우를 제외하고는 계기판을 판독한다는 것이 별로 의미가 되지 못한다.

사실상 이러한 경우는 매우 드물게 일어나므로 속도계 바늘이 어떤 속도로 부딪치는 경우 그 바늘이 받은 어떤 힘이 속도계기를 파손시킬 때 움직이게 되므로 이때에 주의할 점을 속도계기에 대한 전문가에게 의뢰하여 조사를 받아야 하는 것이다.

속도계기는 일반적으로 까다로워 판독이 곤란하다. 그러나 교통사고 조사자들 역시 실제로 속도계를 보고 속도계 바늘이 왜 부딪쳤는지의 이유와 또 어디를 쳤는지를 조사할 수 있는 유능한 계기판에 대해 기술자를 찾지 않는 한 계기판에 명시된 속도가 충돌당시에 자동차 속도를 나타내주는 것이라고 할 수는 없다.

여기에는 두 가지 이유가 있는데 그 중 하나는 효과적인 판독을 하기위 하여는 더욱 섬세한 연구 분석이 필요하고 또 다른 하나는 조사자들이 확실한 근거 없이 계기바늘을 판독하는 것은 충돌사고로 인하여 남겨진 다른 증거물을 자동적으로 보지 못하게 된다는 것이다.

한 가지 예로서 여러 날 지난 다음에서야 비로소 속도계기의 판독이 잘못이라는 것을 알게 되면 충돌 당시 유지하였던 속도를 입증하기 위해 필요한 자료를 소홀히 하였다는 것을 느끼게 될 것이다. 그 이유는 속도계기를 잘 판독하고 기록하여 두기는 하되 그것을 전부 믿어서는 안 된다. 다만 그것을 기록한 후에 정확한 것을 입증할 수 있다는 것을 믿으면 된다.

(9) 차량손상조사. 분석의 원칙 및 착안점

① 직접손상부위와 간접손상부위를 구분한다.
② 충격력이 작용된 방향을 파악한다.
③ 상대차의 재질이 묻었나를 찾아본다.
④ 상대차의 물체의 형상(形狀)이 찍혔나를 본다.
⑤ 상대 차의 어느 부위와 충격하였나를 대조한다.
⑥ 밀려들어간(압축된) 변형인가, 잡아끌린 변형인가, 스쳐지나갔는지를 본다.
⑦ 손상부분이 차체의 측단으로 벗어 났는가 아닌가를 본다.
⑧ 밀려 올라갔는가, 눌려 찌그러졌는가를 본다.
⑨ 간접손상의 범위가 측방의 대각선방향으로 미쳤는가 아닌가를 본다.
⑩ 2군데 이상의 손상이 있을 경우 1차 충돌에 의한 것인가, 2차 충돌에 의한 것인가를 본다.
⑪ 전체적인 손상의 모습은 어떠한가, 하체나 프레임의 변형과 바디(body)의 변형이 다르지 않은가를 본다.
⑫ 차체가 찌그러져 바퀴를 억지한(움직이지 못) 것은 아닌가를 본다.
⑬ 손상 폭이 좁은가 넓은가를 본다.
⑭ 타이어의 접지면(tread)이나 옆벽(Sidewall)에 나타난 흔적이 있는가를 본다.
⑮ 차체 내부에 탑승자 신체와 충격하였는지. 탑승자 위치를 알 수 있는 흔적이 있는가를 본다.

(10) 사고 진실 밝히기

충돌직후 차량의 운동특성을 보면 운전자가 위험을 느끼는 순간 이후부터의 움직임이 다분히 운동 역학적인 현상으로 나타나기 때문에, 사고 차량의 운동과정 중에 일어나는 현상(노면에 나타난 흔적과 최종 정지위치 등)과 사고차량들의 손상상태를 토대로 충돌전후의 상황을 역 추적할 수 있는 것이다.

또한 사고현장 부근의 충돌지점 부근뿐만 아니라 충돌지점 이전의 도로 조건도 매우 중요하다. 예를 들면 도로의 평면 곡선(커브관계)와 종단 곡선(오르막 내리막 관계), 도로의 교차 각도에 의한 통행특성과 운전습관에 의한 차량 진행 궤적 등도 사고의 상황이 어떠하였느냐를 아는데 매우 중요한 참고자료가 된다. 단 도로조건에 관하여는 운전자에 따라 약간의 차이를 보이는 경우도 있으므로 충돌시 자세(차량 손상상태와 최종정지위치 및 차량의 속도, 제동조건, 핸들 조작 여부)를 밝힌 다음 도로여건이 그 사고에 어떻게 영향을 미쳤는가를 알 수 있는 것이다.

결국 위와 같이 사고의 상황을 밝혀 나간다면 운전자들의 주장이나 진술이 얼마나 들어맞는지, 아니면 거짓말을 하고 있는지, 착각을 하고 있는지에 관하여 어느 정도는 알 수 있다.

(11) 진술, 증언의 편견

진술에는 거짓말이 뒤따라 다닌다는 것을 사고감정에서는 염두에 두어야 한다.

신빙성이 모자라는 점은 있으나 그것 없이는 해나갈 수 없는 것이 또한 진술이다. 진술인은 사고의 당사자(운전자), 동승자, 목격자 등이다.

① 진술의 4가지 편견

- 자신이 없는 기억에 의존하는 편견
- 나중에 픽션 만들기에 의한 편견
- 질문자의 강한 의견에 따라가는 편견
- 자기 방위적 거짓말

② 세부사항

- 자신이 없는 기억에 의존하는 편견

- 사고를 일으키면 조사관에 의해 실황조사서와 진술조서가 작성된다.
- 조서를 작성할 때에 당사자는 크건 작건 정신적으로 동요하고 있으므로 조사관이 상상하고 있는 스토리에 따라서 아마 그렇겠지요..라고 조사관의 신문에 순응하여 대답해 버리는 경우도 있다. 자신은 없지만 "아마"라는 점으로부터 끌어 낸 진술도 한번 조서 상에 기재되면 확실한 정황증거로 된다.

❑ 나중에 픽션 만들기에 의한 편견

사고 후 차나 건물의 부서진 정도나 傷害의 모양을 보고 또한 부근의 사람들의 말을 듣고 있는 동안 사람은 저도 모르게 주위의 분위기나 사람들의 말하는 것에 맞추어 픽션을 만들어 버린다. 정말은 보지 않았는데도 본 것 같은 기분이 된다든지 생각지도 않았던 것을 생각했던 것과 같은 기분이 되기도 한다.

❑ 질문자의 강한 유도된 의견에 따라가는 편견

주체성이 결핍된 사람들은 강한 의견에 억눌려 덩달아 진술을 한다.

다른 사람이 말하므로 게다가 자신이 없으므로 아마 그럴 것이라고 남의 강한 의견에 추종한다.

❑ 자기 방위적 거짓말

가장 경계해야 할 것은 물론 최후의 자기방어적인 거짓말이다. 이것은 가해 용의자에만 국한되지 않고 목격자나 사고당사자도 이해관계를 갖는 경우에는 거짓을 말할 경우가 있다. 흔히 『죽은 자는 말이 없다』 라고 한다. 따라서 사망한 당사자에게 모든 책임이 전가될 수도 있다. 또한 거짓말은 시간이 지남에 따라서 점차로 다듬어지면서 전략적으로 된다.

③ 진술의 편견을 바로잡는 방법

- 물증과의 비교
- 복수 증언의 비교

4) 쟁점별 진상규명[4)]

(1) 중앙선침범에 관한 진상규명

어느 차량이 중앙선을 침범했느냐에 관한 판정은 다음과 같은 방법으로 할 수 있다.

① 충돌지점을 나타내줄 수 있는 노면에 나타난 흔적을 통해 판정하는 방법.

② 뚜렷한 노면흔적이 나타나있지 않는 경우에는 자동차의 손상상태와 최종 정지위치를 토대로 충돌 시 자세와 충돌 후 이동방향을 추정하여 판정하는 방법.

③ 사고 후 사고현장 도로에 나타난 흔적 및 위치를 측정하여 축척도면에 작성한 자료와 자동차의 상세제원, 자동차의 손상정도, 타이어와 도로 노면사이의 마찰계수 등 객관적인 자료와 충돌지점 및 충돌 시 자세, 제동정도 및 핸들조작정도, 사고차량의 속도 등 가상의 자료를 컴퓨터프로그램에 입력하여 시뮬레이션(충돌 모의실험)을 실행해 봄으로써 판정하는 방법이 있다.

이상과 같은 세 가지 방법 중 가장 정확도가 높은 것은 세 번째 방법이다.

(2) 진로변경여부에 관한 진상규명

동일방향으로 진행하던 차량끼리 충격하였을 경우 뒤차는 앞차의 갑작스러운 진로변경을 탓하고 앞차는 뒤차의 전방 주시 태만이나 과속 또는 양보 不이행을 원망하는 경우가 허다하다.

이런 때 양 당사자의 주장 중 합당한 것을 가려야만 할 때가 있다. 결국 그 방법은 사고 당시의 제동여부, 핸들조작여부, 속도, 충돌부위 등을 가정한 상태로 시뮬레이션(충돌모의실험)을 해서 실제의 충돌 후 진행과정이나 최종정지위치와 일치하는지를 따져보아야 한다.

4) http://www.accident.co.kr/

(3) 교차로사고에 관한 진상규명

① 신호등이 있는 교차로에서의 사고

첫째. 교차로의 각 방향별 신호주기를 초시계로 측정하여 도표로 그린다.

둘째. 교차로 입구인 일시정지선으로부터 충돌지점까지의 거리를 측정한다.

셋째. 충돌 시 속도를 산출한다.

(각도 있는 충돌의 속도 산출법에 관한 사항은 전문가에게 의뢰하여 해결)

넷째. 일시정지선에서 충돌지점까지의 거리와 속도를 이용하여 일시정지선에서 충돌지점까지의 소요시간을 구한다.

다섯째. 목격자의 진술이나 사고 양당사자(운전자)의 진술 또는 주장을 통해 수치로 바꿔 산출할 수 있는 자료가 있으면 신호주기 도표 상에서 충돌시점과 교차로 진입시점(교차로입구 일시정지선)을 찾아낸다.

② 신호등이 없는 교차로에서의 사고

첫째. 교차로 입구인 일시정지선으로부터 충돌지점까지의 거리를 측정한다.

둘째. 충돌 시 속도를 산출한다.

(각도있는 충돌의 속도 산출법에 관한 사항은 전문가에게 의뢰하여 해결)

셋째. 일시정지선에서 충돌지점까지의 거리와 속도를 이용하여 일시정지선에서 충돌지점까지의 소요시간을 구한다.

넷째. 일시정지선에서 충돌지점까지의 소요시간이 긴 차량이 짧은 차량보다 先진입한 결과가 된다. 단, 우선순위를 참고로 하여 과실비율이 결정되어져야 한다.

(4) 불법회전 및 유턴에 관한 진상규명

중앙선이 끊겨 있지 않은 곳에서 횡단회전(U-turn)하거나 小路에서 나와 중앙선을 가로질러 가다가 충돌로 인해 방향전환 되어 최종정지위치가 충돌 전 진행하던 방향과 다르게 되면 엉뚱한 주장을 하는 경우가 있다. 이런 때는 노면에 별다른 흔적도 남게 되지 않는 것이 거의 대부분이다. 그러므로 결국 충돌 시 자세를 밝혀야만 충돌 전에 어느 쪽에서 어느 쪽으로 진행하려 했었나를 알 수가 있다.

이런 경우는 시뮬레이션(충돌모의실험)을 통해서 명확하게 할 수 있다.

(5) 추돌의 상황에 관한 진상규명

추돌의 상황에 관하여 양 사고차량의 당사자들의 주장은 첨예하게 대립되는 경우가 있다. 승용차는 엔진이 앞부분에 위치하여 있는데 엔진은 다른 부품보다 무겁고 충격에도 거의 변형되지 않으므로 구조적으로 앞부분이 뒷부분보다 강하다. 그러므로 변형정도에 있어 추돌차의 앞부분은 극히 미미하고 피 추돌차의 뒷부분은 심하다. 추돌사고에 있어 대체로 다툼의 쟁점이 되는 것은 다음과 같다.

- 추돌차와 피 추돌차의 속도
- 맨 뒤차가 중간차를 추돌함으로써 중간차가 앞으로 밀려 맨 앞차를 추돌한 것인가, 아니면 중간차가 맨 앞차를 추돌한 다음 맨 뒤차가 중간차를 또 추돌한 것인가
- 추돌로 인해 피 추돌차의 승차자(운전자나 동승자)가 그 정도로 부상 할 수 있는가(꾀병인가, 기왕증에 기인한 것인가, 그렇게 부상할 수밖에 없는가)

추돌사고에 있어서 피 추돌차의 파손정도(변형량)나 사고차량들의 추돌지점으로부터 최종정지위치까지 이동거리와 중량 등을 이용하여 각 차량들의 속도를 측정해 낼 수 있다. 속도를 측정해내면 맨 뒤차가 중간차를 추돌하는 바람에 중간차가 앞으로 밀려 맨 앞차를 추돌한 것인지, 중간차가 먼저 맨 앞차를 추돌하고 난 뒤에 또다시 맨 뒤차가 중간차를 추돌했는데 맨 뒤차에 뒤집어씌우는 것인지를 알 수 있다.

(6) 오토바이사고에 관한 진상규명

오토바이는 그 특성으로서 자동차와는 달리 바퀴가 2개이므로 중심을 잃으면 기울어져 넘어지게 되고 중량이 4륜 자동차에 비해 월등히 가벼워 4륜 자동차끼리 충돌하였을 때와의 움직임과는 크게 다르며 승차자가 좌석으로부터 고정되어 있지 않으면서 신체가 노출되어 있어 쉽게 부상을 입고 오토바이 차체로부터 분리되어 떨어지는 경우가 빈번하다.

그러므로 오토바이가 좌·우측의 어느 쪽으로 넘어졌는지, 앞이 어느 쪽을 향한 채 넘어졌는지, 어느 지점에 넘어졌는지 뿐만 아니라 오토바이 승차자가 신체 어느 부위를 다쳤는지, 어느 지점에 떨어졌는지, 신체의 머리부위와 다리부위가 어

느 쪽을 향한 채 쓰러졌는지, 어느 정도의 상처를 입었는지 등이 분석의 기초자료로 활용되고 오토바이가 4륜 자동차와 충돌하였을 경우에는 4륜 자동차의 어느 부위가 부서졌는지, 최종정지위치 및 자세는 어떤 지점인지 등도 사고 상황을 규명해 내는데 필수적인 자료가 된다.

위와 같은 자료들을 토대로 오토바이가 충돌직전에 어떤 주행경로로 진행하였는지, 충돌당시의 상황을 재현해 낼 수가 있다.

(7) 보행자사고에 관한 진상규명

보행자사고(자동차 對 보행자)에서는 보행자가 일반적으로 부상을 당한다. 보행자사고에 있어 주로 문제가 되는 것들은 다음과 같다.

- 차가 보행자를 충격한 지점. (횡단보도 내 이었는가, 아니면 횡단보도를 벗어났는가)
- 보행자를 충격한 차량의 진로.
- 보행자를 충격할 때 자동차의 속도.
- 충격 시 보행자의 자세가 어떠하였는가.(보통의 자세로 걷고 있었는가, 차로를 가로질러 걷거나 뛰고 있었는가, 노상에 드러누워 있었는가 하는 점)
- 자동차 운전자가 충돌회피의 여유가 있었는가 하는 점.
- 보행자를 충격한 차량이 어느 차량이었느냐 하는 점.

  보행자 사고는 사고이후 시일이 지나면 사고흔적이 지워지므로 가능한 한 빠른 시일 내에 사진 촬영을 통해 확보해두어야 하는 것이 중요한데 사고지점 부근에서 신속하게 수집하여야 할 중요한 증거(자료)는 다음과 같다.
- 보행자가 가해차량에 치어 튕겨져 날아간 노상낙하위치와 최종전도 위치.
- 보행자의 혈흔이 도로에 묻어있는 위치.
- 가해차량의 손상상태(유리창의 파손모양 포함), 가해차량에 묻은 보행자의 혈흔이나 옷이 찢어지면서 묻은 섬유조각, 머리카락 등
- 보행자의 의복에 나타난 흔적.(가해차량이 보행자를 치고 지나가면 의복에 타이어자국이 남아 손상자국이 남게 된다.)
- 가해차량이 보행자를 치었을 때 가해차량의 파손잔존물이 떨어진 흔적

(8) 속도에 관한 진상규명

속도에 관하여는 다음과 같은 원리에 의해 산출하여야만 정확도가 높다. 스키드마크가 발생하였을 경우에 그 길이와 타이어와 노면사이의 마찰계수를 사용하여 산출한 속도를 사고당시의 주행속도로 확정하기 위해서는 스키드마크가 끝난 지점에서 정지한 경우에 한(限)한다.

스키드마크를 발생시키고 다른 물체와 충격하였다면 충격 시 속도를 구한다음 스키드마크에 의한 감속을 적용하여 산출한다.

옆 미끄럼 타이어 자국인 요마크가 발생되었을 경우에는 요마크의 현과 현의 높이를 측정하여 곡선반경을 계산한 다음 요마크에 의한 속도산출공식을 이용한다.

타이어자국이 전혀 나타나지 않았을 경우에는 충돌지점에서 최종정지위치까지의 거리에 의해 충돌직후 속도를 구한 다음 손상으로 인한 감속도를 구하여 합성속도를 산출하면 되는데, 정확도가 떨어지므로 시뮬레이션(충돌모의실험)을 이용하는 것이 오차가 극히 적다.

(9) 운전자 구분에 관한 진상규명

2인 이상이 승차하여 주행하던 차량이 충돌사고 또는 추락사고를 일으켜 승차자들이 차 밖으로 튕겨나가 승차자 전원이 죽거나 크게 다쳐서 신문이 불가능하여 운전자가 명확하지 않거나 운전한 사람이 운전하지 않은 다른 사람에게 운전책임을 뒤집어씌우려는 의혹이 있거나 반대로 운전자를 감추고 운전하지 않은 사람이 보험금을 노려 자신이 운전하였다고 주장하는 경우 등에 감정이 가능하다.

① 탑승자의 충돌 후 운동방향

운전자를 포함한 차량탑승자들의 충돌직후 운동과정을 규명하는 데는 차량 외부와 차량내부의 손상을 토대로 한다. 충돌로 인해 차량자체는 급감속하게 되어도 차량탑승자들은 관성에 의해 충돌전의 상태를 유지하려고 한다.

즉 충돌전의 속도대로 계속 움직이려고 하는 것이다. 그러므로 차량탑승자들은 2차로 차량내부의 장치물과 충돌하게 되어 큰 부상을 입게 되는데 충돌 후 탑승자의 운동방향은 충격외력이 작용한 방향의 역방향이다.

② 사고당시 운전자

사고당시 운전자가 누구이었는가(탑승자가 어느 좌석에 앉아있었는가)에 대하여는 탑승자의 충돌 후 운동방향(차량외부의 충돌부위에 의한 충격외력의 작용방향을 통해 추정), 탑승자들의 신체 상처부위, 탑승자들의 최종위치, 차량의 최종위치, 탑승자의 신체가 부딪친 차량내부의 손상 등을 종합하여 규명하게 된다.

(10) 에어백의 오작동여부에 관한 진상규명

자동차의 이용자(소비자)는 에어백이 터질 상황인데 터지지 않았기 때문에 치명적인 상처를 입었다거나 부상이 크게 감소될 수 있었는데 그렇지 못했다고 주장하고 자동차 제조사는 에어백이 작동될 상황(조건)이 아니었다라고 주장하여 소송이 이루어지는 경우가 간혹 있다.

에어백은 正前面충돌로 충돌각도가 30도 이하이고 유효충돌속도(장해물 충돌환산속도) 34km/h이상의 조건을 동시에 만족하는 범위이거나 충돌각도가 0도인 100% 正前面충돌로 유효충돌속도 25km/h 이상인 범위 내에서 작동되는 것으로 알려져 있다. 그러므로 충돌당시 충돌 각도가 몇도이었는지, 사고 양 차량의 충돌시 속도가 몇 km/h이었는지를 정확하게 밝혀야 한다.

충돌각도나 충돌 시 속도는 차량손상부위나 정도를 육안으로 봐서는 애매한 점이 있으므로 시뮬레이션(모의충돌실험)에 의해 확인하는 것이 현재까지 개발된 과학적인 방법 중 가장 명쾌하게 밝힐 수 있는 방법이다.

(11) 안전벨트 착용여부에 대한 감정

안전벨트를 착용하였다 하더라도 안전벨트 그쪽 좌석 쪽의 차체가 심하게 찌그러져 하지(下肢)에도 부상을 입고 두부나 안면부에도 상처를 입을 수는 있으나, 안전벨트를 맨 승차자가 하지를 심하게 다치지 않았는데 두부나 안면부를 심하게 다칠 수는 없다.

결과적으로 두부나 안면부를 심하게 다친 사람이 하지나 다른 부위에 상처를 입지 않은 경우는 좌석 안전벨트를 매지 않았다고 보아도 틀림이 없다. 따라서 안전벨트 착용여부에 관하여는 차량외부의 손상에 의한 충격외력의 작용 방향과 차량 내부의 손상과 신체 상처상태를 정밀히 파악하면 감정이 가능하다.

(12) 충돌의 충격과 인체의 강도

충돌사고가 발생하면 차량이 부서지고 승차자가 부상을 입는다. 그런데 충돌의 충격이 어느 정도인가를 나타내주는 차량파손상태를 보았더니 승차자가 부상을 입은 정도와는 도무지 이해가 가지 않는 경우가 있다.

그러므로 「이 정도의 충격으로는 인체에 부상을 입힐 수 없다.」 라는 충격의 안전 한계값이 설정될 필요가 있다. 그렇지 않으면 사고로 인한 부상의 책임을 명확히 할 수 없고 자동차사고를 핑계로 보험금 사기나 과잉진료가 무질서하게 생겨날지도 모르기 때문이다. 지능적인 위장사고와 꾀병으로 부당한 배상요구가 벌어지기도 한다. 이러한 것들은 다음과 같은 점들을 활용하여 대처해 나가야 할 것이다.

- 차량승차자의 부상원인
- 차량의 속도와 인체의 충격정도
- 인체가 충격을 견딜 수 있는 한계
- 사고의 상황과 부상의 인과관계
- 외상성 경부증후군(척추체 손상)의 공학적 고찰

제12장

지문감식의 이해

1. 지문(指紋)의 개념과 특성
2. 지문(指紋)의 연혁
3. 지문분류방식
4. 현장지문
5. 유전자와 DNA 지문
6. 족(足)흔적 감식

제12장 지문감식의 이해 (Fingerprint Identification)

1. 지문(指紋)의 개념과 특성

1) 지문의 개념

"지문(A fingerprint; a finger mark)"이란 지두장측부(지두내면)의 피부가 융기한 선 또는 점(이하 "융선"이라한다)으로 형성된 각종 문형 및 그의 인상을 말한다. 지문은 크게 다음과 같이 두 가지 특성을 갖고 있다.

2) 지문의 2대 특성

(1) 만인부동(萬人不同)

지문의 특성중 만인부동이란 사람마다 지문이 모두 다른 모양인 것을 말하며, 부모형제사이의 지문도 모두 다른 모양을 가지고 있다. 쌍둥이 형제, 자매에게도 지문의 모양은 다 다르게 나타났는데 1977년 5.12일 우리나라 강원도 정선에서 출생한 일란성 네쌍둥이의 지문확인 결과도 모두 다르게 나타났다.

(2) 종생불변(終生不變)

지문의 종생불변이란 특성은 사람이 태어날 때 형성 된 지문의 모양(융선)이 사망 전까지는 표피가 벗겨져 지문모양이 없어졌다가 새로 표피가 생겨 지문모양이 소생되어도 역시 전과 똑같은 모양으로 재생되는 것을 말한다.

따라서 만인부동((萬人不同), 종생불변(終生不變)이라는 지문의 2대 특성으로 인하여 지문감식이 세계적으로 개인 식별 및 범인 신원판명 등을 하는데 많이 이용되고 있는 것이다.

3) 지문의 효용

(1) 신원 및 범죄경력자 확인

입건된 피의자들이나 불심검문 대상자들이 다른 사람의 인적사항을 도용하더라도 지문에 의해 신원이 밝혀지고 재범자의 주범이 가장, 위장요건에 해당되어 범죄경력을 은폐하고 허위의 범죄경력을 진술할 때도 지문에 의해 범좌경력이 밝혀지게 된다.

(2) 변사자의 신원확인

신원불상의 변사자가 발견되었을 경우 변사자의 지두가 완전히 부패하지 않았을 때는 십지지문을 채취하여 주민등록발급 신청서의 지문 또는 전과원지 지문과 대조하여 신원을 밝혀낼 수 있다. 주민등록증 발급자 또는 미발급자라도 전과가 있는 경우에는 신원확인이 가능하다.

(3) 범죄현상 지문에 의한 범인 신원 판명

범죄현장 또는 범인의 침입로, 도주로, 범행의 예비, 음모(陰謀)장소에서 채취한 지문을 현장지문이라 하며, 채취된 유류지문과 주민지문자료 및 일지지문자료 또는 용의자 지문과 대조하여 범인의 신원을 판명할 수 있다.

2. 지문(指紋)의 연혁

지문을 처음으로 이용한 나라는 고대 중국 당나라시대이며 후일 영국의 인류학자 “칼톤경”이 중국의 “환상”, “와상”의 분류법을 습득하여 오늘날의 지문분류법의 기초로 삼았다고 한다.

지문을 개인식별에 최초로 사용한 사람은 영국인 “윌리암 하셀”인데, 그는 서기 1858년에 처음으로 인도의 뱅갈지방에서 영국의 식민지관리로 근무하면서, 그가 거래하는 인도인들의 위조문서를 방지하여, 개개인의 장문을 공문서 위에 압날케 하였던 것이다.

또한 일본 축지병원에 근무(서기 1874년)하던 영국인 의사인 "헨리 폴즈"는 일본 고대의 도기에서 발견 된 지문에 흥미를 느끼게 되어 그 후 지문의 연구를 계속하던 중, 1880년 10.28일 "자연"이라는 통상과학잡지에 지문에 관한 논문을 발표하여, 지문의 연구발전에 지대한 공헌을 하여 오늘날 세계 각국에서 지문에 대해 장족의 발전을 보게 하였다.

영국인 "에드워드 리챠드 헨리"는 "헨리식"지문법이라는 것을 창안하였으며, 1901. 7.1 영국에서 처음 채택되어 영국 및 미국 등지에서 사용하고 있다.

우리나라는 "함부르크식"으로 독일 함부르크 경찰청장 "롯셀"박사가 서기 1903년 완성한 것으로 일명 '롯셀식'이라는 지문분류법을 사용하고 있으며, 독일, 일본 등에서도 사용하고 있다.

우리나라 감식제도는 1910년 11월 11일 소위 조선총독부 법무국 행형과에 지문계를 설치하고 전국 형무소에 수감된 수형자의 지문 채취보관하기 시작하였다.

3. 지문분류방식

1) 지문분류의 의의

지문은 얼른 보기에도 서로 유사하게 보이는 것도 있지만 이는 외형상 유사하게 보일 뿐이지 실제로 동일 지문은 없다. 인간의 지문은 모태 3-4개월부터 생성되어 출산 후 성장함에 따라 그 형태가 분명히 나타나며 일단 생성된 지문은 일생동안 변화되지 않는 특성이 있다. 따라서 이러한 지문의 특성을 이용하여 개인을 식별하기 위해서는 지문을 체계적으로 분류할 필요가 있는 것이며, 여기서 생겨난 것이 지문제도로서 지문분류는 지문제도 실시가 가능하도록 해 주는 가장 기본적인 밑받침이 되어 주는 것이다.

2) 지문감식 사용용어

(1) 지문

지문이라 함은 손가락 끝마디의 안쪽에 피부가 융기(隆起)한 선 또는 점(이하 "

융선"이라 한다)으로 형성된 각종 문형 및 그의 인상(印象)을 말한다.

(2) 현장지문

현장지문이라 함은 "범죄현장에서 채취한 지문"을 말한다. 즉 범죄현장의 여러 가지 물건에 인상 된 잠재(육안으로 보이지 않는 것) 또는 현재(육안으로 보이는 것)의 지문을 그대로 또는 가공 검출시켜 채취한 모든 지문을 말한다.

(3) 준 현장지문

준 현장지문이라 함은 범죄현상은 아니더라도 범죄현장과 관련이 있는 범인의 침입경로, 도주경로 및 예비 장소 등에서 발견된 지문, 혹은 전당포, 고물상 등에 비치된 거래대장에 압날 된 지문 등 피의자의 발견을 위하여 범죄현장 이외의 장소에서 재취한 지문을 말한다.

(4) 관계자지문

관계자지문이라 함은 현장지문 또는 준 현장지문 중 관계자지문에 해당되지 아니하는 지문을 말하며, 피해자나 가족들의 지문이 관계자지문이 이에 해당한다.

(5) 유류지문

유류지문이라 함은 현장지문 또는 준 현장지문 중 관계자지문에 해당되지 아니하는 지문을 말하며 피의자 지문이 유류지문이다.

(6) 범죄경력조회

범죄경력조회라 함은 피의자의 신원 및 범죄경력에 관하여 인적사항 또는 지문으로서 행하는 조회를 말한다.

경찰의 수사자료표 중 벌금이상의 형의 선고·면제, 선고유예, 보호감호, 치료감호, 보호관찰, 선고유예실효, 집행유예취소, 벌금이상의 형과 함께 부과된 몰수·추징·사회봉사명령·수강명령 등의 선고 또는 처분에 관한 자료를 말한다.

(7) 신원확인조회

"신원확인조회"라 함은 신원을 확인할 필요가 있는 피의자, 변사자 등에 대하여 신원 및 범죄경력에 관하여 인적사항, 주민등록증발급신청서, 또는 지문(AFIS, E-CRIS 등)등에 의해 신원을 확인하는 조회를 말한다.

(8) 수사자료표

"수사자료표"라 함은 수사기관이 피의자의 지문을 채취하고 피의자의 인적사항, 죄명, 입건관서, 입건일자, 처분·선고결과 등 수사경력 또는 범죄경력에 관한 사항을 작성한 표(전산 입력되어 관리되거나 자기테이프, 마이크로필름 등 그 밖에 이와 유사한 매체에 기록·저장된 표를 포함한다)로서 경찰청이 관리하는 것을 말한다.

(9) 수사경력자료

수사경력자료라 함은 수사자료표 중 벌금미만의 형의 선고 및 검사의 불기소처분에 관한 자료 등으로서 범죄경력자료를 제외한 나머지 자료를 말한다.

(10) 특기사항자료

특기사항자료라 함은 피의자 등이 수사 또는 유치 중에 도주, 자해기도, 흉기저항 등을 한 경우, 그와 관련된 내용으로서 수사자료표 및 범죄경력조회시스템에 입력된 자료를 말한다.

(11) 라이브스캐너(생체지문인식기)

"라이브스캐너(생체지문인식기)"라 함은 지문을 전자적으로 채취하는 장비를 말한다.

(12) 지문자동검색시스템

"지문자동검색시스템(Automated Fingerprint Identification System, 이하

'AFIS'라 한다)"이라 함은 주민등록증발급신청서, 외국인지문원지, 별지 제2호서식에 의한 수사자료표를 이미지 형태로 전산입력하여 필요시 단말기에 현출시켜 지문을 열람·대조확인할 수 있는 시스템을 말한다.

(13) 전자수사자료표시스템

"전자수사자료표시스템(Electronic Criminal Record Identification System, 이하 'E-CRIS'라 함)"이라 함은 관련 DB자료 및 라이브스캐너(생체지문인식기)로 신원을 확인하고 필요사항을 전산입력하는 등 수사자료표를 전자문서로 작성, 실시간 경찰청에 전송·관리하는 시스템을 말한다.

3) 지문법 및 지문분류

지문법이란 지문의 특징을 이용하여 개인을 식별하는 방법이며, 지문분류방식은 지문제도의 종류에 따라 분류된다. 현재 대표적인 지문분류방식에는 다음과 같은 것이 있다.

(1) 십지지문제도

① 십지지문제도에서 사용하는 지문분류방식으로는 칼톤 헨리식, 부셋치식, 베를린식, 함부루크식, 암스텔담식, 스롯키식, 봇텔식 등이 있으며, 특히 칼톤 헨리식, 부셋치식은 세계적으로 널리 알려져 있으며, 함부르크식은 우리나라의 지문분류방식에 많은 영향을 주었다.

② 지문을 일정한 장소에 수집하여 정리, 보관하고, 그것을 자료로 하여 대조행하고, 개인의 이동을 식별하는 지문제도이다.

③ 우리나라의 십지지문제도는 독일인 Rosher이 만든 "함부르크식"의 정리방식 채택

④ 지문 자료에는 좌수의 시지를 제일먼저 압날하고, 좌수의 중지, 환지, 소지, 문지의 순으로 압날하고 다음에 우수의 시지 이하 같은 순서로 압날하여, 자료의 배열도 이 순서의 분류번호에 의하여 행하여진다.

(2) 일지지문제도

① 일지지문제도에서 사용하는 지문분류방식으로는 바도리식, 롯셀식, 산파우로식, 스록키식, 오루겐젠식, 모노낙식, F·B·I식, 코린식 등이 있으며, 특히 바도리식은 전 세계적으로 알려져 잇다.

② 일지지문분류법에 의하여 분류한 후, 손의 좌우별, 손가락의 종별로 분리해서 그 지문의 분류번호순으로 정리, 보관, 범죄현장에서 채취한 지문이나 범죄와 어떠한 관계가 있다고 인정되는 단일지문 또는 수지 지별에 관계없이 대조할 수 있는 것이 일지지문제도이다.

③ 한국의 지문분류방식으로서 십지지문분류법은 함부르크식을 기본으로하고 우리실정에 맞도록 세부적인 것은 수정 보완하여 사용하고 있다. 따라서 십지지문의 양식도 함부르크식의 십지지문표 양식을 따르고 있다. 일지지문 분류법은 헨리식, 바도리식 등을 참고로 하고 세부적인 것은 가감 수정하여 우리실정에 맞도록 사용하고 있다.

4) 지문의 채취

수사자료표 작성 시 제4조(수사자료표의 작성대상) 각호에 해당하는 자를 제외한 모든 피의자에 대하여 E-CRIS를 이용하여 지문을 채취한다.

지문 채취방법은 ①수사자료표, 신원확인조회서를 작성함에 있어 지문채취는 지문의 융선과 삼각도가 완전히 현출되도록 회전하여 채취하여야 한다.

②별지 제1호서식의 수사자료표 지문란에는 오른손 첫째 손가락의 지문을 채취하되 절단, 손상 등 기타의 사유로 지문을 채취 할 수 없는 경우에는 다음 각호에 정한 순서에 의하여 지문을 채취한다.

가. 왼손 첫째 손가락

나. 오른손 둘째 · 셋째 · 넷째 · 다섯째 손가락

다. 왼손 둘째 · 셋째 · 넷째 · 다섯째 손가락

5) 지문의 종류

① 궁상문(弓狀紋) : 산이나 활같이 구부러진 모양의 융선(삼각도가 없음)
② 제상문(蹄狀紋) : 말발굽모양으로 생긴 융선(삼각도가 1개 있음)
③ 와상문(渦狀紋) : 물소용돌이나 원형처럼 둥근 융선 (삼각도가 2개 있음)
④ 변태문(變態紋) : 변태문이란 궁상문, 제상문, 와상문에 속하지 않아 정상적으로 분류번호를 부여할 수 없는 지문을 말한다.
⑤ 기타 : 손상된 지문(손상문), 절단된 지문(절단문)

〈표 12-1〉 지문의 분류[1)]

지문의 종류	내용	형 태
(1) 궁상문 (弓狀紋)	가. 궁상문의 정의 활(弓)모양의 궁상선으로 형성된 지문을 말한다.	궁 상 선 
	나. 궁상문의 종류	
	① 보통궁상문 평탄하게 흐른 활모양의 궁상선으로 형성된 지문	보통궁상문 
	② 돌기궁상문 돌기한 활모양의 궁상선으로 형성된 지문	돌기궁상 문 

1) 지문 및 수사 자료표 등에 관한 규칙, http://www.police.go.kr

지문의 종류	내용	형 태
(2) 제상문 (蹄狀紋)	가. 제상문의 정의 말(馬)발굽(蹄)모양의 제상선으로 형성되고 융선이 흐르는 반대측에 삼각도가 1개 있는 지문	제상선 
	나. 제상문의 종류	
	① 갑종제상문 좌수의 지문을 찍었을 때 삼각도가 좌측에 형성되어 있거나 우수의 지문을 찍었을 때 삼각도가 우측에 형성되어 있는 지문	갑종제상문  좌수 우수
	② 을종제상문 좌수의 지문을 찍었을 때 삼각도가 우측에 형성되어 있거나 우수의 지문을 찍었을 때 삼각도가 좌측에 형성되어 있는 지문	을종제상문  좌수 우수
(3) 와상문 (渦狀紋)	가. 와상문의 정의 와상선, 환상선, 이중제상선, 제상선 기타 융선이 독립 또는 혼재되어 있는 2개 이상의 삼각도가 있는 지문을 말한다. 단, 유태제형(有胎蹄形)와상문은 삼각도가 1개이다.	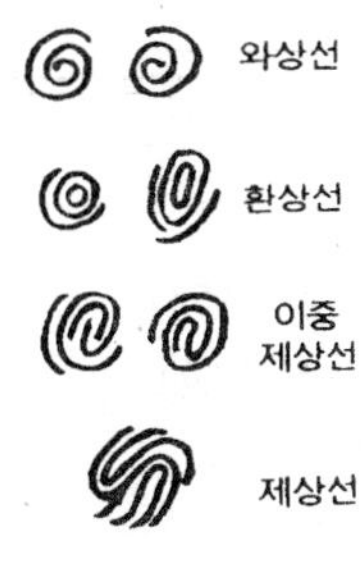
	나. 와상문의 종류	
	① 순와상문 와상문의 중심부 융선이 와상선으로 형성된 지문을 말한다.	순와상문 
	② 환상문 와상문의 중심부 융선이 환상선으로 형성된 지문을 말한다.	환상문 

지문의 종류	내 용	형 태
(3) 와상문 (渦狀紋)	③ 이중제형 와상문 와상문의 중심부를 형성한 1개 또는 2개의 융선이 이중으로 제상선을 형성한 지문을 말한다.	이중제형와상문 
	④ 유태제형(有胎蹄形) 와상문 제상문중심부에 거꾸로 형성된 제상선이 있거나 거꾸로 형성된 호상선이 2개 이상 있는 지문을 말한다.	유태제형와상문 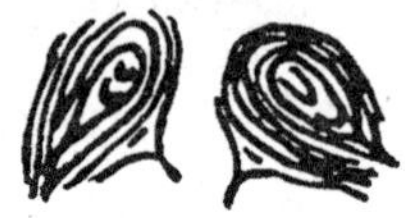
	⑤ 혼합문 2개 이상의 문형이 혼합하여 1개의 문형을 형성한 지문을 말한다.	혼합문 
(4) 변태문 (變態紋)	변태문이란 궁상문, 제상문, 와상문에 속하지 않아 정상적으로 분류번호를 부여할 수 없는 지문을 말한다.	변태문 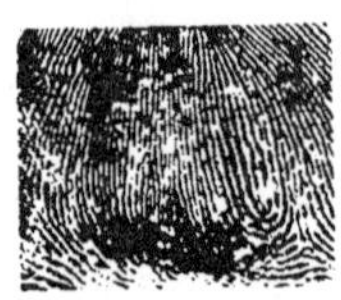

4. 현장지문

현장지문이란 '범죄현장에서 채취한 지문'을 말하며, 준 현장지문은 범죄현장은 아니더라도 범죄현장과 관련 있는 범인 침입경로, 도주경로 및 예비 장소 등에서 발견된 지문, 전당포, 금은방 등에 비치된 거래대장 압날된 지문 등 피의자 발견 위하여 범죄현장 이외의 장소에서 채취한 지문이다.

범죄현장은 [증거의 보고]라고 하듯이 주도면밀한 계획으로 행하여진 범죄라 할

지라도 범죄사실 입증할 수 있는 증거자료가 존재하므로 현장에 유류된 지문은 범인의 신원확인의 중요한 수단이 되고 입증상의 절대적 가치를 지니고 있다. 따라서 현장지문의 파괴방지를 위해 각별히 노력하여야 한다.

1) 현장지문의 유류장태와 부착의 원리

(1) 현장지문의 유류장태

① 현재지문

분비물 이외의 유색물질로 인상된 것이 입체적으로 인상되어 육안으로 볼 수 있는 지문

② 잠재지문

지두의 분비물에 의해서 인상되며 가공검출하지 않으면 육안으로 보이지 않는 지문

(2) 잠재지문 부착의 이유

사람의 손가락이 물체에 닿음으로써 잠재지문이 인상되는 것은 손의 내측의 피부에 있는 융선의 한 공에서 무색투명한 분비물이 나오고 이 분비물이 손가락이 닿는 물체에 부착됨으로써 잠재지문이 형성된다.

2) 현장지문의 발견방법과 증거력의 보존

(1) 현장지문의 발견방법

현장지문을 채취하기 위해서는 그 발견이 전제. 현장지문은 침입구, 물색의 개소, 도주구 등에 유류되어 있는 것이 많으므로 이러한 곳들을 중점적으로 검색

범인이 무의식중에 장갑을 벗는 경우는 있기 때문이다.

(2) 현장지문의 증명력 보존

- 지문은 개인 식별 상 절대적인 증명력
- 범죄현장에서 채취한 유류지문은 범죄수사에 있어서 [證據의 王]으로서 취급
- 채취한 지문이 범죄현장, 채취장소, 채취물건과의 연관성 명확치 않으면 그 가치 부정
- 지문이 검출되었을 때에는 필히 채취에 앞서 입회인의 확인 필요
- 채취에 앞서 사진촬영
- 사진촬영은 현장지문을 검출한 물건에 사건명, 사건발생년월일, 피해자, 채취년월일, 입회인 성명, 채취자의 성명 기재한 표찰 첨부
- 동일한 물건, 장소에서 수 개의 지문을 검출하였을 때에는 지문에 번호를 매긴 후 사진촬영

3) 현장지문의 채취방법

(1) 현재지문의 채취법

현재지문이 먼지에 인상된 경우 사진촬영, 전사판에 의한 방법, 실리콘 러버에 의한 방법 사용. 혈액으로 인상된 지문의 경우 사진촬영 방법, 전사판에 의한 채취방법 사용

(2) 잠재지문의 채취법

① **고체법** : 분말법이라고도 하며 미세한 분말을 지문이 인상되었다고 생각되는 물체에 도포해서 분비물을 부착시켜 잠재지문을 검출하는 방법으로 주로 표면이 비교적 편편하고 매끄러우며 경질의 물체 상에 유류된 잠재지문 채취 적당.

② **액체법** : 지두의 분비물 중의 염분, 단백질 등에 화학적 반응 일으켜서 지문을 검출하는 방법

③ **기체법** : 옥도가스 사용하여 잠재지문의 지방분에 작용시켜 다갈색으로 착색시켜 지문 검출 방법.

④ 강력순간접착제법 : 접착제의 증기에 의한 화학반응 이용

⑤ 오스믹산 용액법 : 오스믹산의 증기에 의한 화학반응 이용하여 지문 검출
강력순각접착제법 및 오스믹산 용액법은 고체법, 액체법 및 기체법으로 지문 현출이 불가능한 습기있는 지류, 장기간 경과된 문서, 화장지류, 과일류, 각종 테이프류, 피혁류, 스티로폼류, 나뭇잎사귀 등에서도 지문현출이 가능하다는 장점. 유리시험관에 넣을 수 없는 대형물체에 부착된 지문은 현출이 불가능하다는 단점

⑦ 진공금속지문채취기 : 범죄현장의 증거물을 장비의 진공통에 넣고 진공상태에서 금과 아연을 증발시켜 증거물에 입힘으로써 유류지문을 현출하는 방법
매끈하고 흡수성이 없는 표면, 폴리에스테르 재질 등의 플라스틱류, 카메라 필름이나 사진, 매끈한 천, 가죽이나 비닐, 고무 등에 효과적. 접착제 보다 효과가 크고 오래된 지문도 현출이 가능.

5. 유전자와 DNA 지문

생물개체의 특징이 자식에게 전해지는 것을 유전, 이와 같은 일을 맡아 하는 것을 유전자라 한다.

유전자의 본체, 즉 유전적 성질을 지배하는 물질은 핵산의 일종인 이옥시라이보핵산이다.

DNA지문이란 DNA의 단편인 미니새터라이트 DNA라고 부르는 부위의 수십 수백 염기쌍이 수만 회 또는 그 이상 같은 방향으로 반복된 구조의 차이를 나타내는 것

이 부위는 극도로 개인차가 심하여 모든 개체에서 검출된 패턴이 완전히 다르며 다만 일란성 쌍둥이만이 동일하다.

손가락의 지문과도 같이 천차만별이며 DNA지문의 분석기술은 범죄수사 및 친생자 감별에 획기적이며 새로운 감정법으로 그 중요성이 강조되고 있는 것은 최근 전 세계적 흐름이다.

1) DNA지문 분석을 필요로 하는 사건

DNA지문 분석법은 완벽한 개인 식별이 가능하여 범죄사건 해결에 강력한 법적 수단으로 현재 개발되어 사용 중인 8종류의 혈액형검사법을 동시에 사용하여 검사 두 사람이 똑같을 가능성을 확률은 0.014(약 7,000분의1)이다.

① 사건에서 혈액이 동일한 피해자와 피의자가 모두 피를 흘려 흉기 또는 의복 등에 묻은 혈흔이 과연 누구의 혈액인가를 반드시 식별할 필요가 있는 경우
② 강간 피해자인 여성과 피의자의 혈액형이 동일하면서 현장에서 검출된 정액이 과연 N이 피의자의 정액인지 증명을 필요로 할 때
③ 혈액형 검사로는 친생자 유무가 증명되지 않을 때
④ 토막 난 사체조직으로부터 DNA 분석을 실시하여 동일인의 조직인지를 식별할 필요가 있을 때

2) DNA지문 분석이 가능한 시료 및 보존조건

① DNA 분석이 가능한 시료는 사람혈흔, 혈액(심장혈 포함), 정액 및 정액반, 모발(모발 뿌리세포가 있어야 함), 기타 장기조직편 등
② 혈흔과 정액반은 건조된 상태에서 냉장고 보존했을 경우 1-2년 경과한 후에도 DNA분석 가능
③ 용혈 된 혈액, 부패, 오염된 DNA분석이 불가능할 때가 많다.
④ DNA분석에 필요한 시료의 양은 신선혈흔, 정액반의 경우 1㎝×1㎝ 크기, 모근 세포 최소한 3개 이상, 혈액 2㎖이상, 인체조직의 경우 중량 5g 이상
⑤ 모발은 특히 뿌리세포가 다치지 않도록 주의를 기울여 채취, 운반하도록 한다.

6. 족(足)흔적 감식

1) 현장 족흔적의 의의

수사상 족 흔적이란 범인이 범죄현장에 남겨놓고 간 보행흔적은 물론 기타 범행

에 사용했던 차량의 타이어 흔적과 도구흔적 및 다른 물건에 의해 인상된 모든 흔적까지 광범위하게 포함시켜 말한다.

2) 족흔적의 종류

(1) 인상물체에 의한 분류

① 족적 : 각종 신발흔, 맨발흔, 구두흔, 양말흔 등의 보행에 따른 흔적.
② 타이어 흔적 : 자종차, 자전거, 오토바이, 리어카 등 범행차량의 타이어 흔적.
③ 도구흔 : 드라이버, 뺀치, 빠루, 칼, 기타 공구에 의해 인상된 흔적.
④ 기타흔 : 치아흔, 장갑흔, 찰과흔 등이 있으며 지문, 필적, 인영, 탄흔은 제외.

(2) 인상장태에 의한 분류

① 입체 족흔적 : 입체상태의 족흔적
② 평면 족흔적 : 평면 상태로 인상된 족흔적

3) 족흔적의 이용

(1) 족적

- 족적을 이용하면 범인의 수, 범행경로, 범행위장여부, 기타범행상황, 도주경로 등을 추정
- 범인의 체격, 직업 등의 추정 또한 가능

(2) 차량흔

차량은 차종, 형식, 연식에 따라 접지폭, 모양 등이 각각 상이하므로 범행에 사용된 차량을 추정. 용의자의 차량과 대조함으로써 증거자료로 활용

(3) 도구흔

현장에 유류된 도구흔은 그 인상상태의 관찰이나 피의자의 도구와 비교 대조함으로써 수사자료 및 증거자료로 활용

4) 족흔적의 검색 및 보존

(1) 검색의 착안점

범행현장의 출입구, 물색장소, 도주구의 바깥, 집주위 등에 대하여 광범위한 검색을 실시, 자동차 사용사범에 대해서는 타이어흔, 마찰흔 등의 발견 주의. 금고, 창틀, 출입문, 가구 등에서는 공구흔, 장갑흔의 검색

(2) 검색방법

① 사광선 이용

족흔적을 형성하는 토사, 먼지 등의 미세한 융기부분에 사방향으로부터 광선 조사하여 생기는 그림자에 의해 족흔적을 발견하는 방법. 자연광선을 이용하거나 각종 투과기, 광도가 강한 회중전등, 인공광선 이용

② 정전기 발생장치의 이용

방바닥, 마루바닥, 방석, 의자커버, 이불 위, 융단 등에 인상된 잠재 족적을 정전기 발생장치에 의해 검색

5) 족흔적의 채취

족흔적의 채취는 사진촬영법, 석고채취법, 제라틴전사법, 실리콘 러버법, 정전기채취법, 진공상태채취법, 발색현출의 7가지 방법으로 대별된다.

(1) 사진촬영법

입체흔, 평면흔 등 모든 흔적은 우선 사진촬영 후 다른 방법을 행하는 것이 원칙

족흔적의 사진촬영은 미세한 부분까지 사진에 나타나도록 촬영

(2) 석고채취법

모래, 진흙, 연토 등이나 눈 위에 입체 상태로 인상된 족흔적을 채취할 때 쓰이는 방법

(3) 젤라틴 전사법

나무판, 유리, 비닐장판, 마루바닥, 아스팔트, 콘크리트상의 평면 족흔적 채취할 때 쓰이며 우선 사진 촬영한 다음에 전사함이 원칙

(4) 실리콘러버법

실리콘에 촉매를 혼합하여 이것을 흔적면에 가볍게 발라주어 채형하는 방법으로 도구흔을 채취할 때 사용

(5) 정전기채취법

담요, 방석, 의자커버 등 섬유류 위에 먼지류로 인해 인상된 족흔적을 채취하는 것

(6) 진공상태채취법

범죄현장 바닥에서 수집한 종이류 외에 족흔적 또는 사건관련 압필흔을 진공상태에서 정전기 현상을 이용해서 채취

(7) 희미한 혈흔족적 검출법

희미한 혈흔족적, 지문 등을 각종 시약을 사용하여 선명하게 발색시켜 채취하는 방법

(8) 희미한 흙먼지흔 검출법

토사, 진흙 등의 철분이 함유되어 있는 물체에 의해 종이, 헝겊, 나무판 또는 장판 위에 희미하게 유류된 족흔적을 시약에 의해 발색시켜 채취하는 방법

6) 감정자료의 취급

범죄현장에서 채취한 족흔적과 용의자로부터 압수한 물건과 대조 감정

(1) 대조자료의 작성

- 현장에서 채취한 자료가 입체흔이면 대조자료도 입체흔을 작성 현장자료가 평면흔이면 대조자료도 지문잉크 등으로 백지에 평면적으로 작성
- 현장에서 맨발흔을 채취하였을 경우에 용의자의 맨발족적 작성은 보통 서 있는 상태
- 걸어가고 있는 상태, 발바닥 안쪽에 힘을 주었을 때, 발바닥 바깥쪽에 힘을 주었을 때의 최소한 네 가지 이상의 여러 상태에서 대조 자료 작성

(2) 감정물 포장

감정물을 우송할 때에는 자료가 파손되지 않도록 포장한다.

제 13 장

법의학(法醫學)의 이해

1. 법의학(法醫學)이란
2. 법의학적 검사 대상
3. 사망원인별 사체의 특징
4. 시체의 초기현상
5. 시체의 후기 현상
6. 사후 경과시간 추정

제13장 법의학(法醫學)의 이해

1. 법의학(法醫學)이란

법의학(medical jurisprudence, forensic medicine)이란 법률상 문제되는 의학적·과학적 사항을 연구하는 응용의학의 한 분야로서 법의병리학(法醫病理學, forensic pathology)·법의혈청학(法醫血清學:forensicserology), 임상법의학(臨床法醫學:clinical jurisprudence)의 세 분야로 나눌 수 있다.

법의학은 다양한 법률문제의 해결에 기여하고 있으나, 형사상 문제에 가장 많이 이용된다. 즉, 변사자에 대한 검안·부검 및 법의학적 증거물의 검사로 살인·상해에 대한 강력한 증거를 제공받아 범인색출, 죄의 유무 판정, 형량의 결정 등에 응용된다. 민사상으로는 출생·사망·혼인·이혼·친자관계·연령 및 정신이상의 유무 등의 판단에 기여한다.

첨단 법의학은 사망자 신원 확인부터 범인 색출까지 이용 가능한 모든 수단을 동원한다. 국내 법의학 수준은 세계적 수준에 근접했다는 평가를 받고 있다. 김해부근 중국 민항기 추락사고 때 발생한 사망자 1백23명 중 실종된 2명을 제외한 전원의 식별을 한 달여 만에 완료했다. 현재 9명의 법의학 전문가(국립과학수사연구소 소속)가 해마다 발생하는 신원 미상의 시체 3천여구를 부검하고 있기도 하다. 지난 6.28. 국립과학수사연구소에서 열린 한국-영국 법의학 심포지엄에서 발표된 양국의 첨단 법의학 기술을 소개한다.

1) 유전자 분석

유전자 분석은 가장 각광받고 있는 첨단 법의학 분야다.

현장에서 수거된 혈액이나 살점, 머리카락은 물론 담배꽁초에 묻은 타액 등 세포 몇 개만 있으면 유전자 분석이 가능하다. PCR 기법을 통해 원하는 유전자를 무한정 증식시킬 수 있기 때문이다. 틀릴 확률은 수만 분의 1에서 수백억분의 1에 그친다. 성폭행 후 살해된 15세의 나오미 스미스 사건이 대표적 사례. 정액과 혈흔 등 어떠한 증거도 현장에서 발견되지 않았다. 그러나 왼쪽 젖꼭지에 묻은 범인의 타액에서 유전자를 분석해 범인 검거에 성공했다.

1990년에 숨진 사람의 관을 열고 유전자 분석을 통해 그가 73년 3명의 여성을 살해한 범인이란 사실도 밝혀냈다.

화재나 부패 등으로 세포가 남아있지 않은 경우도 유전자 분석이 가능하다. 뼈 속에 남아있는 미토콘드리아 DNA를 분석할 수 있기 때문이다. 혈액이나 타액 등을 이용한 일반적인 핵 분석에 비해 정확도가 떨어지고 시료의 양이 많아야 하는 것이 흠이다. 전과자의 유전자 정보를 보관하는 유전자은행도 있다.

유전자은행은 미국과 일본에도 설립돼 가동 중이다. 그러나 우리나라는 인권 보호 차원에서 반대가 많아 설립 추진이 지지부진하다.

2) 최면

인천시 송도호텔 앞에서 32세 남성이 구타당한 후 사망한 사건이 발생했다. 용의자는 차량을 타고 도주했으나 목격자는 차종과 범인의 인상착의에 대해 전혀 기억이 없었다. 과학수사연구소는 최면기법을 동원했다. 목격자는 차종이 빨간색 티뷰론이고 뒷날개가 달렸다는 점과 운전자가 여성이었다는 점을 기억해냈다.

인천 지역 빨간색 티뷰론은 모두 5백대. 날개 달린 티뷰론을 추적해가던 경찰은 3월 용의자 곽모씨를 검거할 수 있었다. 과학수사연구소 함근수 박사는 "성공적인 최면을 위해선 용의자나 차량 사진을 보여주는 등 기억의 왜곡을 불러일으키는 행위를 삼가야 한다"고 강조했다.

3) 약물 및 식중독

법의학의 꽃은 부검이다. 부검은 약물이나 식중독으로 인한 사인 규명에 필수적이다. 정맥 마취제 프로포폴 사망사고도 국과수가 밝혀낸 것이다.

최근 요실금 수술을 받다 숨진 정모씨, 임신중절 수술을 받다 숨진 유모씨, 위내시경을 받다 숨진 김모씨와 조모씨의 사인을 추적하던 국과수는 이들이 프로포폴 주사를 맞고 숨졌다는 사실을 규명해냈다.

프로포폴은 주사 즉시 수십분 동안 가면(假眠:의사의 말대로 몸을 움직일 수 있으나 기억은 하지 못하는 것) 상태를 유도하며, 오심과 구토가 적어 최근까지 병원에서 널리 사용해온 마취제. 국과수의 발표 덕분에 현재는 프로포폴보다 효능은 떨어지지만 안전한 미다졸람이 내시경 등 간단한 수술의 마취용으로 쓰이고 있다.[1)]

2. 법의학적 검사 대상

법의학적 검사의 대상이 되는 것은 인체일 때와 물체일 때(주로 인체로부터 유래)가 있으며, 또 서류일 때도 있고, 범행 현장일 경우도 있다.

인체의 경우에는 생체에 대하여 감정할 때와 시체에 대하여 감정할 때가 있다.

이들 검사를 할 때에는 그 검사 소견을 정확하게 기재하여 그 기록을 토대로 감정(鑑定)을 행한다.

1) 생체 검사

생체검사는 생리적 및 병적 상태를 검사하는 경우이다.

상해사건의 피해자에 대하여 손상의 부위, 형상, 정도, 흉기의 종류를 판정한다든지 기타 필요에 따라서 질병의 유무를 감정한다든지 강간, 임신, 분만, 낙태의 검사 혹은 정신 상태 및 친생자 감별 등의 검사를 시행한다.

2) 시체 검사

시체검사에는 검시(시체검안)와 해부의 두 가지의 검사방법이 있다.

1) http://healthcare.joins.com/news

(1) 검시(Postmortem inspection)

검시(시체검안)는 시체의 외부 표면 소견만을 검사하는 경우를 말하는 바, 의사는 시체의 외표 소견을 관찰하여 개인 식별을 행하고, 병사(病死)와 변사(變死)의 감별, 사인, 사후 경과시간 등을 추정하고, 특히 변사의 경우에는 자·타살, 과실사와 재해사의 감별, 손상 등의 모양을 검사한다.

변사(unnatural death)라는 것은 자연사, 즉 병사 이외의 죽음을 통틀어 일컬으며, 그 중에는 자살, 타살 혹은 과실사, 재해사, 중독사 등이 포함된다.

(2) 검시(檢屍)와 검시(檢視)

검시(檢屍)는 의사가 시체를 검안하는 것을 말하는 것으로서, 검시(檢視)의 보조행위의 하나이며, 검시(檢視)는 변사체가 있을 때 형사소송법상 그 소재지를 관할하는 검찰청의 검사(檢事)가 이에 대하여 범죄의 혐의 여부를 조사하는 행위이다.

검사(檢事)는 경우에 따라서는 사법 경찰관(司法警察官)에게 이 처분을 명할 수도 있다(형사소송법 제 222조 참조). 검시를 행할 때에는 주로 다음의 각 항에 대하여 주의 깊게 관찰하고 채취물은 필요에 따라 검사하여 그 결과를 종합하여 사인(死因)을 결정한다.

① 주위상황

검시 당일의 날씨, 기온, 습도 등의 기상상태를 기록하고 또 시체의 위치, 주위의 지형을 조사하여 약도 작성 또는 사진촬영을 하여 둔다. 그리고 시체 부근의 특이한 변화 또는 특수한 물품에 대해서도 동일한 처치를 시행하여 당시의 상황을 언제든지 짐작할 수 있게끔 해두어야 한다.

② 시체상황

시체의 자세 및 의류, 소지품의 상태 등은 당시의 상황을 말하는 일종의 수사단서가 되는 것이므로 의류의 파열, 오염, 기타 이상한 점은 주의 깊게 관찰할 것이며, 그 외에 의류 및 토사물 등의 정밀 검사가 필요할 경우도 있으므로 엄밀한 주의 하에 반드시 채취 보존하여야 한다.

③ 개인식별

용모, 성별, 연령, 신장, 체격, 영양, 머리털, 치아, 신체적 특징, 기형, 지문, 족적은 물론, 기타 개인식별에 참고가 되는 각 부분에 대해서도 검사한다.

혈액(혈흔) 및 타액이 채취 가능할 경우에는 이것들을 검사함으로써 혈액형을 결정하여 둔다.

④ 시체현상

직장 내 온도, 각막의 혼탁도, 시반의 출현 정도 및 색조, 시체경직, 그 밖의 부패 현상 등에 의해서 사후의 경과 시간 및 사인을 어느 정도나마 추정하도록 한다.

⑤ 손상

손상의 유무, 손상이 있으면 그 부위, 형상 정도를 검사하여 그것이 치명상인지 아닌지를 감별하여야 한다.

⑥ 사인결정

검시만으로써 사인이 규명되면 다행한 일이나 그렇지 않으면 그 시체에 대해서 법의해부(autopsy)를 시행한다.

(3) 법의해부(Medico-legal autopsy)

그 사인이 불분명한 변사체 또는 범죄와 관계있는 시체에 대해서 사인, 자·타살의 감별, 손상의 부위·정도·형상, 흉기의 종류 및 그 사용법, 사후 경과시간의 추정에 필요한 사항 등을 검사하여 범죄 사실을 입증하고 범행과 사인과의 인과관계를 명백히 하는 등, 사법상에 필요한 의학적 사항을 규명하기 위해서 행하는 해부 즉, 사법해부(judicial autopsy)를 말한다. 법의해부는 판사의 명에 의하여 또는 판사의 압수 수색영장에 의하여 검사 또는 사법경찰관이 감정의뢰서를 첨부해서 의사에게 촉탁하는 것이 일반적이다. 따라서 법의해부에 임하는 의사는 촉탁자로부터 감정의뢰서를 받은 후 착수할 것이다. 그리고 시체를 검시한 경우에는 시체검안서를, 시체를 해부한 경우에는 감정서를 작성하여 의뢰관서에 제출하여야 한다. 법의해부를 할 때에는 감정 명령자 또는 의뢰자가 요구하는 감정사항을 중심으로 하여 해부를 진행시켜야 한다.

3) 물체 검사

물체검사에는 여러 가지가 포함된다. 혈액, 혈흔, 정액, 정액반, 타액반, 털, 위장의 내용물, 장기, 뼈, 흉기, 기타 인체의 분비물, 배설물 등과 그밖에도 일상생활에 수반하는 모든 물품이 범죄 구성에 따라 증거물로서 다루어지게 된다.

4) 현장 검사

시체가 발견된 장소 또는 범죄 현장에 대하여 검사하는 것을 현장검증이라고 하며 이것은 실제 수사관이 할 일이다. 그러나 만일 의학상의 지식이 필요한 경우에는 의사도 함께 입회하여 법의학적 견지에서 시체, 물체, 주위의 상황 등을 상세히 조사하여 자·타살의 구별, 중독사 또는 전염병의 유무 등을 규명하고, 증거 재료를 채취하여 범죄 수사상에 필요한 사항에 대하여 검사를 하게 되는 것이다.

5) 서류 검사

의사가 작성한 서류, 예를 들면 진료부 등을 토대로 하여 손상의 부위, 정도, 사인 등을 규명하며 또는 진료부를 조사하여 진료과오의 사실유무에 대한 감정을 행하고 경우에 따라서는 다른 감정인이 작성한 감정서류에 대하여 기록상의 재감정을 행하게 되는 경우도 있다.

3. 사망원인별 사체의 특징

1) 사망원인

(1) 의사

① 정의

끈의 양쪽 끝 또는 한쪽 끝을 일정한 지점에 고정시키고 끈을 목에 감아 스스로의 체중에 의하여 목이 압박되어 사망에 이르는 것

② 사체의 특징

- 삭흔(끈으로 인하여 목에 형성되는 압박흔 또는 압박성 표피박탈)의 형성(일반적인 경우 삭흔은 제일아래쪽이 가장 깊고 위로 올라올수록 얕아진다.)
- 삭흔 색조변화 : 초기에는 창백하나 시간이 경과하면 건조로 인하여 황갈색 내지 암갈색으로 변하고 단단해진다.
- 안구의 변화 : 울혈로 인하여 돌출되고 단단한 경우가 많다.
- 시반 : 상지 및 하지의 하방부에 집중적으로 나타난다.
- 외부손상 : 사망과정에서 주위의 물체와 충돌하여 신체 돌출부에 표피박탈이나 피하출혈이 생기기도 한다.
- 체액누출 : 코에서 소량의 출혈이나 오줌, 대변, 정액을 배설할 때도 있다.

(2) 교사(絞死)

① 정의

목에 끈이 감기고 거기에 자기 체중 이외의 힘 즉, 타인이나 기타 외력이 가하여져 사망에 이르는 것

② 사체의 특징

삭흔 위치는 일반적으로 의사보다 낮아 갑상연골의 높이 또는 그 하방에 형성되며 대개 목 부분을 수평으로 일주하여 목의 뒤쪽 보다는 앞쪽에 뚜렷하게 나타난다.

(3) 액사(扼死)

① 정의

목 부분을 사람의 손으로 압박하여 사망하는 것

② 사체의 특징

액흔(목을 조를 때 손톱, 손가락, 손바닥의 압력에 의하여 경부에 형성된 손상)

(4) 익사(溺死)

① 정의

물에 빠져서 사망하는 것으로 그 개념에는 물의 흡입에 의하여 사망하는 것은 물론 흡입하지 않고 익수와의 접촉만으로 사망하는 경우

② 사체의 특징

- 체온하강 : 수중사체의 체온하강속도는 공기 중에 비하여 매우 빠르며 고인물보다는 흐르는 물속에서가 더욱 빠르다.
- 미약한 선홍색 시반 : 깊은 물에서는 사체의 전위로 인하여 시반이 미약하거나 없다.
- 아피(닭살)의 형성
- 안면울혈 : 두부가 무거우므로 수중에서 밑으로 가라앉아 두부, 안면부 및 목부 위에 강한 울혈을 보일 수도 있다.
- 포말괴 : 미세한 포말로 구성된 백색의 포말괴가 코 또는 입에서 마치 버섯모양으로 유출
- 표모피 : 물속에서 일정시간 경과되면 팔다리의 표피, 특히 손발을 비롯하여 무릎과 팔굽의 각질층이 물에 부풀어 희어지고 주름이 잡힌다.
- 어물장악 : 손이나 발에 주위의 물체를 잡고 있는 경우가 있다.
- 손상 및 수중손괴

4. 시체의 초기현상

1) 체온의 냉각

- 사망과 동시에 열에너지의 발생이 멎어 체온은 점차 내려가서 끝내는 주위의 대기온도와 같은 온도가 되며, 체내 및 체표의 수분이 증발할 때 수분이 체온에서 증발열을 빼앗기 때문에 주위의 기온보다 낮아지는 경우도 있다. 체온은 항문에 검온기를 삽입하여 곧 창자 내 온도를 측정한다.
- 시체의 체온하강은 환경이나 개인차 등에 의하여 영향을 받는데, 습도가 낮을수록, 통풍이 잘 될수록 수분이 빨리 증발하므로 체내온도가 빨리 하강한다.
- 어린이나 노인은 청장년보다, 남자는 여자보다, 마른 사람은 비만인 사람보다 시체의 체내온도가 빨리 하강한다.

2) 곧은 창자온도 측정에 의한 사망경과시간의 측정

변사체의 곧은창자온도를 측정하여 사망경과시간을 측정할 수 있다. 곧은창자온도를 측정할 때에는 반드시 길이가 30cm 정도 되는 온도계를 이용하여 손가락 세마디(8~9cm) 이상 깊숙하게 항문에 삽입하여 30분 단위로 1시간(시작, 중간, 끝) 동안 측정하여야 한다.(1시간 단위로 측정할 경우 2시간 소요됨)

주의할 점은 시체의 체온은 사후 16~17시간이 경과하면 이미 주위의 온도와 같아지게 되므로, 이 시간 이전에 측정하여야 사망경과시간을 추정할 수 있다.

3) Moritz 공식

사후경과시간 = [(37도-곧은창자온도)/0.83]X 상수(겨울:0.7, 여름 : 1.4, 봄이나 가을 : 1.0)

4) 시체건조

사망하면 피부에 대한 수분의 보충이 정지되어 몸의 표면은 습윤성을 잃고 건조하게 된다. 특히 피부, 입술, 항문 등 외부에 노출되어 있는 부분이 피혁상(가죽같이 빳빳한 상태)화 되고 이에 의하여 사후 경과시간을 측정할 수 있다.

5) 각막의 혼탁

각막은 사후 12시간 전후에서 안개가 낀 것처럼 흐리기 시작하여 약 24시간 이상이 되면 현저하게 흐리고 동공도 흐리게 되며 약 48시간 이상이 되면 불투명하게 된다.

6) 시체얼룩 (사반, 시반)

시반은 사후 피부에 생기는 자주색의 반점을 말하는데, 사망으로 혈액순환이 정지되면 적혈구의 자체 중량에 의해 신체의 낮은 곳으로 모이는 혈액침전현상으로 시체 하부의 피부가 암적갈색으로 변하며, 이 현상을 시체얼룩, 사반, 시반이라 한다.

시체얼룩은 사후경과시간에 따라 그 발현상황이나 색이 변화하기 때문에 사후경과시간을 추정하는데 유력한 자료가 된다. 정상적인 시체얼룩은 시체의 혈액과 같이 암적색을 띤다.

- 시체얼룩은 주위 온도가 높을수록 빨리 나타나며, 시간이 경과할수록 색깔이 점차 뚜렷해진다.
- 시체얼룩은 빠르면 사후 30분경에 나타날 수 있으나 평균 1시간부터 적자색의 점상으로 출현한다.
- 사후 4~5시간 이내에 체위를 변경시키면 변경된 체위의 아래쪽에 시체얼룩이 다시 형성되고 먼저 나타났던 곳에서는 소멸된다.
- 사후 10시간이 경과하면 자가융해가 시작되어 적혈구가 혈관벽을 통과하여 주위조직으로 침입하게 되는데 이를 침윤성 시체얼룩이라 한다. 침윤성 시체얼룩이 형성되면 체위를 변경시켜도 시체얼룩이 소멸되지 않는다.
- 시체얼룩이 최고조에 달하는 14~15시간 이상이 되면 시체의 체위를 변경하여도 변경된 체위의 아래쪽에 새로운 시체얼룩이 형성되지 않는다.

7) 시체얼룩에 의한 발현색깔

- 정상적인 시체 얼룩 : 암적색
- 익사 또는 저 체온사 : 선홍색
- 일산화탄소나 사이안산(청산) 중독 : 선홍색
- 염소산칼륨이나 아질산소다 등의 중독 : 황갈색 또는 암갈색이나 초콜렛색과 같은 갈색조
- 황하수소가스 중독 : 녹갈색

8) 시체 굳음 (시체경직, 사후강직, 사강)

사후에는 근육수축의 에너지원인 ATP가 생성을 중단해서 완전히 소실되면 근육 내 액티온(action)과 미오신(myosin)이 영구히 결합하여 액토미오신(actomyosin)을 형성함으로써 근육의 굳움이 일어나는데 이러한 현상을 시체굳음, 시체경직, 사후강직, 사강이라 한다.

9) 발현상태

- 근육발달이 양호한 사람일수록 강하게 나타난다.
- 노인, 소아, 쇠약자는 시체굳음이 약하고 빨리 풀린다.
- 급사한 시체의 경우에는 굳음의 지속시간이 길다.

10) 시체 굳음의 진행상황에 의한 사후경과시간의 추정

- 시체 굳음은 2~4시간에 턱관절에서 나타나기 시작하며 6~8시간이 되면 전체근육에 미친다.
- 일반적인 시체 굳음(경직) 순서 (Nysten의 법칙) :
  턱관절 ⇨ 목이나 어깨관절 ⇨ 팔, 다리 ⇨ 손가락, 발가락 순서로 진행된다.

11) 자가용해 (이를 시체의 후기현상으로 보는 견해도 있다)

부패와는 다른 개념으로서 세균의 작용과는 별도로 사후 체내에 있는 각종 효소가 자가 용해에 관여하여 각 장기(臟器)나 연조직 등의 단백질분해효소, 지방질분해효소, 탄수화물분해효소 등에 의하여 분해되어 가는 과정을 말한다.

12) 위장관 내용물을 통한 사망시간의 추정

- 위내에 음식물이 충만되어 있고 전혀 소화되지 않은 상태 : 식사직후 사망.
- 위 및 샘창자에 음식물이 남아있고 소화가 어느 정도 진행된 상태 : 식후 약 2~4시간 후 사망.
- 위는 비어있고 샘창자에 음식물의 고형잔사가 남아있는 상태 : 식후 약 4~5시간 후 사망
- 위 및 샘창자가 모두 비어있는 상태 : 식후 6시간 이상

5. 시체의 후기 현상

1) 부패

부패는 부패균의 작용에 의해서 일어나는 질소화합물의 분해를 말한다.

2) 부패의 3대 조건

(1) 공기의 유통

공기의 유통이 좋을수록 부패는 빠르다.

- 대기 중에 1주일간 있던 시체의 부패정도는 물속에서는 2주일간, 땅속에서 8주일간 경과된 것이나 거의 같다. 즉, 공기:물:흙속의 비율이 1:2:8로 된다는 Casper의 부패법칙을 따른다.

(2) 온도

온도가 20~30도 사이일 때 부패가 가장 빠르다

(3) 습도

습도는 60~66%일 때 부패가 가장 빠르다

3) 시체의 부패현상에 의한 사망경과시간의 추정

- 하복부가 퍼렇게 변하기 시작한다(하절기는 약 24시간, 동절기는 약 72시간)
- 흉복부가 청변이 심하다(하절기는 약 2일, 동절기는 약 7~8일)
- 부패가스에 의한 팽만(익사 시 떠오르는 시간)
  - 하절기는 약 3일, 동절기는 약 30~60일
- 익사체 수족의 피부가 부풀어 이탈한다.
  - 하절기는 10일 이내, 동절기는 약 15~20일
- 지상에 있어서 백골화(하절기는 약 10~30일, 동절기는 60~90일)
- 미이라화(하절기는 60일 이상, 동절기는 90일 이상)

4) 비정형적 부패현상

- 미이라화
  - 고온, 건조지대에서 사체의 건조가 부패, 분해보다 빠를 때 생기는 시체의 후기현상
- 시체밀랍(시랍화)
  - 사체성분이 화학적 분해에 의하여 고체형태의 지방산 혹은 그 화합물로 변화한 상태를 시체밀랍이라 하며 이것 역시 비정형적 부패 형태로서 대부분은 수중 또는 수분이 많은 지중에서 형성된다.
- 백골화
  - 부패가 진행되어 드디어는 뼈만 남게 되는 것을 말하는데 백골화 되는 시간은 여러 상태에 따라 다르나 소아는 사후 4~5년, 성인은 7~10년 후에 백골화 된다.

6. 사후 경과시간 추정

법의학에서 가장 중요한 것은 바로 사후 경과 시간을 추정해내는 일이다. 그러나 사후에 너무나도 많은 변수가 작용하기 때문에, 정확한 사후 경과 시간을 알아내는 것은 매우 어렵다. 하지만 주어진 상황에서 가장 근접한 추정을 하는 몇가지 기준이 있다.

1) 시체 현상을 중심으로 한 사후 경과 시간 추정

시체 현상을 중심으로 하여 사후 경과 시간을 추정할 수 있다.

시반은 약간 나타나 있지만 시체경직이 아직 안 나타났을 때는 보통 사후 1시간 내외로 볼 수 있으며, 시반은 경미하고 시체경직이 악관절과 경추관절에만 존재할 때는 2-3시간 내외로 추정할 수 있다. 시반이 전위되고 시체 경직이 상지 관절에 나타나며 인공적으로 시체경직을 소실시켰을 때 재경직이 일어나면 4-5시간 내외, 시반 및 시체 경직이 강하고 시반이 압력에 의하여 퇴색하지 않으며 경직이 하지관절까지 발생하였을 때는 7~8시간 내외로 볼 수 있다.

보통 사후 10~12시간이 지나면 시반 및 시체경직이 현저하고 손가락관절에도 경직이 나타나며 각막이 혼탁하게 되며, 사후 하루정도 내외에서는 각막은 혼탁하게 되어 있으나 동공은 투명하며 복벽에 부패성 변색이 나타나고 입, 코, 눈 등에 파리 및 구더기가 생긴다. 그리고 악관절의 경직이 풀어지기 시작할 때는 30시간 내외, 상지의 경직이 풀어지기 시작할 때는 36시간 내외, 각막이 불투명하고 하지의 경직 이 풀어지기 시작할 때는 48시간 내외, 배꼽 주위 및 사타구니의 피부가 부패로 변색되고 여러 곳에 부패 수포가 생겼을 때는 2-3일 내외, 구더기가 번데기가 되었을 때는 8일 내외, 번데기가 선탈(蟬脫)되었을 때는 3주 내외, 백골화 또는 시랍화되었을 때는 수개월 이상 사후 경과 시간이 흘렀다고 볼 수 있다

2) 시체의 위장관 내용물을 통한 사후 경과 시간 추정

위장관 내용물의 종류와 소화 및 이동정도로 사망시간을 추정할 수 있다. 즉, 식물의 종류를 식별하여 그 식물을 섭취한 때를 추적하여 보면 사망 시간을 알

수 있으며 소화 및 이동 정도로는 마지막 식사로부터 사망까지의 시간을 알 수 있습니다. 식물이 위장관 내에서 소화 및 이동되는 정도는 식물의 종류와 상태, 육체적 및 정신적 상태에 따라 달라진다. 그러나 위내에 식물이 충만되어 있고, 전혀 소화되지 않은 상태라면 식사 직후, 위 및 십이지장에 식물이 남아 있고 소화가 어느 정도 진행된 상태라면 식후 약 2-3시간, 위는 비어있고 십이지장에서 식물의 고형잔사 (固形殘渣)가 남아 있는 상태라면 식후 4-5시간, 위 및 십이지장이 모두 비어있는 상태라면 식후 6시간 이상, 장간막의 임파선을 절개하여 유즙(乳汁)과 같이 보이는 액체가 유출되면 사망 당시가 소화의 극기에 해당되는 것으로 추정할 수 있다.

그러나 위에서 제시한 두 가지는 어디까지나 추정할 수 있는 것일 뿐, 정확한 사후 경과 시간을 계산해내기 위해서는 조금 더 주도면밀한 검사가 필요하다.

3) 구더기의 성장경과

사후에는 여러 종류의 곤충이 모여들어 시체를 잠식한다. 곤충의 종류에 따라 부패의 정도가 달라지며 때로는 시체가 이동되었는지를 판단하는 데 도움을 준다. 이 중, 파리는 지상에서 가장 흔하고 시체를 좋아하는 종류로서 알로부터 구더기, 번데기를 거쳐 다시 성충이 되므로 그 성장 경과는 사후 경과 시간을 추정하는데 매우 유용하다. 그러나 이러한 과정은 기온, 기습 및 파리의 종류에 따라 매우 다양하므로 가능하면 곤충학자의 도움을 받는 것이 좋다. 파리가 시체에 날아오는 시간은 기온, 기습과 더불어 접근하기 쉬운지의 여부에 달려 있다. 일반적으로 사후 거의 즉시, 늦어도 30분 이내에 도달하여 즉시 눈, 코, 입, 귀, 항문과 같이 습기가 있는 인체의 자연구나 상처구 등에 산란한다. 상처구에 산란하여 구더기가 잠식하면 상처(창)의 모양을 변형시키게 된다. 알이 부화되는 시기는 기온과 습도 및 파리의 종류에 따라 매우 다양하나 보통 24시간 후에, 여름철에는 곧바로 구더기가 된다. 구더기는 피하 연조직부터 잠식하면서 성장하는데, 종류에 따라 다르기는 하나 부화 당시는 대개 0.2cm정도로서 여름철에는 약 4일 내지 1주, 겨울철에는 약 10일 내지 2주에 걸쳐 1.2cm정도로 성장한 후 번데기가 되며, 번데기는 대개 1~2주면 파리가 된다. 파리는 또다시 산란하여 이러한 과정은 반복되므로 여러 세대의 구더기가 같이 섞여 있어 한 시체 안에 파리의 크기가 서로 다를 수도 있다.

구더기는 시체의 연조직을 빠르게 먹어 치우므로 부패와 백골화를 촉진시킨다. 파리는 대체로 5～13℃ 가 되어야 알을 낳으며, 20～25℃에서 가장 활발하게 활동한다. 건조하면 활동이 약해지고 비가 올 때는 접근하지 못하며, 0℃이하에서는 구더기가 죽지만 체내에서는 구더기 자신들의 열로 생존할 수 있다.

4) 현장 상황

수거되지 않은 우편물이나 신문, 불이 켜져 있는지의 여부, 잠자리의 상태, 식사 중 또는 설거지의 여부, 펼쳐져 있는 TV스케줄, 입고 있는 옷, 주머니 속의 영수증이나 신문, 최후로 목격된 시간 등을 들 수 있다. 이는 비록 과학적인 방법은 아니지만, 때로는 가장 과학적일 수 있는 방법 들 중 하나이다.

제 14 장

인간심리와 행동표출의 이해

1. 얼굴표정과 마음
2. 몸짓의 의미

제14장 인간심리와 행동표출의 이해

고등적인 사고와 생각을 하는 것이 인간의 특성이다. 인간의 행동은 이 생각을 중심으로 나타난다. 인간의 심리는 다양한 행동결과를 낳고 때론 밖으로 표출될 때도 있으며 성격과도 같은 심리형태는 습관으로 형성되기도 한다. 그중엔 무의식적인 표출도 들어있는데, 이 무의식적 표출들은 의식적인 작용으로 전부 막아낼 수 없다.

몸짓이나 표정과 같은 일정한 형태로 표출되는 심리들은 선천적인 것으로 보이지만 인간심리엔 인과가 있다.

탐정은 특히 그 누구보다 더 상대방의 심리를 읽고 대처하는데 능숙해야 하는데 상대방의 심리를 읽는 것도 중요하지만 특히 상대방에게 긍정적 심리를 심어주는 것도 중요하다. 어떻게 하면 상대에게 긍정적 심리를 심어줄까?

자신이 긍정적 심리를 불러일으킬 만한 행동들을 취하면 된다.

손바닥을 펴 보이며 말하면서 신뢰를 심어주고 시선은 편안함을 주도록 상대방의 눈과 입의 중간쯤으로 맞춘다. 또한 부정적 심리의 행동들을 취하지 않도록 주의한다. 춥더라도 팔짱을 끼지 않는 것이 그 예가 될 것이다.

여기서는 인간의 여러 가지 상황에 따른 의식적, 무의식적으로 표출되는 행동 중에서 주로 신체에 관련 된 행동표출에 대해서 알아보고자 한다. 그러나 이러한 하나의 단편적인 표출행동으로만 상대의 심리를 단정지울 수는 없기 때문에 행동표출이 된 그 상황과 여러 가지 신체동작들을 종합하여 연속선 상에서 파악해야 한다는 것을 반드시 명심해야 할 것이다.

1. 얼굴표정과 마음

사람의 첫인상을 주로 결정하는 것으로는 얼굴, 목소리, 말의 내용 순이다. 인간은 얼굴 중 눈을 통해 얻는 정보에 따라 감정과 행동이 크게 영향을 받고, 입과 눈썹은 표정을 짓는데 가장 중요한 역할을 한다.

사람의 얼굴을 이마와 눈썹, 눈과 눈꺼풀, 코와 뺨과 입이라는 세부분으로 나우어 어떤 감정이 어느 부분에 주로 나타나는지를 조사한 결과에 따르면 공포와 슬픔은 눈과 눈꺼풀을 보고 알아맞힐 수 있는 확률이 67%였고, 행복은 뺨과 입 부분을 보고 알 수 있는 확률이 98%나 되었는데, 여기에 눈과 눈꺼풀까지 더하면 확률은 99%에 이르고 있다.

공포를 알아맞힐 확률은 이마와 눈썹부분으로 79%, 눈과 눈꺼풀에서 63%, 뺨과 입에서 52%였다. 분노는 얼굴의 어느 한부분만 보고 알아맞힐 확률이 30% 밖에 되지 않았다. 따라서 분노는 얼굴전체를 보지 않으면 판단하기 어렵다는 사실을 알 수 있다.[1]

1) 눈과 마음

'눈은 마음의 창'이라는 말이 있을 정도로 우리 마음은 눈에 가장 잘 나타나기 때문에 상대의 눈을 살펴보면 상대의 마음을 읽을 수 있다. 좋아하는 사람을 볼 때는 눈동자가 커지지만, 싫어하는 사람을 볼 때는 작아진다.

시선 또한 인간관계에서 매우 중요한 의미를 갖는다. 사람은 누구나 호감을 갖고 있는 사람에게는 의식적이든, 무의식적이든 자꾸 쳐다보게 된다. 반대로 적의를 갖고 공격할 때도 상대를 자주 쳐다보지만 이때는 시선을 마주 친다는 것 보다는 굳은 표정으로 상대를 응시하거나 노려보게 된다. 따라서 일반적으로 시선을 마주치는 횟수가 많다면 상대는 호의를 갖고 있다는 뜻이고 횟수가 적다면 부정적인 감정을 갖고 있다. 또한 응시하거나 노려본다면 적대적 부정적 감정을 가지고 있는 것이다.

---

1) 최광선, 몸짓을 읽으면 사람이 재미있다, 일빛, 1999, PP.13-16.

2) 느낌의 표정

심리학자 에크만(P. Ekman)은 얼굴 표정을 만드는 안면표정근의 변화에 주목하여 특정감정에 따라 변하는 표정근을 조사하였다. 이 조사를 통해 에크만은 사람은 감정에 따라 짓는 표정은 문화의 차이에 상관없이 일치한다는 사실을 발견했다.

(1) 놀랄 때의 표정

① 눈썹이 구부러지면서 높이 올라간다.
② 눈썹 밑의 피부가 당겨져 넓게 늘어난다.
③ 이마전체에 주름이 생긴다.
④ 눈꺼풀이 펴지면서 위눈꺼풀은 위로 올라가고 아래 눈꺼풀은 아래로 내려간다.
⑤ 턱이 아래로 내려가면서 입이 벌어진다.

(2) 공포를 느낄 때의 표정

① 눈썹이 올라간다. 눈썹이 가운데로 몰려서 일직선이 된다.
② 이마 가운데 주름이 생긴다.
③ 위 눈꺼풀이 올라가서 안구 위에 흰자가 보인다.
⑤ 입이 벌어진다. 입술은 긴장되어 뒤나 옆으로 당겨진다.

(3) 혐오감을 느낄 때의 표정

① 윗입술이 올라간다.
② 아랫입술은 올라가 윗입술을 밀어 올리게 되고 반대로 아랫입술은 내려와 조금 튀어나오기도 한다.
③ 코에 주름이 잡힌다.
④ 얼굴의 볼이 볼록해진다.
⑤ 아래눈꺼풀 밑에 작은 주름이 잡힌다. 눈꺼풀이 위로 밀려 올라가나 긴장되지는 않는다.

⑥ 눈썹이 눈꺼풀 밑으로 내려온다.
⑦ 극단적으로 혐오를 느낄 때는 혀가 입에서 나오기도 한다.

(4) 화날 때의 표정

① 눈썹이 내려가서 한가운데로 몰린다.
② 눈썹이 갈고리 모양으로 구부러지고 눈썹과 눈썹 사이에 주름이 생긴다.
③ 상하눈꺼풀이 긴장되며 때로는 위 눈꺼풀은 위로, 아래눈꺼풀은 아래로 내려가기도 한다.
④ 노려보듯 눈이 굳어져서 튀어나올 것처럼 보인다.
⑤ 입술은 한일(一)자로 양끝으로 당겨져 굳게 다물어진다. 고함지르는 모양으로 입을 벌리기도 하는데, 이때 입술은 뻣뻣하게 긴장된다.
⑥ 콧구멍이 넓어진다.
⑦ 입술이 굳게 다물어져 턱에 주름이 생긴다.

(5) 행복할 때의 표정

① 입술 끝이 당겨 올라가서 이른바 '스마일'모양이 된다.
② 입이 열려 이가 보일 때도 있다.
③ 코에서 입으로 여덟 팔(八)자 모양의 주름이 생겨 입술 끝을 지나 아래로 내려온다.
④ 볼이 부푼다.
⑤ 아래눈꺼풀 밑에 작은 주름이 생긴다.
⑥ 눈 꼬리에 작은 주름이 생긴다.

(6) 슬플 때의 표정

① 양 눈썹 사이가 가깝게 당겨지고 위로 올라간다.
② 눈썹 밑 부분 내각(內角)이 커져 삼각형을 이룬다.
③ 위 눈꺼풀 안쪽 부분이 올라간다.

④ 입술 끝이 내려오고 입술은 떨린다.

⑤ 눈을 내려 뜬다. 너무 슬프면 표정 근육을 움직일 힘조차 없어 무표정하고 생기없는 표정이 된다.[2)]

3) 대화 때의 시선과 심리

(1) 곁눈질로 보는 사람

힐끔거리면서 보는 사람과 사람을 똑바로 보지 않고 곁눈질로 보는 사람은 경계해야 할 인물이다. 이런 사람은 부정한 마음을 품고 있으며 음탕하고 윗사람이나 아랫사람과도 화목하지 못할 인상이다. 이런 사람은 우선 정서적으로 안정되지 않은 사람이다. 종전에 그렇지 않던 사람이 갑자기 이런 태도를 보일 때는 무언가에 쫓기거나 현재의 상황이 잘 풀리고 있지 않다는 징조이다.

(2) 눈을 자주 깜박이면서 불안 해 하는 사람

마음속에 무엇인가를 감추고 있거나 열등의식으로 꽉 차있는 사람이다.

이런 사람은 자신에 대한 극기심은 강한 반면에 상대방을 움직일 수 있는 처세와 힘은 부족한 사람이다. 대화중에 눈을 지그시 감거나 아래를 자꾸만 내려다보는 사람은 지금 상대의 말을 끊고 자신의 의사를 전달하고 싶다는 뜻이니 재빨리 상대방에게 기회를 주어야 한다.

(3) 시선이 정면으로 마주치면 금방 피하는 사람

이런 여성은 처음에는 접근하기 어려워도 일단 가까워지기만 하면 인정에 치우치고 의외로 맘이 약한 면도 있다.

(4) 눈을 똑바로 뜨고 쳐다보는 사람

남의 시선과 마주치면 좋은 적수를 만났다는 듯이 목을 곧추 세우고 당당하게

2) 최광선, 상게서, pp.28-32.

쳐다보는 사람이 있는데 이런 사람은 대체로 고집이 세다. 어떤 때는 고집이 센 정도를 넘어서 아집을 부리기도 하고 상대를 무시하기도 하는데 겉으로 보기에는 자존심이 강한 것 같지만 내면적으로 깊이 들어가 보면 자존심이 아니라 열등의식으로 가득 차 있는 사람이다. 이런 유형의 사람에게는 우회적인 화법보다는 정면대결로 약점은 꺾고 들어가는 것이 좋다.[3)]

2. 몸짓의 의미

감정은 얼굴 뿐 만 아니라 몸 전체에도 나타난다. 따라서 상대방의 감정을 읽으려면 얼굴표정의 변화와 아울러 몸동작도 세심한 관찰을 기울여야 한다. 이와 같이 마음을 표현하는 몸동작을 미국의 심리학자 매브러비언(A. Mehbrabian)은 '신체언어'라고 정의하면서 감정 상태를 표현하는 신체언어로 다음과 같은 유형을 들고 있다.

① **분노** : 머리를 많이 움직이는 반면 손놀림은 적다. 상대방이 아주 천천히 가깝게 다가올 때도 화가 난 상태이다.

② **공포** : 두려움을 느끼는 상대에게는 슬금슬금 뒤로 물러나면서 힐끔힐끔 시선을 맞춘다. 일정한 거리를 두고 상대의 모습을 살피기도 한다.

③ **적대감** : 싫어하는 사람이 화제에 올랐을 때는 양손을 모은다든지 몸의 어느 부분을 만지거나 문지르면서 자신의 몸에 관심을 갖는 동작이 많이 나타난다.

④ **우울감** : 기분이 우울할 때는 머리를 적게 움직이고, 발을 많이 움직인다.

⑤ **스트레스** : 스트레스를 느껴서 마음의 동요가 많을 때는 손짓, 발짓 등의 몸의 움직임이 많아진다.

⑥ **슬픔** : 슬픔에 빠지면 반대편에서 아는 사람이 걸어와도 시선을 주지 않고 빠른 걸음으로 스쳐 지나간다.

3) 김승길, 신세대 관상법, 한마음사, 1994, PP.156-158.

1) 성격과 좌석 위치

연수여행이나 체육대회, 창립기념일 등의 기념사진처럼 사람들 끼리 미리 자리를 정해 놓지 않고 자유롭게 모여 사진을 찍는 경우가 있다. 막상 설 자리를 정하고 나면, 지위에 따라 사람들의 위치가 구분이 되는데, 이사나 부장처럼 지위가 높은 사람은 앞줄에, 평사원은 뒷줄이나 주변에 자리잡게 되는 암묵적인 규칙이 존재하고 있다. 이런 경우 어디에 자리를 잡느냐에 따라 그 사람의 성격뿐 아니라 출세욕까지 예측 하게 된다.

(1) 사진 찍는 자리에 따른 성격 파악

① 상사 바로 옆에 서는 사람 : 권력지향이 강하며, 그 상사와 특별한 관계라는 것을 과시하고 싶어 한다.

② 암묵적인 규칙을 깨고 앞줄에 서는 사람 : 출세욕이 강하고 외향적인 성격이며, 자기존재를 과시하기를 좋아한다.

③ 한쪽 구석에 숨듯이 서는 사람 : 내성적인 성격으로 인간관계에 별로 신경쓰지 않는다.

④ 맨뒤에 서는 사람 : 양보심이 강하고 자기얼굴을 드러내기 싫어하는 사람이다.

⑤ 항상 서로 붙어 서는 사람 : 친밀한 사이로 상대에게 서로 호감을 갖고 있다.

(2) 카페나 레스토랑 등에서 좌석에 의한 성격 파악

카페나 레스토랑 등에서 자리를 잡고 어떤 사람을 기다릴 때 앉아 있는 좌석의 위치로도 그 사람의 성격을 파악할 수가 있다.

① 벽 가까이 앉아 있는 사람 : 다른 사람과의 관계를 거부하고, 그 장소에 들어서는 상대의 모습을 자기 쪽에서만 관찰하고 싶어 한다.

② 한 가운데 자리 잡고 있는 사람 자기현시욕이 강하고 다른 사람에게는 관심이 없어, 자기와 가까운 자리에 낯선 사람이 있는 것을 거부한다.

③ 구석에 앉아 있는 사람 : 다른 사람의 눈에 띄지 않으면서 다른 사람을 엿보고 싶어 한다. 결단력이 없고 침착성이 부족하다.

④ 입구 가까이 앉아 있는 사람 : 급한 성격으로 사양하기를 잘한다.

⑤ 창문을 등지고 앉아 있는 사람 : 실제보다 자기를 과장해 보이려는 사람이다. 큰소리치기를 좋아하나 실속은 별로 없다.

그러나 좌석의 위치로 판단을 내리기 전에 명심할 것이 있다. 우선 앉아 있는 자리가 자신이 직접 선택한 것인지, 종업원의 권유에 의한 것인지를 확인해야 할 것이다. 또 사람들은 일반적으로 창가자리를 좋아하고, 화장실이나 출입구 가까운 자리는 싫어하며 단체손님과 가능한 떨어진 자리에 앉으려는 경향이 있으므로 이러한 것들도 고려하여 파악을 하여야 한다.

2) 긍정과 부정의 표현

상대가 'Yes'도 'No'도 하지 않을 때 상대의 몸짓으로 알아본다.

(1) 긍정을 나타내는 동작

일반적으로 'Yes'를 나타내는 긍정적인 몸짓이다. 상대가 좀처럼 설득되지 않더라도 상대가 이러한 동작들을 하고 있다면. 더 세게 몰아붙여 설득하면 자신이 원하는 방향으로 성공할 수 있다.

- 양손을 책상 위에 넓게 편 채 앉아 있다.
- 턱을 문지른다.
- 책상 위에 놓여 있는 물건들을 치운다.
- 손을 편 채 앉아 있다.

(2) 부정을 나타내는 동작

- 주먹 쥔 손을 책상 위에 올려놓고 있다.
- 양손을 허벅지 위에 얹어 놓고, 팔꿈치를 펴고 양손의 엄지손가락을 서로 마주 보게 하고 있다.
- 양손을 머리 뒤로 돌려 마주잡는다.
- 손가락으로 수를 센다.

- 이야기를 들으면서 책상 위에 놓인 물건들의 위치를 바꾼다.
- 무엇을 찾는 척 하며 책상서랍을 여닫는다.
- 손으로 이마를 문지른다.
- 양손으로 턱을 괸다.
- 손가락으로 책상을 두드린다.

이러한 동작들은 불쾌하다, 이야기를 듣고 싶지 않다, 승낙할 수 없다 등의 속마음을 나타내는 것이다. 이럴 때는 교섭이나 설득을 그대로 지속하면 역효과가 나거나 실패하게 되므로 그 정도에서 끝내고 다음에 분위기를 바꾸어 다시 시도하는 것이 좋다.

(3) 거짓말의 표현

보통의 사람들은 절대 비밀을 지킬 수 없다는 것을 우리는 명심해야 한다. 입으로 직접 말을 하지 않아도 비밀은 사람의 몸에서 흘러나오기 때문이다.

거짓말을 하는 사람은 거짓말이 탄로 나지 않도록 말과 얼굴에 세심한 주의를 기울이지만, 그러나 상대방이 관심을 갖지 않는다고 생각하는 신체부분에는 특별히 주의하지 않는다.

따라서 몸짓을 통해 거짓말을 하고 있는지를 파악할 수도 있다.

미국의 심리학자 듀크스(K. Daux)는 인간의 몸짓에서 거짓임을 알아채는 방법을 다음과 같이 말하고 있다.

- 설명을 하기 위한 동작이나 손놀림이 없고, 있어도 어색하다.
  자기의 감정이 겉으로 드러날까 두려워서 손놀림을 감추려 한다. 손을 움켜쥐거나 호주머니 속에 넣기도 한다.
- 입을 제외한 여기저기를 계속해서 만진다.
  코를 만지고, 턱을 문지르고, 볼을 쓰다듬는다. 입에서 진실이 튀나오는 것을 억제하기 위한 동작이다. 입이 아닌 다른 부분을 만지는 것은 거짓말을 하고 있는 입에 관심이 모이지 않게 하려는 위장술이다.
- 몸 전체의 움직임이 많아진다.
  머뭇거리거나, 자세를 자주 바꾸거나, 발을 계속 움직이거나, 손장난을 함으로서 현재의 상황에서 빨리 벗어나고 싶은 기분을 나타내는 것이다.

- 상대가 하는 말에 민감하게 반응하고 말을 많이 한다.
  진실이 드러나지 않을까 하는 불안감 때문에 잠자코 있지 못한다. 상대에게 추궁당할까봐 빨리 다음 이야기로 넘어가고 싶어 하기도 한다.
- 응답에 유연성이 없다.
  거짓말을 해야 한다는 생각 때문에 상대가 하는 말에 정중하게 대답할 여유가 없다.
- 웃음이 줄어든다. 웃더라도 긴장해서 어색한 웃음이 나온다.
- 고개 끄덕임이 많아진다.
  대화가 끊기면 불안하므로 상대에게 계속 말을 시키려고 고개를 많이 끄덕인다.[4)]

3) 운전과 성격

사람의 성격은 운전할 때도 아주 잘 나타난다. 물론 평상시의 성격과 자동차로 운전할 때의 성격이 반드시 일치하는 것만은 아니지만 운전을 항 때는 사람에게 아드레날린이라는 호르몬이 분비되어 흥분상태가 되어 평상시와는 다른 성격이 나타나게 된다는 심리학계의 보고가 있다. 타쿠마(摩武俊)는 '운전과 성격'이라는 논문에서 사람의 성격유형을 내폐적(內閉的), 동조성(同調性), 점착성(粘着性), 현시성(顯示性), 과민성(過敏性), 과신성(過信性)으로 분류하고, 각 운전 습성에 따른 성격 특성을 알기 쉽게 정리하였다.

① 자기만의 독특한 운전습관이 있는 사람(내폐적 성격)

사람을 좋아하고 싫허하는 것이 뚜렷하고, 첫인상만으로 사람을 평가하는 경향이 있다. 다른 사람의 입장에서 생각하는 타입이 아니므로 입에 발린 칭찬이나 애교 같은 것은 없으며, 성실한 이상주의자지만 우유부단한 면도 있다.

---

4) 최광선, 전게서, PP.62-68.

② 자동차의 흐름에 따라 안전하게 운전하는 사람(동조적 성격)

개방적이어서 첫 만남이라도 주위사람과 잘 어울린다. 감정을 솔직하게 밝히고 곧 태연해 진다. 일을 할 때 빨리 시작하고 빨리 끝낸다. 이해가 빠르다.

③ 차를 항상 깨끗이 하고, 정지나 서행을 잘 지키는 사람(집착성 성경)

착실하고 완고하다. 의리가 있으며 노력가형이다. 그러나 이야기를 빙빙 돌려 하므로 상대편에서는 이해하기가 힘들다. 다른 사람의 말을 이해하는 것도 늦다.

④ 무리한 추월이나 끼어들기 등을 자주 하는 사람(현시성 성격)

지기 싫어하고 자기 마음대로 행동한다. 화려하고 세련되게 보이지만 약한 사람에게는 강하고 강한사람에게는 약하다. 자기중심적이다.

⑤ 브레이크를 일찍 밟는 등 지나치게 신중하게 운전하는 사람(과민한 성격)

신경질적이고 염려가 많다. 자기주장을 잘 못하는 유형이지만 일은 착실하게 해 낸다.

⑥ 추월당하면 반드시 앙갚음 하는 등 투쟁적으로 운전하는 사람(과신성 성격)

고압적이고 거만하지만 나름대로 신념이 있어 비판에 쉽게 동요하지 않고 생각을 관철한다. 실행력이 있고 활동적이어서 일 처리가 빠르다. 그러나 다른 사람을 잘 신용하지 않는다.[5)]

4) 걸음걸이와 사람의 성격

(1) 지나치게 양반걸음을 하는 사람

의타심이 강하고 지나치게 자만심이 강한 사람이다. 그리고 자신이 알고 있는것보다 더 많이 아는 척하는 현시욕과 허세가 강한 사람이다. 또한 권위의식이 강하

---

5) 이상철, 경호심리학, 도서출판 홍경, 2003, PP.208-217.

여 무엇이나 아랫사람에게 시키기를 좋아한다. 관상학적인 통계를 보면 이런 사람은 귀한 집에서 태어난 독자나 장남에 많다. 이들은 어렸을 때부터 시중과 지나친 편애를 받고 자랐기 때문에 남을 부려 먹는 것이 자기도 모르는 사이에 습관화된 사람이다.

(2) 앞을 바라보며 걷는 사람

자기마음을 좀처럼 쉽게 열지 않으면서도 매사를 여유있게 잘 처리해 가는 타입이다. 그러면서도 한번 마음의 문을 열면 숨김없이 열어 보이기도 한다. 그리고 책임감이 강하여 자기가 책임질 일은 끝까지 책임을 지는 의리파이기도 하다. 따라서 남을 통솔할 수 있는 잠재력을 가지고 있는 사람이다. 이런 사람은 남을 지배하거나 다룰 때에 합리적인 방법이나 덕으로 다스리기 때문에 큰 무리가 따르지 않는 타입이다.

(3) 걸음걸이가 어딘가 불안해 보이는 사람

매사에 자신이 없는 사람이다. 현재 하고 있는 일에도 자신이 없으며 직업이 없는 경우가 많다. 또한 마음이나 생각이 좁아 스케일이 작은 사람이라는 평가를 자주 듣는 사람으로 지도자나 남의 윗사람이 되기에는 역량이 부족한 타입이다.

(4) 위를 쳐다보고 한눈을 팔며 걷는 사람

완전히 마음에 들어도 좋지 않은 인상을 하며 무엇을 해도 안전성이 없는 사람이다. 이런 사람은 하는 일마다 성사시키지 못하고 매사에 불상사를 초래하기도 한다. 만약에 평소에 그렇지 않던 사람이 이런 걸음을 걷는다면 마음에 죄의식이나 좋지 않은 일이 긴박하게 일어나고 있다는 표현이나 잘 살펴 볼 필요가 있는 사람이다.

(5) 조금 아래를 보는 듯이 의젓하게 걷는 사람

마음이 안정 된 사람으로 매우 좋은 인상을 준다. 자기 분수에 맞는 생활을 하며 지금 당장 생활의 궁핍함이 있더라도 마음의 여유를 가지고 인생을 여유있게 개척할 수 있는 기질○ 있는 사람이다. 이런 사람은 경제관도 건전해서 낭비를 한다거나 분에 넘치는 사치를 하는 경우가 드물다. 아랫사람에게는 냉정하고 인정없는 사람으로 잘못 판단되는 경우도 있지만 어려움에 처하면 곧잘 해결해 준다.

(6) 다른 곳에 신경을 쓰면서 걷는 사람

이런 걸음을 걷는 사람은 지금 무엇인가를 하려고 마음먹고 있거나, 나쁜 짓을 하고 있는 진행형이라 볼 수 있다. 이런 사람의 대인관계는 폭넓지 못하고 협소하다. 이런 사람을 대하기가 어려울 것 같지만 의외로 칭찬에 약한 면이 있고 자기 속마음을 이해해 주면 쉽게 감동을 받는 사람이어서 단점만 탓하지 말고 잘 이용하면 오히려 이익이 되는 점도 많다.

(7) 고개를 푹 숙인 채 땅만 보며 걷는 사람

매우 이기적이며 좀처럼 마음을 열지 않는 성격으로 속마음을 헤아리기 어려운 타입이다. 이런 사람과 동업을 한다거나 마음을 먼저 주었을 땐 큰 어려움이나 손해를 보는 경우가 많다. 이런 사람일수록 이익일 될 일이면 양보 없이 덤벼들어서 자기욕심을 채우려고 하기 때문에 늘 주의하는 것이 현명하다.

(8) 안짱걸음이나 발을 질질 끌며 걷는 사람

이런 사람은 몸이 허약하거나 균형이 맞지 않는 결함을 가지고 있는 경우가 많다. 성격도 무방비 상태인 경우가 많고 매사를 일찍 자포자기하는 형으로 악착같이 덤벼서 어려움을 뚫고 나가고자 하는 의지력은 약하다. 이런 사람은 남 앞에 나서기를 꺼려하고 남과 잘 어울리지 않으며 이기적인 것 같으면서도 반면에 인정도 있다.

(9) 팔을 전혀 흔들지 않고 웅크리고 걷는 사람

걸을 때 팔을 흔들지 않으면 어깨가 상대적으로 쳐지는 걸음걸이가 된다. 이러한 걸음걸이는 매사에 자신감이 없어 움츠리는 데서 습관화 된 걸음걸이이다. 이런 사람은 매사에 적극적인 도전은 없고 항상 방어적 상태의 성격으로 굳어진 사람이기 때문에 좀처럼 남을 믿으려고 하지 않는다. 주로 혼자 있는 것을 좋아하고 남의 일에는 관심을 두지 않는 성격의 소유자이다.

그러나 개인적으로 친숙해 지면 자신의 몸을 아끼지 않고 일을 봐주는 경향이 있으므로 이런 사람들은 자신의 사업을 하는 것 보다는 직장생활을 하는 편이 더 좋다.

(10) 성공한 사람들의 걸음걸이의 공통점

당당하고 활기있고 곧은 자세의 걸음걸이로 건강미가 넘쳐 보여 옆에서 걷고 있는 모습만 봐도 자신감이 금방 전염될 것 같다. 힘이 있으면서도 이런 사람은 마음 역시 건전한 사람이다. 어떤 사람은 당당한 점을 거만한 점으로 착각하지만 당당하다는 것은 거만한 것과는 다르다. 성공한 사람의 걸음걸이는 어딘지 모르게 위엄이 풍기면서 경솔하지도 않고 거만하지 않은 그런 품위를 유지한다.[6]

5) 악수의 상태로 보는 성격파악

(1) 체격은 약한데 매우 세게 손을 잡는 사람

이런 사람은 자신의 마음속의 나약함을 감추기 위해서 반대로 강하게 쥐는 경향이 있는데 악수를 할 때 언제나 상대가 나보다 강한 사람인가를 먼저 살피는 습관이 있다. 그렇기 때문에 악수 자체에 친밀감이 있거나 인간미가 배어 있지는 않다. 이런 사람을 만나면 조심스럽게 이야기 하는 것이 좋다.

(2) 상대방의 손가락 끝만 잡는 사람

이런 악수는 성의없이 상대방을 무시하는 느낌을 주며, 매사에 자신감이 없고 정서가 불안정한 사람이 습관적으로 이런 태도를 보이곤 한다. 그러나 초면의 남성과 여성이 이런 식을 악수 할 때는 오히려 정상일 수 있다. 그러나 평소에는 이

6) 김승길, 전게서, pp.92-98.

렇게 하지 않다가 갑자기 이런 태도를 보이면 일단 그 사람은 상대를 싫어하는 것이다. 이런 사람일수록 윗사람이나 직위가 높은 사람을 만나면 두 손으로 마주 잡는 것도 모자라서 허리까지 구부려가며 과잉액션을 취한다.

(3) 남성처럼 대담하게 악수하는 여성

이렇게 힘찬 악수를 하는 스타일의 여성은 매우 적극적이며 활동적인 사람이다. 조금만 신경을 쓰고 관찰한다면 주변에서 이런 여성을 종종 볼 수 있다. 여성적인 멋은 조금 적지만 오히려 남성들과 잘 어울리면서 주로 남성들이 하는 일에 관심을 가지고 도전하기는 진취적인 여성이다.

(4) 두 손으로 잡거나 허리를 굽히는 등 과잉제스처로 악수하는 사람

윗사람에게는 아부를 잘하며 아랫사람에게는 군림하려 하는 성격이다. 이런 사람일수록 자기보다 못한 사람은 무시하고 강한 사람에게는 어떤 수단을 쓰더라도 자기이익을 챙기려는 사람이다.

(5) 은근하게 적당한 힘으로 꼭 쥐면서 따뜻하게 악수하는 사람

성실한 성격으로 언제 어디서나 믿음을 주는 사람이다. 이런 사람은 아랫사람을 잘 다스리면서도 윗사람에게는 약간 반항기질을 가지고 있으므로 이런 사람을 아랫사람으로 둘 경우에는 항상 인정해 주고 매사에 사리가 분명하게 대해주어야 한다.

(6) 손을 잡고 계속 흔들며 손을 잘 놓지 않는 사람

위선에 가득 차 있거나 항상 자기 위주로 생각하는 사람이다. 이런 악수는 상대에게 의지하고 싶거나 뭔가를 부탁하고 싶어 하는 것으로도 볼 수 있지만, 처음부터 냉정하게 대하는 것이 좋으며 잘못하다가는 오히려 얕잡혀 기선을 회복하기 어렵다.[7]

---

7) 김승길, 전게서, pp.138-140.

6) 각 신체를 통한 성격과 심리

(1) 배와 등을 통한 상대의 심리

① 의식적으로 배를 내민다.

상대를 위압하거나 자신이 우위에 서려는 지배욕의 표시이다. 배는 부와 권력의 상징이다. 배를 내민 자세는 나약하면서도 중요한 부위를 상대에게 드러냄으로써 무방비의 여유를 내보이는 것이다.

② 배를 구부려 안쪽으로 감추려고 한다.

불안하거나 불만을 품고 있다는 뜻이다. 또한 소심하거나 낙심한 심리의 표출로 해석할 수도 있다.

③ 허리띠를 고쳐 조인다.

자신의 의지를 다시 추스리려는 의도이다. 세일즈맨이 고객의 사무실을 방문할 때나 직장인 이 상사의 방에 들어가기 직전에 허리춤을 다시 조이는 것은 나약해지려는 자신에게 기압을 넣으려는 의도이다. 담력이나 의지력의 근원인 배를 다시 조임으로써 비장한 각오를 다지는 것이다.

④ 마주 앉아 이야기할 때 윗도리의 단추를 풀고 배를 내보인다.

상대에 대해 경계심을 풀었다는 증거이다. 대개의 남자들은 퇴근하여 집에 들어가면 먼저 상의를 벗고 옷을 갈아입는다. 이것은 하루의 긴장에서 해방되려는 심리에서 비롯된 것이다. 마찬가지로 비즈니스 상담 중에 윗도리의 단추를 풀면 상대에 대해 편안하게 생각하고 있다는 뜻이다.

⑤ 대립 관계로 서로 팽팽히 맞서다가 상대의 배를 툭 친다.

이러한 행동은 합의의 표시이다. 긴장관계에 있다가 상대의 배를 툭 치는 것은 '네 배짱도 어지간하군!'하는 기분으로 적당한 선에서 타협하겠다는 뜻이다.

⑥ 등줄기를 곧추세운다.

이런 자세를 자주 취하는 사람은 자기규정이 명확한 성격이다. 동시에 원리 원칙을 고수하면서 정신적으로 유연성이 부족하다.

⑦ 마주 앉은 사람을 향해 등을 곧추세우고 부동의 자세를 취한다.

상대에 대해 방어의 벽을 쌓은 상태이다. 서로 마주 앉아 대화를 나눌 때 이런 자세를 취하는 것은 상대와 인격적인 교제를 거부하는 것이다.

⑧ 전화를 하면서 불특정 다수인 에게 등을 돌린다.

비밀스런 대화를 나눈다는 뜻이다. 그렇지 않으면 곤란한 입장을 전화로 변명하고 있다는 뜻이다. 등을 진다는 행위는 '다른 사람이 거기에 개입하지나 않을까'하는 불안의 표출이다.

⑨ 동성끼리의 가족이나 친구가 등을 툭툭 친다.

공감의 확인이나 격려 또는 재촉의 메시지이다. 아버지와 아들, 혹은 친구를 사이에서 상대의 어깨를 쳐 주는 것과 같은 뜻을 담고 있다.

⑩ 여성이 남성에게 등을 보인다.

남자의 적극적인 행동을 바라는 경우이다. 일반적으로 등을 돌리는 것은 거절의 자세이지만, 남녀관계에서 여성의 이런 행동은 남성의 적극적인 행동을 바라는 역표현이다. 이런 행동은 노골적인 표현보다 더 남자의 적극성을 자극시킨다.

(2) 팔을 통한 상대의 심리

① 심장부나 가슴 위로 팔짱을 낀다.

상대에 대한 거절이나 방어의 표현이다. 팔짱을 끼는 것은 자기 앞쪽에 울타리를 침으로써 타인을 자기의 영역 안으로 들여놓지 않으려는 뜻이다.

특히 여자들이 팔짱을 끼는 것은 자기의 중요한 부분을 불의의 기습으로부터 보호하려는 자세이다. 극장 앞 같은 데서 애인을 기다리는 동안 여자들은 팔짱을 끼고 있다가 기다리던 애인이 나타나면 팔짱을 푼다. 그것은 방어에서 환영으로 자세를 바꾸는 것이다.

② 비스듬히 팔짱을 낀다.

상대의 말을 비판적으로 듣고 있다는 뜻이다. 구차한 설명을 늘어놓는 세일즈맨이나 치근덕거리는 남자를 물리칠 때 이런 자세를 보이면 된다. 이러한 행동은 상대의 말을 예사로 듣거나 상대를 비꼬고 있다는 심리의 표현이다.

③ 대화 도중 웃으면서 팔짱을 낀다.

상대의 이야기를 경청하고 있다는 뜻이다. 웃으면서 팔짱을 낀다는 것은 거절이나 대립 의식의 표현이라기보다는 상대의 이야기에 흥미를 느끼기 때문이다. 즉, 상대의 이야기에서 정보를 하나라도 놓치지 않겠다는 속셈이다.

④ 여성이 가슴 밑으로 팔짱을 낀다.

남성의 눈길을 끌려는 속셈이다. 이런 여성은 남자 친구를 원한다고 해석해도 좋다.

⑤ 남자가 소매를 걷어 올린다.

힘의 과시인 동시에 적극성의 표현이다. 남자들은 언쟁이 치열해지면 대개 소매를 걷어붙이는 것은 자신의 힘을 과시하고 적극적으로 대들겠다는 의사 표시이다.

(3) 가슴을 통한 상대의 심리

① 가슴을 항상 당당히 펴고 지낸다.

모든 일에 자신만만한 성격의 소유자이다. 가슴은 곧 심장을 의미한다. 가장 보호해야 할 심장을 당당히 내보인다는 것은 정신적으로나 육체적으로 그만큼 자신이 있기 때문이다.

② 양복의 옷깃을 잡고 가슴을 펴서 뒤로 젖힌다.

자신의 직업에 자신감과 긍지를 지니고 있는 사람이다. 영화에 등장하는 암흑가의 두목은 대개 이런 행동을 자주 보여 주는데, 그들도 자신의 직업에 긍지를 지니기 때문일까. 조끼 주머니에 손을 넣는 행동도 마찬가지 심리에서 나온다.

③ 상대에게 가슴을 들이대듯이 내민다.

상대보다 절대적 우위에 있다는 사실을 과시하려는 행동이다. 프로레슬링이나 씨름에서도 선수들이 가슴을 내밀면서 기선을 제압하려고 하는 행동을 볼 수 있다. 어떤 정치가가 골목 저편에 암살범이 숨어 있는 것을 발견하고 '이봐! 심장은 여기야. 자, 쏴 보라구!'라고 소리치면서 당당히 가슴을 내밀자 암살범이 질려서 도망을 쳐 버렸다는 이야기도 있다.

④ 오른손을 자신의 심장 위에 댄다.

상대에 대해 성실하겠다는 표현이다. 이것은 아주 오래된 인사법인데, 오늘날에도 국기에 대해 경의를 표할 때는 이렇게 하고 있다.

⑤ 여성이 가슴을 강조하듯이 내민다.

남성보다는 동성인 여성을 의식하는 행동이다. 남녀 혼성의 모임에서 이런 행동을 하는 여성이 종종 눈에 띄는데, 이것은 남성을 유혹하기 위해서가 아니라 동성인 여성들을 의식하고 뽐내는 행동이다. '나는 육체적으로 너희들보다 낫단 말이야.'라는 의도를 담고 있다.

(4) 얼굴을 통한 상대의 심리

① 눈이나 코, 턱 등의 얼굴의 일부분을 만진다.

자기의 허약함을 감추려는 의사 표시다. 가축이 병들었을 때는 자기의 몸을 핥는 버릇이 있듯이 인간도 나약해졌을 때는 자기의 얼굴을 만지는 버릇이 있다. 예를 들면, 미국의 닐슨 대통령이 워터게이트 사건 에 휘말려 기자 회견을 할 때 턱을 받치거나 코를 쥐는 행동을 많이 보여 주었는데, 이것은 기자들의 질문 공세로부터 자신의 허약함을 감추기 위한 태도였다고 볼 수 있다.

② 맞장구를 치지 않고 가벼운 미소를 짓는다.

완곡한 거부나 난처함의 표시이다. 귀찮은 상대나 보기 싫은 손님을 내쫓는 데는 맞장구를 치지 않고 그저 가벼운 미소만 짓는 것이 상책이다. 이러한 미소는 상대를 혹독하게 거절하지도 않으면서 스스로 물러나게 하는 효과를 지닌다.

③ 생면부지의 사람과 부딪쳤을 때 미소를 짓는다.

상대에 대해 적의가 없음을 나타낸다. 엘리베이터나 지하철 등에서 다른 사람과 부딪치면 그 사람을 향해 고개를 살짝 숙이면서 미소를 짓는다. 이것은 상대에 대해 악의나 공격적인 의사가 없다는 무언의 변명이다.

④ 얼굴에 잠시 웃음을 지었다가 곧 웃음을 거둔다.

이런 사람은 지금 속으로 계산을 하고 있으므로 조심해야 한다. 비즈니스로 만난 사람이 만면에 웃음을 짓다가 갑자기 싸늘한 표정을 보이면 만만치 않은 상대임을 간파해야 한다. 왜냐하면, 보통 사람이면 웃고 나서도 그 여운이 잠시 동안은 표정에 남아 있기 때문이다 .

⑤ 갑자기 미소를 멈춘다.

쓸데없는 행위에 대한 무언의 경고이다. 이야기 도중에 갑자기 상대의 얼굴에서 미소가 사라지면 이쪽의 말이 흥미가 없거나 뭔가 실수를 했다는 뜻이다. 또, 상대가 결례되는 장난을 걸어 올 때도 마찬가지로 미소를 중단하고 경어를 쓰면 눈치 빠른 상대라면 곧 알아차릴 것이다.

⑥ 설득하기 위해 애쓰는데 상대의 얼굴에 표정이 없다.

부탁을 거부하거나, 난처한 입장이거나, 혹은 혐오감의 표시이다. 표정이 없다는 것은 어떤 감정을 얼굴에 나타내지 않는 것을 말한다. 따라서, 단수 높은 거절은 무표정한 얼굴로 하는 것이 좋다.

⑦ 여성이 특정한 남성에게 무관심한 표정을 짓는다.

그 남성에게 호의를 가지고 있다는 의사 표시이다. 알다가도 모를 여자의 마음은 바로 이 역표현에서 비롯된다. 여성에게서 무관심의 표정을 읽을 줄 알아야 한다.

⑧ 공연히 불쾌한 표정을 짓는다.

마음속에 간직하고 있는 혼자만의 기쁨을 남에게 알리지 않으려는 속셈이다. 화투나 포커를 칠 때 좋은 패가 들어오면 일부러 불쾌한 표정을 짓지 않는가. 별다른 이유 없이 불쾌한 표정을 짓고 있다면 그것은 속으로 기쁜 일을 간직하고 있다는 뜻이다.

(5) 코를 통한 상대의 심리

① 턱을 조금 치켜들고 코를 내민다.

거만한 마음의 표시이다. 코는 얼굴의 중심부로서 지성의 심벌이라고 한다. 또한 코는 그 사람의 성격을 나타내는 척도가 되기도 한다. 따라서 코를 내미는 행위는 자신의 영역을 넓히려는 마음의 표시이며, 그것이 타인에게는 건방지거나 거만하게 비치는 것이다.

② 머리를 뒤로 젖히면서 코를 상대로부터 멀리한다.

혐오와 거부의 표시이다. 가령 한 남자가 여자에게 사랑을 고백하는데 그녀가 이런 동작을 하고 있다면 그것은 거절의 표시이다.

③ 이야기 도중에 코를 만지작거린다.

부정적인 의사 표시이다. 가령 무슨 부탁을 하고 있을 때 상대가 코를 만지작거린다면 그것은 거절의 표시이다. 이것은 손으로 머리를 긁거나 귀를 만지는 것과 마찬가지로 못마땅함을 나타내는 메시지이다.

④ 코에 손을 대고 앞으로 숙인다.

당신의 말이 의심스럽다는 불신의 표시이다. 당신이 뭔가를 열심히 변명하는데 상대가 코에 손을 대고 머리를 숙이고 있다면 그 변명은 상대에게 통하지 않을 것이다.

⑤ 콧날을 잡고 눈을 지그시 감는다.

마음의 갈등을 전달하려는 행위이다. 의견을 물었을 때 이런 행동을 취한다면 뭔가 망설이고 있다는 뜻이다. ・콧날을 잡고 심사숙고하는 동작을 취한다. 상대의 시선을 끌어들이기 위한 제스처이다. 회의석상에서 발언이 순조롭게 진행되지 못했을 경우, 콧날을 잡고 뭔가 골똘히 생각하고 있으면 다른 참석자들이 눈길을 보낸다. 코는 얼굴의 중심부이기 때문에 손을 대면 자연히 시선을 끌게 마련이다.

(6) 목을 통한 상대의 심리

① 기계적으로 고개를 끄덕인다.

상대의 말을 제대로 듣지 않거나 상대의 말에 이의를 제기하려는 마음의 발로이다. 고개를 끄덕이는 맞장구는 본래 상대의 말에 동조한다는 긍정적 의사 표현이다. 그러나 기계적으로 단순히 끄덕이는 것은 상대의 이야기에 형식적으로 동조한다는 표현에 불과하다. 또 상황에 따라서는 '뭐 이런 시시한 이야기를 하고 있지?', '빨리 본론으로 들어가는 게 어때?'하는 부정적인 의사 표현이다.

② 이야기를 하면서 자주 고개를 끄덕인다.

상대의 말을 감정적이나 정서적으로 듣고 있다는 뜻이다. 고개를 끄덕이며 맞장구를 치는 것은 이야기의 이해도를 재는 척도이지만, 잦은 끄덕임은 상대의 적극성이나 인격에 감각적으로 공감하고 있다는 뜻이다.

③ 데이트 신청을 받은 여자가 고개를 갸웃한다.

어떻게 하면 좋지? 하고 망설이고 있다는 증거이다. 그녀의 속마음은 지금 데이트에 응할지, 어떨지 저울질하고 있는 중이다. 당신이 그녀에게 데이트 신청을 했는데 그녀가 이런 행동을 하고 있다면 재빨리 그 고개를 끄덕이도록 유도해야 한다.

④ 목을 늘어뜨린다.

자신의 패배를 인정하는 동작이다. 사람이 활동을 할 때는 필사적으로 목을 지탱한다. 그러나 기력과 체력이 소모되면 자연히 고개를 숙이게 된다. 따라서 고개를 숙이고 목을 늘어뜨리는 동작은 패배의 인정이라고 해석해도 좋다.

⑤ 상체를 뒤로 젖힌 채 잠자코 이야기를 듣고만 있다.

상대의 말이 엉뚱한 곳으로 흘렀을 때 그것을 지적하기 위한 행위이다. 특히 말이 많은 사람, 어려운 손윗사람 등을 만났을 때 이야기가 엉뚱하게 흐르면 이런 행동을 보여 상대의 주의를 환기시킬 수 있다. 말하자면 상체를 될 수 있는 한 상대에게서 멀리한 채 잠자코 듣고만 있으면 상대도 곧 눈치 채게 된다.

(7) 입을 통한 상대의 심리

① 말을 하면서 손으로 입을 가린다.

상대를 경계하면서 본심을 감추려는 행위이다. 즉, 말하는 기관인 입을 상대가 보지 못하도록 함으로써 자신을 은폐시키면서 방어 자세를 취하는 것이다.

② 손을 입에 대고 묵묵히 있다.

더 이상 상대와 대화하고 싶지 않다는 의사 표시이다. 입을 가리는 동작에는 숨긴다는 의미 외에 거절의 뜻도 있다. 큰소리로 계속 떠드는 상대에 대해 고개를 돌리면서 입을 가리는 동작은 '빨리 끝내라'는 무언의 신호이다.

③ 말을 할 때 주먹을 갖다 대면서 자꾸 헛기침을 한다.

근심이 있다는 뜻이다. 불안이나 근심 때문에 목구멍에 점막이 생긴 경우이다. 설령 실제로 점막이 생기지 않더라도 자꾸 그런 기분이 들어 나타나는 버릇이다.

④ 이야기를 듣는 동안 입술 양끝을 약간 뒤로 당긴다.

상대의 이야기를 경청하고 있다는 뜻이다. 입술의 움직임에는 여러 가지 의미가 있다. 강한 결의를 나타낼 때는 한일자로 꼭 다물고, 실패를 했을 때는 깨물며, 공격심이 생길 때는 삐죽거리게 된다. 또한 이야기를 듣는 동안 입술 양끝이 올라가는 것은 현재의 심리 상태가 부드럽다는 뜻이다.

⑤ 상품을 살펴보다가 입을 다물고 굳은 표정을 짓는다.

살까 말까 망설이는 행위이다. 어느 세일즈맨의 말에 의하면 상품을 보여 주고 난 후 고객이 입을 다물고 그것을 찬찬히 살펴볼 때가 바로 승부의 시간이라고 한다. 그것은 마음속에서 살까 혹은 말까 하는 두 마음이 갈등을 빚고 있기 때문이다.

(8) 눈을 통한 상대의 심리

① 대화할 때 상대를 보지 않는다.

뭔가 숨기려는 마음이 있는 경우이다. 상대에게 시선을 던지는 시간이 30퍼센트 이하이면 그 사람은 무언가 감추고 있다.

② 대화할 때 시선을 이리저리 불안정하게 돌린다.

심리적으로 불안정하고 불성실한 성격의 소유자이다. 어떤 민완 형사의 말에 의하면 범죄를 저지른 사람은 자백을 하기 전에 눈동자를 이리저리 돌리면서 가능한 한 시선이 마주치는 것을 피한다고 한다. 이것은 심리적으로 안정되지 않고 떳떳하지 못하기 때문이다.

③ 상대를 곁눈질로 쳐다본다.

이야기의 내용에 불만이나 의문을 품고 있다는 증거이다. 시선의 움직임뿐만 아니라 시선의 방향도 그 사람의 심리 상태를 나타낸다. 남이 부당한 소리를 할 때 대다수의 사람들은 곁눈질을 하는데, 그것은 정면으로 맞서지는 못하지만 못마땅하다든가 석연치 않다는 마음의 표시이다.

④ 대화를 나눌 때 눈살을 찌푸린다.

상대의 의견에 찬성하지 않는다는 뜻이다. 누가 기분 나쁜 소리나 부당한 억지를 부리면 당신도 양미간의 눈살을 찌푸릴 것이다.

⑤ 상대를 관찰하면서 발을 먼저 보고 그 다음에 얼굴을 본다.

상대를 불신하거나 경멸하고 있다는 증거이다. 사람을 볼 때 얼굴을 먼저 보는 것이 정상적이다. 그러나 형사나 불량배 같은 사람들은 상대를 아래서 위로 훑어본다. 그건 상대를 불신하고 있기 때문이다.

⑥ 눈을 크게 뜨고 상대를 바라본다.

상대에 대해서 강한 흥미를 느낀다는 뜻이다. 보통 우리는 놀라거나 강한 흥미를 가졌을 때 눈을 크게 뜨는데, 이것은 자율 신경이 눈동자의 개폐에 관여하기 때문이다. 어떤 연구에 의하면 일반적으로 남자가 여자의 누드 사진을 볼 때는 눈동자가 두 배로 커진다고 한다.

⑦ 대화를 할 때 상대를 오래도록 주시한다.

말의 내용보다 그 사람에게 관심을 갖고 있다는 뜻이다. 보통 우리가 일대일로 대화를 나눌 때 상대의 얼굴에 시선을 집중하는 시간은 대화 전체 시간의 30~60%라고 한다. 이 평균치를 넘어서 상대를 계속 주시한다는 것은 말의 내용보다 그 사람 자체에 관심이 있다는 뜻이다.

⑧ 이성인 상대를 똑바로 쳐다본다.

상대에게서 성적인 매력을 느낀 경우이다. 똑바로 쳐다보는 것은 성적으로 야기되는 무언의 신호이며, 특히 여성에게서 이런 현상이 더 자주 일어난다. 성적인 욕구를 억제하려는 심층 심리가 오히려 눈을 통해 노출되는 것이다.

(9) 턱을 통한 상대의 심리

① 턱을 만지작거린다.

불안이나 고독한 기분을 전환시키려는 욕구의 발로이다. 철학자가 사색에 잠길 때는 대개 턱을 만진다. 또 배우들이 생각하는 것을 표현하는 연기를 할 때도 턱을 만진다. 인간은 심리적으로 나약해 있을 때 자기의 몸을 만지는 버릇이 있다. 이것을 동물행동학자들은 '자기의 친밀성'이라고 한다. 즉, 불안하거나 고독한 마음을 달래려는 의사 표시인 것이다.

② 턱을 안으로 당긴다.

절대 복종의 의사를 나타내는 무언의 메시지이다. 턱의 움직임은 내밀거나 당기는 것으로 나타난다. 턱을 내미는 동작은 공격의 표시이고, 턱을 당기는 것은 방어의 표시이자 절대 복종의 의사 표시이다.

③ 뭔가를 지시할 때 턱을 든다.

이러한 사람은 자기주장이 강한 사람으로서, 자신의 주장이 깨끗이 통과될 것을 믿고 있다. 턱을 앞으로 내미는 것은 자기주장의 확대이며 공격의 표현이기도 하다. '턱으로 사람을 부린다'는 말도 있는데, 이것은 자기가 손위이거나 우위에 있을 때 취하는 행동이다.

④ 이야기할 때 두 손바닥으로 턱을 고인다.

누군가에게 위안을 받고 싶어 하는 욕구의 표현이다. 가령 당신과 마주앉은 여성이 머리를 한쪽으로 갸웃하고 턱을 손바닥으로 고이고 있다면 그녀는 분명 마음속으로 위로받고 싶고 쓸쓸해 한다는 것을 눈치 채야 한다.

⑤ 턱수염을 기르고 있다.

턱수염은 턱을 한층 더 드러내어 나약함을 감추는 동시에 말이나 태도를 대신한 자기주장의 도구로 활용된다. 즉, 자기를 변모시키고 자기주장의 굳셈과 인격을 대변하는 것이다.

(10) 다리와 발을 통한 상대의 심리

① 다리를 꼬고 앉는다.

상대를 받아들이지 않겠다는 거부의 메시지이다. 당신이 뭔가를 열심히 설명하고 있는데 상대가 다리를 꼬고 있다면 그것은 그 일에 상대가 흥미를 느끼지 못한다는 뜻이다.

② 여성이 다리를 꼬고 앉는다.

자신의 용모나 각선미에 자신이 있으며, 그것을 과시하려는 욕구의 표출이다. 일반적으로 다리를 꼬는 것은 상대를 거부하는 뜻을 담고 있지만, 용모에 자신이 있는 여자가 그런 행동을 취하는 것은 자기를 과시하기 위해서 이다.

③ 여성이 다리를 자주 바꾸어 꼰다.

남성에 대해 관심이 많다는 증거이다. 흔히들 조바심이 날 때 다리를 바꾸어 꼬는데, 여성의 경우에 때로는 그런 행동이 성적인 욕구 불만 때문에 나타나기도 한다. 이러한 점을 알아차리지 못하고 상대가 조바심이 나거나 피곤하겠거니 하고 생각했다가는 여자의 마음을 영원히 파악할 수 없을 것이다.

④ 나란히 앉아있는 남녀가 서로 닫혀있는 원처럼 다리를 꼬고 있는다.

이런 자세로 두 남녀가 벤치에 앉아 있다면 그들 두 사람은 매우 친한 사이이다. 남자가 오른쪽 다리를 왼쪽다리 위에 꼬고, 그 왼편에 앉은 여자가 왼쪽다리를 오른쪽다리 위에 꼬고 있다면, 그들은 닫혀 있는 둘만의 공간을 만듦으로써 제삼자의 틈입을 경계하고 있는 것이다.

⑤ 남자가 다리를 벌리고 앉는다.

성에 자신감이 있고 지배적인 성격의 소유자이다. 다리는 성적언어라고 한다. 즉, 다리를 벌리는 동작은 성기를 내보이는 것과 같은 동작이다. 그래서 성에 자신있는 남자는 다리를 벌리고 앉는다.

⑥ 눈에 띄지 않을 정도로 다리를 흔든다.

마음이 불안하거나 조바심이 나 있는 상태이다. 다리를 흔드는 행위는 궁상맞은 짓이라 하여 금기시하고 있는데, 특히 누구를 기다린다든가 하면서 불안하고 초조할 때 다리를 흔드는 사람이 간혹 있다.

⑦ 책상 위에 다리를 올려놓는다.

지배욕이나 소유욕이 강한 사람이며, 자신의 세력범위를 넓히고 싶은 욕망을 가지고 있다.

⑧ 의자에 앉은 채로 발바닥으로 바닥을 토닥토닥 두드린다.

불안하고 초조하며 안달이 난 상태이다. 다른 사람이 필요이상으로 가까이 접근하면 자기의 프라이드를 침해받을까 봐 그것을 거부하는 몸짓으로 발바닥으로 바닥을 두드린다. 결국 '네가 가까이 다가오니 안달이 난다'는 뜻이다. 또한, 약속장소에서 한쪽 발을 토닥거리는 사람은 약속 상대를 기다리면서 조바심이 나 있다는 뜻이다. 조바심을 나타내기에는 남의 눈에 잘 띄지 않는 발이 적당하기 때문이다. 그리고 몸의 한 부분을 움직임으로써 긴장을 가라앉힐 수도 있기 때문이다.

⑨ 꼬고 앉은 다리의 위쪽 발을 흔들거린다.

상대에 대해 긴장을 풀고 있다는 증거이다. 비즈니스에서 첫 대면인 상대가 이런 포즈를 취하면, '자, 딱딱하게 굴지 말고 편안하게 합시다'라는 뜻으로 받아들여야 한다.

⑩ 무릎과 발끝

의자에 앉았을 때 다리를 벌리고 앉아 있는지, 붙이고 앉아 있는지의 상태에 따라 상대의 마음을 파악해 본다.

다리를 벌리고 앉아 있으면 편안한 마음으로 상대를 받아들이겠다는 뜻이고, 다리를 꼭 붙이고 있으면 마음을 닫은 채 거부하겠다는 뜻이다.

다리를 포개고 앉는 것은 다리를 붙이고 앉는 것과 같은 뜻을 갖지만, 남녀사이라면 성적 뉘앙스가 담겨있기도 한다. 특히 여성이 남성 앞에서 다리를 포개고 앉는다든지, 포갠 다리를 자주 바꾼다면 상대에게 성적으로 관심이 있음을 나타내는 것을 알 수 있다.

또한 무릎이나 발끝이 관심이 있거나 호의를 갖고 있는 사람 쪽으로 향하는 것은 아주 자연스러운 일이다. 이때 상대에게 향한 발끝이 서로 닿을 만큼 가깝게 있으면, 다른 사람이 자기들 사이에 끼어드는 것을 막는 행위라고 볼 수 있다. 반대로 무릎이 서로 반대방향으로 행하고 있다면, 겉으로는 좋은 관계처럼 보여도 마음은 상대로부터 멀어지고 싶거나 상대에게 적극적인 관심이 없음을 나타내는 것이다.

(11) 손을 통한 상대의 심리

① 이야기 도중에 손가락이나 연필 끝으로 톡톡 소리를 낸다.

상대의 말에 동의할 수 없다는 뜻이다. 상대의 말이 지루할 때 잡음을 내거나 낙서로 딴전을 피우는 것이다. 손가락을 자주 놀람으로써 무료함에서 벗어나고자 하는 행동이다.

② 주먹을 쥐거나 주먹으로 손바닥을 내리친다.

이러한 동작은 상대에 대한 무언의 위협이다. 악수를 하거나 손바닥을 내보이는 동작이 무장 해체의 의사를 전달하는 신호라면, 주먹을 쥔 손은 공격이나 긴장을 나타내는 신호이다.

③ 손톱을 깨문다.

이야기를 하면서 손톱을 깨무는 사람이 있는데, 이것은 유아성격이 아직도 남아있기 때문이다. 이런 사람 앞에서 공격의 자세를 취하면 그 버릇은 더욱 심해진다.

④ 손을 호주머니에 넣은 채 이야기를 듣는다.

상대를 믿지 못한다는 뜻이다. 이런 태도는 정치가나 권위주의자에게서 흔히 볼 수 있다. 손을 감춘다는 것은 상대에게 자신의 본심을 드러내고 싶지 않다는 경계심의 표현인 동시에 상대를 신용하지 않는 증거이다.

⑤ 주변의 물건을 만지작거린다.

긴장하고 있다는 뜻이다. 첫 대면인 상대를 만났을 때 사람들은 대개 성냥이나 볼펜 등 주변에 있는 물건을 만지작거린다. 그것은 긴장을 해소하기 위한 무의식적인 행동이다. 식당 같은 곳에서 냅킨을 접었다 폈다 하는 행동도 마찬가지의 의미를 가지고 있다.

⑥ 턱 밑에다 양손 끝을 모은다.

자신감을 나타낸다. 자신에 넘치거나 자만심이 강한 사람은 상대의 이야기를 들으면서도 턱 밑에다 양손의 손가락 끝을 갖다 댄다.

⑦ 여자가 남자의 손가락을 깍지 끼어 쥔다.

보다 깊은 관계를 바란다는 메시지이다. 손가락은 사모나 간절한 마음 등을 전해 준다. 따라서 애인의 손을 잡고 걸을 때 그녀가 손가락을 깍지 끼어 쥔다면 당신과의 관계가 더 깊어지기를 바라는 것이라고 해석해도 좋다.

⑧ 테이블 위에 있는 물건을 상대 쪽으로 밀어 놓는다.

상대보다 우위에 서고자 하는 마음을 갖고 있다. 바꾸어 말하면 이해관계를 놓고 교섭하는 자리에서 마주앉은 상대보다 우월한 입장에 서고 싶으면 테이블 위에 놓인 물건들을 상대 쪽으로 밀어붙이면 된다. 재떨이라든가 컵, 꽃병 등 테이블 위에 놓인 어떤 물건이라면 괜찮다.

⑨ 꺼내 놓은 물건에 손을 대지 않는다.

상대와 친밀해지지 않으려는 뜻이다. 그러므로 시장이나 백화점에 갔을 때 물건을 살 계획이 없으면 점원이 꺼내 놓은 상품에 되도록 손을 대지 않는 게 좋다. 일단 손에 닿으면 그 물건을 통해 상대와 접촉하는 셈이 되어, 꼭 필요하지 않은 물건이라도 사게 될 확률이 높다.

(12) 허리를 통한 상대의 심리

① 손을 허리에 얹은 채 상체를 구부리고 걷는다.

목표에 빨리 도달하려는 의지의 표현이다. 윈스턴 처칠의 걸음걸이도 이런 타입이었는데, 단거리 달리기 선수처럼 가장 빠른 경로를 통해 목표에 도달하고자 하는 사람들이 이렇게 걷는다.

② 허리를 구부린다.

상대에 대해 겸허한 마음과 존경의 뜻을 나타낸다. 우리나라 사람들은 인사를 할 때 허리를 굽히는 게 보통이다. 이것은 상대에 대해 저자세를 취하겠다는 의도이다.

③ 손을 허리에 대고 있다.

어떤 일을 하기 위한 만반의 준비가 마음속으로 갖춰져 있다는 뜻이다. 자기 타순을 기다리는 야구 선수에게서 이런 자세를 자주 볼 수 있다. 이것은 자신의 다음 행동에 대해 육체적으로나 정신적으로 준비가 되어 있다는 증거이다.

④ 남성이 바지 벨트에 양쪽 엄지손가락을 걸고 있다.

성적으로 자신이 있음을 과시하는 포즈이다. 여자에게 프로포즈를 할 때 이런 자세를 하는 남자를 볼 수 있는데, 여덟 개의 손가락이 자신의 남성 심벌을 가리킴으로써 무언의 과시를 하는 것이다.

⑤ 웅크리고 앉은 채로 상대를 올려다본다.

상대에 대해 복종하지 않는다는 증거이다. 허리를 굽히는 자세가 복종심의 표현이라면, 웅크리고 앉은 자세는 그 반대이다. 특히 밑에서 치켜보는 자세는 '지금까지는 복종했지만 앞으로는 그렇게 고분고분하지 않겠다'는 의사표현이다.

⑥ 의자에 앉을 때 허리를 의자 깊숙이 대고 앉는다.

상대보다 심리적으로 우위에 서고 싶다는 의도이다. 사람들이 의자에 앉는 자세는 크게 두 가지로 나눌 수 있는데, 여유 있게 의자 깊숙이 앉는 '사자형'과 의자 끝에 살짝 걸터앉는 '얼룩말형'이 그것이다. 그 중에서도 특히 사자형은 상대보다 우월한 지위에 있거나 우위에 서고 싶을 때 취하는 자세이다.

(13) 어깨를 통한 상대의 심리

① 남자가 어깨를 으쓱거린다.

위엄을 보이기 위한 행동이다. 남성의 어깨는 존엄의 상징이다. 타인과 어깨가 부딪치면 불쾌한 표정을 짓거나 시비를 거는 것도 어깨를 남성의 상징으로 여기기 때문이다. 양복 어깨에 심을 넣은 것도 같은 이유에서이다.

② 어깨에 양복 윗도리를 걸치고 다닌다.

젊은 남자들 가운데 윗도리를 어깨에 걸치는 사람이 많은데, 이것은 바로 남자다움을 내세우기 위한 행동이다.

③ 어깨를 움츠린다.

불쾌, 당황, 의혹 등 상대에 대한 방어적 심리의 표출이다. 어깨를 으쓱거리는 것이 자기존재의 과시라면, 어깨를 움츠리는 것은 공격을 피하려는 방어적인 의미를 지닌다.

④ 남자끼리 상대의 어깨에 손을 짚는다.

동료 의식의 표현이다. 아버지가 자식에게, 상사가 부하에게, 그리고 친구 사이에서 이런 행동을 볼 수 있다. 이것은 '수고했어!', '고마워!', '잘해봐!' 하는 등 친밀감의 표시로서 촉각 커뮤니케이션이라고도 한다.

⑤ 여자가 남자의 어깨에 손을 얹는다.

상대를 남성으로 보지 않고 단순한 동료나 친구로 생각하고 있다는 뜻이다.[8)]

7) 사기꾼 식별요령

① 신분이 확실하지 않은 사람을 주의하라! 대체로 사기꾼들은 나중에 잡히지 않기 위해 자기 이름, 출생지, 생일, 주소, 전화번호 등을 숨기는 경향이 있다.

② 지나치게 호의적이고 우호적인 사람을 주의하라! 원래 사기꾼은 노리던 사람에게 사기를 치는 목적이 달성되기 전까지는 매우 친절하다. '사나운 범은 덮치기 전까지 발톱을 숨긴다'는 속담이 괜히 나온 게 아니라는 사실을 명심하라.

③ 너무 말이 없고 남의 얘기를 옳다고만 하며 자기 주관이 없는 자를 제일 조심하라. 사기꾼은 절대로 대놓고 화내지 않는다. 설령 노리던 상대에게 인격적 모욕을 당해도 굳건히 참는다. 이럴 정도의 참을성도 없으면 프로 사기꾼은 아예 포기해야 한다. 또한, 사기꾼은 언중에 자신의 본색이 드러날까 주의한다. 그래서 가능한 말을 하지 않고, 다른 사람의 말을 긍정적으로만 듣는 척 한다.

차라리 말이 많고, 자신의 주관이 뚜렷하여 자주 발끈대는 사람은 나중에 당할 염려가 없다. 이런 사람은 대체로 감정에 솔직하기 때문에, 정직한 사람이기 때문이다.

④ 자기가 돈이나 배경이 있다고 남 앞에 과시하는 자는 극히 위험하다. 정 반대로, 무슨 일을 하려는 데 남들 앞에서 실력이 없다고 겸손을 떠는 자도 위험하다. 돈이나 배경은 있어도 없는 체, 실력은 없어도 있는 체 하는 것이 성공한 자의 기본이기 때문이다. 정말 돈이 있고 배경이 있는 자는, 절대 남들에게 자기 입으로 떠들고 다니지 않는다. 왜냐하면, 돈이나 배경은 남에게 있다고 밝혀봐야 세무서나 사회단체, 혹은 친분관계 있는 자들로부터 연줄이

8) http://ksea.paran.com/swisdom/queview

나 돈 뜯어내려는 쉬파리들이나 모여들지, 절대 있다고 밝혀봐야 좋을 일이 없기 때문이다. 그와 반대로, 실력은 없어도 있다고 하는 것이 인간 노하우의 기본이다. 실력은 없어도 있는 체 해야만 자기가 좋은 일에 참여할 가능성이 그만큼 높아지니까 말이다. 그런데, 일을 하기도 전에 실력이 없다고 하는 이유는 겸허해서 그렇다기보다는, 나중에 문제가 생겼을 때 뒤로 빼 발뺌할 핑계 만 들려는 목적이기 때문이다.

⑤ 사회적으로 아직 별로 알려지지 않은 사업을 들고 와서 동업하자면 주의하라. 원래 수익성이 쉽게 드러나는 사업을 가지고 사기치기는 힘들다. 금방 거짓임이 밝혀지기 때문에 이런 데서는 사기꾼이 생길 소지가 적다.

⑥ 어떤 모임이든지 이상하게 모임에 너무 자주 나오고, 다른 사람들과 잦은 커뮤니케이션을 가지는 사람을 조심하라.
이런 자들은 대개 머리하고 말주변만 좋으면서, 할 일도 별로 없고 가난한 사람들이다. 사기란, 대체로 이런 조건을 갖춘 사람들이 남에게 치기가 쉬운 법이다. 누가 요즘같이 시간이 돈인 세상에 생업에 종사할 시간도 부족할 텐데, 그런 시간을 미루고 모임 같은 데에나 자주 출석하겠는가? 사업차 없는 시간 쪼개서 사람들과 잦은 커뮤니케이션을 가지는 사람들도 있지만, 사실 따지고 보면 이것 역시 사기를 치기 위해서이다. 경쟁에서의 승리라는 합법적 사기말이다.
즉, 자신들의 제물이 될 사람들을 선별하기 위해 나오는 전력 탐색장이 바로 사업상의 모임인 것이다. 라이벌의 인간관계를 알아놔야만, 자기가 나중에 그 약점을 비집고 들어와 경쟁에서 이겨 등칠 여지가 아주 높으니까! 적을 알고 자신을 알면 백전백승이라고 하지 않던가? 따라서, 사업하는 사람들도 너무 잦은 커뮤니케이션은 가지지 않는 것이 좋다. 그런 데서 자기도 모르는 새, 자신의 약점이 남에게 드러날 소지가 제일 높기 때문이다.

⑦ 투기사업에서 승산이 있다고 밝히는 자를 주의하라. 이전에는 부동산 투기는 안 그러는 수도 있었지만, 부동산의 실제가치가 투명해 진 요즘 시대는 부동산투기는 위험하다. 가령, 증권시장에서 돈을 버는 방법이 있다고 한다거나 경마나 경륜에서 돈을 따는 방법이 있다고 사람들을 꼬이는 사람을 주의하

라. 이런 사람은 90% 사기꾼이다. 아마추어가 아닌 프로 사기꾼들은 대개 이런 유형이 제일 많다.

많은 돈이 몰려있어서 아주 매력적으로 보이기는 하지만, 따지고 보면 그 돈은 다 주최 측의 돈이 될 수밖에 없는 이런 곳을 무대로 사기를 친다. 자신들의 밥이 될 소지가 아주 많은 인간들, 즉 별 능력도 없으면서 부모 잘 만나 선천적으로 선택받아 돈과 시간만 많은 어수룩한 사람들이 대개 이런 장소로 몰리기 때문이다. 더구나, 이런 곳에서는 설혹 사기에 걸려 크게 밑져도 법적으로 그 사기꾼에게 책임을 물을 수가 없다. 손해 볼 것을 염두에 두고 하는 무대이기 때문이다. 즉, 투기판은 사기가 기본인 사회니까 절대 믿으면 안 된다.

거기서는 속는 사람이 바보고, 당하는 사람이 나쁜 인간이 되는 것으로 이러한 인간사회의 생리 때문에 사기꾼이 없다면 오히려 그것이 이상하지 않겠는가? 예를 들면 증권시장에서 돈 버는 유망한 주식이 있다고 찾아오는 증권세일즈맨이나, 경마장에서 돈 따는 비법이 있다고 다가오는 정보장사를 주의하라. 이런 사람들은 100% 완전무결한 합법적 사기꾼들이다. 생각해 보라. 그렇게 확실히 돈 버는 방법이 있다면 자기들이 다 해먹지 왜 남에게 그걸 팔겠는가? 증권회사 직원들은, 절대 돈 버는 주식은 일반투자가들에게 가르쳐주지 않는다. 그런 건 고객이 알아서 사겠다고 해도, 있어도 안 판다.

본래 주식이나 경마 등 판돈에서 세금이나 수수료를 떼는 사업은, 궁극적으론 절대 참가자는 딸 수가 없게 되어 있다. 만약 그런 사람이 한 명이라 도 있다면, 아마 증권회사나 마사회 사람들 다 굶어죽을 것이다. 그 사람이 판돈을 단 몇 판이라도 싹쓸이한다면, 당장 증권거래소나 마사회는 존폐의 위기를 맞을 것이니까! 가끔 증권이나 마권으로 한탕해서 횡재했다고 하는 사람들이 신문방송에 실리는 데, 이런 자들은 사실 번 게 아니다. 단지, 증권이나 마권이란 무지 비싼 고리채 어음을 떼 주고는 잠시 증권회사나 마사회 측으로부터 빌린 것 뿐이다. 돌려줄 때는 무지 비싼 이자, 고리대금업자 이자보다 수백 배 더 비 싼 이자로 돌려줘야 하는 게 바로 이런 합법적 도박판인 투기판 돈이다. 그 횡재한 돈, 결코 본인에게 오래 붙어 있는 법이 없다.

쉽게 번 돈 쉽게 나간다고, 약간의 유예기간을 거칠 뿐 그 돈은 어김없이 증권회사나 마사회 측으로 돌아올 운명인 것이다. 물론 그 사람의 다른 돈까지 몽땅 이자로 붙여서 잃게 된다.

증권거래소나 경마장에서 패가망신하고 알거지 되어 돌아다니는 사람들이 왕년에 다 이런 한가닥하는 사람들이었다는 사실을 잊지 마라! 따라서, 주식투자나 경마 등 투기성이 있어 결국 주최 측만 따게 되어 있는 장사에 대해 승산이 있다고 선전하는 사람은 아예 상대조차 해주지 마라! 정말 투기를 하고 싶으면, 절대 남의 의견에 의지하고 말고 자신이 오랜 시 간 탐구하고 연구한 끝에 자신의 소견으로 고르고 고른 주식이나 마권을 사라! 아무리 당신이 멍청하고 이런 데 취미가 없다 해도, 적어도 그게 잃을 확률이 남에게 의지하는 것보단 훨씬 낫다. 아무리 자기가 실력없어 엉터리 예상을 했다 해도, 설마 일부러 틀린 정보 전해주는 데만 하겠나? 서로 잡아먹는 게 기본인 투기판에서 남에게 의지하려는 자는 백이면 백 다 패망하고 만다. 이런 데서는, 그 남이란 게 적일 수밖에 없는 문제니까!

⑧ 자기가 궁지에 빠졌을 때, 이상하게 절묘한 타이밍으로 나타나서 도와주겠다는 자를 절대 주의하라. 사람이란, 제일 경계심이 느슨해지고 건전한 이성이 마비되는 때는 사업에서든 도박에서든 취직에서건 인간관계에서건 가장 파국에 몰렸을 때일 수밖에 없다. 앞에서 밝힌 대로, 증권이나 경마로 잃을 수밖에 없다는 사실을 대개의 사람들이 다 알면서도 사기꾼들에게 걸려드는 이유는 자기가 너무 많이 잃어서 파국에 몰려 있기 때문이다. 파국에 몰린 사람들은, 어차피 뒤로 돌아서도 파멸이니까 대부분 이성을 잃고 지푸라기라도 잡는 심정으로 남의 말에 잘 걸려든다. 따라서, 프로 사기꾼은 대개 이런 때를 노려서 우연을 가장하여 구세주처럼 그 사람 앞에 나타난다. 가령, 실연당하고서 슬퍼하고 있는 데 누가 나타나서 위로해주고 자신이 대신 사랑해준다고 그러면서 나중에 꽃뱀사기로 등을 친다든가, 혹은 무지 돈을 잃거나 사업이 망하기 일보 직전인데 갑자기 웬 사람이 나타나서 사업 자금이나 도박자금을 대출해준다고 했다가 어음이나 수표를 털어 달아난다든가 하는 경우 말이다. 그들은 남 둘러먹는 데 프로라서, 대개 인간의 경계심이 제일 느슨

해지는 때가 그 사람의 가장 위급한 때라는 것을 잘 아니까! 아무리 자신이 처지가 어렵고 위급해도 절대 함부로 경솔히 판단하지 마 라! 손해를 보거나 급박한 상황에 몰렸을 때 위로 올라가려고 허우적대면 더 빠져든다.

사람이 살면서 빠지는 이 세상의 함정은 바로 개미지옥이기 때문 이다. 개미지옥에 빠진 개미가 죽는 이유가 뭔지 아는가? 빠져나가겠다고 버둥대니까 죽는 것이다. 바꾸어 말하면 개미지옥에 빠진 개미가 사는 방법은, 뜻밖에 아주 간단하다.

지혜로운 개미는 개미지옥에 빠졌을 때, 개미귀신이 바로 제 옆에 또아리를 틀고 있어도 절대 움직이지 말고 가만히 있는 것이다. 개미귀신은 사실은 눈이 없어서, 개미가 바로 자기 옆에 있어도 전혀 모른다. 움직이는 발소리를 듣고서 아는 것이다. 개미지옥에 빠졌을 때, 나가겠다고 버둥대면 100% 사망이지만, 안 버둥대고 가만있으면 70%는 생환이다. 이것은 개미나 사람이나 마찬가지다. 궁지에 빠진 사람이란, 바로 누구나 이 개미지옥에 빠진 개미와 같다. 궁지에 몰렸을 때일수록 침착하고 가만히 판단해서 기회를 기다렸다 위로 올 라갈 궁리를 해야 살 수 있지. 살겠다고 앞 뒤 안 가리고 버둥대는 순간, 그 낌새를 포착한 개미귀신의 밥이 되고 만다. 세상의 사기꾼은 바로 이 개미귀신이다. 이것을 명심하라.[9]

9) http://kbg0505.co.kr/board/bbs/board.php?bo_table=communi2&wr_id=6

제 15 장

매스컴속의 탐정

1. '외국 탐정이 몰려온다'
2. 증가하는 일본의 탐정수요
3. '21 세기 본격적인 탐정 시대의 도래를 꿈꾸며'
4. "해외 경제사범"송환,"미션 임파서블?!"
5. 탐정 드라마에 나타난 진실
6. [로컬발언대] 민간탐정 법제화 시급하다!
7. 미국공인탐정 강효흔

제15장 매스컴속의 탐정

1. '외국 탐정이 몰려온다'

- 국내시장 3조원…수준은 아직 걸음마
- 외국업체 경쟁력은 상상 이상…남미서 대통령 측근 편지도 검색
- 전 세계에 탐정 동업자, 인터폴 수사망보다 촘촘

서울에서 민간조사(PI)업체를 운영하는 L(45)씨의 요즘 주요 고객은 스카치위스키의 대명사격인 양주 제조업체다. 시장이나 유흥업소에 '가짜'가 유통되는 것을 제보하는 대가로 월 800만원의 수수료를 받는다. 또한 미국의 사무기기 제조업체로부터 월 800만원, 일본의 전자회사로부터도 500만원의 계약을 맺고 있다. '짝퉁'이나 '카피'가 출현해 본사에서 PI들이 날아오면, 용산전자상가나 남대문 인근에 캠프를 차려놓고 몇 주일씩 합동 조사를 한 뒤 수천만원대 프로젝트비를 받는다.

L씨의 업무는 우리나라에서 잘 나가는 PI, 즉 탐정의 전형적인 형태다. 음습한 사생활 뒷조사와는 사뭇 다른 이미지다. 2004년 루이뷔통 사건은 이런 현대 탐정 업무의 위력이 발휘된 사례다. 루이뷔통사는 자사 로고가 찍힌 '짝퉁' 제품을 팔던 국내 중소 유통업체 90여 곳에 내용증명을 보내 상표권 사용을 중지하고 500만원씩 배상하라고 요구했다. "프랑스 회사가 뭘 알겠어"라고 뒷짐을 지던 업체들은 모두 백기를 들었다. 변호인단이 제출한 증거자료가 완벽했기 때문이다. 당시 사건에 관여했던 한 변호사는 "우리는 소장(訴狀)만 작성하면 될 정도로 누군가 샅샅이 조사를 했다"고 혀를 내둘렀다.

21세기 한국 탐정은 이제 흥신소 수준이 아니다. 그러나 이들의 업무는 엄격히

말하면 불법이다. 우리나라에선 탐정이란 말을 쓰는 것은 물론, 민간인이 소송 등 법률행위를 전제로 조사행위를 하는 것이 모두 불법이다. 따라서 올해 국회에 계류 중인 민간조사업법이 통과되면 PI들은 물론, 우리 기업이나 개인 실생활에 커다란 변화가 오게 된다.

합법화 이후의 한국의 PI시장이 3조원 대에 이를 것이라는 전망은 근거가 있다. 손해보험협회에 따르면 현재 보험사기는 2조~2조4,000억원에 달하는데 적발은 2006년 기준 3만4,567건에 2,490억원 즉 10%에 불과하다. 현행 보험법상 보험조사관들은 목격자 등 제3자 조사를 할 수 없기 때문이지만, 자격을 갖춘 PI들이 활동하기 시작하면 적발률을 획기적으로 높일 수 있다. 인력송출업체들이 주로 맡고 있는 카드회사의 미납자 소재확인도 PI의 영역으로 들어온다.

하지만 시장이 커지면 PI 업계는 완전히 다른 세계가 된다. 월가의 기업과 무기제조업체를 고객으로 가진 크롤(KROLL)회사와 같은 다국적 거대회사 등이 활개치는 무대가 된다. 이 회사의 브라질 지사는 2004년 경찰의 압수수색을 받았는데, 한 통신회사의 의뢰로 인수합병에 대한 조사를 하던 중 룰라 대통령 측근의 이메일까지 검색했다고 폭로됐기 때문이다. 경비 분야에선 9.11 테러로 무너진 세계무역센터의 보안업무를 맡고 있었다. 최근에는 남미의 헤로인 밀수 추적업무까지 뛰어든 것으로 전해지고 있다. 르윈스키 스캔들을 처음 조사한 사람, 클린턴 부부의 의뢰를 받고 역으로 르윈스키를 조사한 사람도 모두 PI였다.

정보를 지키고, 수집하고 관리하기 까지 종합적인 기능을 수행하는 업체와 이제 발아기를 맞은 국내 업체와의 경쟁력은 비교 대상이 되지 않는다. 더욱이 막강한 이들 외국 PI들은 외국 기업의 이익을 보호하고 있다. H&A의 전승훈 지사장은 "3~4장짜리 보고서면 사업거래를 멈출 수 있다"고 말했다. H&A는 지난해 미국의 한 금융회사가 중견 제조업체에 투자하려던 계획을 보류시켰다. 대주주 가운데 한 사람의 전력에 문제가 드러났기 때문이다. 결국 이 주주가 지분을 포기한 뒤에야 투자는 진행됐다.

외국의 우리 기업에 대한 정보 수집력은 막강한 반면, 그 반대로 우리 기업의 해외에 대한 조사력은 훨씬 미치지 못하고 있다. 팀원시큐리티 존 안 대표는 "우리기업은 해외정보를 얻을 때 친분관계에 의존하거나, 자체 조사인력을 동원한다"

면서 "중국 등지에서 번번이 실패하는 것도, 미국과의 협상에서 밀리는 것도 전문성이 없기 때문"이라고 말했다.

민간조사원(PI)의 강점은 전 세계에 걸쳐 있는 네트워크다. 어느 나라든 웬만한 도시에는 탐정 동업자들이 활약하고 있기 때문이다. 이들의 연락망은 때로 인터폴 수사망 보다 촘촘하다.

2005년 국내의 PI 업체인 '디텍티브'는 유명 청바지 브랜드의 모조품 유통 경로를 찾아 나섰다. 요원들은 우선 동대문, 남대문 시장에서 청바지 모조품을 대량구입 하려는 중간 상인으로 위장해 탐문조사를 벌였다. 이른바 '미끼 던지기'다. 물류창고 위치, 수입업자 등을 거꾸로 파악한 결과 모조품이 중국으로부터 들어온다는 사실을 확인했다. 요원들은 세계탐정협회(WAD)를 통해 홍콩에 있는 PI를 접촉, 조사를 재의뢰했다. 중국공안의 베테랑 형사 출신인 홍콩PI는 선양(瀋陽)에 있는 생산공장까지 알아냈다. '디텍티브'는 2개월 여 만에 중국 해안에서 남대문 시장에 이르는 불법제품의 유통경로를 파악, 사진 등 증거자료와 함께 의뢰인인 법무법인에 넘겼다.

PI의 조사 방식은 기소나 처벌을 목적으로 하지 않기 때문에 유연하다. 경찰 수사관들이 거들떠보지도 않을 사건, 재판에 갈 경우 수년이 걸릴 사건들을 손쉽게 풀기도 한다. 지난해 7월 이탈리아 국적 한국인이 국내 유통업체 B사에게 가짜 이탈리아 명품 의류를 보내고 14억원을 챙겼다. B사는 수사기관 대신 PI에 사건을 의뢰했다. 한국으로 걸려온 전화번호를 통해 용의자가 독일에 있다는 사실이 드러났다. 독일의 PI는 의뢰 일주일 만에 용의자가 묵고 있는 호텔을 찾아 국내 송환 대신 손해배상을 해준다는 합의를 받아냈다.

국제적인 사설탐정 네트워크 조직도 잇따라 생겨나고 있다. 처음에는 탐정들 간의 품위유지와 친목, 기술개발 등을 위해 단체들이 생겨났지만, 국제범죄나 기업업무 등 국경을 넘나드는 의뢰가 점차 많아지면서 정보공유와 업무공조를 위해 가입하는 경우가 늘어났다. WAD는 가장 큰 네트워크 중 하나다. 기존의 세계탐정협회와 국제경호협회를 합쳐 1950년 창설한 세계경호협회가 시초다. 회원사는 전 세계 80개국, 150여 개 업체에 이른다. 이 밖에도 세계적 규모의 탐정네트워크도 10여 개에 이르며, 서로 경쟁관계에 있다. 국제조사네트워크(Intelnet), 세계

탐정협의회(CII), 미국산업보안협회(ASIS) 등이 규모나 활동성 측면에서 대표적이다. 우리나라에서도 이들 네트워크의 정회원 인증을 받은 PI들이 생겨나고 있다.

공조조사가 가장 활발히 이뤄지는 부분은 앞선 사례와 같은 '해외도피사범 소재파악 및 송환 자문'이다. 그러나 확장하는 분야는 '기업의 해외진출을 위한 현지시장성조사'다. PI업체인 팀윈시큐리티의 존 안 대표는 "외국 글로벌 기업들은 해외시장 진출 전에 외부조사기관의 보고서를 검토하고 있으나, 한국 기업들은 대부분 자체 법무팀이나 해외지사를 이용하고 있다"고 말했다.[1)]

2. 증가하는 일본의 탐정수요

- 불륜조사 · 사람찾기 '붐' …유망 사업부상-

❑ 증가하는 탐정 수요

일본은 광고 대국이다. TV 프로그램에선 아예 대놓고 상품을 소개한다. 그뿐만 아니다. 오프라인에서도 광고는 범람한다. 지하철·골목을 비롯해 빈틈만 있으면 광고가 걸린다. 종류도 셀 수 없이 많다. 2009년 광고 시장 전체 규모가 6조 엔에 육박할 정도다(덴츠). 가히 광고 천국인 셈이다. 개중엔 한국인에게 낯설고 재미난 광고도 많다. 탐정 광고가 그렇다.

외국인, 특히 한국인 눈에 탐정 광고는 적잖이 이질적이다. 일본에선 탐정이 일상 직업 중 하나다. 야후 재팬에 검색어 '탐정'을 쳐 넣으면 무려 1300만 건이나 걸러질 정도다. TV 프로그램 중에도 탐정이란 단어가 들어간 게 적지 않다. 길거리 광고판에서도 심심치 않게 볼 수 있다.

명탐정 코난', '소년탐정 김전일' 등 한국에 소개된 탐정 만화도 많다. 탐정이란 직업이 실제로 익숙하다는 얘기다. 이는 그만큼 일본 사회에 탐정 수요가 많다는 걸 의미한다. 도대체 치안 대국 일본에 탐정이 성행하는 이유는 뭘까.

먼저 탐정의 개념 정의부터 보자. 2007년 시행된 관련 법률(탐정업법)에 따르면

---

1) http://news.hankooki.com/lpage/society/200703/h2007031819514481030.htm

'타인의 의뢰를 받아 특정인의 소재·행동에 대해 실제 조사한 후 그 결과를 의뢰자에게 보고하는 업무'로 규정된다. 고객의 조사 요구에 따라 조사 후 결과를 통보해 주는 일이라는 얘기다.

이 때문에 사적(私的)조사기관 혹은 종합조사그룹 등으로 불리기도 한다. 조사방법은 탐문 · 미행 · 잠복 등 다양하다. 최근 탐정시장은 규제 강화, 경쟁 격화에도 불구하고 유망 사업 중 하나로 떠올랐다. 게다가 탐정은 누구든지 할 수 있는 일종의 자유업이다. 별도의 자격·면허가 필요 없다. 과거 5년까지 폭력단이었거나 금고 이상의 형을 받지 않았다면 개업할 수 있다. 크게 법인과 개인으로 구분된다. 탐정 수요가 많아진 것은 경찰 등 공공 대처에 대한 불만·부담이 크기 때문인 것으로 알려졌다. 행방불명, 스토커, 업무방해 등의 문제 해결이 경찰보다 더 신속 · 편리하다는 공감대도 넓다.

실제 탐정수요는 다양하다. TV 드라마 등에선 살인·흉악 사건을 해결하는 탐정 주인공도 많지만 실제로는 그렇지 않다. 요컨대 뒷조사를 필요로 하는 사람이 증가하고 있다. 품행·불륜 조사를 비롯해 사람을 찾거나 법인·개인의 신용조사 등의 업무가 주류를 이룬다.

더욱이 실제 의뢰는 불륜 조사가 압도적으로 많다. 배우자의 부정에 따른 이혼이 급증하면서 뒷조사를 의뢰하는 수요다. 이혼 때 위자료와 관련해 유리한 정보를 쥐기 위해서다. 이 밖에 옛 친구나 스승, 가출인 등의 수배 의뢰도 많다.

최근엔 결혼 상대방의 이력 등 사실관계 확인하기 위해 탐정을 찾는 일도 늘어나고 있다. 퇴직 경찰관이 탐정 일과 함께 필적·지문·DNA 감정 등을 해 주기도 한다. 일부는 특정인과 헤어지도록 꼼수를 쓰는 특수 공작을 해 주는 회사도 있다.

흥신소의 업무와 다소 구분된다. 탐정회사가 주로 사람 문제(불륜 · 범죄 여부 등)를 다루는 반면 흥신소는 금전 문제(신용·시장조사 등)에 밝은 게 그 차이다. 최근엔 흥신소가 탐정회사로 이름을 바꾸는 추세다. 조사방법도 좀 다르다. 탐정회사가 대부분 경찰처럼 밖에서 증거 확보에 매진하는 것에 비해 흥신소는 설문조사처럼 직접적인 대면 취재에 강하다.

탐정시장은 꾸준한 성장세다. 업계 추정에 따르면 연간 4000억~5000억 엔의 시장 규모로 활동 중인 탐정만 약 6만 명인 것으로 알려졌다. 의뢰 건수는 연간

250만 건 이상이다. 등록업자(공안위원회)만 모두 4439건으로 집계됐다(2008년).

이 중 법인은 1310건이고 개인이 3129건으로 압도적으로 많다. 최근엔 법인·네트워크화도 추세 중 하나다. 1인 회사는 여러모로 한계가 많기 때문이다. 군소 이해집단이 많지만 업계 중심은 '일본조사업협회'다. 약 500개사가 가맹 회원으로 등록되어 있다. 주무관청(경시청)도 효율적으로 관리하기 위해 대형화를 유도하는 중이다. 대형회사는 그 규모도 크다. 프랜차이즈는 국내는 물론 해외에까지 네트워크를 형성해 업무효율을 높이고 있다. 가령 '가루에이전시'는 전국에 180개 사무소를 가진 대형사인데 탐정학교만 14개를 운영해 7000명 이상의 졸업생을 배출한 것으로 알려졌다. 최대 2개월에 걸쳐 탐정업무에 필요한 제반 교육을 유료로 시킨다. 수요 증가로 탐정이 되려는 이들도 증가세다. 탐정이 되는 법을 소개한 출판물도 수두룩하다. 탐정개업, 영업전략 등을 조언하는 업체까지 생겨났다. 본업과 별도로 퇴근 이후와 주말을 이용해 아르바이트를 하려는 이도 많다. 다만 주력은 전문 경력자다. 전직 경찰과 검찰·변호사 등이 주로 간부로 활동 중이다.

탐정시장이 커지면 문제도 많아지는 법이다. 대표적인 것이 사생활 침해다. 무분별한 민간조사로 사생활 침해가 도를 넘었기 때문이다. 트러블이 가장 많은 불륜 조사를 예로 보자. 불륜 조사는 혼전조사(결혼 상대방 조사)와 함께 워낙 의뢰 건수가 압도적으로 많기 때문에 주먹구구식으로 덤비는 중소 탐정회사가 그만큼 많다.

이때 조사대상자의 인권을 침해하기도 한다. 의뢰자의 비밀은 지켜도 조사대상자의 비밀은 정반대이기 때문이다. 반대로 법규 강화로 최근엔 개인정보 확보가 적잖이 힘들어진 것도 부작용 증가배경이다.

심지어 대상자가 탐정을 역으로 고용해 협박채널로 삼을 때도 있다. 이런 이유로 탐정 회사의 TV 광고도 허용되지 않는다. 비교적 고가 업무인 이별 공작도 마찬가지다. 탐정업계 추정에 따르면 시장 규모는 연간 4000억~5000억 엔이고, 활동 중인 탐정만 약 6만 명인 것으로 알려졌다.

❑ 흥신소가 탐정 회사로 이름 바꾸기도

사귀고 있던 남녀를 헤어지도록 만들기 위해 불법·범법행위를 일삼는 무허가 영업 탐정이 많다. 탐정협회가 소위 이별공작을 자율규제로 삼고 취급업무에서 빼기도 했다. 일부 피해자와 민원인은 불법 심부름센터, 컨설팅 업체 등에 의뢰해 해결사를 고용해 자력구제에 나섰다가 오히려 가해자가 되기도 한다.

일본탐정업법이 제정된 배경도 여기에 있다. 탐정고용과 관련한 갈등·불만이 사회문제로 불거지면서 영업조건을 강화할 필요가 생겼기 때문이다. 결국 탐정업법은 탐정업무를 제한하는데 포커스를 뒀다. 개인 권리침해 방지와 합법적 의뢰목적 등을 강제하고 규정범위를 벗어나면 처벌한다는 조항도 만들어졌다.

탐정사와 과다청구와 관련 된 의뢰인간의 지불비용과 관련한 갈등과 민원문제도 점점 증가하고 있다. 실제 탐정의뢰 조사요금은 천차만별이다. 개별조사 안건이 워낙 다른 데다 목적·조건 등도 차이가 나기 때문이다. 단일 요금체계는 독점금지법 위반 사항이어서 모여 조정하기도 어렵다. 다만 탐정 1인당 업무소비 시간에 따른 요금 체계가 적용된다. 탐정 1인·1시간당 5000~1만5000엔 정도가 일반적이다. 물론 탐정 개인의 기량·경험·평판 등에 따라 크게 좌우된다. 의뢰 사건별로 보면 불륜조사(10만~350만 엔), 가출조사(10만~500만 엔) 등이 일반적이다.

대개 탐정 2명이 투입되는 하루 4~5시간의 패키지 의뢰가 많다. 이때 평균요금은 10만 엔 정도다. 문제는 부실한 조사 결과에도 불구하고 과도한 비용청구가 끊이지 않는다는 데 있다. 피해 사례 중 일부는 탐정이 역으로 고객의 약점을 악용해 돈을 강탈하기도 한다. 그럼에도 불구하고 탐정 업계의 전망은 긴 역사만큼 밝은 편이란 게 중론이다. 대화부족, 관계단절 등 일본 사회가 나날이 건조해지면서 관련 수요가 그만큼 증가하기 때문이다. 경제적 피해를 호소하는 복잡·다난한 범죄행위도 지속적이다. 동시에 범죄·피해로부터 사전에 보호하려는 예방적 차원의 수요도 많다. 즉 유괴·이지매·스토커·사기 등 잠재적 피해의 발생억제를 위한 수요다. 실제 탐정업무는 예방성격도 강하다. 경찰이 발생한 사건을 해결하는데 비해 탐정은 예방 대책과 관련되기 때문이다.

한편에선 기업관련 수요도 적지 않다. 이는 일본의 탐정역사와 관계가 있다. 19세기 말 산업발달로 증권거래가 활발해지면서 일본에선 신용조사의 필요성이 높아졌는데 이를 대행해 주던 상업흥신소가 현대 일본탐정업의 유래가 된 것이다.

기업의 위기관리 등 법인 영업수요와 임직원 채용·승진에 관한 인사조사도 존재하는 것으로 알려졌다. 이에 힘입어 일본의 탐정업계는 자발적인 윤리성 강조와 별개로 탐정시장 규제완화도 요구한다. 탐정의 역할이 커지면 오히려 공공적 도움이 필요한 서민들의 경찰 접근성이 개선된다는 이유에서다.2)

3. '21 세기 본격적인 탐정 시대의 도래를 꿈꾸며'

- 시민과 경찰의 동반자, 보조자로서의 탐정의 길

❑ 법적인 사건해결이 끝이다

사건의 해결은 진실을 가려내는 일만으로 끝나는 것이 아니다. 현실에 있어 진정한 사건의 해결은 법적인 해석을 의미한다. 확고한 진실을 밝혀냈을망정 법적으로 인정받지 못한다면 야사로만 남게 된다. 그러므로 모든 사건의 처리는 처음부터 법적인 근거 하에 법적인 절차를 밟아 법적으로 해결될 수 있도록 방향을 잡아야 한다. 또한 같은 사건을 두고도 경찰은 법을 집행하는 데에 목적을 두지만 탐정은 합법적인 선에서 고객의 요구에 부합하도록 일 처리를 하는 것이 목적이다. 지난 2000년 10월호에 소개된 '산업스파이사건 '은 그 좋은 예라 할 수 있다. 경찰의 목적은 도청으로 정보를 훔쳐낸 범인을 법적으로 처벌하는 데에서 그치지만, 탐정의 역할은 범인을 체포하는 것에서 더 나아가 사건과 관련된 회사의 이미지에 대한 피해까지도 고려해야 하는 것이다.

❑ 탐정은 경찰보다 뛰어나다?

탐정의 위치에 대해 많은 사람들이 잘못 이해하고 있는 부분이 많다.

특히 어떤 사건에 탐정이 연관될 경우 '경찰도 해 내지 못하는 일을 탐정이 해냈다'는 등의 언론보도나 해설을 흔히 보고 듣는다. 대개는 마치 탐정이 경찰조직

---

2) 한국경제매거진, 전영수 게이오대 경제학부 방문교수 기고, chttp://magazine.hankyung.com/business/apps/news?popup=0&nid=01&c1=1006&nkey=201012220078600034l&mode=sub_view

을 누르고 승리한 만능 해결사로 표현된다. 실제로 경찰이 해결을 못한 사건을 탐정이 해결해낸 소식은 외신을 통해 심심치 않게 접할 수 있다. 그러나 이 같은 표현은 반대로 마치 경찰이 무능해서 해결을 못한 것 같은 인상을 심어 줄 수 도 있다. 이는 경찰에 대한 신뢰도를 저하시킬 뿐 아니라 탐정에 있어서도 경찰과의 업무 협조 면에서 부정적으로 작용된다.

탐정은 경찰의 경쟁상대도 만능해결사도 아닌 사회의 요구에 의해 자생적으로 생긴 직업이며, 경찰제도의 보조역할을 담당하는 것이 탐정의 역할이다. 탐정 중에는 경찰 수사관 경력을 가진 탐정이 많다. 따라서 전직 수사관 출신의 경력자가 대부분인 탐정을 개개인 1대1로 비교 해볼 때 경력 면에서 탐정이 앞설 수는 있다.

그러나 경찰과 탐정의 업무량을 비교해보면 쉽게 정답을 알 수 있다. 미국의 경우 수사관 한 사람당 20~25개의 사건을 동시에 처리하고 있다. 그러므로 바로 해결의 실마리가 보이지 않는 사건은 일단 덮어 두었다가 다른 사건과 연루될 때 등 어떤 계기가 생겼을 때 다시 수사를 개시하게 된다. 특히 살인사건 등 중범의 경우 공소시효라는 것이 없으므로 수사기간에 연연하지 않는다.

필자는 한국의 경찰조직에 대해 정확히 알 수 없어 예를 들 수 없으나 한국의 경우 수사관 한 사람당 배당되는 사건이 미국의 수사관 보다 더 많을 것으로 예상된다. 과중한 업무량으로 모든 사건에 집중할 수 없는 경찰에 비해 탐정은 의뢰받은 1~2사건에 심혈을 기울이기 때문에 해결 비율이 높은 것은 당연한 이치이다.

탐정의 위치는 근본적으로는 시민의 신분으로 권리를 행사하는 것으로, 정부로부터 집행의 권한을 부여받은 것은 아니면서도 사건 해결 전문가란 점을 감안, 필요에 의해 탐정법이란 법 테두리 안에서 업무수행에 필요한 법적인 뒷받침을 받는 것이다. 그러므로 탐정은 경쟁자가 아닌 경찰의 동반자요 보조자이다.

❑ 미국 탐정의 든든한 제도적 밑받침

셜록 홈즈, 루팡의 명성처럼 실제로 전 세계에서 명성을 날리는 탐정들이 배출되고 있고 탐정은 확실한 사건해결로 신뢰를 쌓아 전문직으로 완전히 자리를 굳히고 있다. 탐정의 제도가 가장 잘 발달되어 있고 실용화되어 있는 나라는 당연히 미국이다. 미국정부의 탐정에 대한 엄격한 자격제도와 완벽한 책임제도는 탐정의 발전에 든든한 발판이 되었다. 전문성을 가지도록 엄격하게 관리하여 소비자를 보호하는 한편 업무수행에 지장이 없도록 법적인 면에서도 뒷받침해 주고 있다. 특히 지식이나 기술측면이 아니라 탐정의 도덕성 측면을 가장 엄격하게 관리하고 있다는 것은 주목할 만하다.

탐정의 전문적인 활동을 보장해주는 제도적인 보안장치가 책임보험이다. 책임보험은 탐정 면허 발급의 필수조건중 하나로, 피해가 발생했을 때 보험회사가 이를 책임지고 보상해주는 것이다. 이는 탐정개인이나 정부가 피해보상을 하지 않아도 된다는 면에서 탐정들이 좀 더 안정적으로 활동을 할 수 있도록 돕는다.

이 책임보험제도는 소비자나 탐정 양측을 보호해주는 안전장치로 머지않아 실시될 한국의 탐정제도에도 꼭 실시되기를 바란다. 아무리 까다로운 자격 제한에 엄격한 관리를 하더라도 서비스를 받는 자와 제공하는 자 모두를 만족시켜 줄 수는 없다. 그러므로 그 공백을 메워 줄 보상책이 반드시 필요한 것이다. 또한 미국처럼 탐정의 위법사항에 대해서는 단호히 처벌해야 하고 업무에 필요한 주어진 권리는 최대한 지켜줘야 한다.

❑ 전문화, 과학화로 영역 확장해가는 탐정

미국에서 탐정은 생활의 한 부분으로 자리 잡고 있다. 살인, 거액사기, 정치스캔들 사건 같은 큰 사건 이외에도 화재, 교통사고, 직장상해, 보험사기, 신분도용, 가정문제 등에 이르기까지 거의 모든 사건에 탐정이 관여하고 있고, 특히 변호사는 탐정의 도움 없이는 재판을 할 수 없을 정도이다. 또 검찰, 경찰 등에서도 탐정들과 간헐적으로 비공개 혹은 공개입찰을 통해 장기간 하청계약을 맺어 도움을 받기도 한다. 경찰은 법을 집행하고 치안을 유지하는 데 집중하고 나머지는 탐정의 몫으로 돌려주는 것이다. 간단하게 교통사고의 예를 들어 보자.

한국의 경우 사고의 피해보상까지 경찰이 관여하고 있다. 그러나 미국의 경찰은 교통사고가 나면 차량정체로 인한 교통마비 상태가 아니고서는 현장에 나타나지 않는다. 또한 현장에 나타나더라도 직접 사고현장을 목격하지 않은 한 전문가도 아닌 경찰이 잘잘못을 가릴 수는 없다. 그러므로 경찰은 양측의 주장을 근거로 사고보고서를 접수하는 선에서 임무를 끝낸다. 뒤에서 받았거나 주차한 차를 받았을 경우 등 교통법상 한쪽의 과실이 확실한 경우를 제외하고는 티켓조차 발부하지 않는다. 이때도 과실에 대한 티켓이 아닌 안전거리 유지미비, 부주의 운전 등 교통법규위반의 티켓을 발부하는 것이다. 나머지는 보험회사가 해결한다. 보험회사는 사고 전문가를 동원해 사고원인을 찾아내는 데, 이때 동원되는 전문가들이 바로 탐정의 몫이다. 특히 치명적인 인명피해 발생 등 대형사고의 경우 엔지니어, 과학자 출신의 전문가들로 구성된 탐정들이 'Accident Reconstruction'이라고 불리는 과학적인 방법을 동원, 사고를 비디오나 애니메이션 등 영상매체로 재현, 과실을 가려낸다. 이러한 첨단 과학적 방법을 동원한 조사방법은 비용이 수천만원이나 들지만 소송에 패했을 경우 보험회사가 지불해야 할 수십억원에 비하면 충분히 투자할 가치가 있다. 이 같은 이유로 탐정업은 발로만 뛰는 1차원적인 수사방법에서 점차 과학적이고 전문화되어 가고 있으며 ,따라서 앞으로 개발될 탐정의 분야는 무궁무진하다.

❏ 흥신소 이미지에서 벗어나자!!

현행 한국의 법으로는 '신용정보 보호법' 26조에 의해 탐정의 업무는 물론 탐정이란 명칭, 이와 유사한 명칭도 사용할 수 없다. 그러나 이미 알려진 것처럼 공인탐정법이 1999년 초 입안되어 입법 활동이 시작된 이래 회기마다 '민간조사업법'이라는 명칭으로 계속 발의되어 국회통과를 기다리고 있다. 탐정제도를 전문적 직업으로 양성화함으로써 치안유지와 시민의 복지생활을 향상시키겠다는 입안동기에서 밝혔듯이 한국 내에서 탐정역할을 하고 있던 이들은 탐정제도가 도입된 후 눈앞의 이익에만 급급하지 말고 신뢰를 쌓아 시민들의 한구석에 남아있는 흥신소의 좋지 않은 이미지에서 빨리 탈피해야 한다.

미국에서 활동하는 필자가 한국의 탐정제도 도입에 정력을 쏟고 있는 이유도 한국과 일을 하다보면 아직도 한국의 국민들은 탐정을 흥신소나 심부름센터로 치부하고 있음을 피부로 느끼기 때문이다. 최근 필자는 미국에서 지난 10년간 탐정활동을 담은 「탐정은 벤처보다 낫다」 라는 책을 발간했다. 책을 발간하게 된 가장 큰 이유는 탐정은 어떤 일을 하는지에 탐정의 실체를 알리고 또 미국의 수많은 유명한 탐정들 틈에서 어깨를 겨루며 당당히 활동하고 있는 한국인의 모습을 보여주기 위해서다. 시장은 무한, 경쟁력이 관건 이미 경비나 경호업은 민간에게 허가된 상태이다. 경비, 경호업이 허가된 후 직업에 대한 막연한 동경심을 가지고 이 분야에 종사하겠다는 희망자가 쏟아졌고 대학에 경호학과가 생기기까지 했다.

문제는 시장성이다. 쏟아져 나오는 인력에 비해 수요시장이 없어 실업자는 부지기수다. 그러나 탐정업의 경우 경비나 경호처럼 단순하고 일부분에 국한된 업무가 아니라 광범위한 업무를 수행하므로 탐정법이 제정되지 않아 불법인 현실에서도 수요에 미치지 못할 정도로 시장은 무궁무진하다. 이는 제도의 실시와 동시에 직접적인 수입으로 연결된다는 의미이다. 또한 탐정업은 국제화 시대에 맞게 시장이 한국 내에 국한된 것이 아니라 국제무대에 진출할 수 있는 무한한 이점이 있는 동시에 국제경제협력기구와의 협정에 의해 외국의 탐정업계가 한국에 진출할 것이므로, 이에 경쟁력 있는 수준급 탐정의 능력을 갖추지 못하고서는 인력과 자금력에서 우위인 외국의 탐정들에게 한국의 시장은 잠식될 것이다.

한국에 탐정제도가 실시되더라도 미국과 같이 자리를 잡으려면 상당한 시간이 걸리겠지만 무엇보다도 원활한 업무가 진행되려면 탐정과 경찰과의 관계는 경쟁상대가 아닌 동반자요, 보조자라는 올바른 이해가 정립되기 전에는 마찰을 피할 수 없을 것이다.

❑ 탐정은 시민과 경찰의 동반자

한국경찰의 과중된 업무량은 업무범위를 줄이는 것이 권력을 잃는 것이라고 생각하는 잘못된 사고방식에도 문제가 있다고 본다. 그래서인지 업무의 과중을 토로하면서도 소소한 일까지도 관여하며 자처해 일을 만들고 있다. 이 문제는 경찰뿐만이 아닌 모든 관공서들의 전체적인 문제인 듯하다.

한국의 관리들은 모두 이 같은 폐쇄적인 사고방식이 먼저 개혁돼야 함을 인지하면서도 아직도 단기적인 편의를 위해 상명하달식의 유교적 집행방식을 고집하고 있어 시민들과 불신과 갈등이 생기는 것이다. '관료'라는 단어를 사용하는 자체도 문제가 있다. 공무원은 시민으로부터 녹을 받는 일꾼이지 시민 위에 군림하는 사람이 아니다. 영어로 'Public Servant'인 것처럼 공무원은 단어그대로 공공의 일꾼이다. 시민과 공무원 모두 깨어나야 한다.

한국정부가 국제화로 나아가고 있듯 경찰을 비롯한 관공서 모두가 국제화되어야 한다. 외국 선진국처럼 검찰은 경찰에 수사권을 이양해야 하고 경찰은 경찰의 본분인 치안유지나 국가안전에 관계된 중대한 사건을 제외하고는 경비, 탐정 등 민간에게 이양해야 한다는 것이 필자의 지론이다. 검찰은 수사권 이양문제에 대해 경찰의수준을 문제 삼고 있지만 이제 경찰에도 검찰과 같은 사법고시 출신도 많고 대학졸업자도 많아졌다. 또 이젠 사법고시도 1,000명 씩 뽑는다고 하니 사법고시도 더 이상 수재들의 모임만은 아닌 것 같다.

이제 한국에도 탐정이 거리를 활보할 날이 멀지 않았다. 미국도 그러하듯이 탐정의 제도는 결국 경찰의 은퇴 후나 복지제도의 역할을 톡톡히 할 것이다. 앞으로 한국에 탐정제도가 실시되면 경찰이나 검찰도 경쟁자나 권한을 침해할 것이라는 거부감을 버리고 시민의 복지를 위한 공동목표를 가진 동반자이며 보조자라고 생각하고 함께 신뢰받는 전문인으로 자리 잡을 수 있도록 북돋워 주고 안내해 주었으면 하는 바램이다.[3)]

4. "해외 경제사범" 송환, "미션 임파서블?!"

- 현지법 교묘하게 악용... 오히려 당당한 피의자

- 섣부른 행동 자제... 법에 근거한 수순 따라야

IMF 이후 현저히 줄어들기는 했으나 굵직굵직한 대형사고는 여전히 끊이지 않고 있고 있으며 경제범들의 해외 도주는 이제 더 이상 뉴스거리가 아니다. 더구나 사건들이 대형화되면서 수억원 정도는 소액으로 전락했고 경찰수사에서 조차도 우선 순위에서 밀려나고 있다고 한다. 이 와중에도 수억원대의 공금횡령이나 사기사건들은 더욱 기승을 부리고 있으며, 사건을 일으킨 경제사범들의 도피 장소는 아프리카 등 전 세계 오지로까지 다양화되고 있다. 또한 해외여행의 자유화로 범

3) 강효흔, 시큐리티 월드 2000년 12월호 발췌, http://cafe.daum.net/kpsaa/2ktg/7?docid=fbXe|2ktg|7|20050610113449&q=%BC%BC%B0%E8%C0%C7%20%C5%BD%C1%A4%BE%F7%B9%AB%BC%D2%BD%C4

인들은 도피처를 사전 답사하는 등 계획적이고 치밀해져 가고 있다. 이에 반해 피해자들은 어리숙하고 대책도 없이 감정만을 앞세우다 오히려 사고만 당하고 있다. 최근 대기업들의 몰락, 유가상승, 환율 및 주가의 불안정 등으로 사회는 한탕주의가 마지막 돌파구인양 인식되어가고 있고 대기업의 돈은 떼어먹어도 "잘했다"는 울분 섞인 목소리도 나오고 있을 지경이다. 경찰청의 국회 제출자료를 보면 해외도피범은 여전히 600여명 선에서 줄지 않고 있다. 이중 절반이 미국에 도피해 있다. 그러나 한 일간지의 조사에 의하면 인터폴의 수배가 안 된 도피자를 포함하면 실제로 미국으로 도피한 경제사범의 숫자는 10배에 가까운 3,000명을 육박한다고 보도하고 있다.

❑ 피해자와 피의자는 백지 한 장 차이?

실제로 필자가 그 동안 다뤄 온 케이스를 볼 때도 인터폴에 수배가 안 된 경우도 상당히 많았다. 이들 대부분의 케이스는 한국서 기소는 돼 있을망정 정작 범인 송환의 필수조건인 인터폴에는 등록이 안 된 경우가 대부분이다. 이 경우 도피국인 미국의 입장에서 볼 때는 피의자는 범인이 아닌 단순한 방문자에 불과하다. 그러나 성급한 피해자들은 합법적인 법적 절차를 무시한 채 범인을 만나 협박을 하면 된다는 단순한 생각으로 무작정 추적 길에 나서는 경우가 비일비재하다. 또한 이들은 한국법은 어쩌구 하며 미국에서 한국법을 적용시키려는 무모한 행동을 보이며 문제를 야기 시킨다. 수배가 안 된 도피자의 성향을 보면 일반적으로 피해액이 1-2억 정도로 피해액이 적어 해외도피가 확인되면 비용적인 면에서 포기할 수밖에 없다. 또 피해액이 수십억의 대형사고라 할지라도 피해자의 숫자가 많아 각 개개인의 피해액이 적을 경우도 마찬가지이다.

대표적인 예로는 수십억원의 부도를 내고 미국으로 도주한 K모씨의 경우를 꼽을 수 있다. 당시 필자는 최초 몇몇 피해자들의 의뢰로 피의자 K씨의 소재파악을 의뢰받았다. 그들은 나머지는 자신들이 알아서 처리할 테니 아무 걱정 말라고 큰소리를 쳤다. 그들은 건달들을 동원해 협박을 하겠다는 계획이었다. 필자는 극구 말리며 정식 송환절차를 밟자고 했으나 송환해 봤자 자신에게 돌아오는 몫이 적다는 주장을 꺾을 수 없었다. "뭐 때문에 죽 쒀서 남 좋은 일 시키느냐. 자신들은 자선사업가가 아니라"고 핀잔을 주기까지 받기도 했다. 결과가 뻔했지만 필자로서는 경찰이 아닌 계약에 의해 고용된 민간자격인 만큼 그들을 법적으로는 막을 권한이 없었다. 며칠 후 결과는 예상 대로였다. 합의를 시도했으나 실패했다는 것이다. 알고 보니 한국서 해결사들까지 동원을 했었다. 이들은 귀가하는 피의자를 덮쳐 강제로 집안까지 끌로 들어가는 데는 성공을 했으나 잠시 후 경찰이 들어 닥쳤고 이들은 손도 한번 데 보지 못한 채 쫓겨났다고 한다. 그들은 출동한 경찰에게 그가 한국에서 수배된 도주자라며 한국법원의 기소중지 증명을 보이며 사정했으나 경찰은 그들의 말을 일체 귀담아 들으려 하지 않았다. 오히려 경찰은 집주인인 피의자에게 채권자 일행을 가택 무단 침입 혐의로 고발을 하겠냐고 물어보는 것이었다. 다행히 피의자도 일말의 양심은 있었던지 영어를 못해서 인지 고발을 거부해 큰 문제없이 경찰은 채권자 일행을 밖으로 끌어내는 선에서 물러났다.

❑ 감정은 금물, 법적 수순 밟아야

이 경우 채권자들의 행동은 가택침입 이외에도 MOP ACTION(집단 범죄행위)이라 부르는 중범에 해당된다. MOP ACTION은 마피아들의 범행을 막기 위해 만들어진 형법으로 2인 이상이 상대방의 자유를 구속하는 행위를 말한다. 물론 행위에 따라 형량이 다르지만 위의 경우처럼 물리적 접촉이 있었을 경우 이는 분명 중범에 해당 최소 1년 이상의 징역형에 해당된다. 어처구니없는 상황에 울분과 화가 치민 피해자들은 송환해 본 떼를 보여줘야겠다며 열변을 토했다. 그러나 이것도 예상외였다. 인터폴에 확인 해보니 피의자는 수배명단에 없었다. 피해자는 많았으나 대부분이 소액의 피해자들로 몇몇 피해자들에 의해서만 고발이 되어 있었고 정착 범인 송환에 필요한 인터폴에는 접수조차 되어있지 않았다. 또한 다시 송환 수속을 밟는다 해도 이미 은신처가 노출된 피의자가 그대로 맥 놓고 기다릴 리가 없다.

이는 법에 대한 무지요. 법을 믿지 못하는 불신에서 온 어처구니없지만 당연한 결과였다. 이에 반해 피의자는 보기 드물게 모든 상황을 예상하고 대비라고 했듯이 여유가 만만했다. 피의자 K씨는 피해자들로부터 챙긴 수십억을 투자, 미국에서 보란 듯이 중소기업을 운영하고 있다. 또 대형 전원주택에 벤츠를 굴리며 호화

생활을 하고 있다. 그의 행적을 보면 미국도피는 수년 전부터 준비를 해왔다. 형식적이 나마 미국에 지사를 설립하고 지사를 통해 장기 체류 비자를 받아 놓은 한편 정착자금은 수출대금을 미국 지사로 빼돌리는 수법으로 거액을 마련했다. 그는 현재 그 동안의 회사 실적을 내세워 영주권 신청을 해놓은 상태라 한다. 만약 그가 시민권을 획득하고 나면 강제송환의 길이 영원히 막히게 된다. 그가 시민권을 획득하면 자국민에 한해서만 송환요청 권리가 있는 한.미 범인인도 협정도 무용지물이다.

❑ 로마에서는 로마법을!

이 같은 어처구니없는 사고의 원인은 여러 가지가 있겠다.

첫째, 사고가 터졌을 때 즉시 전문가와 상의하고 제대로 안내를 받지 못한 것이 가장 큰 실수다. 전문가라면 범인송환 그 중에서도 경제사건의 범인송환에 경험이 있는 사람이어야 한다. 왜냐하면 흉악범과 경제범은 비중이나 처리 과정이 현저히 다르기 때문이다. 국제적인 경제사건 전문 탐정이나 변호사 또는 한국의 인터폴에도 도피 국가별 담당자들이 있어 얼마든지 조언을 받을 수 있다. 한국의 해외도피범의 경우 대부분이 경제사범이므로 이 분야만큼은 한국의 인터폴도 베테랑 급이다. 특히 한국의 경찰은 미국 경찰처럼 법 집행이외에는 관심이 없는 것과는 달리 피해자의 재산을 환수해 주려는데 더 비중을 두는 것 같다.

둘째, 상대를 파악하지 못하고 부딪친 데에 따른 오판이다. 준비가 없는 상태에서 일단 부딪쳐 보자, 한국식으로 농성하고 들어 누워 버티면 돈을 안낼 수 없을 것이라는 무지한 생각이었다. 그러나 결과는 한마디로 "No"였다. 게다가 돈을 안내면 경찰에 수배자로 고발하겠다는 엄포에도 불구하고 결과는 거꾸로 경찰에 의해 강제로 집안에서 끌려 나갔다.

셋째, 관할 기관들의 처리 미숙이다. 기소만 되면 다음은 내 소관이 아니라고 생각했던지 아니면 당연히 인터폴로 넘어갔을 것이라고 방관했을 지도 모른다. 특히 이 같은 처리 미숙은 대도시 보다는 소도시의 사건들에 비일비재하게 나타난다.

넷째, 미국은 한국이 아니라는 사실을 잊은 것이다. 로마에 가면 로마법을 따르라는 속담도 있듯이 한국의 법을 미국에 적용하려는 발상은 무지한 착각이다. 그들의 주장은 "한국 법은 이런데 왜 미국은 안되냐"는 것이었다. 미국에 사는 교포들조차도 이 같은 주장을 내세우는 경우를 종종 본다.

물론 법을 몰라 부당한 대우를 받았다는 울분에서 내 뱉는 하소연이겠지만 이때 미국인들의 반응은 영락없이 "네 나라로 돌아가라 !"는 핀잔뿐이다.

❑ 거리 활보하는 경제사범의 배짱

이 같은 사례는 비일비재하다. 또한 어수룩한 피해자들에 비해 도피자의 도주수법은 갈수록 지능적이고 대담해지고 있다. 필자가 처음 경제범죄 사건을 다루기 시작한 10년 전 만해도 해외 도피처는 거의 미국이었다. 그러나 여행자유화가 실시된 90년대 후반기부터는 동남아시아는 물론 심지어는 아프리카에 이르기까지 다양화되고 있다. 이들은 사건이 터지기 몇 개월 혹은 수년전부터 도피처를 답사하고 현지에 대한 정보수집 및 사정을 충분히 익힌 후 그에 따른 철저한 대비를 하고 있다. 다시 말해 사정이 어려워 어쩔 수 없이 친척이나 친구 등 연고자에 의지하는 예전의 도피 형태와는 달리 장기간의 계획을 세우고 충분한 도피자금을 마련해 해외에 안식처를 마련하는 태세로 바뀌어가고 있다.

심지어는 제3국의 시민권을 취득, 수사기관을 비웃기라도 하듯 대도시를 활보하는 경우도 있다. 예전에도 정치적 도피를 한 정권의 실세들이 외국의 시민권을 취득해 도피하는 경우는 간혹 있기는 했으나 사기 등 일반 범죄자가 타국의 국적을 취득, 도피하는 경우는 별로 없었다. 한국서 거액을 챙기고 도피한 한 경제사범의 경우, 미국에서 수명의 건장한 미국인 보디가드까지 대동하고 대도시를 보란 듯이 활개치고 다녔다. 그는 물론 인터폴에 수배가 돼있던 상태였고 피해자들은 형사전문 변호사까지 고용, 자문과 지원을 받으며 그를 송환해보려고 각방으로 손을 써봤다. 그러나 미국수사기관의 입장은 한국과는 범인 인도협정도 없는 때라 그를 체포할 길은 단순한 이민법 위반으로 추방을 하는 길 뿐이었다. 그러나 그의 신상조사를 마친 수사기관은 일단 그를 체포해도 추방을 보장할 수 없다는 결론이었다.

그는 체포된 후 보석을 신청할 것이고 그의 능력으로 볼 때 외국에서 지은 범죄, 그것도 유죄가 확정되지 않은 일방적인 기소중지만으로는 보석을 막을 길이 없으며 결국 보석되면 도주할 것이 불 보듯 뻔하다는 결론이었다. 그러나 한국 사법당국의 특별 요청이 있으면 한번 고려해 볼만하다는 일말의 여운을 남겼다. 그 후 한국의 사법당국은 그를 체포키 위한 철저한 준비에 들어갔다. 그러나 그는 이 정보를 사전에 입수라도 한 듯 곧바로 제 3국으로 탈출했다. 그 후 몇 달 후 그는 또다시 미국으로 당당히 입국했다. 미국은 한국 사법당국의 요청을 받아들여 입국하는 그를 공항에서 바로 체포했다. 그러나 미국의 사법당국은 몇 시간 후 그를 풀어 줄 수밖에 없었다. 그는 이미 한국인이 아니었으므로 한국 사법당국의 요청은 무용지물이었다. 그는 남미의 조그만 한 국가의 시민으로 그 국가의 여권을 들고 당당히 입국한 것이다. 그리고 이를 대비라도 한 듯 공항에는 그의 변호사가 대기하고 있었다. 자신을 체포하려는 사실을 알고도 당당히 입국한 것을 보면 그는 입국 전 그의 변호사를 통해 법적 지위문제를 이미 타진했던 것으로 보인다. 비록 그 국가는 존재조차 잘 알려지지 않은 조그만 국가지만 엄연한 유엔가입국으로 무시될 수는 없었다. 그 동안 필자가 이 분야에서 일을 해오며 일부 국가들이 시민권을 매매한다는 이야기는 간혹 들어오기는 했으나 실제 상황을 보기는 처음이었다.

❑ 도피 원인과 범인인도 협정

경제사고가 줄을 잇고 대부분이 미국으로 은닉하는 이유는 여러 가지가 있다.

첫째, 공소시효라는 한국법의 허점이었다. 그러나 이 문제는 1997년 1월1일부로 발효된 새 법으로 인해 해외 도피기간을 공소시효에서 제외하는 제도가 마련, 일단 보완됐다. 그러나 97년 이전에 도피한 자에 대해서는 이 법의 저촉을 받지 않는다.

둘째, 피해자가 해외로 도주하고 나면 대부분의 채권자들이 채권을 포기한다. 도피자들은 이 심리를 이용, 일을 저지르고 있다. 특히 피해자가 많을 경우 개개인의 피해액은 그를 송환하는데 필요한 경비를 감당하기가 어렵다. 또한 피해액이 모두 다르고 피해자들은 이미 경제적인 타격을 받아 자금 갹출면에서는 채권단을 구성해도 의견 수렴이 어렵다. 피해자들은 사법당국의 조치만을 목매 기다리고 있으나 사법당국은 사법당국대로 과중한 업무량으로 인해 모든 업무를 해결한다는 것은 실제로 불가능하다.

셋째, 간혹 피해부분이 떳떳치 못한 돈으로 고발에 따른 자신의 신분이나 비리의 노출로 얻는 것 보다 잃는 것이 더 많은 결과를 낳을 수도 있으므로 법적인 절차를 회피하는 경우도 있다. 특히 이들이 피해자와 단판을 짓기 위해 미국을 속속 찾아들고 있고 소위 해결사들이 이들에 기생하고 있다.

넷째, 사회불안에 따른 한탕주의다. 빈익빈 부익부 현상이 IMF 이후 현저히 나타나고 있다. 소외된 중상층의 사회에 대한 불만, 이를 해소시키지 못하는 정부에 대한 정치인에 대한 불만도 원인 중의 하나이다. 빈민은 성실히 살려고 노력해도 길이 없고 부자들은 노는 사이에도 돈이 쌓이고 있는 것이 특히 IMF 이후에 두드러지게 나타나는 현실이다.

다섯째, 미국의 현실이다. 불법체류자라 할지라도 취업이 필요 없는 넉넉한 경제사범의 경우는 생활하는데 거의 불편이 없는 것이 미국의 실정이다. 미국은 불법체류자라 할지라도 국가나 시민에 피해를 주지 않는 한 능동적인 단속을 하지 않고 또 미국에서 중범죄를 짓지 않는 한 강제 추방되는 사례는 드물다. 대부분의 도피 경제사범들에게 적용되는 미국의 법은 불법체류로 이민법 위반이다. 그러나 이는 경범에 불과하고 보석이 되면 당연히 도주해 버린다. 그러므로 경제사범은 체포보다는 보석을 막는 길이 송환의 지름길이다. 한국과 미국은 지난 99년 12월 범인인도 협정이 발효됐다. 그러나 언론에 보도된 경찰청의 국회제출 자료에 의하면 한미간 범인인도협정에 의한 송환은 아직 한 건도 없다. 이는 필자가 양국 간 범인인도 협정이 이야기가 구체화되던 수년전부터 기고를 통해 수차례 예상했던 바이다. 이는 지방자치적인 복합정부의 미국 사법제도와 단일정부체제인 한국의 사법제도의 차이가 가장 근본적인 원인이며 또한 협정의 복잡한 절차에도 문제가 있다.

이 부분은 양국의 사법기관이 문서상이 아닌 좀 더 실질적인 업무차원에서의 체계를 정립해야 할 것이다. 이를 대변이라도 하듯 범인인도 협정 이후 미국으로부터의 범인 송환 수는 현저히 줄었다. 필자가 범인 송환을 위해 미국의 경찰에 협조를 타진해 보면 협정이후 예전에 없던 새로운 양상이 나타나고 있다. 일부 경찰당국의 경우 범인인도 협정이 있다면 법무성을 통한 협정 절차를 밟도록 권유하며 직접적인 관여를 회피하는 경우가 있다. 범인인도 협정은 그 동안 담당 사법당국의 자체 권한으로 도움을 주던 협조차원에서 국가적인 사법행정 체계를 마련한 것만은 분명하다. 그러나 부도수표, 채무 등을 민사나 경범으로 간주하는 미국의 사법제도하에서 경제사범을 범인인도협정에 적용하는 것은 좀 무리가 있는 것 같다. 아무튼 현재 미국의 사법체제로서는 최소한 소위 경제범죄로 불리 우는 채무관계, 부도수표, 사기 등의 경우만큼은 협정 절차보다는 사법당국의 자체적인 협조가 더 스무드하게 처리되고 있다.[4)]

5. 탐정 드라마에 나타난 진실

영화나 TV 드라마를 보면 경찰이 포기한 미궁에 빠진 사건을 탐정이 나타나 범인과의 숨 가쁜 숨바꼭질 끝에 범인을 다 체포하고 나면 뒤늦게 요란한 사이렌을 울리며 경찰이 나타나는 장면을 볼 수 있다.

이는 흥미를 돋우기 위한 드라마에 불과하며 실제로는 급한 상황이 아닌 한 탐정이 직접 범인을 체포하는 일은 극히 적다.

그 이유는 크게 두 가지가 있다.

첫째, 탐정에게 있어 체포권은 법원의 체포영장을 집행하는 경우를 제외하고는 체포 즉시 혐의자의 신병을 관할 기관에 인도해야 한다.

둘째, 혐의자를 체포하면서 신체 및 재산 피해를 발생 시켰을 경우 상황에 따라 보상 및 변상책임이 있을 수 있다.

다시 말하면 혐의자로부터 오히려 민사 소송을 당할 수 있다는 것이다. 또 정당한 체포절차를 밟지 않았다면 형사 기소가 될 수도 있다.

그러므로 탐정의 면허에는 거액(보통 100 만 달러)의 책임보험을 요구하고 있으며 탐정면허 시험에 법률이 60%의 큰 비중을 차지하는 이유도 바로 여기에 있다. 영화나 드라마는 소설과 마찬가지로 흥미를 이끌어내기만 하면 성공이겠지만 현실에 있어서는 고객이 원하는 목적에 법적인 문제와 경제적인 문제가 삼위일체로 모두 부합되어야 하는 문제가 있다.[5)]

---

4) 시큐리티 월드 2000년 11월호 발췌,
http://cafe.daum.net/kpsaa/2ktg/7?docid=fbXe|2ktg|7|20050610113449&q=%BC%BC%B0%E8%C0%C7%20%C5%BD%C1%A4%BE%F7%B9%AB%BC%D2%BD%C4

6. [로컬발언대] 민간탐정 법제화 시급하다!

미국 · 영국 · 일본 등 OECD 각국은 멀리는 150여년 전, 가까이는 60여년 전 부터 민간탐정을 법제화해 경찰, 민 · 형사법원, 변호사의 일손 부족을 보완하면서 국가 법집행기관 · 탐정 · 국민 간 윈윈(Win-Win)하는 사법 · 치안서비스 시대를 열었다.

특히 150여 년 전 설립된 미국 탐정회사 핑커톤은 탐정·경호·경비업을 망라하면서 한국의 OECD 가입에 편승해 기업 보안관리·지적재산권 보호 등 분야에서 국내시장에 속속 진입하고 있다.

그러나 탐정이 법제화 되지 않은 우리나라에서는 빈발하는 실종자소재탐지, 분실 · 도난사건, 신종 사이버범죄, 지적재산권침해 등을 신고 · 고소 · 고발해도 국가수사기관의 일손부족으로 사실상 만족한 결과를 얻는 경우는 많지 않다.

이 때문에 사건이나 범죄 사실관계 확인 등에 있어 OECD 각국과 같이 탐정이 신속히 조사할 수 있도록 해 달라는 국민적 요구가 날로 증가하고 있다.

심지어 일부 피해자·민원인들은 불법심부름센터, 컨설팅업체 등에 의뢰하거나 해결사를 고용해 자력구제에 나섰다가 오히려 가해자가 되는 사례도 늘면서 사회문제화 되고 있다. 다만, 일부에서 민간탐정의 부자 점유물화, 사생활 침해 우려를 제기하고 있으나 자본주의 사회에서 변호사제도 역시 빈부격차에 따른 사법서비스 격차가 발생하고 있으나 이를 폐지하자는 사람은 없다.

탐정이 제도화 되면 비용을 지불하고서라도 개인의 범죄예방과 조사 등을 원하는 수요층이 확대되면서 서민들의 경찰 접근성이 오히려 좋아질 것이다.

사생활 침해 측면도 불법심부름센터 보다 국가관리를 받는 탐정이 안전하다는 것은 이미 OECD 각국에서 입증된 바 있다.

따라서 선진국이 수십 년 간 국가와 민간을 포괄하는 사법 · 치안서비스 능력을 향상시켜 국민의 신뢰를 받으며 뿌리 내린 탐정제도를 국내 일부계층에서 후진국형 빈부격차 · 사생활침해 이유를 들어 막연히 반대하는 것은 비논리적이다.

국민 여론과 국제 추세에 반하는 것은 물론, 이미 OECD 가입으로 탐정업 시장

---

5) http://cafe.daum.net/kpsaa/2ktg/7?docid=fbXe|2ktg|7|20050610113449&q

을 외국에 개방한 상황에서 이는 국가정보력 저하와 국내 탐정시장 해외잠식으로 이어질 것이 뻔하다.

국민 법률생활 편익증대 · 국민 권리보호 등 선진 사법 · 치안시스템 확립을 위한 탐정제도 도입은 필수 불가결하며 시급한 국가적 당면과제로 공청회 등을 거쳐 정부에서 주도적으로 법제화에 나서야 한다.

경찰에서도 고소 · 고발 등 민원누적, 급증하는 아동 · 청소년 · 여성 실종사건(대부분 가출) 처리 부담에서 벗어나 각종 신고·사건 처리의 적정성을 기하고 일부 피해자나 민원인들의 자력구제 심리에 편승한 심부름센터 등의 불법 영업을 방지하기 위해 탐정제도 도입은 불가피하다.[6)]

7. 미국공인탐정 강효흔

- 경제사범 수사, 송환 내게 맡겨라

- 빛과 그림자 동시에 쫓는 사설수사관 "강탐정"

어릴 적 누구나 한번쯤은 탐정이 되는 꿈을 꿔봤을 것이다. 그러나 탐정은 TV 드라마처럼 헬리콥터의 줄사다리에 멋지게 매달려 도망치는 범인을 쫓는가 하면 정확한 사격술로 범인을 일망타진하는 그런 멋지고 환상적인 직업만은 아니다.

범인을 추적하다 밤새 지붕 위에서 서리를 맞으며 추위와 싸울 때가 부지기수고 잠복근무 중 소변을 참으면서 범인을 기다리다 요도증세를 겪기도 한다.

육체적 고통 못지않게 더 큰 것은 범인과 두뇌싸움으로 인한 정신적 고통, 게다가 첩보를 얻어야 할 때는 목숨을 걸고 동료를 가장해서 직접 호랑이 굴로 뛰어 들어가기도 한다.

정보사 첩보요원으로 군복무, 사회부 기자출신, 그리고 어엿한 미국공인탐정이 되기까지 그가 살아온 시간들은 탐정이 되기 위한 기간이었다. KBS의 "달러가 세고 있다" 프로에서 부도재벌의 미국도피 재산을 추적, 폭로한 장면으로 유명인사가 되기도 했다.

---

6) http://local.segye.com/articles/view.asp?aid=20100711000725&cid=6108000000000

❑ 첩보원 출신의 한 청년이 세계적 공인탐정으로!!

탐정역할을 하는 사람은 인류의 역사 속에 늘 있었지만 전문탐정의 시조로는 18세기 프랑스의 프랑소와 외젠 비도크를 들 수 있다. 정신분석학자인 프로이드, 희대의 엽색가인 카사노바, 마술사 후디니, 미 연방수사국 국장 에드거 후버를 합친 탐정이라는 명성을 얻었지만 그는 오히려 경찰 수사관에 가깝다. 오늘날 사설 수사대로 까지 변천된 사립탐정은 19세기에 접어들면서 핀커톤이 미 대통령인 링컨 대통령의 암살음모를 적발하는 등 맹활약을 펼치면서 태동하게 되었다. 그는 미국 비밀경찰국(Secret Service)의 모태가 되었던 비밀첩보조직을 세우는데 일등공신을 해 사립탐정의 선구자로 일획을 그었다.

그리고 20세기. 너무도 잘 알려진 영국의 코난 도일이 탐정의 대명사인 '셜록 홈즈'를 출간하면서 탐정이란 직업이 세인에게 알려지고 그동안 베일 속에 가려졌던 궁금증들이 바나나 껍질 벗겨지듯이 하나씩 세상에 드러나면서 선망의 대상으로 자리 잡았다.

탐정이라 해서 특별한 자질이 요구되는 것은 아니지만 직감, 관찰력, 끝까지 포기할 줄 모르는 집착력, 풍부한 경험 등은 누구나 반복 훈련을 거치면 되지만 가장 중요한 것은 도덕성, 책임감, 윤리성, 준법성 등의 올바른 정신을 더욱 필요로 한다

재미한인 공인탐정협회 강효흔(Bruce H. Kang)회장은 탐정의 기본요건에 대해 이렇게 말한다, 즉, '난사람', '든 사람' 보다는 '된 사람'이라야만 남에게 피해를 주지 않고 사회에 꼭 필요한 인물이 된다는 예기다. 특출한 탐정이 그릇된 사고를 가진다면 그것은 사회적 문제인 또 하나의 화약으로 남을 수 있기 때문이다.

1981년 정보사령부 첩보팀 첩보요원으로 군복무를 하던 한 청년은 전역을 하자마자 단돈 500달러를 손에 쥐고 미국으로 가서 시카고에 둥지를 튼다. 낯선 땅에 처음 1 개월 동안은 시카고의 한 일본인 경영하는 광고물 발송 대행회사에 잡부로 취직하다 때마침 중앙일보가 사진기자를 수소문한다는 말을 듣고 한국에서 광고일을 한 경험이 인연이 되어 사진기자로 입사, 6개월 후에는 사회부 기자로 옮겨지고 전문기자로 다시 태어나기 위해 시카고시립대학에서 언론학을 전공한다.

다행히 사회부기자로 재직하면서 끝을 보고야 마는 성격 탓에 사건취재는 집요

할 정도로 추적해서 주변인들은 "강탐정"이라 부르기도 했고 해박한 지식으로 "강박사"라는 별칭도 얻게 되었다.

이런 차에 그에게 탐정은 꼭 한번은 해보고 싶은 선망의 직종이라 쉽게 미련을 떨치지 못하고 마지막 최종 결심을 하게 된다.

❑ 고시 이상으로 까다로운 미국탐정 면허취득시험

"한국과는 달리 미국은 탐정, 경호, 경비업도 일반 변호사, 의사 등과 같이 전문직으로 분류되어있습니다. 즉, 회사에 면허를 부여하는 것이 아니라 그 회사의 운영자에게 면허를 부여한다는 뜻이죠. 병원도 마찬가지죠. 병원에는 영업권만 허가할 뿐이지, 면허를 소유한 의사가 의료행위를 하지 않습니까? 탐정도 마찬가지입니다."

미국 내 탐정회사의 정식명칭은 "Private Detective Agency"로 말 그대로 사설수사기관을 의미한다. 경비, 경호회사의 면허가 별도로 있는 것이 아니라 탐정면허에 포함되어있다. 각 주정부마다 자격요건은 조금씩 다르지만 탐정법에 따르면 크게 공인탐정과 일반탐정으로 나눠진다.

공인탐정이 되려면 3년 이상 수사계통에서 경력을 쌓은 후 전문 면허국에서 실시하는 면허시험에 합격해야 한다. 또 영업을 하려면 정부가 요구하는 일정액 이상의 책임보험도 보유해야 한다.

면허시험의 응시자격도 까다롭다. 공인탐정은 최소 3년 이상으로 지난 5년 동안 6천시간을 공인탐정소를 통해 일했거나 3년 이상 경찰이나 군 수사기관에 근무했으면 6천시간의 경력을 인정해서 탐정 면허시험을 치를 자격을 부여한다.

물론 신상기록에는 범죄기록이 없어야 한다. 경범죄 전과자는 집행유예 등 형량완료 후 5년이 경과해야만 자격이 생기며, 마약사용자나 알콜중독자, 정신이상자에는 자격이 불허되며, 일부 주에서는 심지어 음주운전 기록자도 부적격자로 간주된다. 공인탐정이 되면 그 혜택은 조사요원을 고용하여 탐정회사를 운영할 수도 있으며 의뢰인에게 상담서비스도 제공할 수 있다. 또 제한적이지만 정부기관의 기록열람, 수사기관들의 협조도 받으며, 정부로부터 하청을 받을 수도 있다. 많은 탐정들이 정부에 고용되어 관선변호사나 검찰 측과 계약을 맺어 일을 하기도 한다.

일반탐정은 면허를 가진 공인탐정소에 속해 회사에 종속되어 탐정활동만 할뿐, 단독으로 계약을 할 수 없다. 자격증 또한 면허라 부르지 않고 취업을 할 수 있는 '취업허가증'을 부여받는 것도 그 이유이다. 경험이 없는 사람의 취업은 거의 불가능하다고 봐야 한다.

탐정에 대한 수사권은 법으로 보장된다.

그러나 국가에 피해를 주거나 안보를 해치거나 타 수사기관의 업무에 피해를 주거나 방해를 하는 행위는 금지되며 고객에 대한 비밀 보호권은 변호사처럼 법으로 보장받고 있다. 탐정은 자칫 시민의 사생활을 침해할 수 있어 자격시험은 사법고시만큼 까다롭기로 정평이 나있다. 시험내용은 형법, 탐정법, 무기휴대 및 사용관리법, 사건처리 및 상황판단. 대처능력, 보고서 작성 능력, 상담능력, 법정 증언능력, 증거수집 및 보존 능력, 고객관리 능력 등이다. 변호사시험 합격률이 70%지만 탐정시험은 채 30%도 안 되므로 심지어는 10회 이상 응시자도 상당 수 된다.

미국의 탐정면허시험 응시자는 정부 수사기관의 전·현직 수사관이 상당수 차지하는데 은퇴했거나 은퇴를 앞둔 수사기관의 국장급 등 고위 간부도 상당수 포함되어있다. 설령 합격했다 하더라도 탐정은 각자의 전문분야로 나눠져 있다. 미행이나 감시를 하는 일반탐정이 있는가 하면 경제사건, 범인추적전문이 있고, 형사사건 전문으로 살인사건 전문, 방화사건 전문 등으로 세분되어있다.

이중 강탐정은 경제사건이 전문이다.

강탐정은 1995년 드디어 독립을 결심하고 공인탐정면허 시험에 합격, 정식 면허를 취득한다. 주특기인 경제범죄 전문 탐정으로 자리 잡으면서 경제사범 송환전문 탐정으로 이때부터 서서히 한국의 언론에 알려지기 시작했다.

1990년대 중반부터 KBS 취재팀들을 적극 지원했고, 98년 9월에는 KBS 리포트라는 프로에 출연, 부도난 재벌의 미국 도피재산을 추적해서 폭로하기도 했다. 이 보도가 나가자 국회에서는 해외재산도피 방지법을 상정했고, 검찰, 경찰에서 지원요청이 쇄도해 98년 말과 99년 초에는 검찰청의 요청으로 미국 내 도피재산 및 은행계좌 추적에 발 벗고 나섰다.

최근에는 국회 법제과에서 한국의 공인탐정법 입안 자문을 요청하기도 했고, 98

년 11월과 99년 2월 두 차례에 걸쳐 국회를 방문, 국회 법제관과 이 법을 입안하는 하순봉 의원측과도 회합해서 초안 및 수정작업에도 직접 관여했다.

❑ 명예와 경험 동시 얻은 D그룹 직원의 50억 현금 횡령사건

강탐정이 개인적으로 가장 기억에 남는 사건은 2가지이다.

하나는 최첨단 정보관련업무를 하는 한 회사의 도청사건이다. 당시 민간인이 구입할 수 있는 최고의 도청장비로 건물외부에서 레이저 광선으로 쏘아 탐지하는 이 사건은 미궁으로 빠져 거의 완전 범죄가 될 뻔했지만 경찰 감청반과 합동으로 수사한 결과 범인검거에 성공했다. 문제는 도청증거 부족, 피를 말리는 증거수집에 몇 개월을 허비해서 드디어 자동차 내 기어 쉬프트에 끓어 놓은 숫자로 된 암호명을 찾았을 땐 가슴 벅찬 진한 감동을 받았다. 강탐정이 처음 해결한 사건이어서 더욱 그렇다. 또 하나는 각종 매스컴을 통해 널리 알려진 D그룹 직원의 50억원의 현금인출 도주사건으로 강탐정이 '경제사건 전문탐정'이라는 칭호를 단 사건이기도 하다. 강탐정에게 이 사건은 명함이나 같아 유독 애착을 갖고 있다. 당시 이 사건은 개인적으로 첫 범인을 인도한 사건이었고, 피해액을 100% 회수했다는 점에서 한국언론에서는 올해의 10대 뉴스로까지 선정했다. 결국 이 사건은 당시 "주간매경"에 3개월간 수사기록을 연재하는 영광을 주었고, "구름 따라 구만리"라는 제목으로 책이 발간되기도 했다.

개인적인 또 다른 감흥은 당시까지만 해도 경험부족으로 선배탐정들에게 귀동냥하거나 전문서적을 탐독하면서도 수백 명의 뒷조사와 감시, 수많은 경비지출 등 쉽게 경험할 수 없는 사건을 그것도 혼자 힘으로 해결했다는 것이다. 이 사건을 계기로 한국은 물론 미국의 수사당국, 항공사, 정보전문가 등 다방면 사람과 쌓은 친분은 그의 인생에 가장 큰 밑천이 아닐 수 없다. 특히 도피사범 추적방법은 한 수 배웠고, 미국인들이 결코 상상할 수 없는 한국인들만의 독특한 관습과 습성, 인맥 파악을 위한 특수한 수사방법 등을 터득하면서 그의 두뇌와 눈은 한 단계 더 예리함으로 변할 수 있었다고 한다.

이 사건이 인연이 되어 오늘 날까지 D그룹과의 끈끈한 인맥을 유지하고 있고 동부그룹, 롯데그룹 등 재.경제 인사들, 경찰 및 검찰청 책임자, 정계인사들과의 입법로비 활동 등도 왕성하게 펼치고 있다.

❑ 탐정은 스릴과 기쁨 동시에 맛보는 "매력 덩어리"

미국에서 탐정은 Private Detective 로 사설수사관을 말한다. 개인이 고용할 수 있는 수사관으로 전문인 대우를 받고 있다. 때로는 경찰이 못하는 사건을 탐정이 해결하고, 형법전문 변호사는 탐정의 도움 없이는 재판도 못할 만큼 중요한 위치에 있다. 최근 시카고에서 살인혐의로 사형선고를 받고 17년간 수감생활을 한 흑인은 자신이 고용한 탐정이 진범을 찾아서 17년간 억울한 누명을 벗고 풀려 난 사건이 있었다. 이를 계기로 억울한 누명을 쓴 수감자들은 DNA 테스트를 하는 등 최첨단 수사방법을 이용하거나, 재수사로 속속 풀려나 그간 실적위주로 일해 온 경찰들의 허점이 노출되는 반면, 탐정들의 주가는 계속 상승세를 타고 있다. 큰 사건 뒤에는 이런 탐정들이 어두운 그림자를 좇고 있는 노력이 있는 것이다.

현재 미전역에서 활동하는 탐정 수는 2만여명에 이른다. 그 중 한국인 공인탐정은 현재까지 3명이다. 한국인 공인탐정들만의 모임인 재미 한인공인탐정협회는 95년에 조직, 준회원으로 200여명으로 구성된 가운데, 위스컨신공인탐정협회, 전국탐정협회, 전국경찰국장협의회의 명예회원으로 소속되어 활발한 활동을 펼치고 있다.

강탐정은 "탐정의 가장 큰 매력은 스릴과 기쁨을 함께 맛볼 수 있는 것에 있다"고 말한다. 일이 순탄히 풀리지 않을 때는 좌절도 하고. 수사 중에는 생명의 위협까지 받는 위기의 순간도 있지만 이것은 단번에 스릴로 변한다. 이 고비만 넘기면 범행을 입증할 때의 승리감, 피해자의 무죄를 증명할 증거를 찾았을 때의 희열감, 범인의 송환, 피해가 보상되었을 때의 안도감, 의뢰인이 수십 년간 헤어졌던 가족과 재회를 볼 때의 감격 등은 말할 수 없는 기쁨과 고마움으로 다가오는 것을 알고 있기 때문에 스릴은 탐정이 느끼는 또 다른 묘미이기도 하다.

한국진출도 오랫동안 계획해왔다. 이왕이면 미국에 비해 불모지인 한국에서 탐정의 이미지를 올바르게 인식시키고 최첨단 수사방식과 기술을 전수해서 한국에서 그 꽃을 피우고 싶어 한다. 그가 한국의 공인탐정법에 입안에도 적극 참여하고 정치적으로 발을 넓히는 이유도 바로 여기에 있다. 글로 된 명함으로 한국 구석구석을 누비는 강탐정의 활약상을 직접 듣고 볼 날도 그리 멀지 않은 것 같다.[7)]

---

7) http://koreandetective.com/media4.htm

참고문헌

1. 국내자료

1) 단행본

강효흔, 「탐정은 벤처보다 낫다」, 동아일보사, 2001.

강기욱, 「정보아카데미」, 한국생산성본부, 1997.

국가정보원. 「산업스파이사건 재조명」, 국가정보원 산업기밀보호센터, 2004.

김두현 · 김정현,「민간경비론」, 서울:백산출판사, 2002.

김두현 · 최선태,「안전관리론」, 서울:백산출판사, 2002.

김만석, 「경찰학개론」, (주)예지네트, 2004.

김승길, 「신세대 관상법」, 한마음사, 1994.

김종옥, 「미연방수사국(FBI) 범죄수사원칙(제1권)」, 도서출판 태봉, 2007.

김철수, 「헌법학개론」, 박영사, 2001.

김태환 · 강영숙, 「프로탐정의 테크닉」, 백산출판사, 2004.

손상철, 「민간조사학개론」, 백산출판사, 2005.

박준철, 「경찰학개론」, 박문각, 2007.

오수복, 「경찰학개론」, 푸른세상, 2005.

이동영, 「21세기 공인탐정이 뛴다」, 서울:굿 인포메이션, 1999.

이상철, 「경호심리학」, 도서출판 홍경, 2003.

이윤근 · 배철호, 「민간경비론」, 엑스퍼트, 2005.

임경아 역, 「스파이가이드」, 루비박스, 2004.

정진환, 「경비업법개론」, 백산출판사, 2004.

최상규, 「대한민국 과학수사파일」, 해바라기, 2004.

허　영, 「한국헌법론」, 박영사, 2005.

2) 논 문

강영숙, "한국의 공인탐정제도 도입에 관한 연구", 박사학위논문, 용인대학교 대학원, 2007.

강효흔, "외국의 사설탐정제도의 활용사례와 법적 고찰", 수사연구(4월호), 2001.

권창국, "범죄자 프로파일링 증거(Crime linking evidence)의 활용과 문제점에 관한 검토", 형사정책연구 제13권 제4호, 한국형사정책연구원. 2002.

김두현, "공인 민간조사제도의 입법화 방안", 한국체육대학교 논문집 제24집, 2001.

김두현, "민간조사업법을 위한 제언", 민간조사업법제도 정착을 위한 공청회 자료집, 2005.

김상균, "민간조사원의 교육훈련 전문화 방안", 대한민간조사학회 학술세미나, 대한민간조사학회, 2006.

김성언, "민간경비의 성장과 함의 : 치안활동의 신자유주의적 재편과 계약적 통치의 등장", 박사학위논문, 서울대학교 대학원, 2004.

김성훈, "경찰정보활동의 법적근거와 한계에 관한 연구", 동아대대학원, 2005.

김원태, "공인탐정제도의 도입과 사경비제도의 발전 방안에 관한 연구", 석사학위논문, 한국체육대학교, 2004.

김원태, "민간조사원의 권한남용 방지 및 전문화 방안", 대한민간조사학회 학술세미나, 대한민간조사학회, 2006.12.

나영민, "탐정제도의 도입방안에 관한 연구." 석사학위논문, 연세대학교 대학원, 2005.

나영민, "민간조사업의 도입전망과 대응", 한국경호경비학회 제16회 학술세미나, 한국경호경비학회, 2006.

나영민 · 김원중, "민간조사제도의 정착 및 수사기관과의 관계에 관한 연구", 제16회 한국경호경비학회 세미나, 한국경호경비학회, 2006.

박종득 · 심재권. "공기업 민영화의 제 이론과 그 한계", 사회과학연구 제18집, 배재대학교 사회과학연구소, 2002.

백봉현, "한국 민간경비산업의 발전방안에 관한 연구 박사학위논문, 동국대학교 대학원, 2002.

백초현, "경찰의 정보수집권에 관한 헌법적 고찰", 연세대대학원, 2006.

서진석, "治安環境 變化에 따른 警察과 民間警備의 役割分擔에 관한 硏究," 博士學位論文, 慶園大學校 大學院, 1999.

서진석, "민간경비의 개념정의와 새로운 경향에 대한 이론적 고찰", 한국민간경비학회보 제2호, 한국민간경비학회, 2003.

안황권, "민간경비 자격제도에 관한 연구", 경호경비연구 제11호, 한국경호경비학회, 2005.

이동영, "공인탐정제도의 필요성", 搜査硏究 수사연구사, 2001 4월호.

이동영, "공인탐정(공인조사)제도 도입 및 공인탐정법안 제정의 필요성", 시민을 위한 경찰발전연구회 제5회 학술회의, 2000.

이명재, "법률조력자로서의 민간조사제도의 필요성", 민간조사업법 제정을 위한 공청회 자료집, 2005.

이기호, "현행 경비업법의 문제점과 개정방향", 민간경비산업의 경쟁력제고방안. The 17th CEO Seminar, 한국경비협회, 2005.

이상원. "호주의 민간경비 교육훈련과 자격제도에 관한 연구", 경호경비연구 제7호, 한국경호경비학회, 2004.

이상원 · 이승철, "한국의 민간경비산업의 활성화방안에 관한 연구", 한국민간경비학회보 제4호, 한국민간경비학회, 2004.

이상원 · 김상균, "공인탐정 교육훈련 모형에 관한 기초연구", 한국민간경비학회 제8회 춘계학술세미나, 한국민간경비학회, 2006.

이상원 · 박주현, "특수경비제도의 발전 방안에 관한 연구", 한국경호경비학회 제13호, 한국경호경비학회, 2007.

이승주, "한국형 탐정제도 도입에 따른 규범학적 고찰", 한국민간경비학회 제8회춘계학술세미나, 한국민간경비학회, 2006.

이윤근, "범죄예방을 위한 공경비 섹터의 민영화 방안에 관한 연구", 동국대학교 경찰행정학과 창립40주년 기념 국제학술세미나, 2003.

전대양, “민간조사원법안의 주요 쟁점에 관한 연구”, 제8회 한국민간경비학회 춘계학술세미나, 2006.

정일석, “민간경비 영역확장을 위한 민간조사제도 도입방안“, 박사학위논문, 용인대학교 대학원, 2008.

조용철, “공인탐정 인력의 전문화 방안에 관한 연구”, 한국민간경비학회 제9회 학술세미나, 한국민간경비학회, 2006.

조현빈, “주요 국가의 공인탐정 현황 및 정책적 시사점,” 한국민간경비학회 제8회춘계세미나, 2006.

최선우, “치안서비스의 공동생산론적 접근”, 한국공안행정학회보 제11호, 한국공안행정학회, 2001.

한국산업보안연구소, “IT기술 해외유출현황과 방지대책”, 2003.

황운하, “공인탐정제도의 도입에 관하여” 搜査研究 2001.4월호, 搜査研究社, 2001.

황윤경, “신용정보체계의 이해 및 현황”, 증권법학회 71회 세미나발표자료, 2001.

황정익 · 김윤철 · 백창현, “공인조사(공인탐정)제도의 도입에 관한 연구,” 치안연구소, 2005.

황정익, “공인탐정제도의 사회적 필요성과 향후 발전과제” 제8회 한국민간경비학회 춘계학술세미나, 한국민간경비학회, 2006.

유우종, “PI제도 도입 더 이상 미룰 수 없는 이 시대의 요청”, 시큐리티월드, 2001.

3) 기타

변호사법

형법

경비업법

신용정보의 이용 및 보호에 관한 법률

공공기관의 정보공개에 관한 법률

공인탐정입법안(1999년 하순봉 의원 입법안)

민간조사입법안(2005년 이상배 의원 입법안, 최재천 의원 입법안)
행정권한의 위임 및 위탁에 관한 규정
경찰청. 경찰백서. 2004. 2005. 2006.
문화일보. 2005. 8. 9.
조선일보. 2006. 5. 19.
중앙일보. 2005. 2. 28.
중앙일보. 2004. 8. 1.
중앙일보. 2004. 3. 2.
연합뉴스. 2004. 11. 29.
일요시사. 2004. 8. 17.
일요시사. 2002. 6. 18.
도로교통공단: http://bit.ly/1Hcazm9
KBS, VJ특공대. "불법 심부름센터실태." 2006. 12. 10.
KBS 2TV. 아침뉴스타임. "뭐든지 한다"…불법 천지 심부름센터. 2006. 03. 24.
SBS TV. "일부 심부름센터 돈만 주면 무슨 짓도…." 2005. 01. 24.
YTN TV. "국내이동통신사 또 개인정보 유출 적발." 2005. 03. 03.

2. 외국자료

Charles P. Nemeth, JD,LIM. Private Security and the Investigation Process. Second Edition. Butterworth-Heinemann(USA).2001.
Flavel, Research Into Sociology of The Police, April, 1973, quated in William C. Cuningham and Todd H. Taylor, Private Securoty and Police in America, "The Hallcrest Report"(Portland, OR:Chancellor Press), 1985.
Harvey Bustein. Introduction to Security. Prentice Hall Career & Technology(USA). 1994.

IIAS. (International Institute of Administrative Sciences). "Governance and Administration in the 21st Century : new trends and new techniques." 2001.

Laster C. Thurow, The Zero-Sum Society(New York : Basic Books), 1982.

Karen M. Hess·Henry M. Wrobleski. Introduction to Private Security. Fourth edition. West Publishing Company. 1992.

John P. Kenny·Harry W. More. Principles of Investigation. West Publishin Company. 1994.

James S. Kakalik & Sorrel Wildhom, The Private Police (New York : Crane Russak and Company, Inc), 1977.

Robert D. McCrie. Security Operations Management. Butterworth-Heinemann. 2001.

Robert J. Fisher & Gion Green. Introduction to Security. 5th ed. Butterworth-Heinemann(USA). 1992.

Private Security Task Force to the National Committee on Criminaljustic Standards and Goals. "American Society For Industrial Survey Result". Report of the Task Force on Private Security Oct..1997.

William C. Cunningham, John J. Strauchs, Clifford W. Van Meter, Private Security Trends 1970 to 2000 : The Hallcrest ReportⅡ. Butterworth-Heinemann. USA. 1990.

Western Australia Department of Training and Employment. Asset Security Training Package Implementation kit. 1999.

The Private Detective Act of 1939.' New Jersey State.

'The Private Security Industry Act 2001'

渡邊文男. 「民間警察 : 弟2の警察」. 東京 : ブーマー. 2001.

大榮出版 編集部 編. 「なりたい 探偵」. 東京:大榮出版部. 1999.

杉山博. 「日本の歷史〈11〉戰國大名」. 東京:中央公論新社. 2005.

大阪府 '部落差別事象に係る調査等の規制等に關する條例.' 1985.

3. 인터넷 자료

http://www.accident.co.kr

http://www.allim.go.kr.

http://www.bll.gr.jp/news2006/news

http://www.boannews.com/media/view.

http://cafe220.daum.net.

http://www.cpi.or.kr.

http://datafile.kokusen.go.jp/wadai/kousinjo.html.

http://k.daum.net/qna/kin/home/qdetail_view.html.

http://www.donga.com/fbin/output.

http://www.encyber.com/search.

http://ggpolice.go.kr/admin/kukjung1/files.

http://www.hospitallaw.or.kr

http://www.icic.sppo.go.kr

http://www.investigateway.com/resources/licensing.html.

http://ja.wikipedia.org/wiki.

http://www.joseilbo.com/news.

http://www.ipiu.org/forums/showthread.

www.kaihouhiroshima.org/kyuugyouseisyosi.htm.

http://www.klaw.go.kr.

http://kojison.com/board/view.

http://www.kotsa.or.kr/instruct/traffic.

http://www.kyongbuk.co.kr/news.html.

http://www.lawtimes.co.kr/LawNews.

http://www.legislature.mi.gov.

http://licgweb.doacs.state.fl.us/investigations/reciprocity.html.

https://i-minwon.spo.go.kr/petition/user.

http://www.njsp.org/about/

http://www.nis.go.kr/docs/terror/indus/type.html.

www.nishinippon.co.jp/news/wordbox/index.html.

http://www.npa.go.kr.

http://www.sdi.re.kr.

http://www.bls.gov/oco/oco20016.htm.

http://licgweb.doacs.state.fl.us/investigations/types.html.

http://www.edaily.co.kr.

http://www.tanteisha.net/ml.html.

http://www.theabi.org.uk/visitor/ethics.htm.

http://www.tochoukyou.jp/chousa02.html

http://www.oecd.org/about.

http://www.psiact.org.uk/act.htm.

http://www.state.nj.us/lps/njsp.

http://www.ukpin.com/licensing.html.

http://www.investigateway.com/resources/licensing.html.

http://www.intersearch.co.kr

http://www.bok.or.kr.

http://enc.daum.net/dic100.

http://news.itimes.co.kr.

http://100.naver.com/100.nhn.

http://wj.jbpolice.go.kr/introuser/file.

http://www.hani.co.kr.

http://blog.ohmynews.com.

http://www.psiact.org.uk/act.htm.

http://www.nittyokyo.or.jp/gaiyou/index.htm.

http://www.state.ct.us/dps.

http://www.ukpin.com/licensing.html.

http://www.i-k-d.com/index.htm

http://www.mec.es/educa/jsp/

http://www.wad.net/

http://www.csic.es/

http://noticias.juridicas.com/base_datos/Admin/lo2-1986.t1.html

http://www.lexureditorial.com/leyes/

http://www.usal.es/~segurida/

http://koreandetective.com/security10.htm

저 자 : 강 영 숙(Kang, Yeong sook) : 경호학박사

❑ 학 력

- 건국대학교 대학원 졸업 후
- 중부대학교 경찰경호학과 경호학전공
- 용인대학교 일반대학원 1년 수료(경호학전공)
- 용인대학교 대학원 박사과정 졸업 : 경호학박사

❑ 약 력

- 검도4단, 합기도3단
- 한국테러학회 이사
- 경비지도사
- 용인대학교 경호학과 외래교수
- 수도방위사령부 헌병단, 2군사령부 테러학 초빙 특강
- 여성부장관 위촉 사이버멘토링 대표멘토(2008)
- 여성인재 데이터베이스 등록
- 중앙경찰학교 외래교수
- 경운대학교 경호학부 조교수

❑ 연구활동

(논문)

- 한국의 공인탐정제도 도입에 관한 연구
- 미국의 탐정제도에 관한 연구
- 일본의 탐정제도에 관한 연구
- 한국인의 해외 인질납치테러에 관한 연구
- 일본탐정업계의 운용현황과 문제점 분석
- 극단주의 이슬람테러조직 IS(Islamic State) 위협실태

(저서)

- 테러의 이해 (백산출판사, 2002)
- 생물테러 (백산출판사, 2003)
- 프로탐정의 테크닉 (백산출판사, 2004)
- 탐정학 (도서출판 진영사, 2012)
- 테러학 (도서출판 진영사, 2012)
- 안전관리학 (도서출판 진영사, 2012)
- 스마트 보안 이론 및 기술 (배영출판사, 2014)
- 스마트 보안 장비 및 실무 (배영출판사, 2014) 外 다수